比较阳明学

以中韩日三国为视域

[韩]崔在穆／著

钱明／译
[韩]金明月／校译

上海古籍出版社

2015年度国家社科基金重大项目（15ZDB009）

"东亚文化之都"城市交流合作机制成果分享

出版寄语

在"2021阳明心学大会"上,欣闻钱明教授翻译的《比较阳明学——以中韩日三国为视域》一书即将面市,我提出能否烙上绍兴印记,以作为东亚文化之都城市交流合作机制的成果分享,钱教授欣然同意,并嘱我也写几句话。

阳明文化是浙江优秀传统文化的重要标识,也是当代浙江精神的源泉。绍兴作为阳明文化的首善之地和核心传播区,近年来正努力把阳明心学作为增强文化自信的切入点,不断加强遗迹遗存的保护利用,解码阳明文化基因,推进阳明文化的普及教育工作,助力阳明文化"飞进寻常百姓家",同时还努力成为东亚阳明文化的主要发声地。

阳明心学是阳明文化的内核和支撑。作为儒学的重要组成部分,阳明心学本身所蕴含的思想价值,值得我们不断传承和发扬光大。特别是阳明学的实践性、开放性以及批判性等特质,对于当代社会的发展和进步仍具有重要价值，对于构建人类命运共同体也具有重要启示意义。从这个意义上说，当前我们十分有必要大力推进东亚地区（特别是中日韩三国）阳明学的比较与互鉴。

从跨文化的视野看，阳明学传入日、韩之后逐步形成了日本阳明学和韩国阳明学。但日、韩两国的阳明学对于原生态的中国阳明学是一种思想重建而不是某种概念的复制。因此，日、韩阳明学与中国阳明学存在较大差异是毋庸置疑的。从这个角度来说，以中、日、韩三国为视域进行阳明学的比较研究，对于继续传承和共同推动阳明心学的发展，促进东亚地区的文化交流能够发挥重要作用。

绍兴作为"东亚文化之都"，围绕"大禹、王阳明、鲁迅、书法、黄酒"五张金名片，正持续开展文都朋友圈的文化交流与文明互鉴，因此对于以中、日、韩三国为视域来做阳明学的比较研究，是非常支持和赞赏的，尤其期待从日、韩阳明学专家的视角来分析和比较三国阳明学的异同关系。因为我们相信，采用比较研究的范式来进行文明互鉴、互动，乃是搭建和构筑中、日、韩城市合作和文化交流的一种极好方式。

希望本书的出版，能够打开东亚比较文化研究的新窗口，掀起东亚阳明学研究的新热潮，使阳明文化变成联通世界的重要桥梁，进而使中、日、韩等东亚各国能够在文化上联系得更加紧密，人民之间的交往更加频繁。

何俊杰

（中共绍兴市委宣传部副部长、绍兴市文化广电旅游局局长）

2021 年 11 月 9 日

作者序

一

本书承蒙中国阳明学研究名家、浙江省社会科学院钱明教授的翻译，能在阳明学的故乡出版刊行并与中国大陆的读者见面，本人真是万分荣幸。该书原用日文写成（题为《東アジア陽明學の展開》），2011年由钱明教授翻译成中文后，由台湾大学出版中心进行了第一次刊行。但因本书未曾在中国大陆发行，所以不被大多数中国大陆读者所知。关于这一点，本人心中一直留有遗憾。这次拙作的中文简体字版（改题《比较阳明学——以中韩日三国为视域》）有幸以增订版的形式在中国大陆刊行，离不开钱明教授的努力，这里首先要对他表示感谢。另外，还要感谢中国阳明学领域的代表性出版社上海古籍出版社的大力支持。

相对于原台湾大学出版中心刊行的《东亚阳明学的展开》中文繁体字版，本书增加了本人近年来发表的几篇论文（本书附录部分），还对原有内容进行了修订和完善。关于增补之内容，本人有必要在这里做几点说明。

2016年，韩国阳明学专家李愚辰博士（现韩国公州教育大学教授）参酌台湾大学出版中心版《东亚阳明学的展开》，将日文版《東アジア陽明學の展開》译为韩文。此韩文版是经译者（李愚辰）与本人反复斟酌商议后诞生的，对日文版进行了大量的补充和修正，所以韩文版在整体上与已刊行的日文版和中文繁体字版有部分差异。而此次刊行的中文简体字版正是以此韩文版为底本翻译的。本书的增订内容及附录中的部分论文是由岭南大学大学院韩国学专业博士生金明月先生与李愚辰博士承担完成的。另外，附录中的部分论文翻译也得到了百忙中的中国延边大学林海顺教授的协助。在这里特此对以上三位表示感谢。

二

本书的原委，要从本人于1991年3月完成的日本筑波大学院哲学思想研究系博士论文开始讲起。在三十年前（1985年）的冬天，我的脑海中就已有了此书的基本轮廓。那年我二十五岁，就在那年的冬天，为了阳明学，我留学到了日本。留学期间我又进一步产生了在近世东亚三国（中国·韩国·日本）的框架中研究阳明学的想法。从1986年4月进入大学院开始，到1991年3月毕业为止，近五年的学习成果就是后来《東アジアにおける陽明学の展開》一书的主要框架和内容。这本书从比较论的角度对近世东亚三国的阳明学之内在理论特性进行了疏理。当初，人们对我这个青年能否驾驭如此庞大或者可以说是近乎"荒唐"的课题，表示了怀疑。但我最终还是怀着畏惧和新奇，克服重重困难完成了这个作业。此篇博士论文后于2006年有幸被日本东京ペリカン社以《東アジア陽明学の展開》为题刊行出版。当时担任ペリカン社社长的宫田研二先生为了此书的出版，曾特意来韩与我商议，他不但鼓励我，还亲自对原文作了两次校正。之后此书又于2011年由钱明教授翻译成中文，以《东亚阳明学的展开》为题，收入台湾大学出版中心出版的《东亚儒学研究丛书》第11卷中。

三

本书第一部分是"阳明学的成立及其思想特质"，以致良知论的"致"字之训读〈① 致（イタス，内→外），② 至（イタル，外→内）〉为据，对王阳明思想体现的"外向/积极"和"内向/消极"的两个面向进行讨论。接着又以能够充分体现阳明学特质的致良知论、万物一体论、人欲论、权道论、三教一致论等核心思想为中心，对东亚韩中日三国的近世阳明学进行了比较研究。涉及的人物有：中国明代中期的王畿、王艮，明末的罗汝芳、梁汝元、李贽等；韩国的朝鲜王朝中期较能体现阳明学受容特色的许筠、崔鸣吉、张维，以及之后集韩国阳明学大成的郑齐斗等；日本的江户初期受容阳明学的中江藤树、熊泽蕃山，江户中后期的大盐中斋、佐藤一斋等。

本书将这些思想家的核心思想进行了比较，并试图以此分析阳明学在各地域的形成及展开的特征。本书以"东亚"为视域，采用了宏观比较的方法，对"阳明学的普遍性及其在各地域的特殊性"进行了考察。结果发现，在同一"阳明学"名字的背后是丰富多样的"多个阳明学"的存在（参见本书附录介绍的东亚阳明学的各种类型，诸如近代日本的"黑色阳明学"即"右翼国家主义的不温和的阳明学"等另类阳明学）。本书基本上抛弃了"中心——周边""传统——异端"的二分法，否定了"起源一定是中心""始初（开始）便为原本"的认识。

也就是说，本书没有采取中心＝原本＝传统、周边＝模仿＝非传统的观点，而是以各地域的民族精神（etos）·心理（mind）为基础，将焦点放在如何以独特的视野去解决自己的问题，并对此进行审查上。这种方法不是本书的独创，而是早有先例。本书不是对中韩日三国阳明学资料的收集和堆积，而是将阳明学之地域内的内在论理等质的方面的自我展开作为考察的重点。这一点只要将致良知论、万物一体论、人欲论、权道论、三教一致论等阳明学主要理论学说在各地域中所表现出的各具特色的理解进行比较即可明了。

如此，本书才不至于陷入"一个阳明学""原本阳明学"或者"中国阳明学＝中心""韩国／日本阳明学＝周边"这样简单的公式化理解或误解之中。中国阳明学被韩国和日本受容后，在理解和实践上呈现出各自的特点。根据地方社会的时代性要求，阳明学中的各种学说和概念也受到了不同程度的瞩目和重视。这是因为，阳明学确信人类本性现在完成（吾性自足），从而强调各自的自我良知（主体的感性、知性、灵性）之特点使然。同时又是因为阳明学不是一种理论的、逻辑的作业，而是重视能动的、自发的主体性体验，讲求行动的、实践的知行合一，倡导与地方的民族精神（etos）·心理（mind）的弹性结合的实心实学的缘故。我常常想，如果将中国现在兴起的对阳明学再评价的"阳明文化运动"拿到韩国和日本来进行，各地域也一定会出现不同的运动形态。这正是因为各地域对阳明学在理解和实践上有所不同的缘故。

尽管如此，真正的阳明学所塑造的精神——致良知、知行合一等基本纲领，作为共同的分母形式，乃是活泼泼的、具有生命力的。它就像沟通三国阳明学的"门窗"或"桥梁"。此门窗，正是那个呼与吸之间"欲断未断又将呼吸重新连接起来"的连接转换点，它为三国提供了理性的、文化对话的空间（间/际）。此一空间，就是我与他者间的相互交流；实乃"我即是你，你即是我"，你我无间，广大无边并相互沟通的"场（领域、境界）"，也是各区域民族文化精神与心理活动中充满紧张的、"理性的、竞合的对话（agonistic dialogue）"之场。此一"理性的、竞合的对话"，不仅与本国的传统进行对话，而且还与别国的传统进行对话。

四

作为一名阳明学研究者,我一直梦想能够以近世——近代——现代"三部曲"的形式来完成对东亚阳明学的研究。本书即为其中的一部,也是三部曲的开篇之作。接下来我将继续对近代和现代的东亚阳明学进行梳理。若只站在某一个国家的立场上去记叙东亚思想史,那就会忽略掉很多东西。东亚世界具有的文化网络以及知性的连锁,在近代以后诞生的"民族国家"意识中是很难裁断的智。实际上人和物及信息(概念、知识),正如历史所显示的那样,一直以来都是超国境的,在文化、政治的脉络中——甚至会通过战争的形式——互相交流沟通。从此观点出发,近年来以超越一国史之框架去处理哲学史问题的趋势亦有所增强,出现了种种努力以"海域""地域"为单位代替"国家",对历史进行再建构的尝试,此即所谓"广域史"的观念。上面谈到的这种文化的跨国交流,曾经频繁出现在韩国和日本的学术史上,甚至存在于持不同观点的两个学派之间。

2015年2月,也就是《东亚阳明学的展开》韩文版即将完成之际,我偶然翻看了日本阳明学开山鼻祖中江藤树(1608—1648)的《中江藤树先生全集》。此书以前也不知看了多少遍,却从未注意到一幅熟悉的图表,这回偏巧进入了我的眼帘。这幅图就是韩国儒者李滉编纂的《圣学十图》中最后一

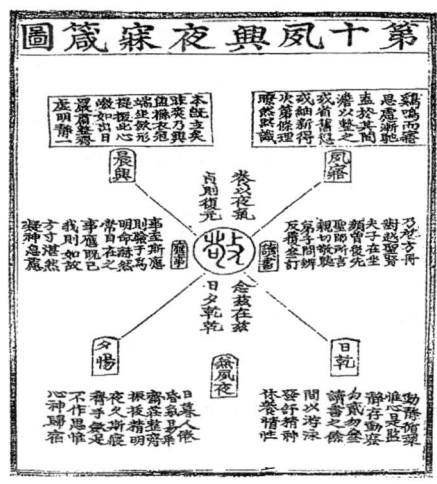

李滉《圣学十图》中第十图《夙兴夜寐箴图》

(陈茂卿)夙兴夜寐箴圖　詳未者筆

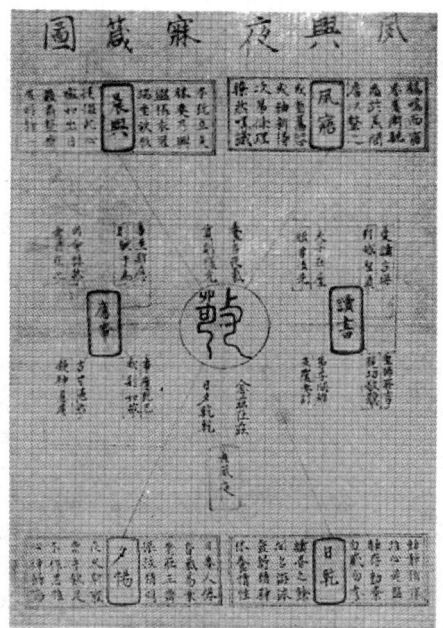

此圖は藤樹先生の門人岩佐太郎右衛門の嫡流
に傳はれるせにしてしかも先生が門人に教
示する材料せられもるものなるかん
（近江　岩佐一定氏藏）

《中江藤树先生全集》收入的"(陈茂卿)《夙兴夜寐箴图》，笔者未详"，实为李滉的《夙兴夜寐箴图》

图——《夙兴夜寐箴图》。经考察，这幅碰巧发现的图，原为藤树门人所有，后被藤树后人收藏，并被编入《全集》中。

1940年在日本刊行的《全集》中收入的这幅《夙兴夜寐箴图》的上端，记有"（陈茂卿）《夙兴夜寐箴图》，笔者未详"[1]的字样，图的下端还附加了对此图的说明："此图遗有藤树门人岩佐太郎右卫门嫡流之字迹，盖为先生教示门人之资料。近江岩佐定一氏藏。"[2]

可以认为，这就是藤树及其门生读过李滉《圣学十图》的证据。众所周知，《夙兴夜寐箴》是中国宋代儒者陈茂卿（名柏）所写的箴言，后李滉将之绘成《夙兴夜寐箴图》，并附加了补充说明。《夙兴夜寐箴图》介绍了从早上醒来到晚上入睡为止，在一天的日常生活中实践圣学的具体方法。此图体现了李滉以"敬"为核心的圣学构想。而从强烈反对宋学之"敬"而强调"诚"的中江藤树也对此予以认可这一点上可以看出，

---

[1] 当时在《夙兴夜寐箴图》被公认为是李滉作品的情况下，将其处理成"（陈茂卿）《夙兴夜寐箴图》，笔者未详"，实在是无法理解。笔者推测，或是因为《藤树先生全集》刊行的1940年正好是日帝统治时期，经常被利用并恰到好处地作为军国主义的宣战品而得到扩散的藤树，是不是为了避讳日本哲学受殖民地朝鲜思想家退溪的"影响"或与朝鲜有关的事实，会在朝鲜与日本学术——知性史的联系上形成不利之脉络而有意为之的呢？凭借当时日本的学术水平，应该可以解决对此类资料之出处的初级考证问题，这就更使人怀疑其动机了。总之，江户时代李滉的《圣学十图·夙兴夜寐箴图》被发现于日本阳明学者的著作中这一事实，在阳明学研究史上可以说是一次重要发现。

[2] 中江藤树：《中江藤树先生全集》，东京：岩波书店，1940年，第5册，第69页。

此图在日常行为实践程序上的魅力。可以说，此图将李滉与藤树联接了起来，也为儒学的跨地域交流留下了有意思的一笔。不仅如此，对这种现象进行挖掘的意义和价值，显然是不言而喻的。我们今后的研究工作，也要继续从"广域史"的观念出发，对各种哲学思想间所进行的交流、疏通、领有加以关注。

五

此次中文增补版《比较阳明学——以中韩日三国为视域》能够发行，实在是离不开大家的协力与劳作。这里特别要对中国浙江省社会科学院的钱明教授，以及经常在学术创作上给予我莫大帮助的中国复旦大学的吴震教授表示感谢。另外还要向协助翻译的中国延边大学的林海顺教授，韩国公州教育大学的李愚辰教授，以及岭南大学大学院韩国学系博士研究生金明月先生一并表示感谢。同时还要向克服了种种困难协助此书出版的中国上海古籍出版社的各位同仁表示感谢。因为此书是基于三十年前的构想之作，所以以今天的视角来看难免会有很多不足之处，希望今后能不断以后续之作对此进行补充完善，同时恭望同仁诸贤批评指正。

崔在穆
于韩国大邱时至洞
2018 年 12 月 10 日

目 次

作者序 …………………………………………………… 1

序　论 …………………………………………………… 1
 一、研究目的 ………………………………………… 1
 二、研究对象与时代设定 …………………………… 4
 三、研究方法 ………………………………………… 6

第一部　阳明学的成立及其思想特质

第一章　阳明学的成立 ………………………………… 3
 一、王阳明的思想课题——成圣 …………………… 9
 二、朱熹的格物致知 ………………………………… 11
 三、阳明学的起点——心即理 ……………………… 23
 四、阳明学的完成——致良知学的创立 …………… 26

第二章　阳明学的思想特质…………………………… 33
　一、良知 …………………………………………… 34
　二、致良知的两个侧面——积极侧面与消极侧面 …… 43
　　1. 积极侧面 ……………………………………… 47
　　2. 消极侧面 ……………………………………… 51

第三章　阳明学分裂（个性之展开）的起点及其形态
　　　　——致良知中体现的两大思想侧面（倾向）的
　　　　具体化 …………………………………… 61
　一、阳明学分裂的起点——王畿和钱德洪的四句教
　　　之争 …………………………………………… 61
　二、分裂的形态 …………………………………… 70
　三、阳明学两大侧面之特质及其主要展开于中国的
　　　积极倾向 ……………………………………… 77

第二部　致良知论的展开

第一章　中国良知现成论的展开………………………… 83
　一、王畿的现成良知论 …………………………… 83
　　1. 现成良知 ……………………………………… 83
　　2. 本体工夫和悟 ………………………………… 89
　二、王艮的明哲保身论 …………………………… 96
　　1. 造命 …………………………………………… 97
　　2. 保身之构造 …………………………………… 99

三、罗汝芳的赤子之心论 …………………… 109
四、李贽的童心论 …………………… 113

第二章 韩国良知体用论的展开与良知现成论的曲折 …… 123
一、崔鸣吉的良知开悟论及其工夫论 …………………… 124
二、郑齐斗对良知体用论的确认与对致良知
（现成良知）的批判 …………………… 129
　1. 对良知体用论的理解——以《良知（体用）图》
　　为中心 …………………… 129
　2. "致良知＝至良知"论 …………………… 142
　3. 对致良知（现成良知）论的批判 …………………… 145

第三章 日本关于现成良知论的接纳与深化 …………………… 148
一、中江藤树对良知现成论的受容 …………………… 150
　1. 对王畿现成良知（本体工夫）论的受容 …… 152
　　（1）王畿思想的受容经过 …………………… 152
　　　① 固守格法、陷于僵化 …………………… 153
　　　②《原人》中对人格神之天（皇上帝）的
　　　　设定 …………………… 159
　　　③《持敬图说》中"畏天命、尊德性"之
　　　　学的成立 …………………… 162
　　　④ 作为"畏天命、尊德性"之要约的明
　　　　德之学 …………………… 170
　　　⑤ 心之自然 …………………… 179

（2）王畿思想的受容 …………………… 185
　　　　① 从格法到真性活泼之体 …………… 185
　　　　② 本体工夫论的受容与展开 ………… 192
　2. 对王阳明致良知论的受容 …………… 199
　　（1）入德之手段：致良知之学 ………… 199
　　（2）现成良知 …………………………… 200
　　（3）从"致良知"倾斜到"信良知"……… 202
　　（4）以藤树后学的良知信仰论为例 …… 205
　　　　① 渊冈山的致（信）良知论 ………… 205
　　　　② 木村难波的"戴祈"论 …………… 207
二、大盐中斋对致良知之"归太虚"的理解 ……… 211
　1. 致良知论与归太虚论的结合 ………… 211
　2. 太虚说的渊源 ………………………… 214
　3. 良知的虚无性格之深化——空虚之实学 …… 216
　4. 致良知（＝归太虚）论 ……………… 219

第四章　比较论的考察 …………………………… 222

第三部　万物一体论的展开

第一章　王阳明的万物一体论 …………………… 229
　一、以经世为中心的行为的万物一体论 ……… 230
　二、以修养为中心的反省的万物一体论 ……… 240

第二章　以经世为中心的万物一体论在中国的展开
　　　　——特别以王艮为中心ꞏꞏꞏꞏꞏꞏꞏꞏꞏꞏꞏꞏꞏꞏꞏꞏꞏꞏꞏꞏꞏꞏꞏꞏꞏꞏꞏꞏꞏ　246
　一、共生 ꞏꞏ　246
　二、救世的使命与实践 ꞏꞏꞏ　253

第三章　以修养为中心的万物一体论在韩国的展开ꞏꞏꞏꞏꞏꞏꞏꞏ　257
　一、崔鸣吉的以自身修养为中心的万物一体论 ꞏꞏꞏꞏꞏꞏ　257
　二、郑齐斗的基于加强自身修养的静态的万物一
　　　体论 ꞏꞏ　260

第四章　以"现实场"为中心的经世的万物一体论在
　　　　日本之展开ꞏꞏ　267
　一、中江藤树提出的被称作"太虚"的现实具体
　　　之场 ꞏꞏ　267
　　　1. 作为天地活动之场的"太虚"ꞏꞏꞏꞏꞏꞏꞏꞏꞏꞏꞏꞏꞏꞏꞏꞏꞏꞏꞏꞏ　267
　　　2. 太虚主宰者（皇上帝）的设定及其场所的
　　　　　绝对化 ꞏꞏꞏ　270
　　　3. 太虚皇上帝的分身之集合 ꞏꞏꞏꞏꞏꞏꞏꞏꞏꞏꞏꞏꞏꞏꞏꞏꞏꞏꞏꞏꞏꞏꞏ　271
　二、大盐中斋的太虚之内面化 ꞏꞏꞏꞏꞏꞏꞏꞏꞏꞏꞏꞏꞏꞏꞏꞏꞏꞏꞏꞏꞏꞏꞏꞏꞏꞏꞏꞏꞏ　276
　　　1. 太虚之内面化ꞏꞏ　276
　　　2. 天地万物乃吾之分身 ꞏꞏꞏꞏꞏꞏꞏꞏꞏꞏꞏꞏꞏꞏꞏꞏꞏꞏꞏꞏꞏꞏꞏꞏꞏꞏꞏꞏꞏꞏꞏꞏꞏ　279
　　　3. 所谓分身的"心中"——"大盐之乱"的
　　　　　思想史意义 ꞏꞏ　282

第五章　比较论的考察ꞏꞏ　285

第四部　人欲论的展开

第一章　私欲肯定论在中国的展开 ………………… 291
　一、梁汝元的寡欲论 …………………………… 295
　　1. 无欲论的否定与寡欲论——向孔孟寡欲论的回归 …………………………………… 296
　　2. 御欲者（＝命） ………………………… 299
　　3. 与民同欲与育欲 ………………………… 300
　二、李贽的私及私欲肯定论 …………………… 301
　　1. 无私论批判 ……………………………… 301
　　2. 人伦的本质——穿衣吃饭 ……………… 303

第二章　无欲论在韩国的展开和私欲肯定论的屈折 … 307
　一、许筠的私欲肯定论 ………………………… 307
　　1. 男女情欲乃天也 ………………………… 307
　　2. 居处饮食与财货论 ……………………… 312
　二、郑齐斗的无私无欲论及对私欲肯定论的批判 …… 315

第三章　无欲论在日本的展开 ……………………… 320
　一、中江藤树的凡心之超克 …………………… 320
　　1. 绝意论——意为万欲百恶之源 ………… 320
　　2. 从凡心超克到无心无欲 ………………… 327
　二、藤树以后无欲论的展开——以大盐中斋为重点 ………………………………………… 332

第四章　比较论的考察…………………………………… 336

第五部　权道论的展开

引　言…………………………………………………………… 341

第一章　中国的经之相对化与经则法（史）论之展开…… 346
　　一、王畿的格法（格套）否定论和经则法论 ……… 346
　　二、李贽的经史一物论 ……… 350

第二章　韩国的经之补完论及其权论之展开…………… 353
　　一、崔鸣吉的知经与达权 ……… 353
　　二、张维的知变和通变 ……… 361
　　三、郑齐斗的经权补完论及其名教绝对化 ……… 364

第三章　基于时处位论的日本权则道论之展开………… 371
　　一、中江藤树的权则道论与时处位论 ……… 371
　　二、熊泽蕃山对权论的深化——人情事（时）变论和
　　　　水土论 ……… 387

第四章　比较论的考察………………………………… 397

第六部　三教一致论的展开

第一章　中国良知虚无性格的深化与三教一致论的

展开 …………………………………………… 403
　　一、王畿以良知学为核心的三教一致论 …………… 409
　　二、李贽的三教归儒论 ……………………………… 415

第二章　韩国名教对虚无的排除和对三教一致论的拒受… 419
　　一、许筠对老、佛的倾心及其批判 ………………… 421
　　二、郑齐斗对名教的固守和对老、佛的批判 ……… 428

第三章　基于人伦日用的日本三教一致论之展开………… 430

第四章　比较论的考察……………………………………… 441

结论与附录

结　论……………………………………………………… 447

附　录……………………………………………………… 454
　东亚近世近代阳明心学述评 ……………………… 454
　关于石溪金箕东的《弗离十图》研究 …………… 482
　关于东亚阳明学者的"梦"与"哲学觉悟"的问题… 546

译者后记…………………………………………………… 590
校译者补记………………………………………………… 596
参考文献…………………………………………………… 599

序　论

一、研究目的

本书的写作目的，在于解明东亚三地域（中国、韩国、日本[1]）阳明学的展开过程与形态，并对其进行比较考察。因此，本书在广义上亦可看作"阳明学视野下的东亚近世思想史研究"。阳明学是在东亚三地展开的具有普遍性的思想体系。但以往的阳明学研究，都是以各地域的分块研究为主。因此，本书将尝试采用对阳明学的普遍性与各地域的特殊性同时加以考察的新方法。

尤其就韩国（朝鲜）而言，在朱子学作为主流，其他思

---

[1] 本书所谓的东亚三地域包括中国、韩国和日本，这一概念说到底仅仅是为了理论展开上的方便而使用，实际上是不能用国家观念来概括和把握阳明学之展开的。比如至今仍被分裂为南北两半的朝鲜半岛，其大韩民国与朝鲜民主主义人民共和国分属截然不同的两种政治体制，严格说来，阳明学所展开的朝鲜时代是不能仅仅局限于韩国一地的。不过，在把为了方便所使用的中国、韩国和日本之地域概念限定在阳明学之展开的具体的历史的过程中时，因为指的是这一被展开的各个地域的特定时代，所以今天的国家和政治体制问题并不包括在内。

想形态不可能存在的前提下，韩国阳明学通常被认为是没有独立的展开形态的。试图从与中国、日本比较的视角上，对韩国阳明学的全面研究及在东亚视野下对阳明学的研究至今还是空白。因此，为了还韩国阳明学以本来面貌，就必须要对东亚三地域的阳明学之展开形态作全方面的考察。为此，本书一方面力求具体地理解韩国阳明学，另一方面还将对东亚阳明学的展开过程及形态进行探究。要完成这样的双重课题，虽非易事，但却是十分必要的。

事实上，阳明学在王阳明[1]逝后不仅在中国发展起来，还传入了韩国和日本，并以多种方式被受容。其展开形态甚至比当时东亚主流哲学朱子学还复杂多样。朱子学在朱熹[2]逝后，性质几乎没有发生什么变化，后代也基本上是原样继承。而阳

---

[1] 王阳明（1472—1529），名守仁，字伯安，号阳明。笔者曾在《我心是灯》（이학사：서울，2003 年）一书中对王阳明之生涯和思想作了详细介绍。其中作者有意通篇以其号代替其名。这是因为，不但王阳明平时喜欢自称阳明，而且阳明的称呼和用语还很恰当地表现出王阳明的生活和思想。首先，王阳明经历了各种精神和思想的磨难并通过在阳明洞中的"实存苦恼"而献身于儒家。不仅如此，"阳明"一词还形象地表现出成为阳明学基点的龙场悟道——"心即理"和王阳明的核心思想"致良知"。事实上，王阳明将良知比喻成"阳明"，即"发光的太阳"。他认为心中的良知与"阳明即发光的太阳"具有同样的地位。这一想法使他在东亚清一色的朱子学氛围中开拓出新的学风，树立起新思想的里程碑。按：此书中出现的除王阳明以外的所有人物，若无特别情况，均以其名标记。

[2] 朱熹（1130—1200），字元晦，号晦庵。宋代儒学集大成者，朱子学的创始人。

明学则与之相反。阳明死后,随着杰出人物的登场,阳明学也"四分五裂",并以多种方式被展开。阳明学"一本万殊"的特征由此展现于历史舞台。我们不能将阳明学的这种分化看作是单纯的历史事实,这是在东亚近世儒学思想展开过程中发生的一项非常重要的"历史事件"。从中国抑或东亚的宏观视角来审视,阳明学的生命力不仅仅停留在哲学思想上。阳明学与独具个性的优秀人物相遇,对市民生活、教育、宗教、政治、文艺等诸多领域都产生了重大影响,可以说阳明学开创了儒学史的新局面。

可以想见,沿着展开于东亚的阳明学的足迹前行,我们就能拥有较以往的研究更开阔的东亚近世思想史的研究之"场",进而也就有可能探悉到东亚各地域的人物,以自己所在地区特有的历史、社会、环境为基础,"将阳明学个人化之实相",即以其各自固有的灵性为基础,把传统思想与外来思想交融成多样化的思想体系。

我们大概可以从这样的视角出发来理解阳明学,即阳明学原本是完成于中国人的生活、文化世界的思想系统。在其形成思想系统之前,仅仅属于中国人的生活史和文化史。王阳明把人的良知归结为万物一体的本心或本源,是因为自觉地认识到共生的"场"。这一点也同样适用于其他地域的阳明学之展开。因此,本书在探寻阳明学之展开过程的同时,还对各个地域的学者是如何以阳明学为媒介,自觉地认识并形成自己的共生之"场"的问题做了特别关注。

二、研究对象与时代设定

本书的研究对象是王阳明之后，在东亚三地域中继承阳明学并将之作为主导去展开的思想家，同时还包括对形成和确立各地域独自的思想倾向产生过重要作用的思想家。比如中国的思想家有明代中叶的王畿[1]、王艮[2]和明末的罗汝芳[3]、梁汝元[4]、李贽[5]；韩国的思想家有朝鲜中期（阳明学受容以后）的许筠[6]、崔鸣吉[7]、张维[8]及韩国阳明学的集大成者

---

[1] 王畿（1498—1583），字汝中，号龙溪，王阳明弟子。曾将王阳明之四句教释为四无说，并通过近四十年的江南地区的讲学活动来传播阳明学。
[2] 王艮（1483—1541），字汝止，号心斋，泰州学派创始人。将教学对象扩大到一般市民中。与王畿并称"二王"，并以"淮南格物"说等著名。
[3] 罗汝芳（1515—1588，字惟德，号近溪），颜钧门生，思想上倾向于王艮的泰州学派。与王畿（龙溪）并称"二溪"。
[4] 梁汝元（1517—1579，字夫山），后改名为何心隐。明为阳明左派，实为具有革新思想的自由思想家。构聚和堂，建宗族联合体，认为所有成员在教育、冠婚、丧祭、赋役等方面一律平等。
[5] 李贽（1527—1602，字卓吾），反对礼教，主张男女平等。以异端自居，批判儒家弊端。著有《藏书》《焚书》等。
[6] 许筠（1569—1618，字端甫，号蛟山），因信奉佛教而遭到论难。企图策划抗议身份制度和庶孽差别的革命，后因事情暴露而遭凌迟斩首。文集有《惺所覆瓿槀》等。
[7] 崔鸣吉（1586—1647，字子谦，号迟川），系构建江华学派之基础的人。在丙子胡乱、丁卯胡乱时，反对当时金尚宪（1570—1652）等人所主张的斥和论，宣扬主和论。著有文集《迟川集》等。
[8] 张维（1587—1638，字持国，号溪谷），善文章，与申钦、李植、李廷龟合称"月象溪泽四大家"。虽为金长生（1548—1631）的门人，但更倾心阳明学。文集有《溪谷集》等。

郑齐斗[1]；日本思想家有江户初期的阳明学集大成者中江藤树[2]及熊泽蕃山[3]，江户中期的大盐中斋[4]。本书的研究对象所涉及的时代，则涵盖了明代中期至末期、朝鲜中期、江户初期至中期。

一般来说，王阳明以后的阳明学，基本上都是由较为右倾的思想家构成和确立，作为其原型，又都源于各自地域的具体状况而出现变容，产生曲折，进而得以展开的。然而，这些进入近代以后展开于各地域的阳明学却并未受到应有的重视。事实上，随着近代化过程的加剧，东亚各地域都出现了新的局面，在面对西洋文明时也都作出了各自的回应和受容，这些问题，都需要在对所谓近代转换期的具体时代的历史状况进行考察和设定之后，通过深入比较各地域的阳明学之展开形态来得到解决。这样的近代东亚阳明学史的研究，还有助于对诸如"在韩国的近现代时期，日本的无教会主义被受容及其扩散所具有的意义以及知性史的脉络"等课题的研究。

---

[1] 郑齐斗（1649—1736，字士仰，号霞谷），初宗朱子，二十岁后笃信阳明学。创江华学派，为韩国阳明学的集大成者。著有《霞谷集》等。
[2] 中江藤树（1608—1648，字惟命，通称右卫门），日本阳明学的鼻祖，被推崇为"近江圣人"。
[3] 熊泽蕃山（1619—1691，字了介，通称次郎八），江户早期的儒学家。系中江藤树的门下。
[4] 大盐中斋（1793—1837，号中斋，通称平八郎），江户后期的儒学家。曾在大阪发动大盐平八郎之乱。著有《洗心洞札记》等。

三、研究方法

本书并不局限于以往的研究方法，而是尽可能地把重点放在阳明学所固有的内在论理结构及其展开过程上。这种方法应属于内在论的研究。本书的内容由六部分构成：

第一部是对阳明学的成立及其思想特质的考察。而所谓的思想特质就是原本就共存于王阳明思想中的两大倾向。即体现向内的、静态的、反省（省察）的性格（重视工夫的倾向）特征的消极性；另一个是体现外向的、动态的、行为的性格（重视本体的倾向）特征的积极性。[1] 对这两大倾向的揭示是在与对致良知这个王阳明思想的完成形态和核心概念作考察的同时进行的。这两大思想倾向，也同样适用于第二部到第六部的思想形态之考察，故而笔者以这两大类型为"刃"把阳明学中的各种议题作了分析。

接下来的第二部到第六部则分别对阳明学中最具代表性的思想形态，即致良知论（第二部）、万物一体论（第三部）、人

---

[1] 所谓积极性、消极性之概念，本书所关注的，是在发挥和实现王阳明之良知（致良知）时，是如何把握和表述良知，又有怎样不同的思想特质，亦即"良知是直接地发挥其工夫（修养）还是以工夫（修养）为媒介而间接地发挥其本体"，或者说"良知是被积极地把握（重视本体）还是被消极地把握（重视工夫）"这些内容。请详见本书之第一部和第二部。

欲论（第四部）、权道论（第五部）和三教一致论（第六部）进行了讨论。然后又对这些思想在中国、韩国、日本各地域展开的不同形态进行了比较考察。以上就是本书对东亚阳明学之展开所作的尝试性探索。

第一部

阳明学的成立及其思想特质

玩易窝：玩易窝即王阳明研习《周易》之洞，位于龙岗山阳明洞西南4 km的地方。此洞的地下与龙岗山的阳明洞相连，现因农事已被隔断。玩易窝实际上是王阳明彻悟"心即理"的地方，然而当地人从未对外公开过此洞，甚至还曾在此养过猪。所以即使现在有人到了龙场，也很难寻到此洞。

玩易窝地下的内部石棺：王阳明为躲避刘瑾派来的刺客，寻求自我保护，夜里常孤身一人藏于黑暗的玩易窝中的地下石棺内。就是在这种环境及危机中，王阳明彻悟了阳明学的重要教法"吾心即理"即"心即理"说。

第一章　阳明学的成立

在考察王阳明的思想[1]成立过程之前，首先要对明代思想界的状况和王阳明的成长过程做一番略述。

明代初期的思想界，是以继承集宋代思想之大成的朱子学为中心形成的。这是由汉民族取代异民族王朝——元而建立的汉民族的统一国家明朝（1368—1644）的民族主义倾向所决定的。[2]但明初的学术气氛只继承了元代将朱子学官学化的传统，

---

[1] 一般考察王阳明思想时，会根据其渊源于陆九渊还是朱熹，而分别称之为"陆王学"或"朱王学"。前者认为，王阳明继承了陆九渊的"心即理"说，故将其称为"陆王心学"；后者则认为，王阳明继承了朱熹的"性即理"说，并将此转换"心即理"说。除此之外，王阳明的思想还可根据他的姓（王）和号（阳明），而被命名为"王学""阳明学"；或是从他的学说把心（良知）作为研究题目这一点出发，着眼于思想内容，而将其称作"阳明心学""良知学"；也有从他的思想以"致（实现）良知"为最终目标这一点出发，而将其称作"致良知学"；还有因为王阳明是浙江省余姚县人，于是以流淌于该县的江（姚江）名（地名）为依据，而将其称作"姚江学"。本书一方面把王阳明的思想与阳明学视作同一概念，另一方面又根据场合的不同而选择适当的概念。但是，对于在各个地域发展起来的阳明学，则欲根据其地功能变化的不同，而分别称作中国阳明学（派）、韩国阳明学（派）和日本阳明学（派）。
[2] 参照东京大学中国哲学研究室编：《中国思想史》，东京：东京大学出版会，1952年，第159—160页。

而并没有太大的发展,因此明代初期堪称思想领域的停滞期。《明史》卷二八二《儒林传》的序言曾指出明初诸儒皆为朱子门人的支流余裔,像曹端[1]、胡居仁[2]那样信守先儒之正传而无敢改错的儒者比比皆是。其中的详情被作了如下概括:

> 如原夫明初诸儒,皆朱子门人之支流余裔,师承有自,矩矱秩然,曹端、胡居仁笃践履,谨绳墨,守儒先之正传,无敢改错。

黄宗羲[3]在《明儒学案》[4]中说过,明代的事功、文章绝对超越不了前代。[5]他把明初看作是对朱子学的沿袭、固守期。他明确地指出:

> 有明学术,从前习熟先儒之成说,未尝反身理会,推

---

[1] 曹端(1376—1434),字正夫,号月川。主张学问以实践躬行为主。被认为是明代初期的理学泰斗。
[2] 胡居仁(1434—1484),字叔心,号敬斋。吴与弼的门生。继承了正统的程朱学。
[3] 黄宗羲(1610—1695),字太冲,号南雷。明末清初著名思想家。继承了刘宗周的学统,属阳明学右派,也是浙东学派的核心人物。
[4] 按:《明儒学案》一书是黄宗羲对明代学术的系统总结。此书论述了各流派及其学脉,摘要收录了明代思想界中具有代表性的学者之文集和语录,是中国最早的有体系的学术史著作。此书对阳明学的传承和分化进行了地域性的分流梳理。这一特点具有特别重要的意义。
[5] 黄宗羲《明儒学案序》云:"有明事功文章,未必能越前代。"(黄宗羲著,沈芝盈点校:《明儒学案》,北京:中华书局,1985年,第7页)

见至隐,所谓"此亦一述朱,彼亦一述朱耳"。高忠宪[1]云:"薛敬轩[2]、吕泾野[3]语录中,皆无甚悟透。"亦为是也。[4]

这可以说与《明史》卷二八二《儒林传》序言所说的现象完全一致。但是,这样的思想界状况,终于由于陈献章[5]、王阳明的出现而发生了骤变。《明史·儒林传》的序言记述了由于陈、王二人的登场而开始出现的学术分化。序文记述如下:

> 学术之分,则自陈献章、王阳明始。宗献章者,曰江门之学,孤行独诣,其传不远。宗守仁者,曰姚江之学,别立宗旨,显与朱子背驰,门徒遍天下,流传逾百年,其教大行,其弊滋甚,嘉、隆而后,笃信程、朱,不迁异说者,无复几人矣。

---

[1] 高攀龙(1562—1626),字存之,别号景逸,谥号忠宪。东林学派的领袖。
[2] 薛瑄(1389—1464),字德温,号敬轩。曾与吴与弼一起学习程朱学,为河东学派的主倡者。
[3] 吕柟(1479—1542),字大栋,别号泾野。明代儒学家。师事薛敬之(1435—1508),崇尚程朱学。
[4] 《明儒学案》卷十《姚江学案》。
[5] 陈献章(1428—1500),字公甫,号白沙。曾在吴与弼门下学习理学,后继承陆九渊(1139—1192)的学风,主张静坐,以净化心灵,体认天理。

就是说，陈献章的"江门之学"没有流传很远，反倒是王阳明的"姚江之学"别立宗旨，与朱子学背道而驰，从而使自己的门徒遍布天下。然"姚江之学"流传超过百年后，随着其教的大行其道，其弊亦愈加显露出来。

黄宗羲也认为，有明学术，至陈献章始入精微，其学说之要点，在于以心之涵养为工夫；到了王阳明，明学方始大成。[1] 与《明史·儒林传》序言里把陈献章视为王阳明的先驱一样，黄宗羲也认为，陈、王之学"最为相近"。

由此可见，以往一般是把王阳明当作能够代表明代的思想家，而其先驱则是陈献章。这种看法，在《明史》和《明儒学案》中就已形成，并持续至今。

黄宗羲还特别对王阳明及其门下的思想作过如下论述：

> 自姚江指点出"良知人人现在，一反观而自得"，便人人有个作圣人之路，故无姚江，则古来之学脉绝矣，然致良知一语，发自晚年，未及与学者深究其旨，后来门下各以意见搀和，说玄说妙，几同射覆，非复立言之本意。[2]

---

[1] 黄宗羲说："有明之学，至白沙始入精微，其吃紧工夫，全在涵养。喜怒未发而非空，万感交集而不动，至阳明而后大。两先生之学，最为相近。"（《明儒学案》卷五《白沙学案上》）
[2]《明儒学案》卷一〇《姚江学案》。

在沿袭朱子学的时代背景下，王阳明继承了孟子以来的"儒学内部的心学传统"，并将之提高到了一个新的层面。存在主义哲学家卡尔·雅斯贝尔斯（Karl Jaspers, 1883—1969）曾在这个侧面上评价过王阳明，称其为"中国古代最后的形而上学者"。[1] 王阳明开辟了新心学[2]之路，提出"良知人人现在，一反观而自得，便人人有个作圣之路"的致良知说。此致良知说是王阳明经过长时间的修养和学习后在晚年提出的。正如王阳明本人所说，这是"从百死千难[3]中得来"的。但他的门生们却不经修养和学习，各以意见掺和，加以发挥，说玄说妙。[4]

---

[1] 雅斯贝尔斯曾向当时日本的一位年轻哲学家野田又夫（1910—2004）表白过其被王阳明深深感动的事。他说："我在尼采的压制下不得不沉默时，遇到了《圣经》和东洋哲学，从中找到了人性的延续……我被一个叫王阳明的人震撼了。王阳明是中国古代以来形而上学者中的最后一人……王阳明以后的中国哲学转为实证主义。在儒家中强力表现出革命活力的学派非王阳明学派莫属。"（引自野田又夫：《自由思想の歷史》，东京：河出书房，1957年，第176页）

[2] 按："新心学"一词最早见于荒木见悟的《佛教と陽明学》（东京：文明社，1979年）一书，后指称阳明学，又普遍应用在张学智的《明代哲学史》（北京：北京大学出版社，2003年）等中国当代哲学史著作中。

[3] 王阳明说："某于此良知说，从百死千难中得来，不得已与人一口说尽，只恐学者得之容易，把作一种光景玩弄，不实落用功，负比知耳。"（《阳明年谱》，正德十六年五十岁条）

[4] 黄宗羲将这一点表述为"若阳明门下亲炙弟子，已往往背其师说"（《明儒学案》卷七《河东学案上》，第109页）。这里的"门下亲炙弟子"，是与"阳明先生之学，有泰州、龙溪而风行天下，亦因泰州、龙溪而渐失其传"（同上书卷三二《泰州学案一》，第703页）所说的一样，指的是泰州（王艮）学派和王畿（习惯上指的是所谓的阳明学左派，然而本书却将其看作是王阳明思想的积极侧面〔倾向〕的继承者与（转下页）

我们前面提到过的《明史·儒林传》的序言也曾指出过这一点。这个信息给了我们两个提示：一是王阳明的学说明显地与朱子学背道而驰，其门徒遍天下，流传逾百年，其教大行，其弊滋甚。二是王阳明门下曾涌现出各类思想家，他们根据自己的解读，对师说进行了个性化展开。其中的第二点是值得我们注意的。

下面，让我们来讨论一下王阳明的问题意识及其展开方向，并从中审视阳明学的成立过程。

（接上页）展开者）。正如以往的研究者所指出的那样，对于王门诸流派，黄宗羲认为以江右为中心的所谓右派（但本书却将其看作是王阳明思想的消极侧面〔倾向〕的继承者和展开者）是正统，而视王畿及泰州派的左派为异端而加以排斥。这一见解被鲜明地反映在王门诸学案的构成当中，并根据地域差别而首先把王阳明膝下的"浙中王门"（包括徐爱、钱德洪、王畿等入门很久的门人）放在第一位，而将"江右王门"放在第二位并予以重视，然后大体上根据重要之程度，按序排列出"南中、楚中、北方、粤闽"各王门学案，接着才依次为《止修学案》（仅李材一人）、《泰州学案》（王艮以下）、《甘泉学案》（湛若水以下）等。通常而言，泰州派若根据其师承关系，本来可作为王门学案之一，而排列在更靠前的位置上，但实际上却连"王门"的称号都没被加上，甚至被排在江右王门邹守益的门人（也就是王阳明的再传弟子）李材的《止修学案》之后。又因泰州派仍被列于《甘泉学案》之前，所以姑且被看作是王学系的学案之延续，不过这是以一种极度藐视的态度来对待的。至于颜钧、何心隐等人的事迹，则只在《泰州学案》小序中一略而过，根本不予独立立传，而李贽（卓吾）在小传中更是连提都未提。因此可以说，黄宗羲对于王学左派是极度厌恶和贬黜的（参照山井涌：《明清思想史の研究》（东京：东京大学出版会，1980年，第313页）。

一、王阳明的思想课题——成圣

自从周敦颐[1]对"圣可学乎"的问题回答说"可"[2]以来，凭借修学以成圣的想法就一直是宋明理学的共同课题。王阳明也继承了这一观点，并且很早就将"成圣"作为自己的目标。

王阳明十八岁时，在江西广信与吴与弼[3]的高足娄谅[4]相遇。娄谅是与吴与弼的门人胡居仁、陈献章齐名的学者。他与王阳明相遇时，提到了宋儒的格物之学，强调"圣人可学而至"，[5]意指任何人都可以通过修学而成为圣人。年轻的王阳明，"是年始慕圣学"。[6]黄宗羲说过："姚江之学，先生（娄谅）为发端也。"[7]其因盖在于此。王阳明从此倾慕圣学，之后，成圣成为贯穿他一生的重要课题。

另外，关于成圣的方法，王阳明依循朱子学的工夫论（修

---

[1] 周敦颐（1017—1073），字茂叔，号濂溪。构建了性理学的基础和框架。著有《太极图说》《通书》等。
[2] 周敦颐：《通书·圣学第二十》，收入周文英主编：《周敦颐全书》，南昌：江西教育出版社，1993年，卷三，第137页。
[3] 吴与弼（1391—1469），字子溥，号康斋。注重以治心和躬行为主的修养工夫。重要弟子有纯朱子学者胡居仁和被认为有阳明学倾向的陈献章。
[4] 娄谅（1422—1491），字克贞，号一斋。曾在吴与弼门下学习理学。因王阳明早年曾在其门下学习，所以黄宗羲将其视为姚江学之发端。
[5] 王孝鱼点校：《二程集》第2册，北京：中华书局，1981年，第577页。
[6] 参照《阳明年谱》，弘治二年己酉十八岁条。
[7] 《明儒学案》卷二《崇仁学案二》，第44页。

养论),也就是"格物穷理",去穷索事事物物之理,结果在其二十一岁和二十七岁时,遭到了两次挫折。这两次挫折的经验,后来居然成了王阳明思想的起点——觉悟"心即理"说的基础。从这一点来说,这两次挫折极为重要。王阳明正是通过这两次挫折建立起反朱子学之立场的。下面就让我们来考察一下这两大事件。

首先,王阳明在二十一岁时,尝"遍求考亭遗书读之。一日,思先儒(朱熹)谓'众物必有表里精粗,一草一木,皆涵至理'。官署中多竹,即取竹格之,沉思其理(一木之理)不得,遂遇疾(精神疾病)。(阳明)先生自委圣贤有分,乃随世就辞章之学"。[1] 这是王阳明的第一次挫折。此事在《传习录》中也有记载:

> 只说格物要依晦翁(朱熹),何曾把他的说去用,我着实曾用来。初年,与钱友同论做圣贤要格天下之物,如今安得这等大的力量,因指亭前竹子,令去格看。钱子早夜去穷格竹子的道理,竭其心思,至于三日,便致劳神成疾。当初说他这是精力不足,其因自去穷格,早夜不得其理(竹之理),到七日,亦以劳思致疾,遂相与叹圣贤是做不得的,无他大力量去格物了。及在夷中(贵州龙场)三年,颇见得此意思,乃知天下之物本无可格

---

[1]《阳明年谱》,弘治五年壬子二十一岁条。

者，其格物之功，只在（自己的）身心上做，决然以圣人为人人可到，便自有担当了。这里意思，却要说与诸公知道。[1]

此后，王阳明在二十七岁时又经历了第二次挫折，即某一日，读朱熹上宋光宗疏，有曰：居敬持志，为读书之本，循序致精，为读书之法。乃悔前日探讨虽博，而未尝循序以致精，宜无所得；又循其序，思得渐渍洽浃，然物理吾心终若判而为二也。沉郁既久，旧疾（二十一岁时的精神疾病）复作，益委圣贤有分。偶闻道士谈养生，遂有遗世入山之意。[2]

就这样，为了成圣，王阳明按照朱熹的格物穷理论所说的，拼命穷尽事物之理，但结果却是无功而返。这里的难题是，"物之理"和"吾心"应该如何统一？这个问题后来成为王阳明最大的课题。

二、朱熹的格物致知

这里我们不能无视朱熹的格物致知论。事实上，无论朱子学还是阳明学都没有把"知"仅仅当作"知"本身来看待，而是认为"知"孕育在人为了获取更好的生活而所负担的内在紧

---

[1]《传习录》下卷，第118条。
[2]《阳明年谱》，弘治十一年戊午二十七岁条。

张之中。[1] 也就是说,"知"还包括对内在的心理道德规范的认识和实践。

朱熹认为:"格物致知只是穷理";[2] "致知是自我而言,格物是就物而言"[3];"致知、格物只是一个"[4];"格物不说穷理却言格物,盖言理则无可捉摸"[5]。而朱子格物穷理论中的"格物"是指《大学》中出现的"格物致知"中的"格物","穷理"即为《周易·说卦传》中的"穷理尽性以至于命"[6]中的"穷理"。而一般则将"格物"和"穷理"两个概念并称为"格物穷理"。

穷理被作为朱子学中重要的认识论课题,是从张载[7]在展开自己的宇宙论时,以《周易·说卦传》中的"穷理尽性以至于命"为依据开始的。[8] 之后穷理(也即格物致知)论,特别是其中的"格物"作为一种媒介为新儒家的儒学思想提供了理

---

[1] T. A. metzger 认为,中国新儒学家(new-confucian)在有意无意间,在与现实产生的紧张(tension)心理的、道德的、形而上学的内在紧张和政治性、经济性的外在紧张中,有着深深的苦恼意识,他们最终将以改变自己或变革社会的方式来逃离由此产生的错综复杂的苦恼(参照 T. A. metzger, *Escape from Predicament*, Columbia University Press, 1977)。

[2]《朱熹集》卷五一《答黄子耕》。

[3]《朱子语类》卷一五,黄义刚录。

[4]《朱子语类》卷一五,杨道夫录。

[5]《朱子语类》卷一五,叶贺孙录。

[6]《周易·说卦传》。

[7] 张载(1020—1077),字子厚,号横渠。主张气一元论和太虚论。著有《正蒙》等。

[8] 李基东:《東アジアにおける朱子學の地域的展開》,东京:东洋书院,1987年,第321页。

论基础和实践方法。明代的刘宗周[1]曾指出，到其生活的时代为止，格物之说就有七十二种之多[2]。此一现象绝非偶然。这也正好说明了新儒家欲通过对格物的诠释来表明自己学术思想的事实。朱熹极重视《四书》中的《大学》[3]。受程颐影响，他也极其注重《大学》中的"格物"二字。对于格物，朱熹曾提出"致知与格物只是一事"的观点。那么这一说法的依据是什么呢？在进入朱熹的格物致知论之前，首先让我们就这个问题来做一下简单的论述。毋庸置疑，"格物致知"一词最早出现在《大学》首章中，具体内容如下：

> 古之欲明明德于天下者，先治其国；欲治其国者，先齐其家；欲齐其家者，先修其身；欲修其身者，先正其心；欲正其心者，先诚其意；欲诚其意者，先致其知。致知在格物，物格而后知至，知至而后意诚，意诚而后心正，心正而后身修，身修而后家齐，家齐而后国治，国治而后天下平。

首先让我们看一下，文本中的语句特征给我们的暗示。在

---

[1] 刘宗周（1578—1645），字起东，号念台、蕺山。初宗朱子学，后笃信阳明学。强调诚意说和慎独说。门下有黄宗羲等。
[2] 参见《刘子全书·学言》。
[3] 朱熹说："学问须以《大学》为先，次《论语》，次《孟子》，次《中庸》。"（《朱子语类》卷一四，廖德明录）

治其国、齐其家、修其身、正其心、诚其意、致其知前，都加上了一个"先"字，并且以"欲……其……者"为其先行，而唯在"致知"与"格物"之间是一个"在"字，将两者组接、结合成"致知在格物"。而按前面的逻辑，致知和格物应该是"欲致其知者，先格其物"或者"欲致其知者，在格其物"[1]。接下来的语句，基本上都采取了"物格而后知至"式的叙述方式，即从"知至"到"天下平"统一采用了"……而后……"的句式。

通过比较可以看出，"致知在格物"这样一种表达应该是为了体现两者密不可分的关系。朱熹很早就注意到了这一点，他说：

> 格物、致知，彼我相对而言耳。格物所以致知，于这一物上穷得一分之理，即我之知亦知得一分；于物之理穷二分，即我之知亦知得二分，于物之理穷得愈多，则我之知愈广，其实只是一理，才明彼，即晓此。所以《大学》说致知在格物，又不说欲致其知者在格其物，盖致知便在格物中，非格之外别有致处也。又曰："格物之理，所以致我之知。"[2]

---

[1]《朱子语类》卷一八，沈僴录。
[2]《朱子语类》卷一八，沈僴录。

即朱熹以"致知、格物只是一个"为前提，揭示了致知即在格物之中，格与致为一之理。不管怎样，我们可以从中清楚地看到朱熹对格物与致知关系的理解。朱熹认为致知与格物由"在"连接在一起，足以暗示两者的密切程度。正是这个"在"字将两者置于密不可分的关系中。

现在让我们一边考察朱熹所说的格物致知的具体内容，一边去解明他的认识论。朱熹将《大学》分为经一章和传十章，他认为《大学》的第五章是解释"格物""致知"的，但已亡佚，因此他遂"取程子之意"作《大学》第五章的补传。补传虽承程子之意，但也明显地体现出朱熹的认识论思想。补传内容如下：

> 右传之五章，盖释格物、致知之义而今亡矣。间尝窃取程子之意以补之曰："所谓致知在格物者，言欲致吾之知，在即物而穷其理也。盖人心之灵，莫不有知，而天下之物，莫不有理。惟于理有未穷，故其知有不尽也。是以《大学》始教，必使学者即凡天下之物，莫不因其已知之理而益穷之，以求至乎其极。至于用力之久而一旦豁然贯通焉，则众物之表里精粗无不到，而吾心之全体大用无不明矣。此谓物格，此谓知之至也。"

从中可以得出"致知＝致吾之知""格物＝即物而穷其理"的关系式。如前指出的致知与格物即为一个，共属穷理,所谓"致知是自我而言,格物是就物而言",只是所论角度不同而已。为方便起见,这里暂将致知和格物分开做一回说明。

关于致知,朱熹在《大学章句》第一章的注中解释道:"致,推极也。知,犹识也。"他还说:"致知是推极吾之知识,无不切至,切字亦未精,只是一个尽字底道理见得"[1]。朱熹在《补传》中还补充说"人心之灵,莫不有知"。但他为何不将作为人心之大用的知断定为"识之类的",即"识",而要在其间加一"犹"字呢?朱熹曾提出"知则主于别识"。[2] "别识"就是说要认识某物,首先就要把它与其他事物区分开来,就如同我们在说"识事物之理"时的"识"[3]。如上所述,朱熹将"知"作"犹识"解,以确定前者与后者的相似关系。

这也就表明,"知"并不是与外部事物全无关系,只拘(孤立)于人心内部(内面)活动的,所谓虚空的存在。也就是说,所谓"知"是通过不断依靠外界事物而习得和积累知识的过程(=如知),这体现出朱熹在学问上的主知主义态度。朱熹将知训为犹识,继而将知与识连接起来,并要求将知识推到极致。即"推极吾之知识,其所知无不尽也,就是各具其理"。

---

[1] 《朱子语类》卷一八,黄卓录。
[2] 《朱子语类》卷一五,程端蒙录。
[3] 朱熹在对《孟子・离娄下》中之"舜,明于庶物,察于人伦"的注解中说:"物,事物也。明则有以识其理也……察则有于尽其理之祥也。"这里的"识"是对事物的是非判别。

因此"致知"就意味着致（扩张，扩大）吾知至（到达）无所不尽。

"知"处在与外界事物不间断的联系中，这一点又表现在朱熹对格物的诠释上。

对"格物"的诠释，朱熹也采用了与分析"致知"类似的方法。他说："格，至也。物，犹事也。穷至事物之理，欲其极处无不到也"。[1] 此处训格物为至物，与在"知"与"识"之间加一"犹"字一样，朱熹在"物"与"事"之间也用一"犹"字把两者连接起来。也就是说，他没有采用直接连接的方式，[2] 而是在两者间加一"犹"字，以示其间接关系。即以"物犹事也"来肯定两者间的类似性（近似性），从而把物的内涵扩大到了事。即如"物者事物也"或"物谓事物也"[3] 一样，成为物中有事，"物与事同"。更具体地说，"物"正如朱熹在《大学或问》中所指出的"凡有声色貌象而盈天地之间者皆物也"一样，"眼前凡所应接底都是物也。"[4] 物要通过人们的感官去感知，它不止于表面有形之象，还包括我们眼前的所有应接对象，即所有与人类的具体行为发生关系的事物。物是构成事的前提。首先有物，其次此物与我这个主体发

---

[1]《大学章句》第一章注。
[2] 按：王阳明将"物"与"事"直接连接起来，即"物者事也"（《阳明全书》卷二六《大学问》）。
[3]《朱子语类》卷一五，廖德明录。
[4]《朱子语类》卷一五，叶贺孙录。

生关系而产生的副产品就是事,朱熹之"物"的概念包含了事,由此扩大了物的范围。但他在《补传》中又认为"人心之灵莫不有知,而天下之物莫不有理"。就是说人心(认识主体)之中莫不有知这个大用(认识作用),而天下之物(认识对象)中莫不有让对象成为对象的理。这里的"理"被认为是"事事物物皆有定理"中的"定理"。[1] 所谓"定理"就是"万古不变之理"。另外,他把《诗经》中的"天生烝民,有物有则"的"则"判断为理[2],并将此看作所有事物各具其定理的依据。

与朱熹主张的"物是气凝结造作形成的,是形而下的"[3] 相反,"事事物物"之理[4] 是使事物成为事物的所谓形而上者,而不是事物(物或形)本身。也就是《列子》所说的:"生物者不生,化物者不化"。[5] 理也者,形而上之道也,生物之本也。[6]

---

[1]《朱子语类》卷一七,叶贺孙录。这里又表现为"万物各有一理"(《朱子语类》卷一八,杨道夫录)或"一草一木皆有理"(《朱子语类》卷一八,徐㝢录),"天下万事一事各有一理"(《朱子语类》卷一八,辅广录)等。此后主张"心即理"说的王阳明以"事事物物上求至善,却是义外"说强烈批判了朱熹的"事事物物皆有定理"的主张(参照《传习录》上卷,第2条)。
[2]"有物有则,则者理也。"《朱文公文集·答江德功》。
[3]"盖气则能凝结,理却无情意,无计度,无造作。"(《朱子语类》卷一,沈僩录)
[4]《大学章句》第一章注。
[5]《列子》卷一《天瑞》。
[6]《朱子语类》卷五八,答黄道夫书。

却无情意,无计度,无造作。[1] 但也不能就此说理仅仅是"智力上的构想(想象出来的)"或"抽象性的存有",也就是说理不只是"意义上的存在"。因为理是在气活动造物时,使气能如此活动的原因。因此,理不可能完全否定观念形态的能动性。[2] 这种不否定观念形态之能动性的理,朱熹是从两个侧面来理解的。这就是他在《大学或问》中所指出的:"至于天下之物,则必各有所以然之故,与其所当然之则,所谓理也。"[3] 简单地说,"所当然之则"就如事亲当孝、事兄当弟之类,"所以然之故"就是事亲须孝、从兄须弟的理由。前者(所当然之则)意味着"万物应当如此的(必然)规范,乃至法则",后者(所以然之故)意味着"万物该如此的(当然)原因,乃至理由"。将这两个意义统合起来的朱熹的"理",在某一方面可以认为就是物之为物而存在的理由。显然前者(所当然之则)是道德、当为乃至规范,后者(所以然之故)是存在的原理自身。也就是说,朱熹将理的性质一方面设定为实践原理性(主观内在性),另一方面规定为存在原理性(客观存在性)。[4] 由此看来,"所当然之则"为事所具有的事之理,"所以然之故"

---

[1]《朱子语类》卷一,沈僩录。
[2] 高桥进:《朱熹と王陽明》,东京:国书刊行会,1977年,第111—112页。
[3] "问:'或物有当然之则,亦有所以然之故,如何?'曰:'如事亲当孝者,事兄当弟之类,便是当然之类。然事亲如何却须要孝,从兄如何却须要弟,此即所以然之故。如程子云:天所以高,地所以厚,若只言天之高,地之厚则不是论其所以然矣。"(《朱子语类》卷一八,周谟录)
[4] 参照高桥进:《朱熹と王陽明》,东京:国书刊行会,1977年,第111页。

为物所具有的物之理。

朱熹把理的所当然解释为"民之秉彝,百姓所日用者也。圣人之为礼乐刑政,皆所以使民由之也"。如此,"所当然之则"就是在日常行动中用不着付出知性的探求就可知道的所谓自明原理。与此相反,"所以然之故"则是以天命之性为基础,不要说普通人,即使是学者也尚不知晓的深奥道理。由此可知,所以然之故只有通过知性的探求才可获知。[1]

据朱熹的说明可知,"在务所当然之则(即事的理)工夫的过程中,会体会到比它更深奥的道理——所以然之故(即物的理)",或"进一步醒悟到所以然之故最终是以天命之性(自然本性)为基础的事实"。这也正是"穷理尽性以至于命"的内涵所在。

朱熹在《补传》中将"格物"理解为"即物而穷其理"。此时"穷其理"的"理"说的就是所当然之则(即事之理)和所以然之故(即物之理),据此格物就意味着认识了天下所有事事物物之理。同时朱熹又将此作为穷极的目标。这正如朱熹在《补传》中所说的"惟于理有未穷,故其知有不尽也。是以大学始教,必使学者即凡天下之物,莫不因其已知之理而益穷之,以求至乎其极"。[2]

到此为止,我们对朱熹的格物致知论中的"致知"和"格

---

[1] 参照大濱晧:《朱子の哲学》,东京:东京大学出版会,1983年,第37页。
[2] 朱熹:《四书章句集注》,北京:中华书局,1983年,第6—7页。

物"做了分别讨论。仅凭以上说明,我们还是无法知道"致知"和"格物"是如何统一成一个的。致知的知是"吾心之知",格物的物是"物(事物)之理",各自都有其具体所指。这里我们可以将之简化为吾心与物理,即心和理的问题。因此,"致知"与"格物"的统一就成了认识的主体"心"和认识的对象"物"的统一问题。

那么朱熹是如何将"心"与"物"统一起来的呢?朱熹认为:"凡天下之物,因其已知之理而益穷之,以求至乎其极。至于用力之久,而一旦豁然贯通焉。"[1]在这段《补传》的说明中朱熹用"豁然贯通"一词表达了用力穷理后的结果。"心"与"物"之统一的飞跃性(非阶段性)境界以文字表达即为"豁然贯通",它与"今日格一件,明日又格一件,积习既久,然后脱然自有贯通处"[2]的"脱然贯通"是一致的。"豁然贯通"或"脱然贯通"是怎样的一种境界呢?就如同一个小孩子趔趔趄趄地学步,突然有一天走得很稳,又一步一步爬上山,最终到达将全世界尽收眼底的开阔山顶,从学步到爬上山顶,此一飞跃性境界就是"豁然贯通"。

达到了这样的境界,自然就会"众物之表里精粗无不到,

---

[1] 朱熹:《四书章句集注》,第6—7页。
[2] "如曰一物格而万理通,须颜子亦未至。此但当今日格一件,明日又格一件,积习既多,然后脱然有个贯通处。"(《朱子语类》卷一八,杨道夫录)他承袭了程颐的"若只格一物,便通众理,虽颜子亦不敢如此道。须是今日不一件,明日又格一件,积习既久,然后脱然自有贯通处"的观点(《二程全书》,遗书十八,《伊川先生语四》)。

而吾心之全体大用无不明矣"。这就是众物（理的探求，即格物）与吾心（知的完成，即致知）的关系。换言之，这也就是"物格"而"知之至"。这样来看，"心"与"物"的贯通就是刚刚指出的穷理尽性。穷尽众物的表里精粗属于穷理，明了吾心之全体大用相当于尽性。穷理尽性之后即可"至于命"，成为天人合一、万物一体的，同时看穿人生和事物全貌的理想之人，即所谓圣人。

而朱熹的"豁然贯通""脱然贯通"即为上面所说的飞跃性境界。此飞跃性境界也可以认为是自觉、体得、体认的境界。而心与物的统一也就成了个人内在的心之事。因此，站在不同的立场上，两者是否真正达到了统一，统一的内容又是什么，进而，这样的事实又能由谁作怎样的保证（保障），又都成了一个问题。然而，在关于彻悟境界的接近法上，仅用逻辑分析来解明，明显是有限的。那么，关于这一点，较正确的接近法也只能是重新回到朱熹的问题意识上去，用相同的步骤和方法，亲自去体验，然后以得到的结果来评价其真伪。

不管怎样，这里可以明确的是，如果认为心与物的统一是在"我"这个主体的心中完成的内在的和心理的事实，那么，将物称为物，心称为心，及心与物的统一这些说法，最终都将导致"不过是我心之作用"的结论。只有如此，朱熹思想的到达点才有可能实现"心即理""不是心外别有个理"式的思想展开。可以认为，王阳明思想正是以朱熹这样的思想到达点为基础才得以兴起和展开的。

三、阳明学的起点——心即理

王阳明三十七岁时，基于其在龙场的"心即理"的自觉，解决了自己对朱熹的"顾物理吾心终判为二"之格物穷理论的疑问。一般称这一事件为"龙场悟道"。根据《阳明年谱》三十五岁条的记载，明武宗正德元年（1506）二月，他因疏救言官戴铣而得罪宦官刘瑾，被下狱，接着又被贬谪为贵州龙场驿驿丞，并于正德三年春（1508）抵达谪地龙场。在龙场他悟出了原本就存有疑问的格物致知的本义：

> 始知圣人之道，吾性自足，向之求理于事物者误也。[1]

龙场之悟是被看作阳明学之起点的极其重要的事件。而所谓"始知圣人之道，吾性自足，向之求理于事物者误也"，乃是对于在事事物物上求定理的朱熹的格物致知论的否定。这就是"吾心即理"的自觉。所以王阳明此语也可谓明示了"理之所在及渊源在心"的"心即理"说。王阳明指出：

> 朱子所谓"格物"云者，在即物而穷其理也。即物穷理，是就事事物物上求其所谓定理者也，是以吾心而求理

---

[1]《阳明年谱》，正德三年戊辰三十七岁条。

于事事物物之中，析心与理而为二矣。夫求理于事事物物者，如求孝之理于其亲之谓也。求孝之理于其亲，则孝之理其果在于吾之心邪？抑果在于亲之身邪？假而果在于亲之身，则亲没之后，吾心遂无孝之理欤？见孺子之入井，必有恻隐之理，是恻隐之理果在于孺子之身欤？抑在于吾心之良知欤？其或不可以从之于井欤？其或可以手而援之欤？是皆所谓理也，是果在于孺子之身欤？抑果出于吾心之良知欤？以是例之，万事万物之理，莫不皆然。是可以知析心与理为二之非矣。[1]

在王阳明看来，在"事事物物上求定理"，是"析心与理而为二"。黄宗羲清楚地认识到王阳明的问题意识，他说："先生悯宋儒之后学者，以知识为知，谓人心之所有者不过明觉，而理为天地万物之所公共，故必穷尽天地万物之理，然后吾心之明觉与之浑合而无间。说是无内外，其实全靠外来闻见以填补其灵明者也"。[2]

基于黄宗羲提出的批判意见，王阳明提出了自己的格物穷理论："若鄙人所谓致知格物者，致吾心之良知于事事物物也，吾心之良知即所谓天理也，致吾心良知之天理于事事物物，则事事物物皆得其理矣。致吾心之良知者，致知也。事事物物皆

---

[1]《传习录》中卷《答顾东桥书》。
[2]《明儒学案》卷一〇《姚江学案·文成王阳明先生守仁》。

得其理者，格物也。是合心与理而为一者也。"[1] 也就是说，"析心与理而为二（即物理吾心终若判而为二）"的"心"与"理"的关系，是能够通过"致吾心之良知"这一人之主体的具体行为和实践而得到统一的。做不到"致吾心之良知"，心与理的统一也就无法实现。因此，行为、实践在王阳明那里受到重视是很自然的。于是，他在悟得"圣人之道，吾性自足，向之求理于事物者误也"的第二年（三十八岁），便开始提倡"知行合一"论。[2]

如上所述，王阳明几乎在同一时期提出了"心即理"说与"知行合一"说，实际上"心即理"是"知行合一"的前提条件，而且如果"心"不能"即理"，"心即理"说也就不可能成立。关于"知行合一"说，王阳明在回答门人提问时曾说：

> 此须识我立言宗旨。今人学问，只因知行分作两件，故有一念发动，虽是不善，然却未曾行，便不去禁止。我今说个"知行合一"，正要人晓得一念发动处便即是行了。发动处有不善，就将这不善的念克倒了，须要彻根彻底，不使那一念不善潜伏在胸中。此是我立言宗旨。[3]

王阳明认为，心之发动亦即行，并且无论何时一定要与

---

[1]《明儒学案》卷一〇《姚江学案·文成王阳明先生守仁》。
[2] 参照《阳明年谱》，正德四年己巳三十八岁条。
[3]《传习录》下卷，第 26 条。

理合一。这一点正是他提出的"知行合一"的根本旨趣。正因此,王阳明的"心即理"才能成为"知行合一"的前提条件。由此我们可归纳出,"心即理"与"知行合一"的结合包括了"理常为心之发动""心的发动要与理合"两层涵义。

四、阳明学的完成——致良知学的创立

与朱熹之"格物穷理"论针锋相对的王阳明的"心即理"说,最后被归纳为"致良知"说。"致良知"论是"心即理"说的发展,也是直截简易的阳明学的工夫论(修养论)。王阳明的思想之所以能被简单地归纳为"良知学"或是"致良知学",就是因为他自己认为圣人之学只是致良知("圣人之学,惟是致此良知而已"[1]),这正如他所说的"吾平生讲学,只是致良知三字",[2] 他本人也把自己的全部学问明确归纳为"致良知"三字。另外,我们从他晚年发出的"除却良知,还有甚么说得"这一反问中,可以确定王阳明的讲习内容,始终未脱离良知之范畴。[3] 王阳明所说的良知,就是建立在天地万物为一

---

[1]《王阳明全集》卷八,文录五,《书魏师孟卷》。
[2]《王阳明全集》卷二六,续编一,《寄正宪男手墨二卷(一)》。
[3] 王阳明说:"某近来却见得良知两字日益真切简易,朝夕与朋辈讲习,只是发挥此两字不出。缘此两字人人所自有,故虽至愚下品,一提便省觉。若致其极,虽圣人天地不能无憾。故说此两字,穷劫不能尽。世儒尚有致疑于此,谓未足以尽道者,只是未尝实见得耳。近有乡大夫请某讲学者,云:'除却良知,还有甚么说得?'某答云:'除却良知,还有甚么说得!'"(《王阳明全集》卷六,文录三,《寄邹谦之(三)》)

体,即所谓"一体化的世界观"[1]的基础之上的。因此,"致良知"即成为王阳明全部思想体系的核心概念。

王阳明是在四十九岁或五十岁时提出致良知说的。《年谱》五十岁条言"是年先生始揭致良知之教",并且详细记录了王阳明致良知之教的形成过程。王阳明在悟出"心即理"说后,只是向弟子们强调"存天理,去人欲",而他本人的此一想法却没能得到充分表达。如有人问天理为何物,他却让问者本人去寻求答案,不作任何回答。他还经常对友人说,近来感觉这个答案就摆在眼前,但是却什么都说不出来,只是感觉有什么要脱口而出,却找不到合适的话语来形容("莫能相度")。后来他又说,近来觉得自己的学问就是为了寻求这些答案("这些子"),若能解决这些问题,也就足够了。曾经有对天理非常热心的人向他请教,而他却说,连这些问题都放不下,还怎么把握良知呢?[2]

---

[1] 把相对于朱熹的二元论世界观的王阳明的一体论世界观发扬光大的是高桥进。他在自己的著作《朱熹と王陽明》(东京:国书刊行会,1977年)中说:"把阳明的思想与朱子的二元论相对而称之为一元论是不适合的。"(第119页)表示可以使用"一体观"的概念来解明王阳明的思想。笔者从《朱熹と王陽明》一书中获得的启发甚多。

[2]《阳明年谱》正德十六年辛巳五十岁条:"是年先生始揭致良知之教。……一日,先生喟然发叹,九川问曰:'先生何叹也?'曰:'此理简易明白若此,乃一经沉埋数百年。'九川曰:'亦为宋儒从知解上入,认识神为性体,故闻见日益,障道日深耳。今先生拈出良知二字,此古今人人真面目,更复奚疑!'先生曰:'然。譬之人有冒别姓坟墓为祖墓者,何以为辩,只得开圹,将子孙滴血,真伪无可逃矣。我此良知二字,实千古圣贤相传一点滴骨血也。'又曰:'某于此良知之说,从百死千(转下页)

这样看来，王阳明虽然论述了"心即理"中的理、"存天理去人欲"中的天理等问题，但是这里的理（天理）是一个什么样的概念，他似乎并未说清楚。经过这样的思索过程，他最终将天理规定为良知。谈到良知时，他说："我此良知二字，实千古圣圣相传一点滴骨血也。"所谓"滴骨血"，说的是如果有人冒称别人家的坟是自己祖坟，可以将坟掘开，在骨殖上滴血即可辨认出真正的子孙。阳明弟子陈九川[1]曾明确指证："今先生拈出良知二字，此古今人人真面目，更复奚疑！"于是，王阳明通过滴骨血的比喻，简明扼要地道出了良知就是千古圣贤相传的那一点学脉所在。

关于良知和致良知，王阳明还常说：

> 良知之在人心，无间于圣愚，天下古今之所同也。[2]
> 致良知三字，真圣门正法眼藏。[3]

（接上页）难中得来，不得已与人一口说尽，只恐学者得之容易，把作一种光景玩弄，不实落用功，负此知耳。'先生自南都以来，凡示学者，皆令存天理、去人欲以为本。有问所谓，则令自求之，未尝指天理为何如也。间语友人曰：'近欲发挥此，只觉有一言发不出，津津然如含诸口，莫能相度。'久乃曰：'近觉得此学更无有他，只是这些子，了此更无余矣。'旁有健羡不已者，则又曰：'连这些子亦无放处。'今经变后，始有良知之说。"

[1] 陈九川（1494—1562，字惟濬，号竹亭）虽崇尚理学，却又拜王阳明为师，为江右王门的代表性人物。
[2]《传习录》中卷《答聂文蔚》。
[3] 所谓"正法眼藏"，见于《阳明年谱》正德十六年辛巳五十岁条，此外还出现在阳明的其他作品中。如"此二字，真吾圣门正法眼藏"[《王阳明全集》卷五，文录二，《与邹谦之（二）》]；"致知二字……此是孔门正法眼藏"（同上书，卷五，文录二，《寄薛尚谦》）等。

> 此致知二字，真是个千古圣传之秘，见到这里，百世以俟圣人而不惑。[1]

由此可知，王阳明对良知为"明辨儒学正脉的唯一尺度"是确信不疑的。然而，良知无法用语言来表达，只能靠自身去体认。王阳明曾引明道先生的话表达过自己的见解："明道云：'吾学虽有所受，然天理二字，却是自家体认出来。'良知即是天理，体认实有诸己之谓耳。"也就是说，他所主张的良知，也是他自家苦苦体认出来的。这也是王阳明强调良知须体认的重要原因。

> 某于此良知之说，从百死千难中得来，不得已与人一口说尽，只恐学者得之容易，把作一种光景玩弄，不实落用功，负此知耳。[2]

王阳明所说的"光景"，是指不靠自身体得"良知"（即天理），而只靠头脑想象或随便说说的所谓"想象讲说"。[3] 换言之，在阳明看来，良知不是一种"只套用理伦，不知所云，无法把握的哲学（Philosophie）"，而是要求"借助于体验性思

---

[1]《传习录》下卷，第11条。
[2]《阳明年谱》，正德十六年辛巳五十岁条。
[3] 王阳明说："良知即是天理，体认者，实有诸己之谓耳，非若世之想象讲说者之为也。"（《王阳明全集》卷六，文录三，《与马子莘》）

惟来进行的哲学思考（Philosophieren）"。总之。良知无法用语言表达，只能靠自身去体认。尤其需要强调的是，此良知乃是"王阳明自家体认出来的概念"。这就出现了一个问题，照前面所说，王阳明所传递的良知说果真会让所有人体认到相同的内容和意义吗？事实上，良知的内容和意义因接受对象及理解角度的不同必然会产生歧义。

当初王阳明的"心即理"说就是被称作"龙场悟道"的"神秘体验"[1]之结果。因为致良知论是对心即理说的继承和发展，所以我们可以认为致良知论的"良知"就是对龙场悟道的

---

[1] 据《阳明年谱》三十七岁条载："忽中夜大悟格物致知之旨，梦寐中若有人语之者，不觉呼跃，从者皆惊，始知圣人之道，吾性自足，向之求理于事物者误也。乃默记《五经》之言证之，莫不吻合，因著《五经臆说》。"关于这一内容，朴殷植（1859—1925）在《王阳明先生实记》中也有记载："或传此梦中，孟子告以良知之旨。或曰'闻天声云'。"所谓'闻天声云'，即听到了上天的声音。阳明的梦具有"梦寐中闻天语＝神秘体验"→"觉悟"→"著述·表现"这样的模式。韩国儒者、东学教创始人崔济愚（1824—1864）也曾有过与王阳明相同的体验。崔氏曾"听到过仙语（＝天语）"，并在经历了如此的神秘体验之后，遂按照天主的指示铺开纸，画下了纸上出现的灵符。从这一点上看，王阳明的龙场悟道可以说是一种神秘主义。所以近代韩国学者咸锡宪（1901—1989）曾从吾身即宇宙的角度批评王阳明为神秘主义。他说："我们的思想就是将宇宙看作一身。崔致远曾说'国有玄妙之道'。而所谓'玄妙'，用现在的话说，即为神秘主义。王阳明是神秘主义，老子也是神秘主义。……我们国家（韩国）以前的士，如温达、处容郎、黎道令、元晓等，包括所有花郎，都相信宇宙一体论。……我们将此道命名为'根'，是因为将'根'当作理想。我们应该将这种属于我们自己的文化思想重新找回来。"（咸锡宪：《咸锡宪全集》第20卷，씨알의 옛글풀이，서울：한길사，1990年，第249页。部分内容为修正后引用）

神秘体验之结果的深化。因此从某种意义上说,良知要作为万事万物的普遍性原理得到公认,原本就是困难的。王阳明平时很重视站在对方的立场上"因病立方"[1]的教育方式,并用这种方式来启发弟子的个性,引导他们与朱子所说的"定理"诀别,使之靠自身来体认良知。对于良知的体认,他还特别肯定事上磨练和静坐法。[2] 甚至他还说过:"圣人何能拘得死格?大要出于良知同,便各为说何害?"[3] 也就是说,如果大体的要旨都以良知为根本的话,即便各自树立独特的主张也是无碍的。正是因为允许弟子们多样而独立的观点存在,所以才会出现对良知及实现良知的致良知的多样性解释。而且可以认为,阳明弟子们能够从各种角度继承阳明学说这一点,正是阳明学分派的直接原因。[4]

也就是说,因良知具有靠自身体认的特性,所以各人在掌握其本质、规定其内容时,可能会出现自以为是的任意之诠释。这也必然会导致阳明后学在后来出现"良知诠释的多样性

---

[1] 王阳明说:"圣贤教人,如医用药,皆因病立方,酌其虚实温凉阴阳内外,而时时加减之。要在去病,初无定说,若拘执一方,鲜不杀人矣。"(《传习录·序》,徐爱撰)
[2] 王阳明说:"良知明白,随你去静处体悟也好,随你去事上磨炼也好。"(《传习录》下卷,第62条)
[3] 《传习录》下卷,第93条。
[4] 按:奥崎裕司认为,王阳明通过静坐获得的体验具有多样性。在奥崎看来,对所有人来说,通过体验而获得共同的、确定的良知之保障是不存在的。所以他指出:"王阳明提到的良知掺入了所谓禅体验的多样性和无保障性,又与体验方法的多样性和继承的多样性息息相关。"(奥崎裕司:《中国鄉紳地主の研究》,东京:汲古书院,1978年,第352—356页)

及良知个性的展开"。

针对此一现象,阳明学派不仅受到外部的指摘[1],而且其内部也已展开了自我批评。比如阳明的弟子钱德洪就曾针对当时正处于分裂状态的阳明学进行过批判。他说:

> 学者稍见本体,即好为径超顿悟之说,无复有省身克己之功。谓"一见本体,超圣可以跂足",视师门诚意格物、为善去恶之旨,皆相鄙以为第二义。简略事为,言行无顾,甚者荡灭礼教,犹自以为得圣门之最上乘。[2]

这个批判一针见血地揭示出致良知学的分裂相及其个性之展开,而这也正是钱德洪早就预见的结果。关于这一点,之后将作进一步论证。

---

[1] 按:较具代表性的观点,即《明史·儒林传》中所谓的王阳明"其教大行,其弊滋甚"说。
[2] 《王阳明全集·大学问跋》。

第二章　阳明学的思想特质

在第一章中，笔者简要叙述了以"心即理"为起点而发展到"致良知"的阳明学的成立过程。本章所要论述的重点，是将在第二节中进行考察的，作为导致阳明学个性之展开及其思想分裂之直接原因的致良知说的两个侧面（积极的与消极的侧面）。

作为王阳明思想之核心的致良知说，是在批判朱子学（即格物致知论）的基础上建立起来的工夫论（实践论），也是在对《大学》八条目之一——"致知"的解释中导入了孟子所说的"良知"概念的结果。朱熹的"致知"是对事物之理之认识的逐渐扩张、扩大和深化，与之相反，王阳明则将"致知"的"知"看作是"良知"，由此形成致良知说。可以认为，王阳明的致良知说并不仅仅是对《大学》"致知"的重新解释，还是一种以新的致知概念为基础的，极具个人特色的工夫论。在考察这些问题之前，让我们先来了解一下王阳明的"良知"概念，以便能够更好地理解他的致良知说。

一、良　知

王阳明所说的"良知",就是孟子所谓的"是非之心,人皆有之"中的"是非之心"。王阳明在《大学问》中说:

> 良知者,孟子所谓"是非之心,人皆有之"者也。是非之心,不待虑而知,不待学而能,是故谓之良知,是乃天命之性,吾心之本体,自然灵昭明觉者也。凡意念之发,吾心之良知无有不自知者。其善欤,惟吾心之良知自知之;其不善欤,亦惟吾心之良知自知之;是皆无所与于他人者也。[1]

也就是说,良知是天命之性,是吾心之本体,也是自然灵明的知觉。当意念发动时,是善是恶,吾心之良知皆能自然而知。不过孟子所谓的不虑而知的良知与不学而能的良能是分开说的,而王阳明却把良知与良能打造成一个概念——"良知"。这是他的特色。

这样的良知,对王阳明来说已然成为天命之性和心之本体。王阳明认为,良知就是与生俱来的自觉判断是非善恶并随

---

[1]《王阳明全集》卷二六,续编一。

之行动及实践的能力,即所谓人类的本然之知或能力。[1] 如上所述,王阳明认为良知虽可以被看作孟子所说的作为智之端的是非之心,但实际上更应该是良知、良能的结合,并且作为天命之性及心之本体,而显示出自然灵昭明觉之性。对此,他还解释说"良知原是完完全全的"[2],既可为心之本体,又可为天理。[3] 为此他还特别对良知、心之本体和天理的相关性作了论述:"吾心之良知,即所谓天理也"[4];"良知只是一个天理,自然明觉发见处,只是一个真诚恻怛,便是他本体"[5];"良知是天理之昭明灵觉处,故良知是天理"[6]等等。

良知作为心之本体、天理,也存于人心("良知之在人心"[7])。但人类的良知,也是草木瓦石的良知。同时,王阳明还认为:

> 人的良知,就是草木瓦石的良知,若草木瓦石无人的良知,不可以为草木瓦石矣。岂惟草木瓦石为然,天地无

---

[1] 按:英美学术界把良知译为"本有的知识 innate knowledge""本有的德识 knowledge of innate goodness""良心的智慧 conscientious wisdom""知的直观 intellectual intuition""灵的直觉 spiritual awareness""原初的知觉 primordial awareness"等。
[2] 《传习录》下卷,第 65 条。
[3] 参照《阳明年谱》,正德十六年辛巳五十岁条。
[4] 《传习录》中卷《答顾东桥书》。
[5] 《传习录》中卷《答聂文蔚》。
[6] 《传习录》中卷《答欧阳崇一》。
[7] 《王阳明全集》卷六,文录三,《寄邹谦之(二)》。

> 人的良知，亦不可为天地矣。盖天地万物与人原是一体，其发窍之最精处，是人心一点灵明。[1]

换一种方式说，良知就是将天地万物与人一体化的原理，而且这个原理最终被归结于人。所以良知既是人之理，也是物之理。正如"盖天地万物与人原是一体，其发窍之最精处，是人心一点灵明"所表述的那样，这里的人之理与物之理的统一，是发生于人心（即灵明、良知）中的。

而上述所说的人之理和物之理得以统一的可能性，乃是因为天理原本就不是"知"，而是"体认"（得之于体认）。[2] 这就如阳明在一封书信中所说的："明道云，吾学虽有所受，然天理二字，却是自家体认出来。良知即是天理，体认者，实有诸己之谓耳，非若世之想象讲说者之为也。"[3] 如同程颢[4] 把天理定义为是可以通过自家体认来把握的东西那样，王阳明也把良知（天理）视为可以通过自家体认来把握的东西。由此可见，在王阳明那里，作为将天地万物一体化的原理以及穷极概念的良知，是通过人的主体性之体认来获得的。这一点还可从

---

[1]《传习录》下卷，第 74 条。
[2] 这一部分内容可参照高桥进的《朱熹と王陽明》。
[3]《王阳明全集》卷六，文录三，《与马子莘》。按：马子莘（1491—1557），字子莘，号师山，福建莆田人，王阳明弟子，系闽中传播阳明学的主要代表。
[4] 程颢（1032—1085），字伯淳，世称明道先生，与其弟程颐并称"二程"。代表作有《识仁篇》《定性书》等。

王阳明所说的"今之论性者，纷纷异同，皆是说性，非见性也，见性者无异同之可言矣"[1] 一句话中看到。王阳明在此段话中明确指出的不是"说"，而是"见（体认，体得）"的重要性。其中之关键，就是王阳明的良知只有通过人的主体性之体认即体得（自觉、自得）才能实现。其实，在把良知定义为天理时，王阳明就曾说过："某于此良知之说，从百死千难中得来，不得已与人一口说尽，只恐学者得之容易，把作一种光景玩弄，不实落用功，负此知耳。"[2] 他之所以要强调良知的体认工夫，其因盖在于此。但对体认、体得强调的结果，也导致了"对良知和致良知的多样解释"，从而成为阳明学分派的直接原因。

王阳明还把这种对良知的体认、体得工夫，原封不动地移用于性、气（情）论中。也就是说，他虽然将性、气（情）当作一个整体来把握，但它们之间的关系却要在良知的体认、体得的前提下才能成立。他尝曰："气亦性也，性亦气也。"[3] 又曰："若见得自性明白时，气即是性，性即是气，原无性气之可分也。"[4] 可见，"见得自性明白时"是性气合一的前提条件。他还说过：

---

[1] 《传习录》下卷，第 125 条。
[2] 《阳明年谱》，正德十六年辛巳五十岁条。
[3] 《传习录》下卷，第 42 条。
[4] 《传习录》中卷《启问道通书》。

> 喜怒哀惧爱恶欲，谓之七情，七者俱是人心合有的，但要认得良知明白。……七情顺其自然之流行，皆是良知之用，不可分别善恶，但不可有所著。七情有著，俱谓之欲，俱为良知之蔽。[1]
>
> 能致得良知精精明明，毫发无蔽，则声色货利之交，无非天则流行矣。[2]

如上所说，七情（喜、怒、哀、惧、爱、恶、欲）之正是以体得良知明白为前提的，声、色、货、利之合于天理是以致得良知精精明明、毫发无蔽为前提的。而不管哪一种，都是要求体认良知或体得良知。所谓良知的体认和体得，即老老实实地随顺良知之发用。在王阳明看来，"圣人只是顺其良知之发用"[3]。换言之，王阳明所说的圣人，可以说是体认、体得了良知，并老老实实地随顺良知发用的人。

良知被认为是天理、心之本体，同时它又被说成是道[4]。因此，良知是事物的存在方式（道—理），而它既然具有原理的、理法的性格，那就只能通过人心来把握。然而对良知的把握是不容易的。王阳明说：

---

[1]《传习录》下卷，第 90 条。
[2]《传习录》下卷，第 126 条。
[3]《传习录》下卷，第 69 条。
[4] 如王阳明说："道即是良知，良知原是完完全全。"（《传习录》下卷，第 65 条）

> 率性之谓道，便是道心，但着些人的意思在，便是人心。道心本是无声无臭，故曰"微"，依着人心行去，便有许多不安稳处，故曰"惟危"。[1]

道心（性）被当作具有"无声无臭""微"之特性的存在。当被问及"不睹不闻"是否指心之本体，"戒慎恐惧"是否指相对于本体的工夫时，王阳明的回答是："本体原是不睹不闻的，亦原是戒慎恐惧的。戒慎恐惧不曾在不睹不闻上加得些子，见得真时，便谓戒慎恐惧是本体，不睹不闻是功夫亦得。"[2] 他还断言："不睹不闻是良知本体，戒慎恐惧是致良知的工夫。"[3]

有见于良知本体的存在形式是"无声无臭""微""不睹不闻"，所以能使之"戒慎恐惧"的便是致良知（工夫），而能清楚地了解良知并能老老实实地随顺其发用的，便自然是圣人（具有理想人格的人）了。王阳明把"满街人都是圣人"视为社会之常态（常事），[4] 此亦一圣人，彼亦一圣人，包括愚夫愚妇在内所有人都是圣人。对于这一理念，似乎可以作这样的理解，即隐含在这一想法背后的，其实是所有人都有可能对各自

---

[1]《传习录》下卷，第50条。
[2]《传习录》下卷，第66条。
[3]《传习录》下卷，第129条。
[4] 据《传习录》载："一日，王汝止出游归，先生问曰：'游何见？'对曰：'见满街人都是圣人。'先生曰：'你看满街人是圣人，满街人倒看你是圣人在。'又一日，董萝石出游而归，见先生曰：'今日见一异事。'先生曰：'何异？'对曰：'见满街人都是圣人。'先生曰：'此亦常事耳，何足为异？'"（《传习录》下卷，第113条）

所拥有的良知有所自觉和自得,并且立刻改变自己的气质而成为圣人的这一极为重要的预设。

根据王阳明所记:"夫君子之学,求以变化其气质焉耳。"[1]"君子以变化气质为学。"[2]因此又可以说,君子之学只是以改变气质为目的,因而强调改变气质(气质之性),使心之全体变为本然之性(圣人之性)即良知,乃是理所当然的。这又可称之为"心之纯化"(纯天理)。所以王阳明认为,圣人之所以为圣者,在于纯乎天理,而并不在于才能和力量(才力)。为了说明这一点,他使用了如下的精金之比喻:

> 圣人之所以为圣,只是其心纯乎天理,而无人欲之杂。犹精金之所以为精,但以其成色足而无铜铅之杂也。人到纯乎天理方是圣,金到足色方是精。然圣人之才力亦有大小不同,犹金之分两有轻重。尧、舜犹万镒,文王、孔子犹九千镒,禹、汤、武王犹七八千镒,伯夷、伊尹犹四五千镒。才力不同而纯乎天理则同,皆可谓之圣人。犹分两虽不同,而足色则同,皆可谓之精金。[3]

也就是说,圣人之所以为圣人的标准,就在于"纯乎天理"这一点上。对于王阳明来说,纯乎天理(成为圣人)即为老老实

---

[1]《王阳明全集》卷七,文录四,《从吾道人记》。
[2]《王阳明全集》卷四,文录一,《与胡伯忠》。
[3]《传习录》上卷,第99条。

实地顺乎作为天理的良知。而想要把这样的理想变为现实的人,也就是王阳明所说的"狂者"。他说:

> 我今信得这良知真是真非,信手行去,更不着些覆藏,我今才做得个狂者的胸次,使天下之人都说我行不掩言也罢。[1]

他就是以此来抒发自己想要成为狂者的迫切心境的。可以说,他在这里明显昭示了自己对良知的坚定信念和按照良知的条理来行事的意志,以及将良知作为所有行为、实践基准的哲学理念。

由此可见,王阳明的良知论绝不是观念层面的问题,而是讨论怎样才能自觉、自得良知,并老老实实随顺它(纯乎天理)的行为、实践层面的问题。此一问题最终还是回归到了"成圣"这一当初的学问课题上。因此,王阳明对学问的关心,可以说完全被归结到了"成圣"这一主题上。他的思想正是以行为、实践问题为基点展开的。接下去要考察的致良知论,也是在讨论如何实现良知问题,也就是王阳明所提出的"成圣"的行为论和实践论。

在这一论题上,王阳明的看法是:

---

[1]《传习录》下卷,第112条。

心之良知是谓圣。圣人之学，惟是致此良知而已。自然而致之者，圣人也；勉然而致之者，贤人也；自蔽自昧而不肯致之者，愚不肖者也。愚不肖者，虽其蔽昧之极，良知又未尝不存也，苟能致之，即与圣人无异矣。此良知所以为圣愚之同具，而人皆可以为尧舜者以此也。是故致良知之外无学矣。[1]

　　王阳明曾欲将良知规定为终极原理，也就是将良知规定为天。他曾说过："天即良知也……良知即天也。"[2]除此之外他还借用"心即本体""造化的精灵"[3]"圣门的正法眼藏"[4]"仲尼""定盘针""试金石""指南针"[5]"吾师"等各种比喻来说明良知。

　　此外，关于良知我们还可以从其他两个角度来进一步加以说明。首先，良知体现人类与生俱有的可自觉判断是非善恶，并照此去实践的能力。其次，良知还意味着对人类及万物的感觉和想法，以及相互之间可以共感、交流的总体能力，或为一种智慧、良心、德性和生命力。另外，在此基础上，良知还可被进一步深化扩大到使人类与万物存在及生成的原理。事实上

---

[1]《王阳明全集》卷八，文录五，《书魏师孟卷》。
[2]《传习录》下卷，第87条。
[3] 王阳明说："良知是造化的精灵。"(《传习录》下卷，第99条)
[4]《王阳明全集》卷二〇，居越诗，《咏良知四首示诸生》。
[5]《传习录》下卷，第8条。

也的确如此，王阳明的良知论到了晚年更趋圆熟，从而树立起具有自己特色的"万物一体论"，而将良知提升到了宇宙论的高度，并设定其为万物存在、生成的原理。

这也意味着王阳明论良知的角度发生了变化。即从心的层面出发，扩大到了类似宋儒作为终极原理提出的太极或太虚等概念。因此，随着涉及领域的扩大，其用语范围也随之扩大，阳明笔下还经常出现佛教和道家概念。

但王阳明的良知并不是与世俗、人伦断绝因缘的佛教出家主义或隐居山林、希望长生不老的道家之反文明的、无为的自然主义。他无限向往的是与家庭、父母、兄弟、乡村社会、国家、自然万物联系在一起的人的生活世界，也就是万物至大至善的大同世界。从某种意义上来说，王阳明是促使存在于人类生命之底蕴的良知融入万事万物的儒家之理想主义者。

二、致良知的两个侧面
——积极侧面与消极侧面

上节曾提到，王阳明认为："心之良知是谓圣，圣人之学，惟是致此良知而已。"由此可以看出，致良知论是在总结了他的实践论之后所获得的成果。本节将继上节的良知论之后，来考察他的致良知论。

作为人心本来相（心之本体、天理）的良知是不可能在短时间内被发挥、实现的。为解决这个问题，王阳明把致良知论分成截然不同的两大块。与佛教所谓的顿悟、渐修论相类似，发挥和实现良知的方法也有两种，具体地说，一是良知与工夫（修养）无关，可以直接发挥、实现；二是良知可以以工夫（修养）为媒介而间接发挥。前者是一种将重点放在良知即心之本体上的解决方法，这可以说是良知的发挥、实现（致良知）的"积极侧面"；后者则与之相反，是将重点放在工夫（修养）之上的解决方法，这可以说是良知的发挥、实现的"消极侧面"。

对于王阳明来说，他是既强调本体又强调工夫的，而绝不仅仅主张片面的一方。不过，阳明学原本就重视体认和自得（参前述），并以每个人的个性释放作为基本精神（参照第五部第一章）。所以在这一理念的影响下，阳明的众门下通过各自的体认、体得所理解的致良知，在内容上是否与王阳明完全一样，就无法保证了。因此，尽管王阳明同时强调本体和工夫，但还是不得不根据接受者的个性而将重点放在不同的方面。第三章所论述的王畿和钱德洪的论争（四句教之争），就是这样的典型案例。

如上所述，在王阳明的致良知论中，同时存在着积极侧面（重视本体的侧面）和消极侧面（重视工夫的侧面）这两大倾向。由于致良知论是王阳明思想的核心，所以其思想体系也不可避免地被赋予了两种截然不同的性格特质（被类型化）。若要了解王阳明思想的这两个侧面所引发的各种分裂倾向及其个性之展开，即被类型化的过程，那就必须深入研究东亚各地域的阳明学之具体展开过程。

下面，就让我们来更详细地讨论王阳明思想的两大侧面（倾向）。

首先，致良知的积极侧面之特征，就是将一切行为、行动完完全全地作为心之本体——良知，而任其判别，并积极地把良知定位于"外"的层面，然后呈现其向外的、动态的、行为的品格。

反之，消极侧面乃是把重点放在工夫（修养）上，也就是说，较之良知本体的积极发挥，它更重视工夫的作用，而把除去妨碍良知的恶即人欲（私欲）作为主要特征。故而它要求向"内"而使自己严格反省与省察，从而呈现出与向外的、动态的、行为的品格相反的向内的、静的、反省（省察）的品格。

如果用日语训读法来区分王阳明思想的这两大侧面，则可以把致良知中的"致"训读为"イタス"或者"イタル"，[1]并并据致良知的这两种读法而巧妙地将两者的差别表面化。[2]但毫无疑问的是，对王阳明来说，上述的积极侧面（イタル）与消极侧面（イタス）是同时并存的。这一事实在下面的引文中有鲜明体现：

> 故欲诚其意者，必在于致知焉。致者至也，如云丧致

---

[1] 译者按：日语中"イタス（致たす）"是他动形，"イタル（至たる）"是自动形。
[2] 关于这一问题，可参照本书第二部第三章的相关内容。

乎哀之致。《易》言"知至至之",知至者知也,至之者致
也。致知云者,非若后儒所谓充广其知识之谓也,致吾心
之良知焉耳。良知者,孟子所谓"是非之心,人皆有之"
者也。是非之心,不待虑而知,不待学而能,是故谓之良
知。是乃天命之性,吾心之本体,自然灵昭明觉者也。凡
意念之发,吾心之良知,无有不自知者。其善欤,惟吾心
之良知自知之;其不善欤,亦惟吾心之良知自知之。[1]

这是王阳明对"致知"之"致"的完整解释。其中上半段"致
者至也,(至)如云丧致乎哀之致。《易》言'知至至之'、知
至者知也,至之者致也。致知云者,非若后儒(即朱熹等人)
所谓充广其知识之谓也,致吾心之良知焉耳",说的是:若要
尽哀,则在外要致良知,在内要至良知。后半段(即"良知
者……亦惟吾心之良知自知之")说的是:如果要在同一文脉
中读取,则有必哀之事(哀伤),"自然灵昭明觉"的良知就必
定会哀伤,此即至哀。而知至哀的即为良知。只有(在内)充
分至哀,才能(在外)致哀。

由此可见,"至"与"致"一方面具有内与外、主与客、
动与静的差别,另一方面又在"哀"这一人的现实具体的行为
方式中得到了统一。

下文将进一步把致良知的两个侧面放在王阳明思想的内部

---

[1]《王阳明全集》卷二六,续编一,《大学问》。

构造中进行各种具体的考察。

1. 积极侧面

作为阳明学之起点的"致良知"之原型的"心即理"说，原本是积极与消极两个侧面同时存在的。其中之一是"吾心即理"，也就是相信"理"在"吾心"（主体），并积极地把"理"定位于向外的存在。如果说这种立场是把重点放在本体之上的话，那便可以说是"重视本体的侧面"。

王阳明对于"心"之概念有以下考虑："心"虽为"虚"，但却具有"灵妙"之功用。万事万物之理皆具于此，诸事（物）之理皆出于此。此心即所谓"理"之所在、"理"之渊源。这就意味着，心之外不可能有"理"，也不可能有"事"。在这里，王阳明道出了所谓"吾心即理"的"心即理"说的积极侧面。

也就是说，王阳明所说的"虚灵不昧，众理具而万事出；心外无理，心外无事"[1]，"心即理也，天下又有心外之事，心外之理乎？……且如事父不成，去父上求个孝的理；事君不成，去君上求个忠的理；交友治民不成，去友上民上求个信与仁的理；都只在此心"[2]，都是建立在"吾心即理"这一旨趣之上的。

再有，王阳明针对门人所谓"心即理之说，程子云'在物为理'，如何谓心即理"的质疑回答道："（程子所说的）在物

---

[1]《传习录》上卷，第33条。
[2]《传习录》上卷，第3条。

为理,在字上当添一心字,此心在物则为理。如此心在事父则为孝,在事君则为忠之类。"[1] 也就是把吾心之理定位于外。

不过,所谓心之理的向外之定位,并非单纯的观念层面的问题,它最终还是要通过现实、具体的行为来实现的。为了证明这一点,王阳明首先举出了被称为"岩中之花"的有名例证。说的是他在南镇(即浙江绍兴会稽山)游玩时,某位友人指着在岩缝中开放的花木问他:"天下无心外之物,如此花树,在深山中自开自落,于我心亦何相关?"阳明的回答是:

> 你未看此花时,此花与汝心同归于寂。你来看此花时,则此花颜色一时明白起来,便知此花不在你的心外。[2]

在这里,"此花与汝心同归于寂"和"此花颜色一时明白起来"的判别标准,分别在于"未看此花时"与"看此花时"。说明花之所以为花,是由"看"这一人的主体行为决定的。花是物,"看"与"不看"相当于事。根据"看"与"不看"这两种人的具体行为,花或是"归于寂",或是"明白起来"。以上所论,其实是由王阳明思想的前提条件"物者事也"[3] 支撑起来的。换言之,是把人之主体行为即"事"赋予"物"的意义,从而使"物"成为"物"的论述方法,运用到了"岩中之

---

[1]《传习录》下卷,第121条。
[2]《传习录》下卷,第75条。
[3]《王阳明全集》卷二六,续编一,《大学问》。

花"的比喻中。当然，在这里，王阳明始终是在强调把心之理定位于外（行为的定位）的问题，而不是在讨论"物"是否存在的问题。"物"的存在与否是另一层面的问题。这就如同"你未看此花时，此花与汝心同归于寂"所比喻的，是在强调不看此花时，花与心将同归于寂（静），而并不是说花不存在了。而王阳明在其他场合所言的："我的灵明便是天地鬼神的主宰。天没有我的灵明，谁去仰他高？地没有我的灵明，谁去俯他深？鬼神没有我的灵明，谁去辨他吉凶祥灾？天地鬼神万物，离却我的灵明，便没有天地鬼神万物了。我的灵明离却天地鬼神万物，亦没有我的灵明。"[1] 其实亦是基于同一旨趣。

后来，"吾心即理"这一重视本体的倾向，被"致良知"论原原本本地继承了下来。这一点被明显地表现在王阳明所积极发挥、实现的作为心之本体或天理的良知这一目标诉求上。

在王阳明看来，"人心中各有个圣人"，这是个无法否认的事实。[2] 但遗憾的是，谁也不知道自己胸中有圣人，只是因为他们自身不相信这一点，结果是自己把自己给埋没了。于是，王阳明便用"我今信得这良知，真是真非，信手行去，更不着

---

[1]《传习录》下卷，第136条。
[2]《传习录》载："在虔，与于中、谦之同侍。先生曰：'人胸中各有个圣人，只自信不及，都自埋倒了。'因顾于中曰：'尔胸中原是圣人。'于中起不敢当。先生曰：'此是尔自家有的，如何要推？'于中又曰：'不敢。'先生曰：'众人皆有之，况在于中？却何故谦起来？谦亦不得。'于中乃笑受。"（《传习录》下卷，第7条）

些覆藏",[1] 来表明自己对良知实现的积极态度。王阳明还使用了以下一系列表述，以凸显心之本体（良知）的完全性，而这些似乎都可以理解为是在表明"吾心即理"这一重视本体的倾向。比如：

> 道即是良知。良知原是完完全全，是的还他是，非的还他非，是非只依着他，更无有不是处。这良知还是你的明师。[2]
>
> 尔那一点良知，是尔自家底准则。尔意念着处，他是便知是，非便知非，更瞒他一些不得。尔只不要欺他，实实落落依着他做去，善便存，恶便去。[3]

前者把良知作为明师，后者把良知当作自家底的准则，而把是非全部交给这良知去判断。在王阳明看来，良知是绝对的标准。这在他的其他论述中也有体现，如把良知喻为"试金石""指南针"，或者把良知喻为"仲尼""定盘针"等。这些都可以说是重视本体的表现。

像这种将一切交给完完全全的良知，并照着良知的命令行事的方法，乃是将作为本体的良知积极向外定位的作法。换言之，这是积极将心中之理（良知）赋予天地万物（通过良知而

---

[1]《传习录》下卷，第112条。
[2]《传习录》下卷，第65条。
[3]《传习录》下卷，第6条。

使物成为物）的行为。于是王阳明将以上观点总结为：

> 若鄙人所谓格物致知者，致吾心之良知于事事物物也。吾心之良知，即所谓天理也。致吾心之天理于事事物物，则事事物物皆得其理矣。故曰："致吾心之良知者，致知也。事事物物皆得其理者，格物也。"是合心与理而为一者也。[1]

这里显示了在王阳明那里向外定位"理"的"致良知"的积极侧面。

2. 消极侧面

对于王阳明的"心即理"说而言，除了"吾心即理"而把重点置于本体的倾向外，还有"心之发动不能无不善"[2]而将重点置于工夫（修养）的倾向。前者已如上文所述，下面将对后者加以考察。

王阳明的"心即理"说并不是将本来含有私欲、私心的"心"直接定义为"理"。犹如下文所述，"心即理"说，乃是将所谓"去人欲"的工夫作为前提，而将去除了私欲、私心即纯乎天理的"心"作为目标的。他说：

---

[1]《传习录》中卷《答顾东桥书》。
[2] 王阳明说："必就心之发动处才可着力也。心之发动不能无不善，故须就此处着力，便是在诚意。如一念发在好善上，便实实落落去好善；一念发在恶恶上，便实实落落去恶恶。"（《传习录》下卷，第117条）

> 心即理也。此心无私欲之蔽,即是天理,不须外面添一分。以此纯乎天理之心,发之事父便是孝,发之事君便是忠,发之交友治民便是信与仁。只在此心去人欲、存天理上用功便是。[1]

> 心即理也。无私心即是当理,未当理便是私心。[2]

这些都是把"无私欲之蔽""无私心"当作了"即是天理""即是当理"的前提,并在此基础上认同"心即理"说。对于自己的"心即理"说之本旨,王阳明是这样对门人说的:

> 诸君要识得我立言宗旨。我如今说个心即理是如何,只为世人分心与理为二,故便有许多病痛。如五伯攘夷狄、尊周室,都是一个私心,便不当理。人却说他做得当理,只心有未纯,往往悦慕其所为,要来外面做得好看,却与心全不相干。分心与理为二,其流至于伯道之伪而不自知。故我说个心即理,要使知心、理是一个,便来心上做功夫,不去袭义于外,便是王道之真。此我立言宗旨。[3]

这样的"心即理"说,其"心"指的是"无私心"下的"当理",并且是指"心之发动不能无不善"。有见于此,"心即

---

[1]《传习录》上卷,第3条。
[2]《传习录》上卷,第95条。
[3]《传习录》下卷,第112条。

理"必以"知行合一"为内容。而王阳明是这样说明"心即理"与"知行合一"在内容上的一致性的:

> 此须识我立言宗旨。今人学问,只因知行分作两件,故有一念发动,虽是不善,然却未曾行,便不去禁止。我今说个"知行合一",正要人晓得一念发动处,便即是行了。发动处有不善,就将这不善的念克倒了,须要彻根彻底,不使那一念不善潜伏在心中。此是我立言宗旨。[1]

可以说,以上论述是从"心之发动不能无不善"这一旨趣出发的,并且显示出将严格的工夫(修养)作为内容的重视工夫的倾向。如果对一念发动不能无不善的理念从内面进行彻底反省(省察)而使重视工夫的倾向彻底化的话,那么其结果就必能达到心之发动无不善的要求。这与基于对心之本体的信赖而积极的、直接的向外定义理(良知)的做法相比,所呈现出的无疑是以内在反省(省察)为主的消极的、间接的性格。

诚如以往研究所指出的,在王阳明的圣人之学里,原本就存在"明快"与"严肃"两个面向。[2] 首先,关于"明快",可以用以下对话来加以说明:

---

[1]《传习录》下卷,第26条。
[2] 参照高桥进:《朱熹と王陽明》,第173页。

> 一日，王汝止出游归，先生问曰："游何见？"对曰："见满街人都是圣人。"先生曰："你看满街人是圣人，满街人倒看你是圣人在。"又一日，董萝石[1]出游而归，见先生曰："今日见一异事。"先生曰："何异？"对曰："见满街人都是圣人。"先生曰："此亦常事耳，何足为异？"[2]

实质上，王阳明强调的是"吾亦圣人，人亦圣人"，再进一步也就是"所有人都是圣人"这样一个理念。与成圣的艰难性相比，这首先是向人们提示了"明快"的特性。

不过，成圣毕竟不是那么简单的事，不经过严格的工夫（修养）之考验，成圣是绝对不可能的。王阳明的"必为圣人之志"[3]所强调的虽是成圣，然而，若离开了使具体的、现实的人之气质发生改变以回复到本然之性的过程，也就是严格的工夫，那就不能成为圣人。诚如王阳明在《传习录》中所言：

> 诸公在此，务要立个必为圣人之心，时时刻刻须是一棒一条痕，一掴一掌血，方能听吾说话句句得力。若茫茫荡荡度日，譬如一块死肉，打也不知得痛痒，恐终不济事，回家只寻得旧时伎俩而已，岂不惜哉？[4]

---

[1] 董澐（1457—1533），字复宗，号萝石。王阳明弟子，晚号从吾道人。
[2]《传习录》下卷，第113条。
[3]《传习录》下卷，第60条。
[4]《传习录》下卷，第131条。

可以说，在这里王阳明非常清楚地表明了成圣所需要的修养是相当严苛的。《传习录》又载：

> 先生曰："圣人亦是学知，众人亦是生知。"问曰："何如？"曰："这良知人人皆有，圣人只是保全，无些障蔽，兢兢业业，亹亹翼翼，自然不息，便也是学。（圣人）只是生的分数多，所以谓之'生知安行'。众人自孩提之童，莫不完具此知，只是障蔽多，然本体之知自难泯息，虽问学克治，也只凭他，只是学的分数多，所以谓之'学知利行'。"[1]

也就是说，即使"生知安行"的圣人，那也是因为不断努力的结果，所以仍可称为"学知"，而普通人也具备了完全的良知，所以也可称为"生知"。而所谓安知生行、学知利行、困知勉行等概念，则无不出于《中庸》第二十章。王阳明对此曾作过如下解释：

> 知行二字即是功夫，但有浅深难易之殊耳。良知原是精精明明的，如欲孝亲，生知安行的，只是依此良知实落尽孝而已；学知利行者，只是时时省觉，务要依此良知尽孝而已；至于困知勉行者，蔽锢已深，虽要依此良知去

---

[1]《传习录》下卷，第21条。

> 孝，又为私欲所阻，是以不能，必须加人一己百、人十己千之功，方能依此良知以尽其孝。圣人虽是生知安行，然其心不敢自是，肯做困知勉行的功夫。困知勉行的，却要思量做生知安行的事，怎生成得？[1]

可以说，王阳明在这里又进一步阐释了工夫在成圣过程中的重要性。

在王阳明看来，"圣人之所以为圣，只是其心纯乎天理，而无人欲之杂"。[2] 他还用精金的比喻来说明圣人不是靠才能和力量而成圣，重要的是纯乎天理。也就是说，只要众人能够将各自拥有的良知发挥出来，就与圣人没有差别。这样一来，安知生行、学知利行、困知勉行之间的本质区别也就消失了。诚如王阳明所言：

> 心之良知是谓圣。圣人之学，惟是致此良知而已。自然而致之者，圣人也；勉然而致之者，贤人也；自蔽自昧而不肯致之者，愚不肖者也。愚不肖者，虽其蔽昧之极，良知又未尝不存也，苟能致之，即与圣人无异矣。此良知所以为圣愚之同具，而人皆可以为尧舜者，以此也。是故致良知之外无学矣。[3]

---

[1]《传习录》下卷，第91条。
[2]《传习录》上卷，第99条。
[3]《王阳明全集》卷八，文录五，《书魏师孟卷》。

不管怎样，王阳明致良知说中所揭示的明快性，是不可能不经过阶段性的工夫而一步登天的，其最终还得靠克服私欲的严厉工夫，才能使之具体化。只有经过这样的过程，才能真正成为圣人。所谓"后儒不明圣学，不知就自己心地良知良能上体认扩充"[1]，"我辈致知，只是各随分限所及。今日良知见在如此，只随今日所知扩充到底；明日良知又有开悟，便从明日所知扩充到底。如此方是精一功夫"[2]，说的就是这个道理。

王阳明所说的意思，就是在致良知的过程中，缺不了所谓扩充阶段的工夫。而这终究不过是改变气质之性而回复本然之性（圣人之性）即良知的过程，或者说是除去私欲、私心之蔽而回到本体良知（复其体）的过程。这从王阳明的以下言论中就可以明显看出来：

七情有著，俱谓之欲，俱为良知之蔽。然才有着时，良知亦自会觉，觉即蔽去，复其体矣。此处能勘得破，方是简易透彻功夫。[3] 圣贤教人知行，正是要复那本体。[4]

如今念念致良知，将此障碍窒塞一齐去尽，则本体已复。[5]

---

[1]《传习录》上卷，第108条。
[2]《传习录》下卷，第25条。
[3]《传习录》下卷，第90条。
[4]《传习录》上卷，第5条。
[5]《传习录》下卷，第22条。

而王阳明想要实现的理想，就是《大学问》中所呈现的人人"去其私欲之蔽，以自明其明德，复其天地万物一体之本然"[1]的境界。

以上论述了致良知的消极侧面。很显然，相对于基于对本体的信赖而将良知（天理）向外定位的积极侧面，这种消极侧面所追求的是为克服人欲（私欲）而做的严格的内在修养、反省（省察）工夫。王阳明还巧妙地将致良知的消极侧面表述为"所恶于上，是良知，毋以使下，即是致知"，[2] 这可以说是相对于积极侧面的最好例证。

《大学》有"所恶于上，毋以使下"之说，意思是说，如果厌恶上司对你的某种行为，就不要用这种行为去对待你的下属。而所谓"所恶于上"，是指知道什么为应该憎恶的东西，所以王阳明认为它相当于良知；所谓"毋以使下"，是指要随顺于知道了应该憎恶的东西的良知之判断，所以王阳明认为它相当于致良知。

《论语》有"其恕乎？己所不欲，勿施与人"[3]、"夫仁者，己欲立而立人，己欲达而达人"[4] 之说。前一条是说自己不想要的东西，切勿强加给别人；后一条是说自己立身修德的同时也要让别人立身修德，自己通达事理的同时也要让别人通达事

---

[1]《王阳明全集》卷二六，续编一，《大学问》。
[2]《传习录》下卷，第105条。
[3]《论语·卫灵公》。
[4]《论语·雍也》。

理。前者是想通过否定自己来肯定自己，后者是想通过肯定自己来肯定他人。[1]它们分别代表了仁的实现过程的消极侧面和积极侧面。如果能与孔子所说的联系起来思考，那么以上所说的王阳明的观点就变得愈加明晰了。也就是说，"所恶于上，是良知，毋以使下，即是致知"中的"致知"，犹如"不欲""勿施"这样的消极侧面。若与前面已说过的"至良知"（即积极地向外定位良知的致良知的积极侧面）和"致良知"（即在向外定位良知之前，为使心纯乎天理，而先在内克服私欲并反省自身的致良知的消极侧面）联系起来看的话，它属于"致良知"。而王阳明对"致良知"的这两个侧面，曾作过如下总结：

> 知是心之本体，心自然会知：见父自然知孝，见兄自然知弟，见孺子入井自然知恻隐，此便是良知不假外求。若良知之发，更无私意障碍，即所谓"充其恻隐之心，而仁不可胜用矣"。然在常人不能无私意障碍，所以须用致知格物之功胜私复理。即心之良知更无障碍，得以充塞流行，便是致其知。知致则意诚。[2]

很显然，王阳明是把"胜私复理"看作"致知"。"致知"即恢

---

[1] 参照高桥进：《朱熹と王陽明》，第279页。
[2]《传习录》上卷，第8条。

复内面良知,即"到达良知的工夫",其为致良知的消极侧面。但王阳明最后还补充说"知致则意诚",据此"致知"亦可被理解为"知致"。这当然包括了良知要在行为中实现的积极侧面。

第三章 阳明学分裂（个性之展开）的起点及其形态
——致良知中体现的两大思想侧面（倾向）的具体化

致良知是王阳明工夫（修养）论的结晶，同时也是其思想的核心，所以其中所显示的两大侧面，并不仅仅表现在其工夫（修养）论的性格上，而且还体现在能够规定其整个思想构造之性格的诸要素的机能上。对于重视每个人的体认及自得的王阳明来说，致良知论的这两大侧面，最后却由于理解方法的不同，而导致了重点导向也不一样的结果，而且还被各自具体化了。本章将考察由于王阳明思想的两大侧面的具体化而产生的阳明学分裂的起点及其所呈现的各种形态。

一、阳明学分裂的起点
——王畿和钱德洪的四句教之争

阳明学的分裂是由于其积极侧面与消极侧面被具体化或表面化而形成的。王畿和钱德洪之间曾发生过一场史称"天泉问答"[1]（以下简称"问答"）的对话，其中显示出来的思想对立是比较典型的例子。

王畿和钱德洪的思想对立，简而言之，就是将重点放在本体上还是工夫上的问题。它被集结成"问答"的形式。因这场"问答"发生在绍兴的天泉桥（据说该桥并非传统意义上的桥，而是建在绍兴王阳明伯内碧霞池边的桥形的半圆形建筑物）上，故而一般被称为"天泉问答"。又因"问答"的内容皆围绕其师王阳明的"四句教言"（Four Sentences Teaching）而展开，故又被称作"四言教""四句教"或"四句诀"。

"四句教"不仅被视为王阳明思想之要旨，而且在思想史上也具有重大意义，后来长达数世纪的学术论争，都是因它而起。甚至还有人批评说："四句教"实为王畿之创作，而并非王阳明之真传。[2] 然而，尽管在《传习录》和《王龙溪全集》里，王畿、钱德洪两人所记录的内容在重点或结论上略有不同，但"四句教"出自王阳明这一点应该是没有什么疑义的。[3]

---

[1] 按：作为其基本资料的有《传习录》下卷第 115 条、《阳明年谱》嘉靖六年丁亥五十六岁九月条，以及《王龙溪先生全集》卷一《天泉证道纪》等。

[2] 关于这一问题，请参秦家懿：《王阳明四句教的善恶思想》，收入冈田武彦编：《陽明学の世界》，东京：明德出版社，1986 年，第 107—117 页。

[3] 《传习录》下卷第 115 条和《阳明年谱》嘉靖六年丁亥五十六岁九月条所记内容，皆出自钱德洪之笔，其中有"汝中举先生教言曰：'无善无恶是心之体……'"，说明钱德洪采取的是先直接指出王畿的问题点，然后合议的办法，这对所谓的王畿创作说是有力的否证。因为如果要说"四句教"不是王阳明之教言，那么与王畿对立的钱德洪，在那样的场合要想否定王畿之说，就不会不在《传习录》和《阳明年谱》里无任何记录。《王龙溪全集》（明万历十五年刻本）的《天泉证道纪》是王畿门人所记，所以其中不仅记录了王畿自述的东西，而且其成书（转下页）

接下来我们将通过《传习录》中所记载的"问答"之内容，尝试对王阳明思想分裂的起始点作一具体考察。[1]

此次"问答"发生在嘉靖六年（1527）九月王阳明出发征讨广西思州、田州叛乱的前夜。当时王畿和钱德洪[2]在天泉桥就

（接上页）时间也要晚于《传习录》（明嘉靖三十五年刻本）和《阳明年谱》（明嘉靖四十二年刻本）。

[1]《传习录》下卷第115条全文记载如下："丁亥年九月，先生起复征思、田。将命行时，德洪与汝中论学。汝中举先生教言曰：'无善无恶是心之体，有善有恶是意之动，知善知恶是良知，为善去恶是格物。'德洪曰：'此意如何？'汝中曰：'此恐未是究竟话头。若说心体是无善无恶，意亦是无善无恶的意，知亦是无善无恶的知，物亦是无善无恶的物矣。若说意有善恶，毕竟心体还有善恶在。'德洪曰：'心体是天命之性，原是无善无恶的。但人有习心，意念上见有善恶在，格、致、诚、正、修，此正是复那性体功夫。若原无善恶，功夫亦不消说矣。'是夕侍坐天泉桥，各举请正。先生曰：'我今将行，正要你们来讲破此意。二君之见正好相资为用，不可各执一边。我这里接人原有此二种：利根之人，直从本源上悟入。人心本体原是明莹无滞的，原是个未发之中。利根之人一悟本体，即是功夫，人己内外，一齐俱透了。其次不免有习心在，本体受蔽，故且教在意念上实落为善去恶。功夫熟后，渣滓去得尽时，本体亦明尽了。汝中之见，是我这里接利根人的；德洪之见，是我这里为其次立法的。二君相取为用，则中人上下皆可引入于道。若各执一边，眼前便有失人，便于道体各有未尽。'既而曰：'已后与朋友讲学，切不可失了我的宗旨。无善无恶是心之体，有善有恶是意之动，知善知恶是良知，为善去恶是格物。只依我这话头随人指点，自没病痛，此原是彻上彻下功夫。利根之人，世亦难遇；本体功夫，一悟尽透；此颜子、明道所不敢承当，岂可轻易望人！人有习心，不教他在良知上实用为善去恶功夫，只去悬空想个本体，一切事为俱不着实，不过养成一个虚寂。此个病痛不是小小，不可不早说破。'是日德洪、汝中俱有省。"

[2] 钱德洪（1496—1574），本名宽，字德洪，为避先世讳，而以字行，改字洪甫，号绪山。王阳明大弟子，王门正统派的继承者。曾周游四方，致力于阳明学的传播和普及，系编纂《传习录》和《王文成公全书》的中心人物。与本名钱宽相比，钱德洪更被人所熟知，因此本书将以钱德洪代替本名钱宽来标记。

其师的"四句教言"展开论辩,并请王阳明裁决。而此次"问答"所讨论的对象则被王阳明简明扼要地归纳为四句话:"无善无恶心之体,有善有恶意之动,知善知恶是良知,为善去恶是格物。"

这四句话的确是王阳明的教言。但据邹守益[1]的《青原赠处》所记,四句中的首句为"至善无恶心之体"[2],第一个字是"至"而不是"无"。不过,根据《传习录》中的"花间草章",其中有所谓"无善无恶者理之静,有善有恶者气之动,不动于气,即无善无恶,是谓至善"句[3]。说明"至善"和"无善"并不是无法兼容的,"至善"的"至"和"无善"的"无"也不是相互矛盾的。也就是说,人心的本相原是无善无恶即至善的,因意之动("气之动"或者说"动于气")而产生了善恶之区别。王阳明把心之体称为无善无恶,又把无善无恶等同于至善。因此,无善无恶并不像其言辞所表达的那样是单纯意义上的"无善恶"。可以这么说,无善无恶指的是超越了善恶之别的本体,它意味着在判别善恶之前(不是时间上的,而是伦理上的)的心之状态。其结果就是,王阳明既没有超脱也没有否定儒家所谓善恶的道德观念,甚至是站在此观念的基本立场上解释心、意、知、物之"四句"的。然而,后来王畿和钱德洪却在理解方式上形成了各种对立。

---

[1] 邹守益(1491—1562),字谦之,号东廓。王阳明高足。倡导主敬、慎独的致良知精神。
[2] 《明儒学案》卷一六《江右王门学案一》。
[3] 《传习录》上卷,第 102 条。

根据王畿的《天道证道纪》记载，对于"四句教"，钱德洪认为，"此是师门教人定本，一毫不可更改"；相反，王畿则认为："夫子立教随时，谓之权法，未可执定。"钱德洪认为"四句教"对于王阳明的门人而言是说教之定论，一毫都不可更改。然而王畿却认为，王阳明立教是应时而变的，所以是权法，不可固执于一种定本。在这里，王畿把王阳明的立场定义为权法（它同样适用于对"四句教"的理解），这基本上可以说是恰当的（参照第五部第一章）。

王阳明的立场，可以说是既不否定也不逸脱儒家之善恶观。钱德洪则坚持了这一立场，并将其作了进一步的发展。钱德洪的立场被称为"四有说"。反之，以"四句教"为权法，甚至想要逸脱儒家善恶观的王畿之立场，则被称作"四无说"。[1]

---

[1] 王畿在《天泉证道纪》中说："若有善有恶，则意动于物，非自然之流行，着于有矣。自性流行者，动而无动，着于有者，动而动也。意是心之所发，若是有善有恶之意，则知与物一齐皆有，心亦不可谓之无矣。……时夫子将有两广之行……夫子曰：'正要二子有此一问。吾教法原有此两种：四无之说，为上根人立教；四有之说，为中根以下人立教。上根之人，悟得无善无恶心体，便从无处立根基，意与知物，皆从无生，一了百当，即本体便是工夫，易简直截，更无剩欠，顿悟之学也。中根以下之人，未尝悟得本体，未免在有善有恶上立根基，心与知物，皆从有生，须用为善去恶工夫，随处对治，使之渐渐入悟，从有以归于无，复还本体，及其成功一也。世间上根人不易得，只得就中根以下人立教，通此一路。汝中所见，是接上根人教法；德洪所见，是接中根以下人教法。'"其中所说的"有"与"无"、"四有之说"与"四无之说"，是把前者作为钱洪德的立场，后者作为自己的立场；同时又认为后者是为上根人立教，前者是对中根以下人立教，并且可分别与佛教的渐悟、顿悟相比配。

首先，对于"四句教"，王畿的"四无说"是这样理解的：

> 此恐未是究竟话头。若说心体是无善无恶，意亦是无善无恶的意，知（良知）亦是无善无恶的知，物亦是无善无恶的物矣。若说意有善恶，毕竟心体还有善恶在。[1]

这是把重点放在本体（内）上，并认为可以将其照式照样地直接向外发挥和扩大的立场，也就是重视本体的立场。然而，钱德洪却与之相对，他说：

> 心体是天命之性，原是无善无恶的。但人有习心，意念上见有善恶在，格、致、诚、正、修，此正是复那性体功夫。若原无善恶，功夫亦不消说矣。[2]

这是把重点放在克服遮蔽本体的意念之恶的工夫上，并认为本体是无法照式照样地直接发挥和扩大的立场，即重视工夫的立场。

因此，我们有可能把两者的立场作如下图式化的理解：如果说王畿的"四无说"所呈现的是外向的、信赖本体的、由内（心）向外（物）的性格，那么钱德洪的立场所呈现的就是内向的、重视工夫的、由外（物）向内（心）的性格。而从把握

---

[1]《传习录》下卷，第115条。
[2]《传习录》下卷，第115条。

本体的方法来看，则钱德洪是消极的，王畿是积极的。两者在"四句教"理解上的差异并不是偶然的，而是如上文已经指出的那样，可以理解为是内在于王阳明思想中的两种倾向之呈现。

为了对王、钱二人的理解方式作进一步的比较研究，下面就介绍一些有关《天泉证道纪》的内容。如上文所述，王畿认为"夫子立教随时，谓之权法，未可执定"。他还说：

体用显微，只是一机。心意知物，只是一事。若悟得心是无善无恶之心，意即是无善无恶之意，知即是无善无恶之知，物即是无善无恶之物。盖无心之心则藏密，无意之意则应圆，无知之知则体寂，无物之物则用神。天命之性，粹然至善，神感神应，其机自不容已，无善可名。恶固本无，善亦不可得而有也。是谓无善无恶。若有善有恶，则意动于物，非自然之流行，着于有矣。自性流行者，动而无动。着于有者，动而动也。意是心之所发，若是有善有恶之意，则知与物一齐皆有，心亦不可谓之无矣。[1]

对于王畿的说法，钱德洪批评说："若是，是坏师门教法，非善学也。"而王畿则回应道："学须自证自悟，若执权法以为定本，未免滞于言诠，亦非善学也。"

总而言之，钱德洪固守师说，而王畿则将师说定义为权

---

[1]《王龙溪先生全集》卷一《天泉证道纪》。

法,强调不应执着于此。两人争持不下,用钱德洪的话说,就是"吾二人所见不同,何以同人,盍相与就正夫子"。于是两人当晚便坐在天泉桥上,各以所见请王阳明裁定。而王阳明是这样裁决两人之意见的:

> 我今将行,正要你们来讲破此意。二君之见,正好相资为用,不可各执一边。我这里接人原有此二种:利根之人,直从本源上悟入。人心本体原是明莹无滞的,原是个未发之中。利根之人,一悟本体,即是功夫,人己内外,一齐俱透了。其次不免有习心在,本体受蔽,故且教在意念上实落为善去恶。功夫熟后,渣滓去得尽时,本体亦明尽了。汝中之见,是我这里接利根人的;德洪之见,是我这里为其次立法的。二君相取为用,则中人上下皆可引入于道。若各执一边,眼前便有失人,便于道体各有未尽。[1]

由此可见,王阳明是将两人的想法予以折衷了。在他看来,两人的见解只有互补才能发挥作用,而不能只各执一方。人原分为两种,王畿的见解是用来引导素质优秀之人的,而钱德洪的见解则是用在普通人身上的。王阳明接着又说:

> 利根之人,世亦难遇。本体功夫,一悟尽透。此颜

---

[1]《传习录》下卷,第115条。

子、明道所不敢承当，岂可轻易望人！人有习心，不教他在良知上实用为善去恶功夫，只去悬空想个本体，一切事为俱不着实，不过养成一个虚寂。此个病痛不是小小，不可不早说破。[1]

另外，在《天泉证道纪》中，王阳明也有如下忠告：

汝中所见，我久欲发，恐人信不及，徒增躐等之病，故含蓄到今。此是传心秘藏，颜子、明道所不敢言者。今既已说破，亦是天机该发泄时，岂容复秘？然此中不可执着。若执四无之见，不通得众人之意，只好接上根人，中根以下人无从接授。若执四有之见，认定意是有善有恶的，只好接中根以下人，上根人亦无从接授。但吾人凡心未了，虽已得悟，仍当随时用渐修工夫。不如此，不足以超凡入圣，所谓上乘兼修中下也。汝中此意，正好保任，不宜轻以示人。

可见，王阳明追求的是兼顾悟与修、本体与工夫两个方面，而不偏向其中任何一方的立场。这说明王阳明的思想中是积极侧面与消极侧面并存的，而钱、王的意见之对立，则可以说意味着这两个侧面的具体化。阳明学两个主要倾向的分裂（个性之发展），就是由此开始的。

---

[1]《传习录》下卷，第115条。

二、分裂的形态

阳明学的分裂形态,是按照把握良知(心之本体)的不同方式来分类的,而不同的把握方式又与良知的发挥形式及实现方法有直接关系。因此,阳明学的分裂最终可以看作是阳明思想的核心致良知论的发展形态。换言之,阳明学的分裂形态即其个性展开,正是通过对良知的各样各色的理解方式呈现出来的。

《明史·儒林传》称阳明"门徒遍天下",黄宗羲在《明儒学案》中将阳明后学按其出身地区划分为七个学派,并对其中的 83 人作了介绍。详见下表:

序号	地区	代 表 人 物
1	浙中	徐爱[1]、钱德洪、王畿等。
2	江右	邹守益、欧阳德[2]、聂豹[3]、罗洪先[4]、王时槐[5]等。

---

[1] 徐爱(1487—1517),字曰仁,号横山。浙江余姚人,王阳明妹夫,被称为王门颜回。
[2] 欧阳德(1496—1554),字崇一,号南野。批评罗钦顺,主张区别良知与知觉。
[3] 聂豹(1487—1563),字文蔚,号双江。倾心王阳明的良知说,以弟子自居,后偏向宋儒的主静说。
[4] 罗洪先(1504—1564),字达夫,号念庵。崇信王阳明的致良知说,并对其进行了再诠释,见解颇为独到。
[5] 王时槐(1522—1605),字子植,号塘南。王阳明的再传弟子。重视慎独工夫。

续　表

序号	地区	代　表　人　物
3	南中	朱得之[1]、唐顺之[2]、唐鹤徵、黄省曾[3]等。
4	楚中	耿定向[4]、蒋信[5]等。
5	北方	杨东明[6]、南大吉[7]、穆孔晖、孟秋、孟化鲤等。
6	粤闽	薛侃[8]、杨骥、杨仕鸣等。
7	泰州	王艮、罗汝芳、颜钧[9]、梁汝元等。

黄宗羲以江右王门为王学正统，而把王畿和王艮等斥为异端。日本学者冈田武彦则在王畿的《抚州拟岘台会语》（收

---

[1] 朱得之（生卒年不详），字本思，号近斋，江苏靖江人。编有《稽山承语》，录阳明语，今存。
[2] 唐顺之（1507—1560），字应德，号荆川，江苏武进人。一代武艺大师。爱好唐宋散文，系唐宋派的主要代表。
[3] 黄省曾（1496—1546），字勉之，号五岳山人，江苏吴县人。
[4] 耿定向（1524—1597），字在伦，号楚侗，湖北黄安人。倡导讲学以改善社会风俗。部分思想成为东林学派的基础。
[5] 蒋信（1483—1559），字卿实，号道林，湖南常德人。拜王阳明和湛若水为师。建有正学书院、文明书院等。
[6] 杨东明（1548—1624），字起修，号晋庵，别号惜阴居士，河南虞城人。北方阳明学的主要代表。在与东林学派的论辩中，曾积极为阳明学辩护。
[7] 南大吉（1494—1574），字元真，号姜泉，陕西渭南人。在绍兴修复稽山书院，拜王阳明为师。今本《传习录》中卷的编纂者。
[8] 薛侃（1486—1545），字尚谦，号中离，广东揭阳人。录有《传习录》上卷（今本第95条至129条）。
[9] 颜钧（1504—1596），字山农，江西永新人。阳明学派中的平民思想家。

入《王龙溪先生全集》卷一）的基础上，将良知说分为归寂、修正、已发、现成、体用、始终六个类型，并以此为基础将阳明后学划分为现成派（王畿、王艮）、归寂派（聂豹、罗洪先）和修证派（邹守益、欧阳德）三大门派。[1] 冈田武彦还把现成派、归寂派、修证派分别翻译成 Existentialist School、Quietist School、Cultivation School，并将它们分别归类为左派（Left Wing）、右派（Right Wing）和正统派（Orthodox School）。[2] 冈田武彦的分类方法在当今的日本基本上是一种共识。不过也有学者对完整继承王阳明学说的正统派的存在表示怀疑，只把阳明学派区分为左派和右派，[3] 并对一直延续到李贽之思想系谱的泰州学派进行了探究，将其命名为"左派王学"。这一观点肇始于中国学者嵇文甫。嵇氏在其

---

[1] 参照冈田武彦：《王陽明と明末の儒学》，东京：明德出版社，1970年，第122页。

[2] 参照冈田武彦：《王陽明文集》"解说"，东京：明德出版社，1970年，第67页。

[3] 例如尾藤正英在《世界の名著》续编第四卷《朱熹・王陽明》（东京：中央公论社，1974年）附录一的座谈会纪要中说："实际上，与其说阳明学是一种危险的思想，倒不如说它是一个不牢靠的思想。从阳明以后思想史的发展流向看，阳明学被分化为王学左派和右派，而右派最终又回归到了朱子学，与此相对的左派，则经常被斥责为禅。其实受到这样的批评也是不可避免的。这样一来，阳明学正统派的存在也就让人感到没了信心。实际上，的确存在着一条很难走的路，而阳明自己却的确走上了这条路。尽管如此，后人想要模仿他也是很困难的。"（第5页）不过，也有个别场合只区分为左派和右派，如山下龙二就是如此（参氏著：《陽明学の研究（展開編）》，东京：现代情报社，1971年，第7页以后）。

1934 年所著的《左派王学》中对李贽思想的起源作过探究，并将王学左派描述为与右派（钱德洪、罗洪先、邹守益）对立的学派。[1] 自此以后，这种左、右派的分类方法在诸多著作中被沿袭，几乎成了定论。但是，所谓左派、正统派的思考模式，其实最早可以追溯到视王门诸派中的江右王门为王学正统、视王畿和泰州（王艮）派为异端而加以排斥的黄宗羲的《明儒学案》。

若对以上这些分类方法进行比较的话，黄宗羲是从地域性的观点出发来把握的；其次是现成派、归寂派、修证派这类分类法，就像其称呼本身所体现的那样，是在承认阳明学的佛教色彩的前提上来加以把握的；而左派（Left Wing）、右派（Right Wing）、正统派（Orthodox School）的分类法，则是以保守与进步、稳健与激进这样的政治评价论为基础的，也就是说，是从政治观点出发来加以把握的。由此可见，这些分类法其实都反映了它们各自的立场。

本节将在这些分类法的基础上，以更为平易的姿态，试着找出作为其中之根基的东西，而不是把阳明学的分裂形态当作先入之见，并试图追溯到阳明学分裂的起点——钱德洪、王畿当时的情形，进行具体考察。因此，下面就以《王龙溪先生全集》卷一收录的《抚州拟岘台会语》以及同书卷二收录的《滁

---

[1] 参照山下龙二：《陽明学の研究（成立编）》第二部第一章《陽明学研究はどうめられてきたか》，东京：中央公论社，1974 年。

阳会语》为中心来展开论述。

先从《滁阳会语》开始。王畿在此文中指出：良知学虽为其师（王阳明）所自悟，但却有许多异说存在。他例举了以下四种，然后又分别作了简单的评判：[1]

A."良知落空，必须闻见以助发之，良知必用天理则非空知。"

○评判：这是沿袭旧说的思考方法（沿袭之说）。

B."良知不学而知，不须更用致知，良知当下圆成无病，不须更用销欲工夫。"

○评判：这是凌空不实的议论（凌躐之论）。

C."良知主于虚寂，而以明觉为缘境。"

○评判：这只强调了良知之体的虚寂性而自窒其用。

D."良知主于明觉，而以虚寂为沉空。"

---

[1] 王畿说："夫良知之学，先师所自悟，而其煎销习心习气、积累保任工夫，又如此其密。吾党今日未免傍人门户，从言说知解承接过来，而其煎销积累保任工夫，又复如此其疏，徒欲以区区虚见影响缘饰，以望此学之明。譬如不务覆卵而即望其时夜，不务养珠而即望其飞跃，不务煦育胎元而即望其脱胎神化，益见其难也已。慨自哲人既远，大义渐乖，而微言日湮，吾人得于所见所闻，未免各以性之所近为学，又无先师许大炉冶陶铸销熔以归于一，虽于良知宗旨不敢有违，而拟议卜度、搀和补凑，不免纷成异说。有谓良知落空，必须闻见以助发之，良知必用天理则非空知，此沿袭之说也；有谓良知不学而知，不须更用致知，良知当下圆成无病，不须更用销欲工夫，此凌躐之论也；有谓良知主于虚寂，而以明觉为缘境，是自窒其用也；有谓良知主于明觉，而以虚寂为沉空，是自汩其体也。"以上这些内容，还可参考岛田虔次的《王龙溪先生谈话录并解说》(《东洋史研究》第 12 卷第 2 号，第 59—60 页)。

○评判：这只强调了良知之用的明觉而自汩其体。

这四种倾向，可分别称为：A."良知闻见说"；B."良知当下圆成说"；C."良知虚寂说"；D."良知明觉说"。这四种倾向，或偏执于工夫，或偏执于本体，所以王畿对它们分别进行了批判。

在《抚州拟岘台会语》中，王畿则举出了以下六种倾向，并分别作了评判：[1]

A."良知非觉照，须本于归寂而始得。如镜之照物，明体寂然，而妍媸自辨。滞于照，则明反眩矣。"

○评判：寂者心之本体，寂以照为用，守其空知而遗照，是乖其用也。

B."良知无见成，由于修证而始全，如金之在矿，非火符锻炼，则金不可得而成也。"

○评判：仁义之心，本来完具，感触神应，不学而能也。

---

[1] 王畿说："先师首揭良知之教，以觉天下，学者靡然宗之，此道似大明于世。凡在同门，得于见闻之所及者，虽良知宗说不敢有违，未免各以其性之所近，拟议掺和，纷成异见。有谓良知非觉照，须本于归寂而始得。如镜之照物，明体寂然，而妍媸自辨。滞于照，则明反眩矣。有谓良知无见成，由于修证而始全，如金之在矿，非火符锻炼，则金不可得而成也。有谓良知是从已发立教，非未发无知之本旨。有谓良知本来无欲，直心以动，无不是道，不待复加销欲之功。有谓学有主宰，有流行，主宰所以立性，流行所以立命，而以良知分体用。有谓学贵循序，求之有本末，得之无内外，而以致知别始终。……所求即得之之因，所得即求之之证，始终一贯，不可得而别，别则支矣。"山下龙二的《陽明學の研究（展開篇）》（第 44—45 页）曾对以上内容作过系统梳理，可资参考。

若谓良知由修而后全,挠其体也。

C."良知是从已发立教,非未发无知之本旨。"

○评判:良知原是未发之中,无知而无不知。若良知之前复求未发,即为沉空之见矣。

D."良知本来无欲,直心以动,无不是道,不待复加销欲之功。"

○评判:古人立教,原为有欲设,销欲正所以复还无欲之体,非有所加也。

E."学有主宰,有流行,主宰所以立性,流行所以立命,而以良知分体用。"

○评判:主宰即流行之体,流行即主宰之用。体用一原,不可得而分。

F."学贵循序,求之有本末,得之无内外,而以致知别始终。"

○评判:所求即得之之因,所得即求之之证,始终一贯,不可得而别,别则支矣。

如同《滁阳会语》,这里也基本上是针对 A. 归寂说、B. 修正说、C. 已发说、D. 现成说、E. 体用说、F. 始终说这六种倾向展开的批判[1],认为它们分别偏执于工夫或本体。

若将《抚州拟岘台会语》和《滁阳会语》中所列举的各种分歧加以分类,便可以说:归寂说、无欲说、明觉说、现成说

---

[1] 参冈田武彦:《王陽明と明末の儒学》,第 122 页。

是将重点放在了本体上，修证说、闻见说、已发说、体用说、始终说是将重点放在了工夫上。故此可以说，阳明学分裂后的诸形态，其实并没有脱离钱德洪、王畿之论争的总框架。归根结底，它们都是以王阳明思想内部的两大侧面为基础的。

三、阳明学两大侧面之特质及其主要展开于中国的积极倾向

在本节中，我们接着上一节的话题，论述一下阳明学两大侧面的基本特质及其主要展开于中国的积极倾向。在本书第一部第二章"阳明学的思想特质"中，笔者已经论述了阳明学的两大侧面所呈现出的相互对立的思想性格，故而本节将不再切入王阳明的思想进行重复考察和论证，而只是对王阳明的门人后学进行剖析，因为其门人后学在这方面也有非常丰富的论述。笔者还想根据这些论述，对第一部第二章所述内容的真实性和妥当性加以求证。

围绕王阳明的"四句教"，钱德洪从重视工夫的立场出发与重视本体的王畿展开了争论。下面一段钱德洪所作的论述，就明显反映了这两大侧面彼此对立的思想性格：

> 师既没，音容日远，吾党各以己见立说。学者稍见本体，即好为径超顿悟之说，无复有省身克己之功。谓"一见本体，超圣可以跂足"，视师门诚意格物、为善去恶之

旨,皆相鄙以为第二义。简略事为,言行无顾,甚者荡灭礼教,犹自以为得圣门之最上乘。噫!亦已过矣。自便径约,而不知已沦入佛氏寂灭之教,莫之觉也。[1]

在钱德洪看来,王门的分裂形态,是由于王阳明殁后,其门人们都根据自己的理解来解释师说而造成的。其中重视工夫的人,是这样批判重视本体的人对工夫之轻视的:"学者稍见本体,即好为径超顿悟之说,无复有省身克己之功。谓'一见本体,超圣可以跻足',视师门诚意格物、为善去恶之旨,皆相鄙以为第二义。"钱德洪认为这些人过于重视本体,轻视和省略工夫,以求快速、直接地达到目的,所以他指责其为"径超顿悟之说"。根据钱氏的观点,积极倾向的另一个特征是"简略事为,言行无顾,甚者荡灭礼教,犹自以为得圣门之最上乘"。也就是说,钱氏所说的"简略事为,言行无顾"之行为方式,也会导致如同陆陇其(1630—1692)所指责的"荡轶礼法,蔑视伦常"之恶果。[2]于是,那些重视本体(积极之倾向)的思想家,便被认定是缺乏省察的、外向的、行为的、动态的"荡灭礼教"者。这些人按照自己的想法擅自行动,还荒谬地以为自己已"得圣门最上乘",其极端后果,就是"荡轶礼法,蔑视伦常"。然而,这反过来也证明了重视工夫的人所

---

[1] 钱德洪:《大学问跋》,收入《王阳明全集》卷二六,续编一。
[2] 陆陇其:《三鱼堂文集》卷二《学术辨》。按:陆陇其(1630—1692),字稼书,号当湖,浙江平湖人。信奉程朱学,排斥阳明学。

具有的内向的、省察的、静态的、固守礼教之立场。

钱德洪所说的"荡灭礼教",具体而言,就像他自己所说的"噫!亦已过矣。自便径约,而不知已沦入佛氏寂灭之教,莫之觉也"那样,指的是逸脱儒教之束缚、沦入佛氏寂灭之教的倾向。对于这一点,黄宗羲亦作过如下论述:

> 阳明先生之学,有泰州、龙溪而风行天下,亦因泰州、龙溪而渐失其传。泰州、龙溪时时不满其师说,益启瞿昙之秘而归之师,盖跻阳明而为禅矣。然龙溪之后,力量无过于龙溪者,又得江右为之救正,故不至十分决裂。泰州之后,其人多能赤手以搏龙蛇,传至颜山农、何心隐一派,遂复非名教之所能羁络矣。[1]

在黄宗羲看来,王阳明之学因泰州(王艮)、王畿而盛行于天下,又因泰州、王畿而渐失其传。他们不满足于其师王阳明的学说,而沦入佛教(瞿昙)。而黄宗羲其后所说的"泰州之后,其人多能赤手以搏龙蛇"的话,其实是指被视为泰州学派的人所具有的像"赤手搏龙蛇"那样的果敢行为和实践性品格(倾向),而钱德洪则将此描述为"事为之简略"和"言行之无顾"。

根据以上所述可知,因为阳明学的积极侧面与消极侧面分

---

[1]《明儒学案》卷三二《泰州学案一》。

别呈现出了向外的、行动的、动态的思想性格与向内的、省察的、静态的思想性格，这才引发了相互对立的思想倾向。这两种思想倾向经过强化后，最终又导致了或固守名教、或逸脱名教（倾心于佛教）的相互矛盾的思想形态。

下面再就主要展开于中国的阳明学之积极倾向作番论述。应该说，钱德洪所揭示的阳明门人"各以己见立说"的现象，主要是重视工夫的人对站在本体立场上的人所表达的忧虑。而对于钱德洪来说，这股正在崛起的强劲势力，可以说是一个潜藏的威胁。黄宗羲虽然也对因逸脱名教而失王阳明之传的行为表示了不满，但他同时又说过"阳明先生之学，有泰州、龙溪而风行天下"这样的话。这就证明了，以王畿、泰州（王艮）以及王艮后学（即泰州学派，包括颜山农、何心隐、李贽等人）为中心的王阳明思想的积极侧面的继承者，在当时是占据中国阳明后学之主流地位并主导其发展的。用《明史·儒林传》的话说，就是"门徒遍天下，流传逾百年，其教大行，其弊滋甚"。[1]

---

[1]《明史》卷二八二《儒林传·序》。

第二部

致良知论的展开

龙岗山阳明洞：阳明学的圣地阳明洞位于贵州省修文县的龙岗山上，洞的入口上方刻有"阳明先生遗爱处"七个大字，为阳明先生生前最钟爱之处。

何陋轩：何陋轩之名取自《论语》"君子居之，何陋之有"。王阳明建此轩的目的正是希望即使在如此偏僻的龙场生活，也不要忘记君子之风。他在《何陋轩记》中提出了近于野蛮的龙场土著人要比具有华丽文明的北方人更加优越的思想。除了何陋轩，阳明洞周边还建有君子亭、宾阳堂等建筑。

第一章　中国良知现成论的展开

在第一部第二章"阳明学的思想特质"里，我们揭示了王阳明的致良知说，强调围绕着良知的实现与发挥方法，表现出积极的（重视本体）和消极的（重视工夫）两个侧面，并且指出前者是外向的、动态的、行动的性格，后者是内向的、静态的、反省的（省察的）性格。

而在阳明学的这两种思想倾向中，在中国是以积极的一面为主流而展开的，这点我们在前面已作过详述（参照第一部第三章第三节）。这一倾向的中心人物是王畿、王艮、罗汝芳和李贽。其中继承了王阳明思想之积极侧面的王畿，倾心于王阳明的良知现成论，并将它发扬光大，进而确立了重视本体的立场。从此，所谓的良知现成论便成为明末阳明学发展的思想根基。而王艮的明哲保身论、罗汝芳的赤子之心论、李贽的童心论等，都是建立在这一理论的基础上而发生的变形及展开。

一、王畿的现成良知论

1. 现成良知

王畿（1498—1583），字汝中，别号龙溪。王畿的现成良知论是对王阳明思想积极侧面的继承和发展，他所说的"现成良知"中的"现成"与"见成"或"见在良知"中的"见在"，以及"当下具足""当下圆成"等都是同义词。[1] 所谓"现成"，原本是针对修证的概念，它是佛教用语。如同中村元编《岩波佛教辞典》所解释的那样，是指"眼前有成形的状态。禅宗里是指眼前存在的所有事物都以悟的状态出现"[2]，意即现在此处已经完成的形态。因此，所谓"现成良知"的"良知"，是无须花费工夫就已经成形的存在，它意味着完全和现在成就。继承了王阳明思想之积极侧面的王畿，同时也继承了王阳明的良知现成论，并且将其发扬光大，进而才确立了重视本体的立场。

前面已经指出过，将王阳明的教旨（思想）精炼后，就是"无善无恶心之体，有善有恶意之动，知善知恶是良知，为善去恶是格物"这四句教言。围绕这"四句教"，王畿和钱德洪的解释各有不同。不过他们之间并不是简单的对立，而是通过对"四句教"的解释来树立各自的思想立场。因此，在进入王畿的现成良知论前，我们先来比较一下他以"四句教"为线索的重视本体的立场，以及与钱德洪的重视工夫之立场的区别。

"四句教"中的心之体、意之动、良知、格物，分别着眼

---

[1] 关于这些用语的出处，"现成良知"见《王龙溪先生全集》卷二《松原晤语》等，"现成"见同书卷一《抚州拟岘台会语》，"现在良知"见同书卷四《与狮泉刘子问答》等，"当下具足"见同书卷一〇《与罗念庵（一）》，"当下圆成"见同书卷一《抚州拟岘台会语》以及卷二《滁阳会语》等。

[2] 中村元编：《岩波仏教辞典》，东京：岩波书店，1989 年，第 312 页。

于《大学》中八条中的四条，即正心、诚意、致知、格物。而且我们知道，"四句教"的思想志向并不在于治人，而是以个人的内心修成（内圣、修己）为基本目标的。此外，"四句教"将良知视为心之本体，是知善知恶、为善去恶之主体。可以认为，以此为基本立场的"四句教"就是王阳明致良知论的要旨。

围绕"四句教"而引发的王畿与钱德洪之间的争论，恰好是王阳明思想积极侧面与消极侧面的表面化和具体化。王畿认为，"四句教"绝非已到达极致，如果（《大学》之正心的）心之体是无善无恶的，那么（诚意的）意也是无善无恶的，（致知的）知也是无善无恶的，（格物的）物也是无善无恶的；如果意有善恶的话，那么其结果，（意发之根源的）心之体也应有善恶。而钱德洪的反论是，心体为天命之性，原本无善无恶，惟因人（来自后天的经验）有习心，意念里便存在善恶，所以有格（物）、致（知）、诚（意）、正（心）、修（身）之说，这些工夫都是为了恢复真正的性之本体。一般把前者（王畿）的立场称为"四无说"，后者（钱德洪）的立场称为"四有说"。但是，若从钱德洪的"四有说"认证心之本体无善无恶的角度上看，则将之规定为"一无三有"说似乎更为恰当。而王阳明则对于这两种不同的意见裁定道：王畿的观点是针对悟性特别高的人群（利根人），钱德洪的观点则对悟性在其次的人群有用，两人的意见如能互补则对中人以上及中人以下的人群都有引导作用，因此不应执着于一方的意见。也就是说，"四无说"是积极的侧面（重视本体），"四有说"是消极的侧面（重视工夫），而王阳明对两者都认同，并告诫他们要彼此互补。这些都证明了，王阳明思想里原本就存在着积极与消极两个侧面（以上参照第一部第三章第一节）。

钱德洪的"四有说"主张克服现实的人性中的恶，强调复归性之本体（无善无恶）的工夫（格、致、诚、正、修）。所以本体在这里并不突出。这大概是重视了心之体（无善无恶）—意（有善有恶）—良知（知善知恶）—格物（为善去恶）为阶段的工夫而得出的结论吧！因此，"四有说"在构造上也就带有向内的、静态的性格。与此相对，王畿的"四无说"则把重点放在心之体（良知）上，并着眼于良知运作的展开方向上，也就是从心之体（无善无恶）到意之用（有善有恶）再到格物（为善去恶）的图式表述上。王畿没有像钱德洪那样设定阶段性的工夫，而是重视心之体（良知）自己的展开过程。其结果，便使"四无说"带有了向外的、动态的性格。

因此，我们可以将钱德洪与王畿有关"四句教"的立场作如下分疏：

四句教	钱德洪的四有说	王畿的四无说
心之体	无善无恶	无善无恶
意	有善有恶	无善无恶
知	知善知恶	无善无恶
格物	为善去恶	无善无恶

续　表

四句教	钱德洪的四有说	王畿的四无说
	重视阶段性的学习	不设定阶段性工夫
	强调恢复性体的工夫	重视良知自身的展开过程
	向内的静态性格	向外的动态性格

在王阳明看来,"无善无恶"即"至善"。然而在"四有说"的场合,则为了固守既存(传统儒学)的善恶观念,不承认心体运作的独特性和固有性(没有特别的意义和价值),而仅仅注重处于同一空间的心之体(无善无恶＝至善)与意、知、物之间的平面关系。与此相反,在王畿"四无说"的场合,心之体的运作则被贯穿于意、知、物的整个过程。因此我们可以说,这是一种意、知、物被心之体完全控制的构造。也就是说,在"四无说"的场合,越强调心之体,作为工夫的诚意、致知、格物这些功能和作用也就会越微弱。这与越强调工夫(格、致、诚、正、修),心之体的能动性也就会越少受到限制和调整的"四有说"形成了鲜明的对照。

实际上,与钱德洪的见解相反的王畿的"四无说",其特质是把"现成良知"论作为基石。而王畿的"现成良知"论的源头,就在王阳明的学说里。比如王阳明认为,良知是"完完全全"[1]的:"于此便见,一节之知即全体之知,全体之知即

---

[1]《传习录》下卷,第65条。

一节之知，总是一个本体。"[1]"良知无前后，只知得见在的机，便是一了百了。"[2] 这些都是就良知的现在成就（现成）而言的。而所谓良知的现在成就，正如王阳明所言："良知只是一个，随他发见流行处，当下具足，更无去来，不须假借。"[3] 也就是说，当下发现、流行的良知（即现在心），才是其完全形态（当下具足），故而别无他求，不须外借。王畿的现成良知论，就是对王阳明这一思想的继承和深化。他说："先师提出良知二字，正指见在而言。见在良知与圣人未尝不同，所不同者，能致与不能致耳。"[4] 在王畿看来，王阳明所提出的"良知"二字，指的就是良知的见在（现在）性，良知的现在性与圣人本性是同一的，所不同的只是在于能不能致得见在良知。王畿的这些主张，与主张收摄（收敛）归寂，认为见在良知与尧舜（圣人）不同，所以有必要做"修证工夫"[5] 的罗洪先的主张正好相对。王畿指出，现成良知无需复加修证工夫，否则就是矫枉过正：

  至谓"世间无有现成良知，非万死功夫，断不能生"，以此较勘世间虚见附和之辈，未必非对病之药，若必以现

---

[1]《传习录》下卷，第22条。
[2]《传习录》下卷，第81条。
[3]《传习录》中卷《答聂文蔚》。
[4]《王龙溪先生全集》卷四《与狮泉刘子问答》。
[5]《罗念庵先生全集》卷一〇《良知辩》。

在良知与尧舜不同，必待功夫修证而后可得，则未免于矫枉之过。[1]

总之，在王畿那里，良知并不需要在原有的基础上做人为的加损工夫（如修证工夫那样的人为、作为）才能完满，[2] 而是当下之实存（现成）。

2. 本体工夫和悟

那么，在王畿的学说里难道就完全没有工夫了吗？如果不是这样的话，那他又是如何设定工夫并与其本体合一的呢？

王畿指出："舍工夫而谈本体，谓之虚见，虚则罔矣。"[3] 又说："外本体而论工夫，谓之二法，二则支矣。"[4] 所谓"舍工夫而谈本体"，就是舍去工夫而只谈本体；所谓"外本体而论工夫"，就是离开本体来讨论工夫。前者属于"虚见"，后者属于"二法"，即分割了本体与工夫。所以王畿总结道："盖工夫不离本体，本体即是工夫，非有二也。"[5] 意即工夫离不开本体，本体直接就是工夫，两者本来并非二物。这就是王畿的立场。可见他并没有否定工夫。然而，这样的现成良知之学，却被指责为"落空"。对此，王畿的回答是：

---

[1]《王龙溪先生全集》卷二《松原晤语》。
[2] 王畿说："原不容以人为加损而后全。"（《王龙溪先生全集》卷八《致知难易解》）
[3]《王龙溪先生全集》卷九《答季彭山龙镜书》。
[4]《王龙溪先生全集》卷九《答季彭山龙镜书》。
[5]《王龙溪先生全集》卷一《冲元会纪》。

自先师提出本体工夫，人人皆能谈本体、说工夫，其实本体工夫须有辨。自圣人分上说，只此知便是本体，便是工夫，便是致；自学者分上说，须用致知的工夫，以复其本体，博学、审问、慎思、明辨、笃行，五者废其一，非致也。世之议者，或以致良知为落空，其亦未之思耳。[1]

而王畿所说的工夫，即"无工夫中真工夫"。他说："某所请教，不是谓工夫为可无。良知不学不虑，终日学，只是复他不学之体；终日虑，只是复他不虑之体。无工夫中真工夫，非有所加也。工夫只求日减，不求日增。减得尽，便是圣人。"[2] 而做工夫的目的，就是要复其不学不虑的良知的本来形态（体）。这种无工夫中的真工夫，针对的是原来就是完全的而无须任何加损的良知本体。王畿认为，舍去了多余的学、虑工夫的人，就是作为人格之典范的圣人。

另外，王畿所说的"无工夫中真工夫"，说的不是"在后天动意上立根"，而是"在先天心体上立根"，[3] 亦即指"从混沌立根基"[4] 的工夫。他说："良知是心之本体，潜天而天，潜地而地，根柢造化，贯串人物。"他还把这样的良知本体称作"是造化之精灵，吾人当以造化为学。造者自无而显于有，化

---

[1]《王龙溪先生全集》卷一《冲元会纪》。
[2]《王龙溪先生全集》卷六《与存斋徐子问答》。
[3]《王龙溪先生全集》卷一《三山丽泽录》。
[4]《王龙溪先生全集》卷四《东游会语》。

者自有而归于无。不造则化之源息，不化则造之机滞。吾之精灵，生天生地生万物，而天地万物复归于无"。[1] 其中所谓的"无"，既是指吾之精灵（良知）的作用本身（内场），同时又是指天地万物之所在（外场），它与先天和混沌同义。与之相对，所谓"有"，则指的是基于吾之精灵（良知）而发生的目所能及的具体事物，亦即天地万物，它与后天同义。而王畿所说的"吾之精灵，生天生地生万物"，并不意味着良知可以创造无，而是指通过其至上的运作，能与天地万物建立联系。或者说，正是因为有了良知，天地万物才有了意义。在这里，王畿是把从无到有的转化过程称为"造"，而把从有到无的转化过程称为"化"。无论"造"还是"化"，无不来自吾之精灵（良知之运作），不过首先是"造"。正因为有了从无到有的"造"的过程（论理），才使得本体通过良知之运作而与所有的事物（天地万物）建立了联系。而与之相应的"化"，则不过从有到无的结果（具体的事实）。这就如同人活在世上，在论理产生以前，作为具体事实的意识已经在运作了一样。同样的，处于当下运作状态的良知，可以把眼前的天地万物都遮蔽起来，并使之建立起联系。是故，"化"可以使天地万物"归于无"，或者表现为"自有而归于无"的过程。如此看来，"造"与"化"虽然意思不同，但两者绝非各行其是。如果从具体现实的人之行为而言，它们两者毫无疑问属于同一事物

---

[1]《王龙溪先生全集》卷四《东游会语》。

（统一体）。王畿在"自有而归于无"和"无中生有"[1]里说的"无"，本来是指相对于后天的天地万物（有）而言的先天（之心体）和混沌。而如果用文字来表达现成良知的至上运作，所谓"无工夫中真工夫"，则可以说意味着现成良知运作的积极实现和发挥。王畿说过："予所信者，此心一念之灵明耳。一念灵明，从混沌立根基，专而直，翕而辟，从此生天生地、生人生万物，是谓大生广生，生生而未尝息也。"[2] 其中所谓的"立根基"（或者"立根"），可以说就是能自觉意识到不从外做人为工夫（作为）的、视现成良知的本来运作（本体）即为其工夫的根本道理。

而对于为了实现本体（现成良知）所做的工夫，王畿则将其定义为："至易至简，当下具足，一念自反，即得本心，可以超凡入圣。"[3] 也就是说，"得本心（良知）"也好，"超凡入圣"也罢，其前提条件或者其可能性，即为"一念自反"。而所谓"一念自反"，若以为属于当下具足的良知运作之范围，则本体直接成为工夫（本体即工夫）就能够成立。用王畿的另一说法，便是"即此知是本体，即此知是功夫"。[4] 因此，"一念自反"不是阶段性、渐进性的方法，而是指直下承当、当下具足的良知及其运作。所谓"当下""直下"，意指即刻、马上；所

---

[1]《王龙溪先生全集》卷七《南游会纪》。
[2]《王龙溪先生全集》卷七《龙南山居会语》。
[3]《王龙溪先生全集》卷一二《与莫延韩》。
[4]《王龙溪先生全集》卷一七《不二斋说》。

谓"承当",意指承担、担当。王畿更言:"吾人欲与直下承当,更无巧法,惟须从心悟入,从身发挥。"[1] 示意作为"直下承当"的方法(功法),在于"从心悟入"。而所谓"从心悟入",实与"一念自反"同义,它揭示了王畿独特的工夫论。那么,其所谓"悟入"的"悟"具体又是指的什么呢?这个问题对于理解王畿的工夫论是非常重要的,所以下面就来论述一下"悟"。

首先,对于"悟"的种类,王畿作过如下论述:

> 君子之学,贵于得悟,悟门不开,无以征学。入悟有三:有从言而入者,有从静坐而入者,有从人情事变练习而入者。得于言者,谓之解悟;触发印正,未离言诠;譬之门外之宝,非己家珍。得于静坐者,谓之证悟;收摄保聚,犹有待于境;譬之浊水初澄,浊根尚在,才遇风波,易于淆动。得于练习者,谓之彻悟;摩砻锻炼,左右逢源;譬之湛体泠然,本来晶莹,愈震荡愈凝寂,不可得而澄淆也。根有大小,故蔽有浅深,而学有难易,及其成功一也。[2]

在王畿看来,入悟有三:有从言语入者,谓之"解悟";有从静坐入者,谓之"证悟";有从人情事变磨练入者,谓之"彻悟"。这三种方法,分别代表着以下三种意思:

---

[1]《王龙溪先生全集》卷九《答季彭山龙镜书》。
[2]《王龙溪先生全集》卷一七《悟说》。

A. 解悟：是指从言语悟入者，也就是触发认证皆不离言语文字。这种方法被王畿比喻为"门外之宝，非己家珍"。

B. 证悟：是指从静坐悟入者，也就是收摄保聚而有待于境。这种方法被王畿比喻为"浊水初澄，浊根尚在，才遇风波，易于淆动"。

C. 彻悟：是指从人情事变中练习而悟入者。这种方法被王畿比喻为"湛体冷然，本来晶莹，愈震荡愈凝寂，不可得而澄淆也"。

接下来王畿又说："先师之学，其始亦从言而入，已而从静中取证，及居夷处困，动忍增益，其悟始彻。一切经纶变化，皆悟后之绪余也。……此入圣之微机，学者可以自悟矣。"[1] 就是说，王阳明也是经过解悟、证悟，最后才进入彻悟之境界这样几个阶段性过程的。从中可知，彻悟是入悟的终极阶段。至此，我们终于可以理解王阳明的"一切经论变化，皆悟后之绪余也"的意思了。

关于"悟"，王畿还作过如下提示：

良知二字是彻上彻下语。良知知是知非，良知无是无非。知是知非，即所谓规矩，忘是非而得其巧，即所谓悟也。中人上下，可语与不可语，亦在乎此。夫良知之旨，所谓中道而立，能者从之，非有所加损也。……弃规矩而

---

[1]《王龙溪先生全集》卷一七《悟说》。

谈妙悟，自是不善学之病，非良知之教使之然也。[1]

所谓"良知知是知非，良知无是无非"，与其所言的"良知无善无恶，谓之至善；良知知善知恶，谓之真知"[2]属于同义语。对王畿来说，知是非，即所谓规矩；忘是非然后得其（是非之）巧，即所谓悟；弃规矩而谈妙悟，并不是（王阳明的）良知之教使之然。换言之，王畿所揭示的"悟"，绝非"弃规矩而谈妙悟"，而是"忘是非而得其巧"。这里有一个问题，即王畿所说的"忘是非"是指什么？王畿持有与"弃规矩"相反之主张，并将此立场总结为"忘是非"。而所谓"忘是非而得其巧"，即其所强调的"悟"。为进一步探寻"忘是非"之"忘"的含义，还可引下文释之：

忘好恶，方能同好恶；忘是非，方能公是非。盖好恶是非，原是本心自然之用，惟作好恶、任是非，始失其本心。所谓忘者，非是无记顽空，卒其明觉之自然，随物顺应，一毫无所作，无所任，是谓忘无可忘。[3]

王畿认为，好恶、是非皆为本心自然之用。但若只作好恶、任是非，就会失去本心，于是他主张"忘"。而"所谓忘

---

[1]《王龙溪先生全集》卷五《与阳和张子问答》。
[2]《王龙溪先生全集》卷一五《自讼问答》。
[3]《王龙溪先生全集》卷一《三山丽泽录》。

者，非是无记顽空，卒其明觉之自然，随物顺应，一毫无所作、无所任，是谓忘无可忘"。这里的"无记顽空"，是指无记忆、无任何运作的"空"。如此看来，王畿所说的"忘"，其实质就是要随任良知的自然运作（明觉自然），顺应日常所接触的事物，做到彻底的无为。因此，对于"忘"，他又加了句"忘无可忘"。如此一来，所谓"忘是非"，实际上就是指无所作、无所任（即作为）。而现成良知，即"本心自然之用""明觉之自然"，其中即存在着自然运作的"知"。良知之运作，即知是知非，而良知自知是非，即所谓规矩。所以良知的运作，绝不是弃规矩而谈妙悟。因此，"忘是非而得其巧即所谓悟"的"悟"，就是指了解到现成良知的自然运作，然后随物顺应之，并据此而判断是非（规矩），而并非别有作是非、任是非的工夫。所谓"巧"，就是指的由良知来知是知非，即作规矩。它就如同前面已说过的"无中生有"（即"造化"），是"无中生有"的另一种表现形式。

无论怎么说，王畿的"悟"，似乎都意味着彻底了解到现成良知的运作（体认、自觉），然后自然顺应之，并据此而将其完完全全地现实化和具体化。这对王畿而言，大概可以说就是本体即工夫的境界。

二、王艮的明哲保身论

王艮（1483—1541），初名银，后改名艮，字汝止，号心斋，江苏泰州安丰场人，是泰州学派的鼻祖。[1] 他和王畿一同发扬光大了王阳明的思想，两人常被并称为"二王"。[2]

1. 造命

王畿把现成良知的积极之实现表述为"无中生有"，这是其思想（特别是现成良知论）的根基。而来自同样思想脉络的王艮，也以自己的命运自己造的所谓"造命"意识为根基而开展其现成良知论，并将此作为明哲保身论而使之体系化。

---

[1] 就像黄宗羲在《明儒学案》中所说的"阳明先生之学，有泰州、龙溪而风行天下，亦因泰州、龙溪而渐失其传"（卷三二《泰州学派序》，第703页）那样，在中国阳明学的展开过程中，最活泼活跃，同时亦受到各种社会非难的，就是以王艮为鼻祖的泰州学派（参照岛田虔次：《中国における近代思惟の挫折》第二章"泰州学派"，东京：筑摩书房，1970年）。对于泰州学派的主要人物，根据以《明儒学案》等文献为基础而撰成的《阳明学大系》第12卷《阳明学便览》（东京：明德出版社，1974年）所收的《明代儒学者一览》之记载，可以举出颜钧、梁汝元、邓豁渠（别名鹤，号太湖）、方与时（字湛一）、程学颜（字二蒲，号后台）、钱同文（字怀苏）、管志道（字登之，号东溟）、王艮、王襞（字宗顺，号东崖）、朱恕（字光信，号樵夫）、韩贞（字以中，号乐吾）、夏叟（字廷美）、徐樾（字子直，号波石）、王栋（字隆吉，号一庵）、林春（字子仁，号东城）、赵贞吉（字孟静，号大洲）、罗汝芳、杨起元（字贞复，号复所）、耿定向（字在伦，号天台）、耿定理（字子庸，号楚倥）、焦竑（字弱侯，号澹园）、潘士藻（字去华，号雪松）、方学渐（字达卿，号本庵）、何祥（号克斋）、祝世禄（字延之，号无功）、周汝登（字继元，号海门）、陶望龄（字周望，号石篑）、刘塙（字静来，号冲倩）等（被略去的是李贽）。关于这些人物的传略，可参照黄宗羲的《明儒学案》和岛田虔次的《中国における近代思惟の挫折》。

[2] 陶望龄：《歇庵集》卷三《盱江要语序》，台北：伟文图书出版社有限公司印行，1976年。

王艮声称"大人造命"[1],又说:"我今得此沉疴之疾,我命虽在天,造命却由我。"[2] 其中的思想特质,即为"我命虽在天,造命却由我"的"造命"论。这种"造命"论的基本点,虽与王畿的"无中生有"论的思维方式出于同一脉络,但在王艮那里,却是以"明哲保身"的形式出现的。而这种"明哲保身"体现的以保身为目的,并为达成这一目的而全力实践的性格,则与王畿的观点有所不同。从王艮的思想中可以看出,其实践性品格,即反映在对混乱之天(无)及其秩序(有)的奋力整肃之中。

> 先生一夕,梦天坠压身,万人奔号求救,先生独奋臂托天而起,见日月列宿失序,又手自整布如故,万人欢舞拜谢。醒则汗溢如雨,顿觉心体洞彻,万物一体、宇宙在我之念益真切不容已。自此行住语默,皆在觉中。题记壁间,先生梦后书"正德六年间,居仁三月半"于座右。时三月望夕,即先生悟入之始。[3]

在这里,"日月列宿失序"的混乱之天,被他用"手自整

---

[1] 王艮曰:"孔子之不遇于春秋之君,亦命也。而周流天下,明道以淑斯人,不谓命也。若'天民'则听命矣。故曰'大人造命'。"(《王心斋全集》卷一《语录》)
[2] 《王心斋全集》卷二,尺牍密证,《再与徐子直(二)》。
[3] 《王心斋全集》卷三《年谱》,辛未六年二十九岁条。

布如故",这实质上是天的无(天之混乱)中生有(秩序之整备)之象征。那么如何才能整备混乱的天之秩序呢?用王艮的话说,那就是造命,即用自己的手创造出自己的生生之道。这无疑是其自力的积极意志之反映。

根据这种梦之体验象征性地体现出对混乱之天的秩序整备,不仅显示了王艮自力、积极之意志,同时也反映了王艮所认识到的当时社会的混乱和危机。因此,在王艮的"明哲保身"论里寄托了想要保全始终处于安全不能被保障的混乱状况之中的己之一身的愿望,即一种能使自己安全生存的渴望。这是因为,对于"明哲保身"论而言,王艮以为身的重要性是具有根本性的。

2. 保身之构造

"明哲保身"之语,出自《中庸》第二十七章:"国有道,其言足以兴,国无道,其默足以容。《诗》(《大雅·蒸民篇》)曰:'既明且哲,以保其身'。其此之谓欤?"意即国家政治清明时,若论国家大计,则能听其言、用其谋,从而使国家兴盛;国家政治昏暗时,若隐其才德,缄默不语,就能保全自身,免受其害。而《诗经》所说的意思,亦即明达而能熟谙事机,智慧而能洞察哲理,便可以保全自身,避免受害。王艮的"明哲保身"论,就是基于以上理念,从理论上总结了依据良知来保全包括自己在内的万民之身的方法。

王艮的"明哲保身"论虽然和"万物一体"论有着不可分割的关系,但这里我们打算重点对其"现成良知"论的展开加以考察。我们首先来介绍一下"明哲保身"论的序文（为便于理论说明，而借助英文字母及序数）：

A-① 明哲者，良知也；明哲保身者，良知良能也。所谓不虑而知、不学而能者也。人皆有之，圣人与我同也。② 知保身者，则必爱身如宝。能爱身，则不敢不爱人。能爱人，则人必爱我。人爱我，则吾身保矣。③ 能爱人，则不敢恶人。不恶人，则人不恶我。人不恶我，则吾身保矣。④ 能爱身者，则必敬身如宝。能敬身，则不敢不敬人。能敬人，则人必敬我。人敬我，则吾身保矣。⑤ 能敬吾身，则不敢慢人。不慢人，则人不慢我。人不慢我，则吾身保矣。⑥ 此仁也，万物一体之道也。

B-① 以之齐家，则能爱一家矣。能爱一家，则一家者必爱我矣。一家者爱我，则吾身保矣。② 吾身保，然后能保一家矣。以之治国，则爱一国矣。能爱一国，则一国者必爱我。一国者爱我，则吾身保矣。③ 吾身保，然后能保一国矣。以之平天下，则能爱天下矣。能爱天下，则天下凡有血气者，莫不尊亲。莫不尊亲，则吾身保矣。④ 吾身保，然后能保天下矣。此仁也，所谓至诚不息也，一贯之道也。

C-① 人之所以不能者，为气禀物欲之偏。气禀物欲之偏，所以与圣人异也。与圣人异，然后有学也。学之如何？明哲保身而已矣。② 知保身而不知爱人，必至于适己自便，利己害人。③人将报我，则吾身不能保矣。吾身不能保，又何以保天下国家哉？此自私之辈，不知本末一贯者也。④若夫知爱人而不知爱身，必至于烹身割股，舍生杀身，则吾身不能保矣。吾身不能保，又何以保君父哉？此忘本逐末之徒，其本乱而末治者否矣。⑤故君子之学，以己度人。己之所欲，则知人之所欲；己之所恶，则知人之所恶（下略）。

王艮首先用"明哲者，良知也；明哲保身者，良知良能也。所谓不虑而知，不学而能者也。人皆有之，圣人与我同也"（A-①），就明哲保身作出说明。在他那里，"明哲"即《孟子·尽心上》所说的"不虑而知"之良知，而"明哲保身"就是把"不虑而知"之良知（明哲）与"不学而能"之良能组合在一起。这样一来，如果王阳明的良知本来就是良知与良能之统合语的话，那么明哲保身即良知的关系也就自然而然成立了。

然而，王艮却说："人之所以不能者，为气禀物欲之偏。气禀物欲之偏，所以与圣人异也。与圣人异，然后有学也。学之如何？明哲保身而已矣。"（C-①）说明其所说的明哲保身，虽即"所谓不虑而知，不学而能者也。人皆有之，圣人与我同也"，然则"人之所以不能者，为气禀物欲之偏。气禀物欲之偏，所以与圣人异也"，于是"学"的重要性便被凸显出来。但王艮却断言，"学"者"明哲保身而已矣"，除了明哲保身之学（即良知之学），别无他求。他还把"学"称为"乐学"，进而展开了自己颇具特色的"学"论。为了有助于对明哲保身之学（即良知之学）内容的理解，接下来我们再来论述一下他的"乐学"说。

王艮的"乐学"，在他所撰的《乐学歌》里有很好的体现：

> 人心本自乐，自将私欲缚。私欲一萌时，良知还自觉。一觉便消除，人心依旧乐。乐是乐此学，学是学此乐。不乐不是学，不学不是乐。乐便然后学，学便然后乐。乐是学，学是乐。于呼！天下之乐，何如此学！天下之学，何如此乐！[1]

《乐学歌》说："私欲一萌时，良知还自觉。一觉（私欲）便消除，人心依旧乐。"这是基于良知本体来论"学"。在王艮看来，人心本来具有的乐之重点在于"学"，这是他所立志追求的"学"的显著特征。他说："学者有求为圣人之志，始可与言学。"[2] 意即学者必以圣人之学为目标。他又说："天下之学，惟有圣人之学好学：不费些子气力，有无边快乐。若费些子气力，便不是圣人之学，便不乐。"[3] 意即圣人之学是学问的极致，是不费丝毫之力的"乐学"。所以他大声质疑："学者不

---

[1]《王心斋全集》卷二，尺牍密证，《乐学歌》。
[2]《王心斋全集》卷一《语录》。
[3]《王心斋全集》卷一《语录》。

见真乐,则安能超脱而闻圣人之道?"[1]可见,王艮之"学",是以重视人的自然本性(良知)为教育方法的。不过这种为"学"方法,未必是王艮的独创。从下面这段话里即可看出,王阳明才是从重视人的自然本性出发来揭示儿童教育规律的先驱。

> 大抵童子之情,乐嬉游而惮拘检,如草木之始萌芽,舒畅之则条达,摧挠之则衰痿。今教童子,必使其趋向鼓舞,中心喜悦,则其进自不能已。譬之时雨春风,沾被卉木,莫不萌动发越,自然日长月化。若冰霜剥落,则生意萧索,日就枯槁矣。[2]

由此可见,王艮的"学"之方法,可以说是继承了王阳明的教育论。

如果说这种"乐学"是建立在对现成良知的活用的基础上的话(它等同于王阳明的良知之无和深化了自然性侧面的王畿之良知论),那就可以认为是展开了良知之无和自然本性的结果。王艮不是从否定良知之无和自然本性出发,而是基于更彻底的立场来把握良知之无和自然本性,并直接将其当作天理(有)的。他说:

---

[1]《王心斋全集》卷一《语录》。
[2]《传习录》中卷《训蒙大意示教读刘伯颂等》。

> 良知者，不虑而知，不学而能者也。惟其不虑而知，不学而能，所以为天然自有之理。惟其天然自有之理，所以不虑而知，不学而能也。故孔子曰："知之为知之，不知为不知。"是良知也。[1]

王艮认为，良知是"天然自有之理"。而这种所谓的"天然自有之理"，其实就是把良知之活用当作天理。[2] 这是因为，它来自良知本身的活泼性格。[3] 所以在他看来，良知的本来形态（体），即自然之天则（天然自有之理），而不需要任何人力之安排（作为）。对此，他曾作过多次表述。[4]

> 良知之体，与鸢鱼同一，活泼泼地，当思则思，思过则已。如周公思兼三王，夜以继日，幸而得之，坐以待旦，何尝缠绕？要之自然天则，不着人力安排。不执意见，方可入道。才着意，便是私心。然心之本体，原着不得纤毫意思的，才着意思，便有所恐惧，便是助长，如何谓之正心？

---

[1]《王心斋全集》卷一《良知天理说答甘泉书院诸友》。
[2] 王艮说："天理者，天然自有之理也。才欲安排如何，便是人欲。"（《王心斋全集》卷一《语录》）
[3] 王艮说："天性之体，本自活泼，鸢飞鱼跃，便是此体。"（《王心斋全集》卷一《语录》）
[4] 皆引自《王心斋全集》卷一《语录》及《答问补遗》。

王艮就是这样求得对各种各样的人之"见在"(现成)[1]良知的自觉的。他说:

> 只心有所向便是欲,有所见便是妄。既无所向又无所见便是无极而太极。良知一点,分分明明,亭亭当当,不用安排思索,圣神之所以经纶变化而位育参赞者,皆本诸此也。此至简至易之道,然必明师良友指点,功夫方得不错。[2]

也就是说,良知没必要分分明明、亭亭当当的"安排、思索",它原本就是现成的东西。若通过安排和思索,则结果反而会使良知的活泼本性受到控制和抑止。然而这并不表明王艮主张放弃所有工夫。如前所述,王艮认为,凡人都有学习的必要性,"善念动自知,恶念动自知,善念自克,恶念自去"。[3]良知本来就是无所不知的。只是凡人为私欲所蒙蔽,故而需要"正诸先觉,考诸古训,多识前言往行而求以明之"。而在王艮看来,这就是"致良知之道也"。当时有学者问曰:"良知者,性也,即是非之心也。一念动或是或非,无不知也。如一念之动,自以为是而人又以为非者,将从人乎,将从己乎?"王艮回答道:"予谓良知者,真实无妄之谓也。自能辨是与非。此处亦

---

[1]《王心斋全集》卷二,尺牍密证,《答黎洛大尹》。
[2]《王心斋全集》卷二,尺牍密证,《与俞纯夫》。
[3]《王心斋全集》卷一《答问补遗》。

好商量，不得放过。夫良知固无不知，然亦有蔽处。……故正诸先觉，考诸古训，多识前言往行而求以明之，此致良知之道也。"[1]

尽管如此，正如王艮所谓学问之要"然亦不过率此良知之学保身而已"，[2] 他还把明哲保身之学原样不变地视为良知之学。而"乐学"所显示的"学"之方法，与其说以良知之学为内容，倒不如说是为了支持明哲保身论。下面，我们就以本节开头所引用的话为基础，对尚有所保留的保身之构造作一番分析和考察，以便通过明哲保身论来考虑和描述王艮的真实思想动机。

王艮先自觉认识到自己身体的重要性，然后运用其具体化的形态，来强调他者之保身的重要性。也就是说，保身并非个人所能解决的问题，而是有机的、具有连带性格的相互链结。此即王艮所说的"知保身者，则必爱身如宝"（A-②）的意思。亦即是说，王艮之论述是以自觉认识到自己一身之重要性为先决条件而展开的。这是因为，在王艮看来，"能爱身，则不敢不爱人"（同上），即由对自己一身之重要性的认同而推己及人。如果把自己一身的伤害看得太轻，那同样也会把他者之伤害看得很轻。因此所谓保身，并不单单是以己推人，还可以是一种以人推己式的"能爱人，则人必爱我"（同上）的反方向的必然性之假定。王艮先首先思考了从"自己"到"他者"

---

[1]《王心斋全集》卷二，尺牍论议补遗，《奉绪山先生书》。
[2]《王心斋全集》卷二，尺牍密证，《再与徐子直》。

的转化，然后又思考了从"他者"到"自己"的转化。这样一来，"人爱我，则吾身保矣"（同上）的重要事实，也就悄然成立了。而保吾身的结果，就是他者开始像爱自己的身体一样爱我。如果不爱吾身，同样也就不会爱他者之身，那么他者便当然不可能爱我。如果他者不爱我（不以爱为前提），吾身也就不保矣。王艮将以上观点概括为："知保身而不知爱人，必至于适己自便，利己害人。"（C-②）"人将报我，则吾身不能保矣。"（C-③）若知保身，则必爱自己之身，同样也就爱他者之身。若爱他者，则他者亦必爱我，如此才能保吾身。由此可见，王艮的保身论是以己身"被保"为理论支撑的。

接着，王艮又以同样的推理展开了自己的保身论，这就是以爱身、爱人为基础，在"不恶""不慢"并且尊敬自己之身的前提下，爱他者之身。只有这样，他者才会以同样的爱心对待我，从而使"吾身保矣"（A-③、④、⑤）。王艮曰："此仁也，万物一体之道也。"（A-⑥）这是以保身为基点而构成的万物（万民）一体论。而这种仁（即万物一体之道）的理论，同样适用于齐家、治国、平天下。"以之齐家，则能爱一家矣。能爱一家，则一家者必爱我矣。一家者爱我，则吾身保矣。"（B-①）"吾身保，然后能保一家矣。以之治国，则能爱一国矣。能爱一国，则一国者必爱我。一国者必爱我，则吾身保矣。"（B-②）"吾身保，然后能保一国矣。以之平天下，则能爱天下矣。能爱天下，则天下凡有血气者，莫不尊亲。莫不尊亲，则吾身保矣。"（B-③）"吾身保，然后能保天下矣。此

仁也，所谓至诚不息也，一贯之道也。"（B-④）

以上即为王艮的保身理论。它从自、他两者间的存在方式开始，一直扩大到对"家、国、天下"的"齐、治、平"。

然而，王艮所说的"保身"，对有些人来说就是保自身，所以王艮特别作了这样的论述："知保身而不知爱人，必至于适己自便，利己害人。"（C-②）"人将报我，则吾身不能保矣。"（C-③）反之亦然，即不仅要知道爱他者之身，也要懂得爱自己之身。此即王艮所言的："若夫知爱人而不知爱身，必至于烹身割股，舍生杀身，则吾身不能保矣。"（C-④）只有这样的保身，才能使自、他之身一起"保"或"被保"。

> 吾身不能保，又何以保天下国家哉？此自私之辈，不知本末一贯者也。（C-③）

> 吾身不能保，又何以保君父哉？此忘本逐末之徒，其本乱而末治者否矣。（C-④）

也就是说，只要吾身稍微一点不保，那么"君父""家、国、天下"便都不能保。而吾身被保之后，则一家、一国、天下也就皆能保矣。

> 吾身保，然后能保一家。（B-②）
> 吾身保，然后能保一国。（B-③）
> 吾身保，然后能保天下。（B-④）

保吾身，亦即良知（即天然自有之理）之运作，只有在此良知之运作的前提下，才能使一身、一家、一国、天下被保。正是基于这样的良知，才支撑起了身、家、国、天下这些现实具体的世界（即有）。而王艮的这一根本宗旨，与王畿的"有生于无"说可谓一脉相承。

三、罗汝芳的赤子之心论

罗汝芳（1515—1588，字惟德，号近溪）深受王畿思想的影响。因王畿、王艮二人思想相近，故被并称为"二王"，而罗汝芳也常与王畿龙溪一起被并称为"二溪"。

罗汝芳把《孟子·离娄下》中的"大人者，不失其赤子之心者也"中的"赤子之心"作为其学问的中心命题，并在此基础上展开了自己独特的现成良知论。他说：

> 孟子曰："大人者，不失其赤子之心者也。"夫赤子之心，纯然而无杂，浑然而无为，形质虽有天人分，本体实无彼此之异。故生人之初如赤子时，与天甚是相近。[1]

罗汝芳以孟子的"大人者，不失其赤子之心者也"为依据，认为赤子之心是纯然无杂、浑然无为的，其形质虽有天人之分，

---

[1]《罗近溪全集》之《一贯编·易经》或《近溪子集·御》。

而天人是浑然一体的。

接着他又说：

> 吾人与天，原初是一体。天则与我的性情，原初亦相贯通。验之赤子生之时，一念知觉未萌，然爱好骨肉，熙熙恬恬，无有感而不应，无有应而不妙。

这里指的是天人不分的天地万物一体论，它又可表述为："天机人事原不可二，未有天机而无人事，亦未有人事而非天机。"[1]

罗汝芳所说的大人，即不失人之初、赤子时之心（赤子之心）的人，其境地也就是指天人（天机与人事）一体。而随时感应天（天地万物）的活泼运动，并与其保持浑然一体的赤子之心，应该是人类根源性的出发点。赤子之心乃不学不虑、爱好骨肉的活泼泼之本体。它虽非一念知觉之萌，但爱好骨肉的活泼泼之本性，却是"凭其自然之知以为知，凭其自然之能以为能"[2]的良知（良知良能），而绝非做工夫的结果。因此，他把赤子之心视为"天然自有之知能"。在罗汝芳看来，自然是"工夫之最先处"，与之相反的有为工夫，则是"自然之以后处"。此即其所说的："工夫不识性体，性体若昧自然，总是无头学问。细细推来，则自然却是工夫之最先处，而工夫却是自

---

[1]《罗近溪全集》之《近溪子集·御》。
[2]《罗近溪全集》之《近溪子集·御》。

然之以后处。次第既已颠倒,道蕴何能完全?"[1]其中的"自然却是工夫之最先处,而工夫却是自然之以后处",同于后述的"由无入有"之旨趣。赤子之心就是以自然、无(无为)为原点,并加以扩大、展开,从而形成天地万物(即有),所以赤子之心必须以天地万物为准则。对此,通过以下引文便能知晓。

> 道之为道,不从天降,亦不从地出,切近易见,则赤子下胎之初,哑啼一声是也。听着此一声啼,何等迫切;思着此一声啼,多少意味!其时母子骨肉之情,依依恋恋,毫发也似分离不开,顷刻也似安歇不过,真是继之者善,成之者性,而直见乎天地之心,亦真是推之四海皆准。[2]

这种依依恋恋、毫发不离的母子一体的骨肉之情,就是赤子之心,罗汝芳称其为"道"。"道"的本质,即为不从天降,亦不从地出,切近易见的赤子之心;它继之者善,成之者性。这样的赤子之心,就是人之原点,亦即天地之心。罗汝芳然后又将其定义为"推之四海皆准"的"道"。这就要求以赤子之心为准则,使一切理法皆由此出,如同王畿所言的"无中生有"。所以罗汝芳亦认为:

> 有从有而入于无者,则渐向虚玄,其妙味愈深,则甚

---

[1]《罗近溪全集》之《一贯编·易经》或《近溪子集·乐》。
[2]《罗近溪全集》之《近溪子集·射》。

去人事日远，甚至终身不肯回头，自谓受用无穷也。有从无而入于有者，则渐次入于浑融，其操持愈久，则其天机愈显，所以能经纶天下之大经，立天下之大本，知天地之化育也。此个关头，最是圣狂要紧，学者不可不早鉴而敬择也。[1]

罗汝芳把人区分为"有从有而入于无者"与"有从无而入于有者"，认为前者"渐向虚玄，其妙味愈深，则甚去人事日远，甚至终身不肯回头，自谓受用无穷也"，而后者则"渐次入于浑融，其操持愈久，则其天机愈显，所以能经纶天下之大经，立天下之大本，知天地之化育也"。正是在这一前提下，他得出了"此个关头，最是圣狂要紧，学者不可不早鉴而敬择也"的结论。这就是说，"从有而入于无者"为狂，"从无而入于有者"为圣，而罗汝芳所持的立场显然属于后者。

罗汝芳思想的展开，是完全以自然、无（无为）为赤子之心，然后由此而"入于有"。他还使赤子之心表现为包含了父（母）子、兄弟之具体的家族关系的君、长、众人之社会一般的存在（即有），而这种社会存在的伦理德性，即所谓的"孝、弟、慈"。罗汝芳要把它作为最高的伦理德性普及于天下。他在被问及《大学》之宗旨时认为，孟子所说的"大人者，不失其赤子之心也"一句话已道尽了《大学》之宗旨：

---

[1]《罗近溪全集》之《近溪子集·射》或《庭训下》。

问《大学》宗旨，罗子曰：孔子此书，却被孟子一句道尽。所云大人者，不失其赤子之心者也。夫孩提之爱亲是孝，孩提之敬兄是悌，未有学养子而嫁是慈，保赤子，又孩提爱敬之所自生者也。此个孝、悌、慈，原人人不虑而自知，人人不学而自能，亦天下万世，人人不约而自同者也。今只以所自知者而为知，以所自能者而为能，则为父子兄弟法，而人自法之，便叫做明明德于天下，又叫做人人亲其亲、长其长，而天下平也。此三件事，从造化中流出，从母胎中带来，遍天遍地，亘古亘今。[1]

四、李贽的童心论

李贽（1527—1602，原名载贽，号卓吾，别号宏甫、温陵居士等，然卓吾之号最为人所知）曾因"倡乱道，惑世诬民"等罪名而被逮捕入狱，最后自尽于北京的监狱内。李贽作为儒教的异端者和叛逆者（反名教论者）而广为人知。[2] 李贽是富

---

[1]《罗近溪全集》之《一贯编·大学》。
[2] 按：万历三十六年（1602）闰二月（李贽七十六岁），礼科给事中张问达上疏弹劾李贽，疏曰："李贽壮岁为官，晚年削发，近又刻《藏书》《焚书》《卓吾大德》等书，流行海内，惑乱人心。以吕不韦、李园为智谋，以李斯为才力，以冯道为吏隐，以卓文君为善择佳偶，以秦始皇为千古一帝，以孔子之是非为不足据，狂诞悖戾，不可不毁。尤可恨者，寄居麻城，肆行不简，与无良辈游庵院，挟妓女、白昼同浴，勾引士人妻女入庵讲法，至有携衾枕而宿者，一境如狂。又作《观音问》一书，所谓观音者，皆士人妻女也。后生小子喜其猖狂放肆，相率煽惑，（转下页）

有挑战和进取精神的思想家。他不仅对王阳明非常推崇,而且对梁汝元(何心隐)、邓豁渠等泰州学派诸人物,尤其是罗汝芳,也尊重备至。不过他最信奉的还是王畿。[1]

李贽的童心论亦可定位在现成良知论的展开脉络中。上节曾提到罗汝芳的赤子之心论着眼于人之初(生人之初),并以此作为其思想的基础性概念。同样,李贽也把童心作为自己思想的核心。

关于李贽的童心论,我们放到后面再作总结归纳,这里先介绍一下李贽童心论的基本特征及其求证方法。

"童心"之语最早见于《春秋左氏传》襄公三十一年条:"于是昭公十九年矣,犹有童心,君子是以知其不能终也。"相同之事在《史记·鲁周公世家》里也有记录。后汉的服虔注"童心"为:"无成人之志,而有童子之心。"[2] 意谓昭公到了

(接上页)至于明劫人财,强搂人妇,同于禽兽,而不之恤。迩来缙绅士大夫,亦有诵咒念佛,奉僧膜拜。手持数珠,以为律戒;室悬妙像,以为皈依。不知遵孔子家法,而溺意于禅教沙门者,往往出矣。近闻贽且移至通州。通州距都下四十里,倘一入都门,招致蛊惑,又为麻城之续。望敕礼部,檄行通州地方官,将李贽解发原籍治罪。仍檄行两畿及各布政司,将贽刊行诸书,并搜简其家未刻者,尽行烧毁,无令贻祸后生世道,幸甚!"对此上疏之文,上敕令:"李贽敢倡乱道,惑世诬民,便令厂卫五城严拿治罪。其书籍已刻未刻,令所在官司尽搜烧毁,不许存留。如有徒党曲庇私藏,该科道及各有司访奏治罪。"(参照《明神宗实录》卷三六七,万历三十年闰二月条。同文顾炎武《日知录》卷一八《李贽》亦有引录)已而李贽被投入狱中,三月切首自杀。

[1] 参照冈田武彦:《王陽明と明末の儒学》,第 253—254 页。
[2] 见《史记·鲁周公世家》服虔注。译者按:原文"服虔"作"腹虔"。

十九岁已近于成年时尚且幼稚而未泯孩童之心，语中带有明显的讥讽之意。到了明代，"童心"概念亦大多沿用服虔注，即被当作否定意义来使用。比如与李贽几乎同时的吕坤（1536—1618，号新吾）在《呻吟语》中就这样说过："童心最是作人一大病，只脱了童心，便是大人君子。或问之，曰：'凡炎热念、骄矜念、华美念、欲速念、浮薄念、声名念，皆童心也。'"[1]但后来李贽却引人注目地反驳道："夫童心者，真心也。若以童心为不可，是以真心为不可也。夫童心者，绝假纯真，最初一念之本心也。若夫失却童心，便失却真心。"对一直以来遭到否定的"童心"作了肯定性评价。[2]

李贽此处所说的童心与罗汝芳的赤子之心实为同义语。沟口雄三氏在《说书》孟子部"大人不失赤子之心"项里有过如下论说："赤子之心实即童心。童心者，真心也。……赤子者，

---

[1] 王国轩、王秀梅点校：《吕坤全集》，北京：中华书局，2008年，《呻吟语》卷一《存心》，第621页。

[2] 参照沟口雄三：《〈焚书抄〉译解》，收入《近世随笔集》，东京：平凡社，1971年，中国古典文学大系，第55卷，396—397页；后藤基巳：《李卓吾》，收入《阳明门下》，东京：明德出版社，1972年，阳明学大系，第6卷，第217页。按："童心"之语，就阳明学派而言，最早见于王阳明。如其诗"白头未是形容老，赤子依然浑沌心"（《王阳明全集》卷二〇，外集二，归越诗，《天泉楼夜坐和萝石韵》，第790页）所言，是用赤子之心来代表未老而浑沌的童心。同样的意思还表现在他的《归怀》诗中："行年忽五十，顿觉毛发改。四十九年非，童心独犹在。"（《王阳明全集》卷二〇，外集二，江西诗，第783页）然而王畿则曰："世人龌龊诽谤，如含血喷空，固自污染不上。中间客气童心，任情作恶，病痛能保其必无否？"（《王畿集》卷一二《与林介山》，第309页）说明王畿对童心的把握，等同于客气，认为其任情作恶，必有病痛。

人之初也；赤心者，心之初也。"[1] 并据此得出了"当时的童心说可以从赤子之心的角度加以审视"的结论。[2] 如此说来，我们可以把李贽的"童心"理解为是对深化了良知的无、自然之性格后的罗汝芳的"赤子之心"的直接而积极的继承。不过就李贽还把"童心"视为"最初一念之本心"这点来说，此说又未必是其独创。因为李贽最信奉的王畿曾说过：

> 天地灵气，非独圣人有之，人皆有之。今人乍见孺子入井，皆有怵惕恻隐之心，乃其最初无欲一念，所谓元也。……元者始也，亨通、利遂、贞正，皆本于最初一念，统天也。《易》之所谓复，"复，其见天地之心"，意、必、固、我有一焉，便与天地不相似。颜子不失此最初一念，不远而复，才动即觉，才觉即化，故曰"颜子其庶几乎"，学之的也。[3]

在王畿看来，怵惕恻隐之心即最初无欲之一念，即元始，即最初一念，而复者，乃复其天地之心（即最初一念）也。故此，深受王畿思想影响的中江藤树亦曰："良知者，以赤子孩提之时爱敬其亲之最初一念为根本，而分别善恶是非之德性之知

---

[1]《李氏说书》，下孟，九卷。
[2] 参照沟口雄三：《中国前近代思想の屈折と展開》，东京：东京大学出版会，1980年，第193页。
[3]《王畿集》卷五《南雍诸友鸡鸣凭虚阁会语》，第112页。

也。"[1] 这就是说，良知即为最初一念。如此说来，无论是赤子之心还是童心，其结果都不过是王阳明率先提出的现成良知的不同称谓而已。

下面我们就根据李贽《童心说》的内容，来考察一下它的思想根基。先录全文于下：

> 龙洞山农叙《西厢》末语云：知者勿谓我尚有童心可也。夫童心者，真心也。若以童心为不可，是以真心为不可也。夫童心者，绝假纯真，最初一念之本心也。若失却童心，便失却真心；失却真心，便失却真人。人而非真，全不复有初矣。童子者，人之初也；童心者，心之初也。夫心之初曷可失也！然童心胡然而遽失也？盖方其始也，有闻见从耳目而入，而以为主于其内而童心失。其长也，有道理从闻见而入，而以为主于其内而童心失。其久也，道理闻见日以益多，则所知所觉日以益广，于是焉又知美名之可好也，而务欲以扬之而童心失；知不美之名之可丑也，而务欲以掩之而童心失。夫道理闻见，皆自多读书识义理而来也。古之圣人，曷不读书哉！然纵不读书，童心固自在也；纵多读书，亦以护此童心而使之勿失焉耳，非若学者反以多读书识义理而反障之也。夫学者既以多读书

---

[1] 中江藤树：《翁问答》下卷之末，引自山井湧等：《中江藤树》，东京：岩波书店，1974年，日本思想大系，第29卷，第157页。

识义理障其童心矣,圣人又何用多著书立言以障学人为耶?童心既障,于是发而为言语,则言语不由衷;见而为政事,则政事无根柢;著而为文辞,则文辞不能达。非内含以于章美也,非笃实生辉光也,欲求一句有德之言,卒不可得。所以者何?以童心既障,而以从外入者闻见道理为之心也。夫既以闻见道理为心矣,则所有言者皆闻见道理之言,非童心自出之言也。言虽工,于我何与,岂非以假人言假言,而事假事文假文乎?盖其人既假,则无所不假矣。由是而以假言与假人言,则假人喜;以假事与假人道,则假人喜;以假文与假人谈,则假人喜。无所不假,则无所不喜。满场是假,矮人何辩也?然则,虽有天下之至文,其湮灭于假人而不尽见于后世者,又岂少哉!何也?天下之至文,未有不出于童心焉者也。苟童心常存,则道理不行,闻见不立,无时不文,无人不文,无一样创制体格文字而非文者。诗何必古选,文何必先秦。降而为六朝,变而为近体,又变而为传奇,变而为院本,为杂剧,为《西厢曲》,为《水浒传》,为今之举子业,大贤言圣人之道,皆古今至文,不可得而时势先后论也。故吾因是而有感于童心者之自文也,更说甚么《六经》,更说甚么《语》《孟》乎?夫《六经》《语》《孟》,非其史官过为褒崇之词,则其臣子极为赞美之语。又不然,则其迂阔门徒,懵懂弟子,记忆师说,有头无尾,得后遗前,随其所见,笔之于书。后学不察,便谓出自圣人之口也,决定目之为经矣,孰知其大半非圣人之言乎?纵出自圣人,要亦有为而发,不过因病发药,随时处方,以救此一等懵懂弟子、迂阔门徒云耳。药医假病,方难定执,是岂可遽以为万世之至论乎?然则,《六经》《语》《孟》乃道学之口实,假人之渊薮也,断断乎其不可以语于童心之言明矣。呜呼!吾又安得真正大圣人童心未失者而与之一言文哉![1]

首先,李贽引用了龙洞山农为《西厢记》写的序文的最后一句话"知者勿谓我尚有童心可也",进而强调说:"夫童心者,真心也。若以童心为不可,是以真心为不可也。夫童心者,绝假纯真,最初一念之本心也。若失却童心,便失却真心;失却真心,便失却真人。人而非真,全不复有初矣。"在李贽看来,童心即真心,亦即最初一念之本心,人之所以为人,实以此为出发点(原点)。不过,既然李贽认为童心是世间缺之不可、绝假纯真的存在,那么作为人最初一念之本心(真心)的童心,为什么又这么容易丢失呢?这无疑是一个很大的问题。

对此,李贽的解释是:"童子者,人之初也;童心者,心之初也。夫心之初曷可失也!然童心胡然而遽失也?盖方其始也,有闻见从耳目而入,而以为主于其内而童心失。其长也,有道理从闻见而入,而以为主于其内而童心失。其久也,道理

---

[1] 李贽:《焚书》卷三《童心说》。

闻见日以益多,则所知所觉日以益广,于是焉又知美名之可好也,而务欲以扬之而童心失;知不美之名之可丑也,而务欲以掩之而童心失。"可见,李贽是用道理和闻见来说明童心之所以丧失的原因或理由。而针对道理和闻见,他又作了以下分析:"夫道理闻见,皆自多读书识义理而来也。古之圣人,曷不读书哉(流露出厌烦读书的情绪)!然纵不读书,童心固自在也;纵多读书,亦以护此童心而使之勿失焉耳,非若(世之)学者反以多读书识义理而反障之(指童心)也。夫学者既以多读书识义理障其童心矣,圣人又何用多著书立言以障学人为耶(意即著书立言的目的就是为了保持童心)?童心既障,于是发而为言语,则言语不由衷;见而为政事,则政事无根柢;著而为文辞,则文辞不能达。非内含以于章美也,非笃实生辉光也,欲求一句有德之言,卒不可得。所以者何?以童心既障,而以从外入者闻见道理为之心也。"这是把内在的童心与外在的闻见、道理相区分,而童心被障蔽以至丧失,则是由闻见、道理造成的。童心被障蔽后,其结果便是由内而发的言语、政事、文辞都不可能得其真。李贽所主张的,是得其真的言语、政事、文辞都应该是发自童心的。

然后,李贽又指出:"夫既以闻见道理为心矣,则所有言者皆闻见道理之言,非童心自出之言也。言虽工,于我何与(意即什么关系都没有),岂非以假人言假言,而事假事文假文乎?盖其人既假,则无所不假矣。由是而以假言与假人言,则假人喜;以假事与假人道,则假人喜;以假文与假人谈,则假人喜。无所不假,则无所不喜(意即什么都假,什么都为假人所喜欢)。满场是假,矮人何辩也?然则,虽有天下之至文,其湮灭于假人而不尽见于后世者,又岂少哉!何也?天下之至文,未有不出于童心焉者也。苟童心常存,则道理不行,闻见不立,无时不文,无人不文,无一样创制体格(文体、格律)文字而非文者。诗何必古选,文何必先秦。降而为六朝(骈文),变而为近体(唐诗),又变而为传奇(小说),变而为院本,为杂剧,为《西厢曲》,为《水浒传》,为今之举子业(即科举应试之文、时文、八股文),大贤言圣人之道,皆古今至文,不可得而时势先后论也。故吾因是而有感于童心者之自文也,更说甚么《六经》,更说甚么《语》《孟》乎(意即别的东西就更没必要说了)?"总之,在李贽看来,外在的道理、闻见是假的,内在的童心才是真的。

最后,李贽进一步指出:"夫《六经》《语》《孟》,非其史官过为褒崇之词,则其臣子极为赞美之语。又不然,则其迂阔门徒、懵懂弟子,记忆师说,有头无尾,得后遗前,随其所见,笔之于书。后学不察,便谓出自圣人之口也,决定目之为经矣,孰知其大半非圣人之言乎?纵出自圣人,要亦有为而发,不过因病发药,随时处方,以救此一等懵懂弟子、迂阔门徒云耳。药医假病,方(处方)难定执(固执),是岂可遽以(《六经》《语》《孟》)为万世之至论乎?然则,《六经》《语》《孟》乃道学之口实,假人之渊薮也,断断乎其不可以语于童心之言明矣。呜呼!吾又安得真正大圣人童心未失者而与之一言文哉！"由此可见，李贽虽承认圣人的存在，但把《六经》《论语》《孟子》皆看作是外在道理、道学之口实和假人之渊薮，而皆非出自真正的大圣人之童心。因此，李贽对道学之口实、假人之渊薮的《六经》《论语》《孟子》进行了批判，尽管他依然认为孔、孟是真正的大圣人（即持有童心者）。有鉴于此，我们切不可把李贽简单而片面地判定为儒教之异端（如礼教或名教的否定论者、儒教的叛逆者或异端者等）。

以上我们考察了"童心说"。童心说的内容，乃是建立在李贽最初所确立的，童心即真心，即绝假纯真，即最初一念之本心，"若失却童心，便失却真心；失却真心，便失却真人；人而非真，全不复有初矣"的基本立场之上的。可以说，李贽所谓的童心，不仅深化了良知无的（无为的）、自然的性格，而且还将它们彻底化，并由此而用"真"来把握童心。

第二章 韩国良知体用论的展开与良知现成论的曲折

关于朝鲜时代阳明学的传入时间，历来众说纷纭，主要有四种说法：A. 1522年（朝鲜中宗十六年）以前；B. 1553年（朝鲜明宗八年）；C. 1558年（朝鲜明宗十三年）；D. 李滉（1501—1570，号退溪）时期。现在基本上以1553年前后为定说。[1]

一般认为，朝鲜时代的阳明学，是由南彦经、李瑶、卢守慎开始，后经过崔鸣吉、张维，直至郑齐斗才集其大成的。

韩国阳明学的集大成者郑齐斗，继承了崔鸣吉、张维的阳明学思想，而将自己的阳明学之立场归结为良知体用论。关于良知体用论，就像前文所说的，实际上反映的是对阳明学之分裂形态中的王阳明思想之消极侧面（重视工夫的倾向）的继承与展开（参见第一部第三章第二节），而郑齐斗所确立和展开的良知体用论，则可以理解为是韩国阳明学的性格

---

[1] 参照拙文《韩国阳明学研究的序论性考察》，《伦理学》第5号，东京：筑波大学伦理学研究会，1987年。

与特质。[1]

一、崔鸣吉的良知开悟论及其工夫论

崔鸣吉（1586—1647，字子谦，号迟川、沧浪）是李恒福和申钦的门人。他曾作为"丙子胡乱"时发挥过重要作用的主和论者而为人熟知。宣祖二十五年（1592）的"壬辰倭乱"，以及此后的光海、仁祖时期亦即中国明清交替之际的丁卯、丙子两次胡乱，可以说是引发朝鲜历史上最大混乱的几次事件。当时因倭乱，朝鲜和明朝援军联手抗战七年。此时的后金国，则趁明朝国力下降之机而壮大了自己的实力。为讨伐明朝，作为牵制措施，后金在仁祖丁卯年（1627）入侵了当时与明朝有密切关系的朝鲜（史称"丁卯胡乱"），并成功逼迫朝鲜与其结成了兄弟同盟关系。后来后金改国号为清，又要求朝鲜与明朝断交，向其称臣。当这一要求被朝鲜拒绝后，后金便于丙子年（1636）再度侵袭朝鲜，史称"丙子胡乱"。崔鸣吉在朝鲜王朝陷于危机的紧要关头，在其所避难的南汉山城，站出来反对因出于抗倭时对明朝援军的感恩而立足于大义名分的主战派之主张，并以保全朝鲜的安全和民生为名而主张媾和。他就是

---

[1] 如对良知体用论，日本阳明学尤其是大盐中斋亦有所阐释（参照第四部第三章第二节的注释部分）。不过中斋之说归根结底仍是对中江藤树良知现成论之立场的继承与展开，所以在其思想构造上，良知体用论又具有若隐若现之特征。

因此而闻名天下的。他还把这种果敢行为的精神基础归诸阳明学。[1]

崔鸣吉曾有两次直接使用过"良知"一词:一为"耐久咀嚼,苦心力索,故良知之天,一朝开悟,而不可掩也";[2] 一为"莫以音书太疏阔,两乡(向)相照是良知"。[3] 除此之外,其他的都是间接表述,如"此心无一物,本来面目虚"。[4] 此"本来面目"源自王阳明所说的:"不思善、不思恶时认本来面目,此佛氏为未识本来面目者设此方便。本来面目,即吾圣门所谓良知。"[5] 可知"本来面目"即指良知。另外,崔鸣吉还说过"一念之微,人所罔觉,自心独知",[6] 以及类似之语,如"分明心独知"、[7]"性灵心上自知",[8] 从中亦可看出,"知"即心灵之动。而事实上,无论是此处所说的"独知""自知",还是崔鸣吉所说的"冷暖自心知"、[9]"为学不须多著说,自心真妄自心

---

[1] 关于这一点,请参照崔鸣吉的《寄后亮书》(收入《迟川集》卷一七,杂著)以及本书第五部第三章第一节中崔鸣吉关于权道论的部分。
[2] 崔鸣吉:《迟川集》卷八,疏札,《论典礼札》。译者按:原书断句作"莫以音书,太疏阔两乡,相照是良知",有误。
[3] 《迟川集》卷一,诗,《次寄亮书》。译者按:原书为"此心无一物,本来面目虚灵",疑"灵"为衍字。
[4] 《迟川集》卷四,诗,《次凤严韵》。
[5] 《传习录》中卷《答陆原静书》。
[6] 《迟川集》卷一七,杂著,《复箴》。译者按:"罔"字原书作"冈"。
[7] 《迟川集》卷四,诗,《书怀》。
[8] 《迟川集》卷二,诗,《示李翃》。
[9] 《迟川集》卷二,诗,《次石室韵》。

知",[1]其中的"冷暖自心知"[2]和"真妄自心知"的"知",指的就是作为是非之心的良知之用。

不过,有关良知之自觉的问题,崔鸣吉认为,是要以"耐久咀嚼,苦心力索"这样严厉的工夫为前提才能"一朝开悟"的。崔说还有个特点,就是用静坐默观的方法体悟和自觉本来面目(良知)。众所周知,静坐默观与王阳明所说的事上磨炼这样的动态修养不同,而是一种静态修养方法论。静坐的目的,就是要使心(主体)不被外物所诱惑,并在保持本性的基础上获得内在之自由。此即崔鸣吉在写给其儿子后亮[3]的信中所说的:"汝书云'本来面目(即良知)只于恍惚间看得依稀',此乃工夫未熟而然也。汝能觉得如此,亦见日间点检省察之功,深可喜也。"[4]他想劝诫后亮:在重视本来面目的同时,还得刻苦做工夫。于是他又说:

> 阳明书云:"心本为活物,久久守着,亦恐于心底上

---

[1]《迟川集》卷一,诗,《瑞兴途中寄儿后亮》。
[2] 按:"冷暖自心知"与"冷暖自知"的含义相同。所谓"冷暖自知",是指饮用者自己是知道水之冷暖的。就是说,己事自知,不待人言说。宋道元纂于景德元年(1004年)的《景德传灯录》里,即有所谓"今蒙指授入处,如人饮水,冷暖自知"(卷四《袁州山道明禅师》)句。
[3] 崔后亮(1616—1693),字汉卿,号静修斋。领议政崔鸣吉的养子。"丙子胡乱"之后被抓去沈阳做了人质。1642年崔鸣吉因与明朝通国之罪被清兵抓去,经崔后亮三次营救后于1645年获释,后二人一同回国。下面引用的《寄后亮书》,是他被抓去作人质时崔鸣吉寄给他的书信。
[4]《迟川集》卷一七,杂著,《寄后亮书》。

发病。"[1] 此必见得亲切，自家体验分明，故其言如此。以阳明之高明，犹有是忧，况汝方处逆境，心地何能和泰如平人耶？此时遽下刻苦工夫，过为持守，或转成他病，亦不可不虑。

接着，他又向后亮教授了体认、自得（认取）天机之妙的方法，这就是所谓的"静坐默观"说。

但就寻常言动间，时加提掇，不使此心走放，往往静坐默观，认取天机之妙，常使吾心之体，妙合于鸢飞鱼跃之天。抑所谓本来面目，常涵于虚明澄澈之地，而发见于喜怒哀乐之间。古人用功，所以无间于动静，而日月寒暑之代谢，风云烟雨之变态，莫非道体流行之妙，而与吾方寸知觉之用，上下同流滚合为一。但能觉得到此，而常常体认，则所谓依稀者，自然分明，所谓恍惚之间者，自然恒久纯熟矣。

崔鸣吉为了致力于良知之自觉，在强调体认、自得（认取）天机之妙的过程时，还描述了自己使用静坐默观之法的心境。

---

[1] 译者按：《王阳明全集》未见此句，但有意思相近之论述："初学工夫如此用亦好，但要使'出入无时，莫知其乡'。心之神明，原是如此，工夫方有着落。若只死死守着，恐于工夫上又发病。"（《传习录》上卷，第96条）

> 吾非臻此境者,但心之所存常在于此,亦觉往往有得力处。平生遭忧患难,堪非一二。赖此得不至大狼狈,故为汝言之。[1]

崔鸣吉自称"六十年间,如醉未醒",[2] 一生实可谓多灾多难,而对良知的体认、自觉以及静坐默观,则使其在遭遇灾难时一次次地化险为夷,并获得力量,不至于狼狈不堪。可以说,良知是其生生不息的精神源泉。

通过以上论述可以看出,良知之开悟对于崔鸣吉而言,绝非简单之问题。为了良知之开悟,他"耐久咀嚼,苦心力索";"日间检点省察","刻苦工夫";"寻常言动间,时加提掇,不使此心走放"。也就是说,只有通过严厉的工夫,才可能使之实现。从这一点上看,所谓"静坐默观"并非是"常常"(或者"必须")要做的工夫,而是"往往",即在严厉的工夫当中,为了心灵的平静而自我反省(点检省察)的一种暂时方法,此即崔鸣吉所说的:"但就寻常言动间,时加提掇,不使此心走放,往往静坐默观。"崔鸣吉的良知论,呈现的是内向的、静态的、反省的性格,这种性格作为韩国阳明学之传统,如下节所述,后又为郑齐斗所继承。

---

[1]《迟川集》卷一七,杂著,《寄后亮书》。
[2]《迟川集》卷一七,杂著,《复箴》。

二、郑齐斗对良知体用论的确认与
　对致良知（现成良知）的批判

郑齐斗（1649—1736，字士仰，号霞谷）是朝鲜时代阳明学的集大成者，一般都把他作为韩国阳明学的代表性人物。他不仅处于朝鲜时代阳明学之展开的中心位置，而且集阳明学之大成，创立了江华学派。他对近代以前阳明学在韩国的传承发挥过重要作用。[1]

1. 对良知体用论的理解——以《良知（体用）图》为中心

郑齐斗阳明学的特征主要表现在其对良知理解的独创性上。郑齐斗对良知的理解，在其所著的《良知图》里反映得最为充分。由于郑齐斗是从体用论的立场把良知分为良知之体和良知之用，所以一般又把他的《良知图》称为《良知体用图》。韩国阳明学对良知体用的理解，在崔鸣吉所述的"吾心之体……吾方寸之觉之用"，[2] 即对心之体用关系的区别中，已

---

[1] 按：郑齐斗六十一岁（1709年）那年的八月，从安山移居江华（江华岛）之霞谷（参照《霞谷集》，《韩国文集丛刊》第160辑〔首尔：景仁文化社，1995年〕，卷十《年谱》，肃宗大王三十五年六十一岁条，第271页）。以此为契机，直到去世（八十八岁，1736年），他一直在此地给郑厚一、李匡明、李匡师等人讲学。后来这一学脉经过李忠翊、李令翊、李勉伯、李是远等人的继承，至李建昌、李建芳，遂形成为以江华（岛）为中心的一个学派。一般都把经过以上过程而形成的学派称作"江华学派"。

[2] 《迟川集》卷一七，杂著，《寄后亮书》。

有所体现。但这只能说是一种可能性，而尚不可认作是对良知体用论的自觉。

一般认为，郑齐斗标榜探究阳明学的时期是在其三十四岁前后。实际上，他正式开始对阳明学进行研究是在这三四年后。那时的郑齐斗，基于阳明学之立场，针对反阳明学思潮，通过书信与闵以升[1]、崔锡鼎[2]、朴镡等人展开了讨论。《良知图》便是在与闵以升的讨论中完成的，此图被收录于《答闵诚斋书（二）》[3]中。其经过是，郑齐斗看到闵以升寄来的《良知图》与王阳明的本旨有所不同，于是便作了修改，然后又寄还给闵以升。郑齐斗是在朝鲜李朝时阳明学常被误认为"异端"的情况下完成此图的，其目的当然是为了让世人能够更加正确地理解阳明学。可以说，此图不仅体现了郑齐斗对阳明学的理解，还寄托了郑齐斗的殷切期望。

郑齐斗曾有过试图证明阳明学虽与程朱学不完全相同，但两者在本质上是一致的想法。他曾说："所谓王氏之说，亦自有本源，虽云不同于程朱，其指则固是一程朱也。然于其一二之间，容有不得不审察者。"[4] 在郑齐斗看来，程朱学和阳明学

---

[1] 闵以升（1649—1698），字彦晖，号诚斋。其才能曾受到尹拯（1629—1714）的认可。作为尹拯的弟子，一生致力于诸子百家的研究。
[2] 崔锡鼎（1646—1715），字汝和，号明谷，崔鸣吉的孙子，少论派的领袖。曾八次历任领议政。继承祖父之学问，对阳明学有很深的研究。
[3] 郑齐斗：《霞谷集》，收入《韩国文集丛刊》第160辑，首尔：景仁文化社，1995年，卷一，书二，第31—32页。
[4] 《霞谷集》卷一，书一，《答尹明斋书》（壬午）。

具有一定程度的相似性。他曾指出，阳明学的理论构造"一本＝本"→"万殊＝末"，虽与程朱学的"万殊＝末"→"一体＝本"相反，但两者在根本旨趣上并没有太大差异。[1] 郑齐斗对朱子学和阳明学的理解可以用下图[2]来表示。[3]

一本・一体			
本＝上达			
朱子	⇧	⇩	阳明
万殊			
末＝下学			

尽管如此，郑齐斗还是站在"心性之旨，王文成说恐不可易也"[4]之坚定立场上，表白了自己的阳明学观。他曾说："且

---

[1] 郑齐斗说："盖朱子自其众人之不能一体处为道，故其说先从万殊处入；阳明自其圣人之本自一体处为道，故其学自一本处入。其或自末而之本，或自本而之末，此其所由分耳。其非有所主一而废一，则俱是同然耳。使其不善学之，则斯二者之弊，正亦俱不能无者；而如其善用二家，亦自有可同归之理，终无大相远者矣。"(《霞谷集》卷一，书二，《答闵彦晖书》)
[2] 以下图示和说明，可参见崔在穆：《东亚阳明学具有的体用论意味》，《阳明学》第9卷，韩国阳明学会，2003年，第183页；崔在穆：《东亚霞谷郑齐斗的阳明学意味》，《阳明学》第13卷，韩国阳明学会，2005年，第13页。
[3] 按：从这个侧面上看，"郑齐斗的学问是力图联系朱子学和阳明学的学问"之观点是可以成立的（参见尹南汉：《朝鲜时代的阳明学研究》，首尔：集门堂，1982年）。
[4] 《霞谷集》卷一，书一，《拟上朴南溪书》。

良知者，其文《孟子》，其说即《大学》致知，而实明德是也。"[1] 除此之外，郑齐斗对《良知图》还加了一大段说明，为的是能让读者更容易理解良知的构造和内容。下面我们将通过引述并参考郑齐斗的这段解说（英文序号是引者为更好地进行说明而加）来对《良知图》加以解读和分析。[2]

  A. 此所谓心即理，以其心之所有，故谓之心即理，又以其出于性之本然，故谓之天理，非其在鸟兽草木之理也。其包罗森列之者，未之闻也。其曰天没高、地没深，以其心感应之交于物者言之耳。未尝见有以天地包罗于心者。今以此矣证乎！[3]

  B. 良知者，以其灵明之体言之，则帝也；以其知此觉此之用言之，则化工也，即一心之谓也。若在于性分上，无以容得说下得工，故就心而言良知，以为其性情工夫之主宰耳。具其纵横颠倒，皆说心说良知者，为其事物感应之理，皆出于心而不在于物故也。且多其名目，人视为各件，求之多歧，故不过以大本一心言之。若就言其性情，则其界分亦未尝不明耳。阳明以统体皆不出此心，故统以言于心，此所以有移性入心、移心入情之讥也。盖其实是一物，以之言性言情，皆无不可，故多有专言之者是也。

---

[1]《霞谷集》卷一，书二，《答闵彦晖书》。
[2]《霞谷集》卷一，书二，《答闵彦晖书》。
[3]《霞谷集》卷一，书二，《答闵诚斋书》。

若言其界分，又未尝不明，如此图是也。如天分言之，有主宰功用等目，而如专言之，则乃道也，其实不过一天是也。良知之专言者，亦犹是耳。[1]（故心即理，犹曰天即道也[2]）

C.《乐记》曰："人生而静，天之性也；感于物而动，性之欲也。物至知，知然后好恶形焉。"其上智字是体（心之本明者），下知字是用（就其发于物，知此觉此者）。其有以指体而言曰良知，是心之本体，即未发之中是也。其有以指用而言曰良知，是知善知恶是也。盖《孟子》本文似在下知字，而阳明通上知下知字兼言之，故此今日所大骇者也。然其实即一个知，非有可分别者，则只言一良知足矣。如火上本明其体也，其光辉烛物其用也，而其明即一耳，不可以火上与照上分别其明（此功夫本体不相离之说），故统以一良知言之，即犹此耳。岂可徒拘于名目之分，而不察心体之实然乎？[3]

D."性体情用，动无不和，即静无不中"等说，即阴阳太极之说也。离了阴阳，何处见得太极耶？其已发未发之说，兄以为大异，然朱子初亦尝以此解《中庸》。其与

---

[1]《霞谷集》卷一，书二，《答闵彦晖书》。
[2] 译者按：原书中括号内的注释分为两种，一种是另起行、空两格引文中加括号之注释，此皆为引文原注；另一种是作者在叙述过程中加括号之注释，此皆为作者注。而译者注或按，则皆采用下注之形式。
[3]《霞谷集》卷一，书二，《答闵彦晖书》。

南轩[1]往复之书，称程子凡心已发端者，即是此说也。其说详于《大全》，其后以为谬误而改之，然亦谓其功夫偏于动上而有所欠阙为病耳。其心体未尝以为误见焉矣！[2]

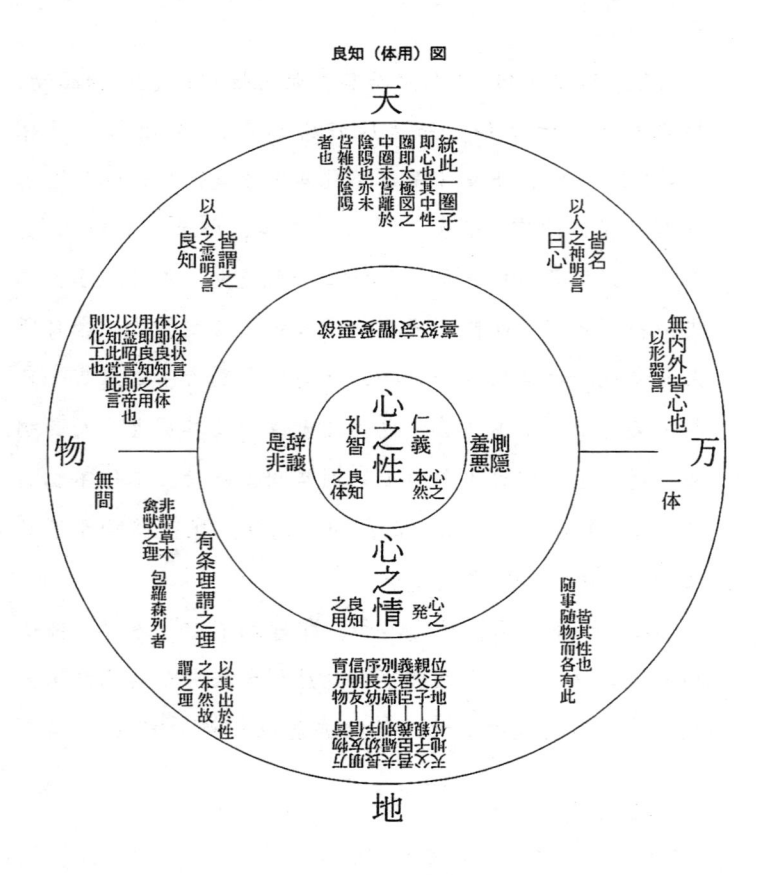

良知（体用）图

外圈（上方·天）：統此一圈子即心也其中性圈即太極圖之中圈未甞離於陰陽也亦未甞雜於陰陽者也

外圈左上：皆謂之良知　以人之靈明言

外圈左：則以用體即狀言此則用之體也　以用知工夫言覺即良知昭此良知之化也

外圈左下（物）：無間　非謂草木禽獸之理　包羅森列謂之理　有條理謂之理　以其出於性之本然故

外圈下（地）：天下莫明于君臣父子夫婦長幼朋友信　位天地　育萬物　親義序別信

外圈右下：皆其性也　隨事隨物而各有此

外圈右（万一体）：無內外皆心也　以形體言

外圈右上：皆名曰心　以人之神明言

内圈（心之性／心之情）：
仁義礼智　心之本然　良知之本體
惻隱羞惡辭讓是非
心之發　良知之用

中心：心之性　心之情

左：物　右：万一体

郑齐斗此图，由三个同心圆组成。这三个同心圆具体地说即三个圈（领域），分别代表着性圈、情圈和万物圈。不同的圈（领域）之间又被画上一条横线，表示截然分开。"万物"则被写在圆内，"天地"被写在圆外，象征着天地包括人（性圈、情圈）和万物（万物圈），说明天、地、人（以及含天地人的万物）的"一体无间"。下面我们就根据此图及其解说对不同的圈（领域）进行一番分析和考察。

一是性圈：以仁、义、礼、智为内容的"心之性"被置于圆的中心位置，同时又将其规定为"心之本然"和"良知之体"。首先值得关注的是，本图虽然被称为"良知图"，却用大字体来显示和强调"心之性"，而"良知之体"反而用的是普通字（情圈之字体也同样）。由此而形成了"心之性"＝"心之本然"＝"良知之体"这样的等式关系。

二是情圈：以恻隐、羞恶、辞让、是非（四端）和喜、怒、哀、惧、爱、恶、欲（七情）为内容的"心之情"被置于中间位置，同时又将其规定为"心之发"和"良知之用"。由此而形成了"心之情"＝"心之发"＝"良知之用"这样的等式关系。

三是万物圈：万物圈由相等横线的上半圆圈之天圈与下半圆圈之地圈所组成。为了理解上的方便，我们在检讨时把这个圈（万物圈）分为天圈和地圈。

天圈者，其最上部分有所谓"统此一圈子（即图之全体）即心也。其中（即图之中央）性圈即太极图之中圈，未尝离于阴阳也，亦未尝杂于阴阳者也"之释文。在上面所引录的解说D中，也有太极和阴阳分别相当于性体和情用，不论动静太极皆离不开阴阳的论述。半圆圈中还有如下释文："以人之神明言，皆名曰心"（右中），"无内外皆心也，以形器言"（右下）；"以人之灵明言，皆谓之良知"（左中），"以体状言，体即良知之体，用即良知之用；以灵昭言则帝也，以知此觉此言即化工也"（左下）。对此，在参照了郑齐斗解说之B和C的基础上，似可作出如下之考述。

首先，在解说B中有这样一段论述："良知者，以其灵明之体言之，则帝也；以其知此觉此之用言之，则化工也，即一心之谓也。若在性分上无容得说下得工，故就心而言良知，以为其性情工夫之主宰耳。具其纵横颠倒，皆说心说良知者，为其事物感应之理，皆出于心而不在于物故也。且多其名目，人视为各件，求之多歧，故不过以大本一心言之。若就言其性情，则其界分亦未尝不明耳。阳明以统体皆不出此心故，统以言于心，此所以有移性人心、移心人情之讥也。盖其实是一物，以之言性言情皆无不可，故多有专言之者是也。若言其界分，又未尝不明，如此图是也。如天分言之，有主宰功用等目，而如专言之，则乃道也，其实不过一天是也。良知之专言者，亦犹是耳。（故心即理，犹曰天即道也）"这段话的实质在于：良知虽可分为体和用，然良知之体用不过一心。接着，在解说C中又引用了《乐记》（《礼记》第十九）中的一句话："人生而静，天之性也；感于物而动，性之欲也。物至知知，然后好恶形焉。"[1]并以此来证明良知可分为体用，然体用皆不过一心的道理。此即郑齐斗所论述的：其上知字是体（心之本明者），下知字是用（就其发于物，知此觉此者）。其有以指体而言曰良知，是心之本体，即未发之中是也。其有以指用而言曰良知，知善知恶是也。盖《孟子》本文（即《尽心上》之"所不虑而知者"的"知"）似在下知字，而王阳明通上知下知字兼言之而无分别，即只言一良知足矣。如火上本明其体也，其光辉烛物其用也，而其明即一耳，不可以火上与照上分别其明（此功夫本体不相离之说），故统以一良知言之，即犹此耳。岂徒拘于名目之分，而不察心体之实然乎？

总之，就如同把性体与情用相分离一样，郑齐斗在强调"只言一良知足矣"的同时，还对体用之区别予以了肯定性解读。

地圈者，其最下部分有所谓"位天地—天地位，亲父子—父子亲，义君臣—君臣义，别夫妇—夫妇别，序长幼—长幼序，信朋友—朋友信，育万物—万物育"之释文。也就是说，据于左右两端的是天地万物，而被其包围在里面的是人间界，从而描绘出天、地、人"一体无间"之结构。人间界有父子、君臣、夫妇、长幼、朋友五种关系，它们分别被对应于亲、义、别、序、信这五种作为人伦之本质关系的德目（即五伦），并且被置于天地万物的中心位置。接着又在右边写上"皆其性也，随事随物而各有此"；在左边写上"有条理谓之理"，"以

---

[1] 译者按：在汉语里，上"知"为"智"，下"知"为"知"；而在日语里，上"知"为名词"知り"，下"知"为动词"知る"。

其出于性之本然故谓之理","包罗森列者，非谓草木禽兽之理"。合在一起即成为："皆其性也，随事随物而各有此。有条理谓之理。以其出于性之本然故谓之理。包罗森列者非谓草木禽兽之理。"然后又在解说 A 里阐释道："此所谓心即理，以其心之所有，故谓之心即理，又以其出于性之本然，故谓之天理，非其在鸟兽草木之理也。其包罗森列之者，未之闻也。其曰天没高、地没深，以其心感应之交于物者言之耳。未尝见有以天地包罗于心者。今以此矣证乎！"

如前所示，《良知图》及解说，是郑齐斗标榜阳明学之立场后，在与闵以升[1]论辩有关阳明学的过程中完成的。也就是说，在此图中，包含了郑齐斗针对闵以升之王阳明的良知乃单纯之"知觉"（情）而非"本体"（性）观而提出的批判性的自我定见和反论。

郑齐斗批评"良知说不可只以知觉一端言之也"，"且只看其知字之为同于知觉，而不见其良字之为性体"。[2] 同时他还认为，闵以升只认"知"为"知觉"而没有认识到良知即为性体的一面，是与罗钦顺[3]对王阳明的批判相一致的。[4]

---

[1] 金昌协（1651—1708）与郑齐斗亦就阳明学展开过论辩。
[2]《霞谷集》卷一，书二，《答闵诚斋书》。
[3] 罗钦顺（1465—1547），字允升，号整庵，江西泰和人。曾站在朱子学的立场上批判、反驳王阳明。著有《困知记》等。
[4] 郑齐斗说："昔罗整庵亦尝以阳明良知即所谓天理之说为非而辨之，其意概曰：天理者，人性之所具也；良知者，吾心之知觉也。何足以良知为天理，以天理与良知谓之，有实体妙用之分矣。今来谕之说良知。"（《霞谷集》卷一，书二，《与闵彦晖论辨言正术书》）

这里郑齐斗引用了王阳明之"良知心之本体，心之本体即天理"的理论。之后郑齐斗又以"岂独以其知识一节而当之也"，[1] 对闵以升关于良知的偏狭理解进行了再批判。而对于良知，郑齐斗在确定"其只是一个知"的情况下，又将其分作体、用两个方面来理解。

这一点我们可以通过紧接《良知图》下面的《丽明体用图》而得到更加明确的验证。此《丽明体用图》是我们从 C 中看到的将良知的体用分别比喻成火的"明"和"照"来说明的图示。此图与《良知图》相应，也有三个同心圆，由内至外的构成顺序为火之性圈、火之情圈、全体皆火圈。

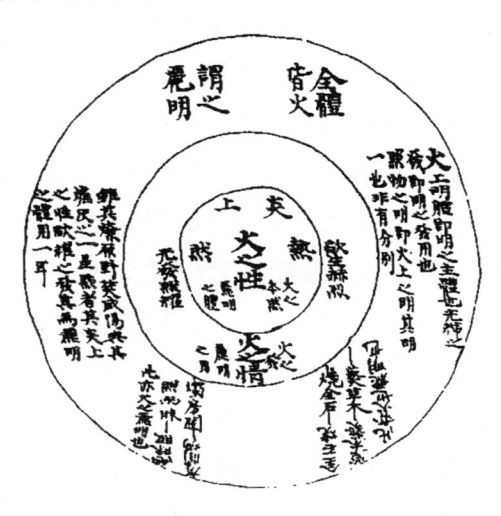

---

[1] 郑齐斗说："良知盖亦状其本心体段而为言尔，其实不过即亦心之天理而已。故其书曰：良知是心之本体，心之体即天理之谓，岂独以其知识一节而当之也。"（《霞谷集》卷一，书二，《答闵诚斋书》）

此图将一个良知分作体、用来理解，并将其内容比喻成火。即火为一，其火之明为火之体，照物之明为火之用。但这并不意味着把火和照一分为二。良知仍为一个，其本然之明是良知的体，与知善恶作用相同的是良知的用。

郑齐斗较为严密地规定了良知的体和用，并以此来排除王阳明学问中出现的良知之体与良知之用往复循环的危险性，进而使两者获得了暂时的稳定。

王阳明曾说过："盖体用一源，有是体即有是用。"[1] 正因为体用同源，所以他采取了体用不可分离的立场。另外，他还要求把体用与动静之类的时间性概念分开来理解。也就是说，王阳明不赞成宋代儒学中将时间性概念引入哲学之中，特别是将之与体用联系起来，形成诸如"静＝未发""动＝已发"之类关系的传统理路。对王阳明来说，体和用不过是对同一事物的两个称呼而已。他认为，在体用中介入诸如动静之类的现实时间性概念，只不过是要赋予其这样那样的内涵，以便于解释罢了。因为体用从根本上说是超然于时间之上的，是不可分开的实体。所以王阳明说："心不可以动静为体用。动静时也，即体而言用在体，即用而言体在用，是谓'体用一源'。若说静可以见其体，动可以见其用，却不妨。"[2]

很显然，体用关系亦被王阳明用作为掌握良知等概念的框架。王阳明还说过："体即良知之体，用即良知之用，宁复有超

---

[1]《传习录》上卷，第45条。
[2]《传习录》上卷，第108条。

然于体用之外者乎？"[1] 明确表明了良知是无法脱离体用框架的。

但王阳明引入体用论并不是为了查明体用论本身，而是要以体用论来说明良知，表明体用并非两物，而是一体的观点。也就是说，一个良知只是具有体用两个侧面而已，别无他指。王阳明之体用论，在使用上相对于将良知析离为二的倾向，更偏向于统合、融合的一面。此时若站在体是体，用是用，将体用明确二分的朱子学的立场上去理解的话，就可以感觉到诸如 ⓐ"体＝理＝性"和 ⓑ"用＝气＝情"式的往复循环的可能性。这也就可能导致 ⓐ＝ⓑ、ⓑ＝ⓐ 图示的出现。可以认为，这里包含了在现实中对其进行具体实践时，容易使理性和感情、欲望混淆的所谓伦理上的危险性。到此为止，我们讨论了王阳明和郑齐斗对良知与体用关系的看法，二者的观点可用下图来表示。[2]

良知	良知
体 ⇄ 用	体　｜　用
体用往复循环的内在可能性（体在用、用在体的理论之成立）	不可往复循环（体是体，用是用）
王阳明的观点	**郑齐斗的观点**

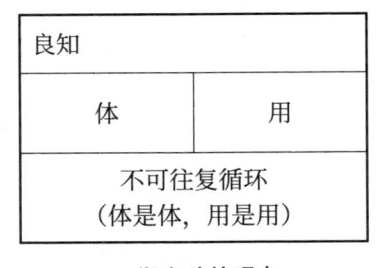

---

[1]《传习录》中卷，第155条。
[2] 按：到此为止所记叙的关于"王阳明的良知体用论"的说明及"下面的图示"，是对拙作《郑齐斗之阳明学在东亚的意义》(《阳明学》第13卷，韩国阳明学会，2005年，第18—20页) 一文之内容的参考和再构成。

如此看来，郑齐斗的良知体用论，是以指出中国阳明学中存在的，诸如以空谈心性而遭到批判的现成良知论者轻视经典的风潮和接受本体（良知）是完完全全的，并将自己的私欲绝对化的，"任情纵欲"的倾向等问题，而努力从理论上响应当时攻击、批判阳明学的朱子学者之主张的产物。这也是针对主张良知不是本体或天理而是知觉的朱子学者们的非难而提出的反论，也是按照逻辑而将良知（本为一个）的体（＝智、知）和用（＝知觉）作合而为一之解的详细论述。而论述的结果，也使郑齐斗积极树立起了良知是体用之合一的立场。此一立场，同时具有统合与分析的两面性。也就是说，在对良知的理解上，既导入体用论而取得了强调统合机能的效果，同时又获得了突出（所谓将良知"分作体用两面"）其自身之分析机能的结果。这便是郑齐斗的阳明学区别于其他地域阳明学的基本特征，也是打开韩国阳明学之形成局面的重要契机。

2. "致良知 ＝ 至良知"论

如上所述，郑齐斗正是以良知体用论为立足点而展开了自己的致良知论，并在此基础上继承和发展了王阳明思想的积极侧面。但在这一过程中，我们却看不到在中国的现成良知论中所能看到的那种基于对良知的彻底信赖而表现出来的积极实现和发挥。这一点可以说在三个同心圆圈（性圈、情圈、天地万物一体无间圈）的构成里，在被截然分为两个不同领域并分别用大字写着"心之性"和"心之情"的性圈和情圈的中心圈里，在"心之性"和"心之情"的右下方分别用小字写着的

"良知之体"和"良知之用"即郑齐斗对良知的理解中，就已经可以预测到了。而这幅同心圆图，原本就是有关良知的绘图（即《良知图》）。然而，图中的良知却是被局限在既定的性、情论里来加以理解的，这不仅使良知本身从属于性、情论，而且使良知在构造上显得若隐若现，而未能确保其独自的领域。这种现象，与其说是对良知论的肯定，倒不如说是对既存的建立在性、情体用论体系上的良知论的巧妙排除。而对王阳明晚年所提倡的致良知论的批判（详见后述），则不过是郑齐斗对良知所作的独特性理解的结果。

郑齐斗对良知的理解，还可全盘适用于他的致良知论。也就是说，可以把致良知的"致"解释为"至"（从中似可读出良知之实现和发挥的积极侧面），即不取"致（良知）"，而读作"至（良知）"（严格来说就是至"良知之体"），并呈现出一种内向的、静态的、反省的性格。[1] 关于《大学》中的致知概念，郑齐斗是这样解释的：

> 致，至也。知者，心之本体，即至善之发也。[2]
>
> 致者，至之也。致其心本体之知……本体之知，则至善焉，无有不善。[3]

---

[1] 按：关于把致良知中的"致"训读为"イタス"还是"イタル"的问题及其在思想性格上的差异和特征，可参照本书第一部第二章第二节。
[2]《霞谷集》卷二，书二，《与闵彦晖辩论言正术书》。
[3]《霞谷集》卷一三《大学二》。

> 致，至也，至之极其尽也。……知者，心之本体也，是良知之昭明者也。[1]

他把"致"解释为"至"，但并没有把"知"直接等同于"良知"，而是作为"心之本体"，这很可能是把良知的体和用分开来理解的结果。也就是说，知即良知，然良知有体用之分，若从理气性情论的角度看，前者相当于理和性，后者相当于气和情。因此，致良知并非至良知，而是致其作为本体之知的"良知之体"。为什么这么说呢？因为如果仅仅理解为至良知，那就意味着还包括至得所谓气、情这些知觉之知的良知之用。心之本体的"知"，是指前面已说过的"知知"之"知"，而并非指内含了知觉之知（良知之用）的全体的"吾心之知"。诚如郑齐斗所言："循其本然之知，则已卒性，而无可离矣。"[2]即把致良知注解为"循其本然之知，则已卒性"。具体地说，良知即"本然之知"（或"本体之知"），致良知即循其"本然之知"，即卒性。所谓"循"，意指原原本本地按照性（理）而发动，亦即致得良知之体。而良知之体即本然之知（本体之知），也就是至善。在郑齐斗看来，至善之发（发现）即为"致良知"。故此他说："盖至善者，是本然之善，出于天而不系于人，其发见者，良知也。"[3] 也就是把无关乎人欲的天理之

---

[1]《霞谷集》卷一三《大学六》。
[2]《霞谷集》卷一三《大学说》。
[3]《霞谷集》卷一，书二，《答闵彦晖书三》。

发见作为良知。不可否认的是，在郑齐斗的《良知图》中，我们几乎看不到以良知为主语而积极创造至善，进而定义外在之天理的性格。不仅如此，该图反而是在至善这种既存的价值标准的形态下，把良知被动地置于附属位置来加以说明。因此，关于致良知论，郑齐斗强调："致知者无他，凡于吾心所发之物莫不以正，以尽其知之实，则事物之理无不得正，而吾心之知无不至矣。此谓知之至也。"[1] 而"物者，事也"，[2] 或曰"物，事也"。[3] 在这里，对良知之发动的描述，是以消极的、静态的手法进行的。因此可以说，相对于"心即理"而强调天理之渊源、天理之所在的积极突显的作为内在之理的良知之倾向，郑齐斗无疑是继承和发展了王阳明问题意识中的"必就心之发动处才可着力"[4] 的消极思想倾向的。

3. 对致良知（现成良知）论的批判

然而，在郑齐斗的致良知论里，有一点颇具讽刺意味，即按照他对良知的理解，一如上述所显示的那样，乃是一种越是至得良知之体，就越能显现性（理）之体的机能，并且还很难看到他对作为知觉之知与本体之知合二为一的良知所进行的独立的理论思考。对此，郑齐斗叙述说：

---

[1]《霞谷集》卷一三《大学六》。
[2]《霞谷集》卷一三《大学说》。
[3]《霞谷集》卷一三《大学二》。
[4]《传习录》下卷，第 317 条。译者按：原引文为"心の発動が常に理でなければならない"，意译即"心之发动，必常为理"。《王阳明全集》未见此语，姑以相近语代之。

> 余观《阳明集》，其道有简要而甚精者，心深欣会而好之。辛亥六月，适往东湖宿焉，梦中忽思得王氏致良知之学甚精，抑其弊或有任情纵欲之患。此四字真得王学之病。[1]

辛亥年（霞谷二十三岁或八十三岁[2]）六月，郑齐斗开始对王阳明致良知说中可能存在的弊病进行了批判。他认为"任情纵欲"四字真得王学之病。不过这里所斥责的"王学之病"，与其说是对王阳明思想的批判，不如说是对继承了王阳明致良知论的积极侧面，并在中国占据主导地位的、倾向于人欲肯定

---

[1]《霞谷集》卷九《存言下》。按：文末"此四字真得王学之病"，原本即用小号字。

[2] 按：大部分的基础研究皆认为，郑齐斗对王阳明的致良知说的批判是在其晚年八十三岁时，这其中尹南汉的研究比较有代表性。他在《朝鲜时代的阳明学研究》（首尔：集文堂，1982年，第292页）中，将此引文中的"辛亥年"看作是"英祖七年郑齐斗八十三岁时"，此一说法后被看作是批判王学弊病之语。于是作者将之与英祖朝廷的特别礼遇及郑齐斗接近王室联系起来考量，指责郑氏晚年有向程朱学回归的倾向。然而，尹南汉将《存言》的上、中、下册看作是郑齐斗四十三岁时所撰，而这与辛亥八十三岁说是相矛盾的。因为有关郑齐斗的"对阳明致良知的弊病之批判乃至评价"，是与其四十三岁左右著述《存言》时所发表的"二十三岁实现的梦想记忆"一起被记录的。但此后尹氏的这一主张却一直被盲目接受，这也可以认为是受了"任情纵欲之患"的影响。郑齐斗的阳明学观最终形成了与中国阳明学和日本阳明学不同的"良知体用论"，而其后来创作的《良知体用图》便是这一理论之具体化的结果，同时也可以被视为是其晚年一直坚持的阳明学观的基本构架。关于这一点，可详见拙文《再论郑齐斗对致良知说之弊的批判》（《阳明学》，第15号，韩国阳明学会，2005年）。

论的所谓"现成良知"论的批判。其实，在朝鲜时代，有一位比郑齐斗更早受到中国现成良知论的影响而主张人欲肯定论的学者，他就是许筠（参见第四部第二章第一节）。当时的许筠也像李贽等人一样，作为反名教论者而备受关注和指责。因此，以上所说的郑齐斗对致良知论的批判，其实就意味着对现成良知论的担忧和批判。不过这样一来，郑齐斗所进行的批判，不就意味着现成良知论之挫折了吗？当然，许筠以后，郑齐斗大力推进的是对良知体用论的弘扬，所以我们完全可以将其所进行的批判，理解为是基于良知体用论的现成良知论之屈折。

第三章 日本关于现成良知论的接纳与深化

在进入本章之前,我们先来简单叙述一下阳明学是如何传入日本的。

以中江藤树为日本阳明学之始祖,其后又有熊泽蕃山、三轮执斋、佐藤一斋、大盐中斋续传的系谱,一般被统一描绘成"日本阳明学之哲学",而将这一系谱与"日本古学派之哲学"及"日本朱子学派之哲学"进行比较研究的乃是井上哲次郎。[1] 此后学术界便通常把这一系谱视为日本阳明学之系谱。不过,最早对该系谱进行排列的却要算大盐中斋。比如他曾评述日本阳明学之系统说:"我邦藤树、蕃山二子及三轮氏后,关以西,良知之学既绝矣。"[2] 又说:"先生(即中江藤树)我邦姚江(即王阳明)开宗也。"[3] 进而确立了中江藤树作为日本阳明学之始祖的地位。故此,井上哲次郎的看法可以说基本上沿袭了大盐

---

[1] 参照山下龙二:《中国思想と藤树》,收入山井湧等:《中江藤树》,第396页。

[2] 大盐中斋:《寄一斋佐藤氏书》,收入大盐中斋著、吉田公平译注:《洗心洞札记》,东京:立花出版,1998年,下卷,第366页。

[3] 《洗心洞札记》下卷,第103条,第211页。

中斋的理路。

尽管把中江藤树视为日本阳明学之始祖的观点在日本基本上没有异议，但其实在室町时代（1336—1573）就已经有人接触过王阳明了，这个人就是五山禅僧了庵桂梧。了庵于日本永正七年（1510）奉幕府之命，作为遣明正使赴明，翌年（1511）率随从二十二人抵达北京，后受明武宗之招，入住宁波育王山广利寺，武宗还赐予他金襕袈裟。了庵与当时的名儒往来频繁。1513年，王阳明和他的门人徐爱游览四明山后，至宁波与了庵会面。同年五月了庵归国时，王阳明又作序相赠，此即《送日本和尚了庵归国序》。王阳明此序未见于明隆庆本《王文成公全书》，却被收入师蛮的《本朝高僧传》、伊藤威山的《邻交征书》、伊藤拙堂的《文话》中。从该序文可知，了庵与王阳明肯定谈论过儒佛之教义。尽管如此，若据此以了庵桂梧为日本阳明学之祖，则是错误的。[1] 这是因为，有关了庵是否信奉阳明学，或者了庵回国后是否宣传过阳明学的问题，都没有相关文献可作证明，而且了庵回国后翌年便以九十岁高龄辞世了。不过了庵回国后，可能有不少五山僧徒会以此为契机而研读王阳明的书籍吧！[2]

---

[1] 参照武内义雄：《儒教の精神》，东京：岩波书店，1939年，岩波新书，第54卷，第200—201页。
[2] 参照王家骅：《日中儒学の比较》，东京：六兴出版社，1988年，第199—200页。另可参照足利衍述的《鎌倉室町時代の儒教》及岩桥遵成的《日本儒教概说》。

除此之外，中江藤树以前接触过阳明学的，还有被誉为江户儒学之祖的藤原惺窝（1561—1619）。惺窝读过《阳明文录》。据说此书是在文禄庆长之役时从朝鲜带过来的。[1] 比如惺窝曾汲取明儒林兆恩之说而撰写了《大学要略》（又称《大学逐鹿钞》），其中就采纳了王阳明对"格物"的解释。然而，惺窝虽接触过阳明学并受其影响，却一生信奉朱子学。只不过他采用王阳明对"格物"的解释这件事本身，大概可以证明阳明学在当时即已传入日本的事实。尽管如此，真正自觉地受容阳明学，并对其展开研究的开山人物，仍要首推中江藤树。

一、中江藤树对良知现成论的受容

作为日本阳明学之始祖，又被称作"近江圣人"的中江藤树（1608—1648），姓中江，名原，字惟命，通称与右卫门。他出生在今滋贺县高岛郡小川村，因邸内有藤树，且从大洲藩致仕脱藩后又常与门人在藤树下共同研究学问，故被门人称为藤树先生。顺便提一下，不知是否算巧合，他出生和去世都是在藤树下。[2]

---

[1] 参照冈田武彦：《日本人と陽明学》，收入氏编：《陽明学の世界》，东京：明德出版社，1986年，第443页。译者按：指万历二十年（1592）四月丰臣秀吉发动的侵朝战争，日本称为"文禄庆长之役"，中国称为"万历朝鲜之役"，朝鲜称为"壬辰倭乱"及"丁酉再乱"。
[2] 中江藤树：《藤树先生全集》，东京：岩波书店，1940年，卷三三《年谱》；卷四二《藤树先生事状》。

以中江藤树为首而形成的藤树学派，把阳明学广为传播于近世乃至近代日本，所以藤树是一位把日本阳明学的受容和展开之特征大加彰显的思想家。就这一点而言，他与朝鲜时代阳明学的集大成者郑齐斗在思想史上的地位非常类似。[1] 根据柴田甚五郎的研究，藤树学派有如下分支。[2]

A. 藤树书院学派：由藤树家族和小川村乡民担当此书院的经营维持工作，同时致力于宣传藤树思想。

B. 蕃山学派：因仕于备前冈山藩池田光政的熊泽蕃山之缘故，藤树的三个儿子成为池田的藩士，该派即由藤树三子及中川谦叔等藤树门下所组成。

C. 冈山学派：渊冈山曾设家塾于京都荫屋町，该派即由渊冈山之嗣子及冈山门下的木村难波、野条忠卫门等所继承。

D. 会津藤树学派：属于冈山学派之系统，并由菅原亲懿、北村恕三等传布于会津地方一带的学派所组成。

---

[1] 按：在中江藤树与郑齐斗之间，可以发现多处思想上的相似点，但一直以来对这一问题的论证几乎是空白。究其原因，无疑与韩、日两国缺乏对阳明学的比较研究有密切关系。而在阳明学的受容问题上，藤树与霞谷二人尤其值得进行对照研究。比如关于阳明学之核心"致良知"的解释，两人都释为"良知にいたる（至良知）"，从而取得了偶然的一致。所以笔者认为，韩国和日本的学者对两国在阳明学受容特质方面的解明，是做得不够有效的。有见于此，笔者在1990年5月2日于东京国立会馆举办的"第三十五回国际东方学者会议"上，特地以《韓国、日本における陽明学受容の一特質——鄭齊斗と中江藤樹の"致良知"解釈を中心に》为题作了主旨发言。

[2] 引自木村光德：《藤樹学の成立に関する研究》，东京：风间书房，1971年，第638—639页。

E. 大洲地方的藤树学派：系形成于中江藤树在武士时代的居住地——四国爱媛县大洲地方的藤树学派。此地除藤树的亲炙门徒中川贞良、大野了佐等人讲授藤树学外，还有三轮执斋的弟子川田雄琴以止善书院为中心宣讲藤树学。止善书院是由川田雄琴将三轮执斋建于江户下谷的明伦堂移置大洲后所建。

F. 伊势地方的藤树学派：由藤树先妻（高桥久子）的父亲（伊势龟山侯之家臣高桥小平太）和藤树门弟中西常庆、冈山门下石河文助等人所传播的学派。

G. 江户的藤树学派：为一尾伊织（幕臣，俸禄有近江国采地一千石，渊冈山为其属臣）、渊冈山、三轮执斋、川田雄琴、佐藤一斋等人的学派。

H. 大阪地方的藤树学派：即怀德堂的三宅硕庵（中江藤树《书简杂书》的编集者）和大盐中斋的洗心洞学派。

I. 熊本地方的藤树学派：由中江藤树亲弟石川吉左卫门、渊冈山弟子樱井半兵卫和山崎胜政所传播的学派。

J. 其他：该学派除了被石门心学系统所传播，还由中江藤树的私淑弟子西乡南洲、吉田松阴等人所传播。

1. 对王畿现成良知（本体工夫）论的受容

（1）王畿思想的受容经过

中江藤树在受容王阳明思想（三十七岁）之前，先接触到王畿的思想。王畿是一位继承了王阳明思想积极侧面的思想家，所以藤树对王畿思想的先行受容，对后来有选择性地受容王阳明思想这一点而言，可以说是非常有意义的。[1]

藤树在三十三岁那年冬天，购得《王龙溪语录》而读之，遂感慨道："多受其触发而悦之。"[2] 那么，其"触发"的内容究竟指的是什么呢？即使他触发的不是必然的东西而是偶然的东西，那我们也要先考问一下藤树当时的问题意识究竟是什么，然后再来解明与其相关联的一些内容。因为在其问题意识的进展方向（课题解决）上，很有可能从王畿那里受到了启发。至于藤树当时的问题意识，简单地说，就是关于"格法"的问题。也就是说，他是经历了从固守格法、陷于僵化，到否定格法的一连串过程后，才在其中受容王畿思想的。在这里，让我们先设定一下藤树本来的问题意识及其进展方向之结构，然后再来进一步考察他是以什么为基础受容王畿思想的问题。

① 固守格法、陷于僵化

正如几乎所有阳明学者所经历的那样，藤树最初也是朱子

---

[1] 在《藤树先生年谱》三十七岁条里，有"是年，始得《阳明全集》，读之，甚悦，多触发印证，其学弥进（是年始テ《陽明全集》ヲ求得タリ 讀デ甚ダ觸發印證スルコトノ多キコトヲ悦ブ 其學彌進ム）"之记载，这可以视作是藤树真正受容王阳明思想的开始。不过在此之前，片段式的受容还是有的，比如他在三十三岁时尝读过《性理会通》所收的《阳明语录》。当然，藤树受容王阳明思想是有选择性的，所以有学者曾指出："藤树虽言良知，但未言'知行合一''事上磨练'和'心即理'。"（山下龙二：《中国思想と藤树》，日本思想大系29，《中江藤树》之解说，1974年，东京：岩波书店，第396页）总之，藤树主要是以受容并发展致良知说中的现成良知（本体工夫）论为特征的。

[2] "冬 王龍溪語録ヲ得タリ 始コレヲ読ドキ 其觸發スルコトノ多キコトヲ悦ブ。"（《藤树先生年谱》，三十三岁条）

学的崇信者并坚守格法的。在《年谱》二十岁条里有这样的记载:"先生专崇朱学,以格套而受用。"[1] 就是说,他曾专念于朱子学,并将其说教当作"格套"来固守之。由此可以窥见当时藤树之形象。所谓"格套",在藤树自己的《熟语解》里,又云"法式"[2]。而"法式"与后出的"格法"属于同义语。另外,《年谱》二十八岁条还有以下记载:

> 先生尝曰,予自予州归后,稍有间暇则卧眠,常寝一年有余。此顷年,心常放在人世间,故播弄精神。在予州时,夜寝后,人呼一声即醒,或闻跫音而觉。故以为,心明而几近"寝不尸"[3]者。今思之,故拘挛于支撑矜持。[4]

这表明,藤树在予州时尝拘挛于支撑矜持,而藤树则对自己曾经有过的数年间忘记紧张生活以及内心状态作了反省。当然我们亦可作相反的理解。所谓"支撑"[5],据《熟语解》的解

---

[1] "先生 專ラ朱學ヲ崇ゲ 格套ヲ以テ受用ス。"(《藤树先生年谱》,二十岁条)
[2] "法式ト云コト。"(《藤树先生全集》卷二一,杂著,《熟语解》)
[3] 《论语·乡党》:"朋友之馈,虽车马,非祭肉,不拜。寝不尸,居不容。"
[4] "先生嘗曰 予州ヨリ帰テ后 少ノ間暇アレバ眠リ臥テ ヨク寝ルコトノ一年餘 此頃年 心常ニ人間世ニ放在シテ 精神ヲ播弄スルガ故ナリ 予州ニ在シトキ 夜ル寝テ後 人ノ呼コト一聲ニシテ醒 或ハ跫音ヲ聞キテモ覚ム 故ニ以為ク 心明ニシテ ホトンド寝テ不尸者ニ近シ 今コレヲ思フニ 支撑矜持ニ 拘攣スルガ故ナリ。"(《藤树先生年谱》,二十八岁条)
[5] "ササエササエルトヨム 力ヲッケ念ヲヲコシテ守ルコトナリ。"(《藤树先生全集》卷二一,杂著,《熟语解》)

释，"支"和"撑"，都可译为"ささえる"，所以读作"ささえささえる"，并释为"力をつけて念をおこして守る"（用力起念而守之）。所谓"矜持"[1]，即"有意守法而不止于至善"。所谓"拘挛"[2]，读作"かかわりひきつる"，而释为"しばることである。意念に因って名利格法に滞りなずむこと"，意指相互牵连羁绊束缚，因意念而拘滞或束缚于名利格法。而"用力起念而守之"（支撑）、"有意守法而不止于至善"（矜持，尤其要关注"不止于至善"）、"因意念而拘滞或束缚于名利格法"（拘挛），无论哪一项，都是为了固守"法"或"（名利）格法"而故意（不是自然的）起念或者起意念（即以意念为目的）。如果借用藤树的话，即不止于至善。按照《熟语解》的以上释文，若要对《年谱》二十八岁条之内容作出判断，则可以说，藤树已经对固守格法持批判态度了。然而，对藤树而言，真正认识到固守"格法"为"非"的时间是在三十四岁时，[3] 所以一般都认为，《熟语解》是在此之后撰写的作品。藤树虽然在三十一岁时已对守"格法"产生了"疑虑"，但那说到底，不过是对用力固守格法所持有的怀疑态度，而并不是对格法本身的批判和否定。

---

[1] "意アツテ法ヲ守テ至善ニトドマラザル云ヲ。"（《藤树先生全集》卷二一，杂著，《熟语解》）
[2] 《熟语解》释为"カカゥリヒキッルトヨム。シバルコトナリ。意念ニ因テ名利格法ニ滞リナヅムコト"。
[3] "是年 始テ専ラ格套ヲ守ルノ非ナルコトヲ覚フ。"（《藤树先生年谱》，三十四岁条）

至于对当时生活所作的自我反省之意义，藤树在描述了自己在予州时经常会出现的心理紧张感后，又接着总结道："故以为，心明而几近'寝不尸'者。"从而很好地表达了他把《论语·乡党》篇中"寝不尸"[1]的圣贤之语作为"格法"而固守的立场与态度。而所谓"几近……者"，则只是说的可能性，这显然是因为，他把为固守"故拘挛于支撑矜持"的"格法"之念理解为"故意"，即非自然之流露。然后，《年谱》三十岁条又记载说："是年，娶高桥氏之女。先生仍拘泥于格法，故执三十而有室之法。"[2]从中亦能看到与二十八岁条所记旨趣相同之内容。这说明，他在三十岁时仍拘泥于"格法"（《礼记》之语），并按照《礼记》（内则）"三十而有室"[3]的规定而结婚了。

翌年，藤树三十一岁，开始注意到即使守"格法"，亦应做到"不执"，于是表明了以下之"疑"。不过这并非意味着他对格法的批判，而是在固守格法的前提下，对格法进行自我反省罢了。《年谱》三十一岁条记载：

---

[1] 译者按："尸"，死尸；"寝不尸"，指像死尸一样展开手足仰卧。此句可直译为"（孔子）睡觉时不是像死尸那样直挺的躺着"，表示孔子对"非礼勿"原则的身体力行，体现的是修身进德主体在化"礼"为"仁"的过程中所必经的自我磨砺（参见周克庸：《修身进德中的自我磨砺——〈论语·乡党〉"寝不尸"训解》，《学术界》2005 年第 6 期）。
[2] "是年 高橋氏ノ女ヲ娶ル 先生イマダ格法ニ泥ム 故ニ**三十而有室**ノ法ヲ執レリ。"（《藤树先生年谱》，三十岁条）
[3] "三十而有室，始理男事，博学无方，孙友视志。"（《礼记·内则》）

夏，著《持敬图说》并《原人》。此前，专读《四书》，坚守格法。其意专于圣人之典要格式等，遂欲一受持。然间不合时，滞碍以行，而以为疑，曰："若悟得圣人之道，则在今世，而非吾辈之及处矣。"于是，取《五经》而熟读，有触发感得，故作《持敬图说》并《原人》而示同志。行此数年，然不得行处多，而甚戾人情、逆物理，故不能止疑。[1]

意思是，"格法"的内容已在《四书》之中，是故可谓之"圣人之典要格式"。藤树是想全部受用"圣人之典要格式"，所以他在《熟语解》里把"典要"解释为"常则，云缩于一偏之定法也"。而所谓"常则"[2]，即"圣人制作"的"缩于一偏之定法"，[3] 它同样意指"格法"。这说明，藤树在著《持敬图说》《原人》之前是坚守格法的。至于其中所说的藤树之疑虑，倒是显示了他对圣人之道就在今世并能为"吾辈之及处"的坚

---

[1] "夏 持敬圖説竝ニ原人ヲ著ス 此ヨリ前 專ラ四書ヲ読テ 堅ク格法ヲ守ル 其意 專ラ聖人ノ典要格式等 遂一ニ受持セント欲ス 然レドモ時間ニ合ハズシテ 滞碍 行ガタキヲ以テ 疑テ以爲ラク 聖人ノ道カクノゴトクナラバ 今ノ世ニ在テ 吾輩ノ及ブ処ニアラズト 是ニ於テ 五經ヲ取テ熟読スルニ 觸發感得アリ 故ニ持敬圖説竝ニ原人ヲ作爲シテ 同志ニ示ス 此ヲ行フコト数年 然レドモ行ハレザル処多シテ 甚ダ人情ニ戻リ物理ニ逆フ 故ニ疑止コトアタワズ。"
[2] 《翁问答》下卷之末。
[3] "常則ナリ 一偏ニスクミ定マル法ヲ云。"(《藤树先生全集》卷二一，杂著，《熟语解》)

信。而所谓及圣人之道，简单地说，即至圣人之道，也就是成圣。实际上，藤树很早就把成圣当作为学的目标，并且确信自己能够学至圣人。[1] 所以才有了"专读《四书》，坚守格法。其意专于圣人之典要格式等，遂欲一受持"之记载。不过藤树认为，圣人之道若难行于今世，则自己便不能及。这大概就是他抱有疑虑的缘由吧！

总之，能不能固守格法，乃是缠绕在藤树脑海中的大问题。《持敬图说》和《原人》，就是被定位在固守格法的问题意识（课题）之进展方向上的。所以可以说，二文是构想如何实施固守格法之方法的极重要的资料。而两篇论文又显然是为了

---

[1] 中江藤树以"圣人之学"为为学目标的问题，在《藤树先生行状》十一岁条里就能见到，即："十一岁始读《大学》之书。至云自天子以至庶人壹是皆以修身为本，遂恭敬此书，叹曰：圣人学而能至。……由是有期待圣贤之志矣。"（《藤树先生全集》卷五）"十一ニシテ始テ大學ノ書ヲ讀ム 自天子以至庶人壹是皆以修身爲本ト云ニ至リテ 書ヲ恭敬シ嘆ジテ曰 聖人學デ至ルベシ 生民ノタメニ 此經ヲ遺セルハ何ノ幸ゾヤ ココニヲイテ 感涙袖ヲウルヲシテヤマズ 是ヨリ聖賢ヲ期待スルノ志アリ。"自从周敦颐对"圣可学乎"回答说"可"（《通书·圣学第二十》）以来，凭借学问而成圣的想法就一直是宋明时代的共同课题。中江藤树也同样把宋明的这一课题作为自己的目标要求。因此，他十一岁开始就把读《大学》作为期待圣贤之志的契机。他还把《大学》作为提示了为学目标的感动之读物。后来，这种重视《大学》的态度，又反映到了《藤树规》《四书合一图说》中。所以说，藤树早年"圣人学而能至"的想法及其对圣贤所抱有的期待，直到其成人后都未改变。比如他的后期著作《杂著》之《立志》篇即谓："志者，致知之始，跻圣人之本也。故曰：真立志，则驴鸣亦师；苟不立其志，则孔圣亦非师。故学问之道无他，必在立为圣人之志矣。"这就把"志"当作了"跻圣人之本"，甚至断言"学问之道无他，必在立为圣人之志矣"。

回答和满足"间不合时，滞碍以行，而以为疑"的问题，并提示新的固守格法之方法的。所以接下去我们所要做的，就是一方面要把焦点放在藤树原本就有的固守格法的问题意识之进展上，另一方面又要检讨《持敬图说》和《原人》，并关注藤树自己是如何解明所提之问题的。

②《原人》中对人格神之天（皇上帝）的设定

《原人》的"原"，该文旁注为："原，寻也，本也，所以探寻推本其所以为人者也。"[1] 说明原与寻、本同义，如同韩愈的《原道》之原，是"たずねる"的意思。因此，所谓原人，即探寻人之所以为人。也就是说，《原人》的主题不是一般的物，而是人，它是为了解明人之所以为人即人之成立的问题。在该文中，藤树把皇上帝（或上帝）视为人之所以为人的根据。皇上帝是排除了理法的、原理的天之性格的人格神之天，它主宰着包含人伦世界的宇宙一般。这种皇上帝在中国古代的《诗经》《书经》里就能找到其渊源。实际上，在《原人》（及后述的《持敬图说》）里，作为藤树的理论构成之素材，《诗经》《书经》的词语曾被多次引用。在《年谱》三十一岁条里，就有"触发感得"于《五经》的记载，而"触发感得"的内容，主要就是指的《诗经》和《书经》。藤树在《原人》的开篇，即参考了周敦颐的《太极图说》和朱熹的《太极图说解》，而对创造人格神之天即"皇上帝"之人的过程进行了阐

---

[1]《藤树先生全集》卷三。

释，以说明人之所以为人的缘由。在宋学里，相当于理或者太极的皇上帝，是把自己的"心"与"形"加以分解而造就了人的"心"与"形"，而心与形又分别相当于宋学的理与气。因此，藤树所说的皇上帝，即人格神之天，它自然要把宋学中作为理法的、原理的天之性格排除在外，进而相应地降低"理"（天理）的地位，而代之以作为皇上帝之心（即天命）的"性"（德性、明德），让"理"的空穴由"性"来填补。[1] 这说明，藤树只是根据天之性格的变化而提出了自己的理论，其理气论本身其实并非是其自体理论的深化，而是借用既存的论理结构和理论权威的结果。比如他说：

> 惟皇上帝，无极而太极，自然而至神，二五之气惟厥形，无极之理惟厥心，其大无外，其小无内，厥理厥气，自然而无息，妙合而有生生，终始无时，惟万物父母也。分厥形以生万物之形，分厥心以命万物之性，形以分而有异，心虽分而惟同。《诗》曰"悠悠昊天"，曰父母且惟下民皇后，建官命职，以降其禄。《诗》"荡荡上帝"，下民之辟。[2]

---

[1] 关于藤树降低"理"的地位问题，在木村光德氏的《藤樹学の成立に関する研究》中已有部分言及。"理"之地位被降低的现象，不仅反映在《原人》《持敬图说》中，而且在藤树同时期所作的《明德图说》《五性图说》以及三十二岁作的《藤树规》里也能看到。

[2]《藤树先生全集》卷三《原人》。

也就是说，是分解了皇上帝的形而生出人（即包含人的万物）之形，分解了皇上帝的心而命定人之性；形分则有异，心分却仍同。这种理论，似乎可以说揭示了皇上帝创造万物过程的本质。

然而，藤树提出皇上帝的概念，并不单单是为了解决人之所以为人的问题，它还是"常照临而须臾不离"的准则，并用敬、怠、勤、逸的标准而分别对人的各种行为进行严格审判。具体而言，就是用五福（寿、福、康宁、好德、考终命）奖赏敬、勤者，用六极（凶短折、疾、忧、贫、恶、弱）惩罚逸、怠者，而皇上帝则可以说是福善祸淫的审判者。故此，皇上帝又被象征性地要约为一个"严"字。于是，人对于较之君父更严的皇上帝，自然就得更加畏惧和敬重了。以上这些，即为藤树设定人格神之天的旨趣之所在。他不仅以《诗经》《书经》等经典为根据，而且还建构起自己的独特理论：

既命人极，则常照临而须臾不离，以试其敬怠。《诗》曰："敬之敬之，天维显思，命不易哉！无曰高高在上，陟降厥士，日监在兹。"厥视厥听，昭昭不可欺，况可周乎？曾子曰："十目所视，十手所指，其严乎！"是故敬以修天职，所其无逸，以勤劳天事，则才是人。人而有诚，则维响用五福。五福之多少，敬勤惟则。怠以废天职，逸以不勤劳天事，则惟人之禽兽。人而禽兽，则惟威用六极。六极之轻重，怠逸惟则。《书》曰："惠迪吉，从

> 逆凶，惟影响。"敬而无逸，惟孝惟忠，纯而不已，则厥生厥死，克配上帝。《诗》曰："文王陟降，在帝左右。"怠而逸，惟无父无君，厥生厥死，乃禽乃兽。《易》曰："原始反终，故知死生之说。"君亲临之，厚莫重焉。夫岂不孝乎！不忠乎！其昭昭之严，有甚于君父者，夫岂不敬乎！不畏乎！[1]

就这样，藤树在《原人》中提出了人之所以为人的人格神之天即"皇上帝"的完整思想。而能够维系皇上帝及其所造之人的原则和方法，乃是"敬"。下面将要述及的《持敬图说》，便是对这种理论所作的进一步深化，而且还将其概括为"畏天命、尊德性"之命题。

③《持敬图说》中"畏天命、尊德性"之学的成立

《持敬图说》[2]是与其三十一岁所作《原人》同时期的著作，它继承并深化了在《原人》中所揭示的人格神的天（皇上帝）以及与之相应的敬的问题。该文由《持敬图》（见图二）和《解说》两部分组成。《持敬图说》其实由《明德图说》（与《持敬图说》同时，由《明德图》和《解说》组成，见图一）中的《明德图》演变而来（详见后述）。由于是同时期的作品，所以可以看到这两篇图说在内容上的重复。在《持敬图

---

[1]《藤树先生全集》卷三《原人》。
[2]《藤树先生全集》卷一一《持敬图说》。

说》里，最值得关注的，在此图说的开篇藤树便提出了"敬为畏天命、尊德性"之主张，这意味着他把该命题当作了自己的学问宗旨。

藤树在《持敬图说》里说："明德、持敬二图，祖述《先天图》，宪章《太极图》，而心法发明。"然后他又对《持敬图说》的旨趣作了如下阐释：

> 在造化，谓之天，又谓之帝。造天地，生万物，福善祸患昭昭，无毫厘之差。远而天地之外，近而一身之中，久而古今之间，暂而一息之顷，微而一尘之内，幽而隐独之中，皆上帝之所在也。是以一念之善恶，天得而知之；一事之善恶，天得而劝惩之；以福极，可尊可畏而不可欺也。知止者，求知可尊可畏之本然者也。曰"止至善"，曰"顾諟天之明命"，曰"诚意"，曰"正心"，曰"修身"，曰"齐治平"，曰"戒惧谨独"，皆所以恭敬奉持上帝之命也，此之谓持敬也。持敬者，圣学之所以成始而成终者也。故别为一图，以庶几初学着实下手之一助焉。[1]

这就是说，作为万物主宰者的上帝（皇上帝），其发动过程，触及天地、万事万物、古今的所有方面；对每一件事的

---

[1]《藤树先生全集》卷一一《持敬图说》。

善恶，它又分别用福（五福）、极（六极）来加以劝惩。故此，它尊敬畏惧而不可欺。知止者，即求知其尊敬畏惧之本然。所谓"止于至善""顾諟天之明命""诚意""正心""修身""齐治平""戒惧谨独"，都是为了恭敬奉持上帝之命，这就叫"持敬"。持敬者，即圣学之所以成始而成终者。故别作《持敬图》，以便帮助初学者着实下手。藤树在这里，把"止至善""顾諟天之明命""诚意""正心""修身""齐治平""戒惧谨独"等所有工夫，统统视为恭敬奉持人格神之天（皇上帝）的命令，并将其概括为"持敬"。于是"持敬"便被理解为"圣学之所以成始而成终者"，进而成为藤树学问的核心。

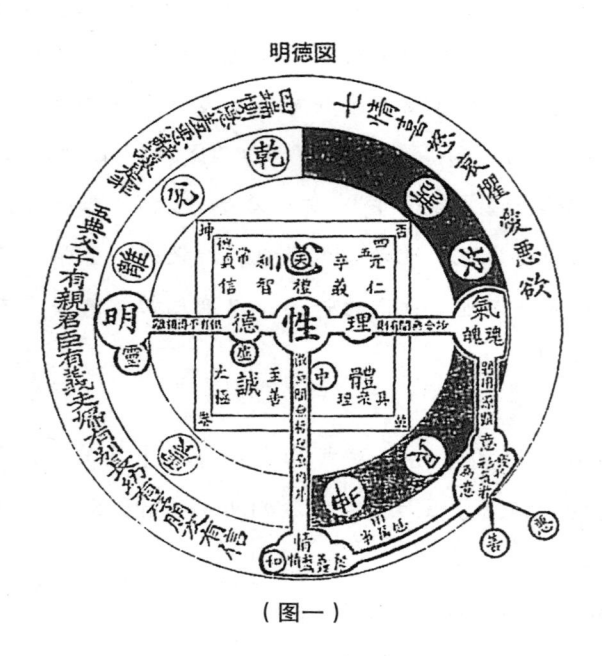

明德図

（图一）

持敬図

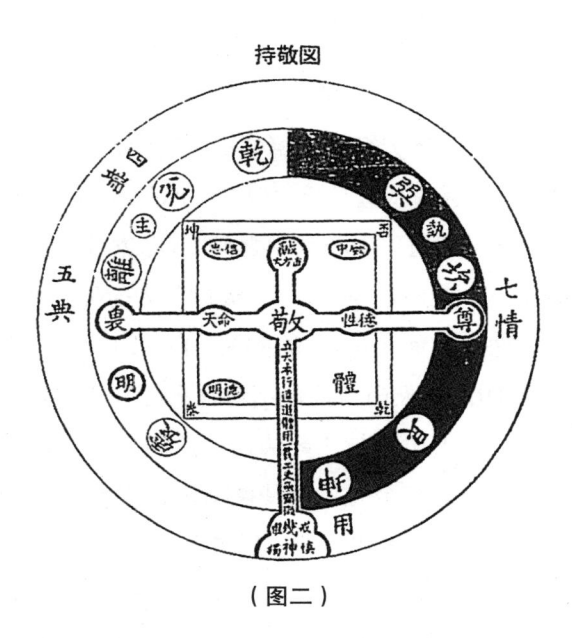

（图二）

　　那么，在藤树那里，敬或者持敬又是什么意思呢？在《明德图说》里，他把恭敬奉持上帝之命视为"持敬"，但在《持敬图说》的开头，他又对敬与持敬作了另一番解释："敬者，畏天命、尊德性之谓也。所以形状本心钦明之德也。……以学者之工夫言，则此之谓持敬。持敬者，拳拳服膺（即坚守、服从之意）本心钦明之德。"[1] 在他看来，敬即"畏天命、尊德性"，为"本心钦明之德"的形状。

　　为了对敬的意思有一更明确的认识，我们还需要详细检讨一下藤树所说的"畏天命、尊德性"的涵义。这其实牵涉到

---

[1]《藤树先生全集》卷一一《持敬图说》。

"畏天命"与"尊德性"两个不同命题是如何结合在一起的问题（参照前述①之后半部分的内容）。

首先，所谓"畏天命、尊德性"，若能综合考虑"恭敬奉持上帝之命，此之谓持敬"及"敬者，形状本心钦明之德"这两个命题，即可知道"本心钦明之德"（即德性）是以上帝之命（即天命）为前提的。而要以"天命"为前提，就必须发用于从人之心底自然而生的恭敬奉持之心，即所谓"本心钦明之德"。这说明，把天命与德性结合在一起并不为过，而且也是有可能把"畏天命"与"尊德性"这两个不同的命题巧妙地糅合在一起的，甚至有可能使两者的内涵趋于一致。问题在于，应如何理解"本体"与"工夫"的关系？实际上，"天命""德性"即"本体"，"畏""尊"则属于坚守本体之发动的"工夫"。而一说到"畏天命、尊德性"，就已使"本体"与"工夫"合一而不可分离了。故此，藤树的"敬"，既可谓之"畏天命、尊德性"，又可谓之"本心钦明之德"。他在说"本体"的同时，也就意味着"工夫"。所以藤树特别强调："以学者之工夫言，则此之谓持敬。"因为在他看来，"工夫"就是为了固守本体（敬）之发动；即使把"敬"与"持敬"分别对应于"本体"与"工夫"，并且把"敬"称为"畏天命、尊德性"的场合，也应当是把坚守"工夫"之敬的属性内藏其中。一般来说，所谓"持敬"（"畏天命、尊德性"等于"持敬"），不过是反复强调语言上的敬。而依据以上内容，那就必须充分意识到，所谓敬亦即作为本体工夫的"畏天命、尊德性"。藤树就是将此观念居于自己学问的核心地位的。另一个需要注意的问题，就是所谓本体即工夫论的成立。藤树在三十一岁时"触发"到王畿的本体工夫论，后便将此作为自己思想的根基。然在藤树那里，其本体工夫论之所以成为可能，并不仅仅在于自己的力量和意志，而是因为有其独特的设定图式。这就是他设定了居于无限支配地位的人格神的天（皇上帝）之存在。顺便指出，作为基于此图式的思想构造上的必然结果，它还决定了天之理法和原理的可测性；而若要追求客观的理法和原理（理或天理），就势必会在穷理论中削弱宋学的工夫论（实践论、修养论）。[1] 还有，在"畏天命、尊德性"的提出阶段，可以说是从《中庸》的"尊德性、道问学"之命题中省略了"道问学"，并将其替换为"畏天命"的命题。[2]

---

[1] 中江藤树的《藤树规》（《藤树先生全集》卷三）可以说是以朱熹的《白鹿洞书院揭示》（《朱子文集》卷七四）为范本而作成的最好例证。比如《白鹿洞书院揭示》第二条以《中庸》第二十章中的"博学之，审问之，慎思之，明辨之，笃行之"为题，并附解说："右为学之序。学、问、思、辨四者，所谓穷理也云云。"而《藤树规》的条目，则一方面按照《白鹿洞书院揭示》的顺序，另一方面又把该条替换成"畏天命、尊德性"之命题，并将其放到第三条的顺位之后，且附解说："右进修之序。学、问、思、辨四者，所谓致知也云云。"而穷理地位的降低，就是在把"为学"和"穷理"分别替换为"进修"和"致知"的过程中出现的。

[2] "畏天命、尊德性"中的"尊德性"，原本是与《中庸》的"尊德性、道问学"中的"道问学"组合在一起的，而藤树却用"畏天命"来替换"道问学"。这显然是与设定于人格神的天之上的原理性、理法性的天理受到排除后，伴随而来的穷理论之地位的降低直接相关的。到藤树三十一二岁时，就已经看到了他对"道问学"的讨论。尽管在他晚年的《中庸续解》（《藤树先生全集》卷一四）里，仍有关于（转下页）

所谓"本心钦明之德"的德,即德性、明德;而所谓德性、明德,即皇上帝命令人之处(天命)。[1] 此乃人之所以为人的正理(参照本节当中关于"尊德性"的注解)。也就是说,明德是上帝命令人的有效载体(德性),明德的成立以天命为前提。而自生于心的恭敬奉持正是在这样的场合被称作"本心钦明之德"的。于是,犹如上文所述,天命与德性便被巧妙地捏在了一块。不过,藤树重视明德的立场,且不说在其所著的《明德图说》中,即使在《四书合一图说》中,也能看出他以明德为中心,并借此把握四书之合一性的鲜明特质。[2] 如

(接上页)《中庸》第二十七章之"道问学"的解释。除此之外,在《藤树先生全集》里还有两处提到过"尊德性、道问学"。一处是二十八岁时所作的《送中西子》(《藤树先生全集》卷四),另一处是《解经》中的"知止"项(《藤树先生全集》卷一)。但不管怎么说,那也是把"尊德性"放在优先地位,而不太重视"道问学"的(参照木村光德:《藤樹学の成立に関する研究》,第 345 页)。而这种对"道问学"兴趣显著下降的倾向,实可谓藤树思想之特质。

[1] 中江藤树曰:"明德者,上帝之在人者。"(《藤树先生全集》卷一一《明德图说》)

[2] 中江藤树在《四书合一图》里,先是例举了《大学》三纲领,并从《大学》《论语》《中庸》《孟子》中挑选出各自的说教,然后放在《解》里进行详论。这其中,他以《大学》的三纲领为"三代孔门之学规",认为《语》《孟》《中庸》之说教皆出于此学规,从而把《四书》的功夫合而为一。具体而言,(《论语》"求仁"的)"仁"、(《中庸》"致中和"的)"中和"、(《孟子》"尽其心"的)"心",皆为(《大学》"明明德"的)"明德"之殊称,名虽异,而实(本然)则一也。这无疑是从合一论的立场来把握《四书》。值得注意的是藤树"以明德为中心的对四书的统一性之把握"。除此之外,藤树还认为:"明明德""求仁""致中和""尽其心"中的"明""求""致""尽"之动词,皆为复得其本体(即明德)之全的工夫(对原文及图说的讨论,详见后述)。

果用图式化的方法来阐明天命与明德的关系,则从天的方面说,即为天命,从人的方面说,即为德性,而天命与德性不过是同一问题的两个侧面。因此,重视明德也就是重视天命。藤树使"德性"与"天命"相结合,并把德性设定为人格神的理念,并不仅仅意味着使人从属于天,其中之深意乃在于对如下关系的深刻省察:对于人来说,其本身不能自己统治自己,人的存在必须通过人格神的天那样的绝对外在之存在的设定才能实现。诚如藤树所言:"学者必以此图默识神会明德之本体、心法之渊源,而以《持敬图》体认、服膺心法之工夫,则庶乎其不差矣。"[1] 认为《明德图》是用来"默识神会"明德之本体(本来姿态)和心法之渊源的,而《持敬图》则是用来"体认"和"服膺"心法之工夫的;然在体得、体认"明德之本体、心法之渊源"这点上,两图之旨趣却又是一致的。故此,藤树遂"以《明德图》变为《持敬图》",并且强调:"以《明德图》变为《持敬图》者,以持敬本明明德之工夫而无彼(明德)此(持敬)也。"[2] 也就是说,明德与持敬是没有区别的。然而,当把持敬视为"明明德之工夫",把明德作为持敬(恭敬奉持上帝之命)之前提时,明德的本体地位也就开始确定了。正是在这点上,藤树才把自己"以《明德图》变为《持敬图》"的动机和意图和盘托出。

---

[1]《藤树先生全集》卷一一《持敬图说》。
[2]《藤树先生全集》卷一一《持敬图说》。

④ 作为"畏天命、尊德性"之要约的明德之学

由此可见，我们还可以进一步把藤树的"畏天命、尊德性"之学归结为明德之学。藤树重视明德的立场，虽然被具体表现在《四书合一图说》（其中之图，参见图三）里，但却是通过《五性图说》（其中之图，参见图四）、《明德图说》和《持敬图说》才被最终归结为明德之学的。也就是说，明德之学乃是对形成于《持敬图说》的畏天命、尊德性之学（即以天命为前提的明德之学）的概括和归纳（即要约），两者之间其实并无根本内容上的差别。下面笔者打算通过对这些图说的考察，来对藤树的明德之学的形成、发展过程作一番阐释。

四书合一图

孟子	中庸	論語	大學
盡其心	致中和	求仁	明明德
明人倫	行達道	孔子之志	親民
聖之時	依乎中庸	義之與比	止於至善

（图三）

《四书合一图说》，藤树曰："按《大学》之三纲领，乃三代孔子之学规也。《语》《孟》《中庸》自此规模中说出来，是以四书之功夫合一，而无异指如右图也。"藤树是想以《大学》为中心统合四书的方式来把握四书。虽然在《四书合一图》里把四书各自的说教交织其间，但藤树对此的说明是："图体横交系者，所以明合一也；竖交系者[1]，所以明纲领之指趣也。"从藤树所述可以看出，他最先论述的是《大学》的三纲领（见图三），然后才对

---

[1] 译者按：原书作"所以竖交系者"，疑"所以"二字为衍文。

五性分释図

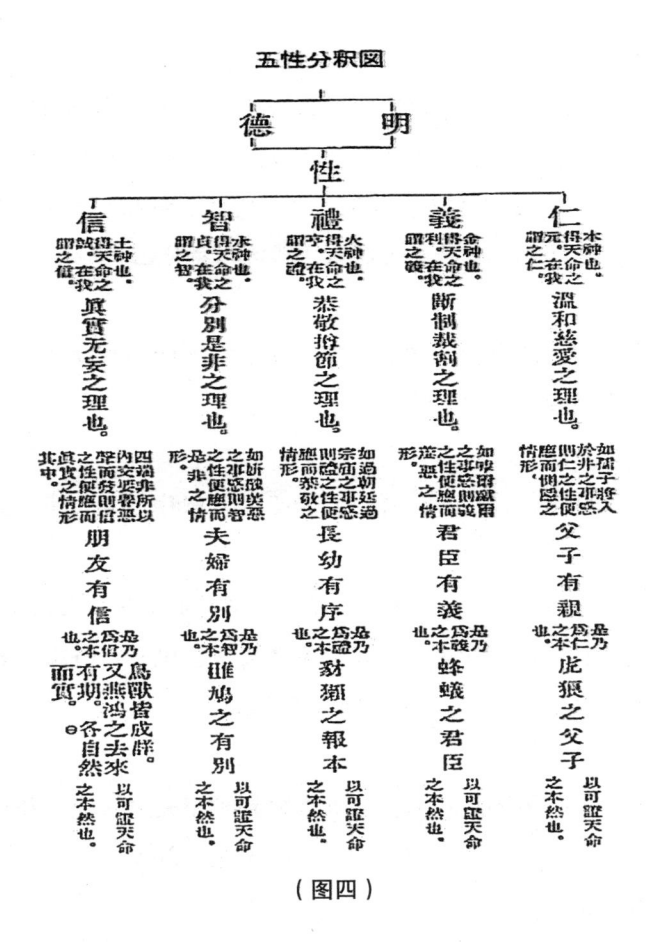

```
           德    明
            性
  信    智    禮    義    仁
```

（图四）

《论语》《孟子》《中庸》三书之说教作了分别论述。而他选择三书之说教的理由是：

> 《论语》：《论语》所说，头绪虽多，要之尽夫子之志，人伦应接之事，而求仁之功也。其功夫之准的，则义之与

比也。

《中庸》:《中庸》所说虽多端,要之尽行达道之事,而致中和之功也。其功夫之准的,则依乎《中庸》也。

《孟子》:《孟子》所说虽广,要之尽明人伦之事,而[1]尽心之功也。其功夫之准的,则圣人之时也。

这些都是对《四书合一图说》的竖交系者所作的解释,同时他还对横交系者作了如下解释:

曰仁,曰中和,曰心,皆明德之殊称,名虽异其实则一也。

曰明,曰求,曰致,曰尽,皆复得其本体之全之工也。

明人伦,行达道,皆亲民之义也。曰义之与比,曰依乎《中庸》,曰圣之时,皆止于至善。

最后,藤树还从四书合一处观察到了工夫之旨趣,并且强调:"由是观之,则孔、曾、思、孟传授之心法,一以三纲领为定本可见矣。"

以上是藤树以《大学》为中心、以四书合一的形式把握四书的基本内涵,其要旨主要反映在以下论点上:《论语》之"仁"、《中庸》之"中和"和《孟子》之"心",皆为"明德之

---

[1] 译者按:原文脱"而"字。

殊称"，四者名虽异而实则一。这一要旨，从形式上看，似乎是把以《大学》为中心的四书合一观作为目标之要求，但在内容上却是确立了"明德中心之学"（即明德之学），而把仁、中和、心皆视为明德之殊称。而藤树所说的"明明德""求仁""致中和""尽心"中的"明""求""致""尽"，实皆为"复得其本体之全之工"。在这里，所谓"本体之全"，又可以从"仁""中和""心"皆为"明德之殊称"的观点出发，而称作"明德之全"。果真如此，则"复得其本体之全之工"，即所谓的"求""致""尽"，也可以被视为"明"之殊称。换言之，所谓"复得其本体之全之工"，不过即明明德。

《五性图说》：藤树虽然在《四书合一图说》里提出了"明德中心之学"（明德之学），但他的《五性图说》，却把明德归于人之性（五性、五常），并将明德的位子置于五性之前（见图四），使明德之学得以进一步具体化。他在解说中说：

> 此专发明人之性，《大学》所谓明德是也（此指《五性图说》）。而就其统体之中（其指性统体全体浑然之意），而推原其妙用之所由发见（其指性用，体之流行也。心之感应，神灵不测，故曰妙用），则其别有五（别指情），因五者之用，以名其体焉。曰仁、义、礼、智、信（五者之用，即慈爱、果断、恭敬、是非、忠信是也。其指情体，用之本源也）。此五者，万古不易之理也（万古指自混沌至极天之后而言）。故五常，五者其别虽异，本同一体也。

> 譬如人本一形而有四肢之别（四肢手足也）。故性即五常也，五常即性也。

这里是把人之性（五性等于五常）当作明德来把握的。也就是说，《五性图说》是用来发明人之性的。而人之性即《大学》所谓的明德。关于性之统体，如果由其妙用而推寻其发见的话，那么其情便有五种，即慈爱、果断、恭敬、是非和忠信。据此五者之用，而名之曰体（即性，亦即仁、义、礼、智、信）。仁、义、礼、智、信五者（五性），乃是万古不变之理，故又谓之五常。这五性虽各有所指，但在本质上却同属一体（即性或明德）。故而性即五常，五常即性，此乃人之性的内涵也。需要注意的是，在《五性图说》里，藤树在以上论说之前还写有一段话，曰："性者，物之生理，心之主宰，道之形体。其体段，无声无臭而灵妙不测，至诚至息，本人物之所同得以生，《中庸》所谓'天命之谓性'是也（天，上帝之别号也；命犹令也）。"在这段话里，他把"天命之谓性"的"天"当作"上帝之别号"。可见，人之性，亦即明德，是被藤树归结为人格神的上帝之命令（天命），而并非理。这点虽然与《原人》中所设定的皇上帝在内容上有联系，然而明德与皇上帝的关系，却是通过《明德图说》和《持敬图说》而被进一步具体化的。

《明德图说》：接下去让我们再来考察一下《明德图说》的思想内容。《明德图说》是与《持敬图说》同时期（三十一岁）

的作品，它继承了《四书合一图说》和《五性图说》中以明德为中心的立场，并且用图说的方法来说明作为理气合一之存在的人究竟能否明明德的问题（这就如同藤树所表述的：明德的问题只有在以天命为前提的情况下才能得到解决）。

藤树还在《明德图说》的开篇部分，论述了撰写图说的理由，其内容之概要为：

> 明德者，人之本心，天之所以与人而人之所得以灵于万物者也。其体至虚至神，而具天地万物之理，其用至灵至妙，而应天下之万事，即人性之别名也。明属心，光明正大，无不烛之谓也。具象著明，莫大乎日月，故明字从日从月。德属性，至灵纯懿之称也。德，古作悳，人心以得天理而直，故悳字从直从心。盖上帝所以造化万物者，理与气而已。气以成形，而理一命性焉。以性言之，则万物一原，固无人物贵贱之殊，所谓天命之谓性是也。然气质之禀，或不能无正通偏塞之异，是以得气之偏且塞，而为物者，既梏于形气，而无以充其本体之全矣，故只曰心与性而已。唯人之生，乃得其气之正且通者，而其性之本体全明而五性具焉。虽主乎一身，而其实通天地有形之外，其大无外，其小无内，与天地合其德，与日月合其明，故[1]独命人之性曰"明德"，圣人之心其本然也。盖其

---

[1] 译者按："故"字，原文为空格■，据上下文补。

所以异于禽兽者，正在于此，而其所以可为尧舜，而能参天地以赞化育者，亦不外焉。是以《大学》之道，在明明德而已矣。然心之为物，出入无时，莫知其乡（向），故其于理气之辨、善恶之原，而初学有难体认者。[1] 是以愚尝窃祖述《先天图》及《太极图》，而作《明德图说》，以为心法之小补云尔。[2]

也就是说，惟有人才具有天所给予的明德，因为有明德人才成其为人。明德之有无，乃是判断人与禽兽之标准，也是人得以成为圣人（尧舜）的理论依据。反之，如果人不能明得由天给予的明德（即充本体之全），便不可能成为圣人，甚至不可能改变原有的禽兽本性。所以藤树断言："《大学》之道，在明明德而已矣。"以至把明德当作人之所以为人的本质来把握。此外，又正如藤树在后述中所明示的："明德、持敬二图，祖述《先天图》，宪章《太极图》，而发明心法，本体认之余，述自得之妙，以庶几初学入德之一助焉。"他还为"入德"而作《明德图说》和《持敬图说》。所谓"入德"，即《四书合一图说》里说的"复本体之全"，同时亦指前面所说的"充本体之全"，总之即明明德的意思。

藤树在《明德图》的解说（即《明德图说》）里，借理气

---

[1] 译者按：此句后疑有阙文。
[2] 《藤树先生全集》卷一一《明德图说》。

论（理等于□，气等于◎）来分析心性之构造。其间，他还从理论上说明了如何体认以天命为前提（相当于所谓的理）的明德之方法。这就是以□与◎之妙合（等于■）来造化发育天地万物。□者，生生无穷、至神至妙者也；其在造化而称天（还有帝），在人而称明德。所以明德（造天地，生万物，福善祸患）是纯粹至善的，因为上帝存在于人之中。藤树在《明德图》的解说里，还希望学者们务必用此《明德图》来默识神会本体、心法之渊源，并用《持敬图》来切身体认心法之工夫。以上这些内容，在《明德图》的解说里有洋洋洒洒一大段，但由于它对理解藤树的明德之学非常重要，所以特将全文介绍于下：

> 中□理也，外◎者气也。盖理者，气之柁舵，造化之主宰也。气者，理之舟车，造化之具也。理虽曰无体无方，而实则有定体止方，所谓无极而太极也。凡形之方者，止而不变，动有常，故以■形而象无体无方，而有定体止方之理也。气惟流行发生，而无所定止，所谓阴静阳动也。凡形之圆者，变动无常，无而不止定，故以◎形而象变动而不止之气。理尊而为[1]气之帅，气贱而为理之卒徒，故□内而◎外也。□◎共以卦为图像，以天地万物之理，尽无不包括于六十四卦三百八十爻之中，而理气妙合无间，本非一物也。□者为◎之柁舵，是故◎不由□以

---

[1] 译者按：原文脱"为"字。

取准，则不能以立其用，譬如舟车无柁鞔也。◎者为□之舟车，是故□无◎，则不能以行其用，譬如只有柁鞔而无舟车也。四时之温热凉寒者，◎也。其四气齐分三月，而为生长收藏之止节者，□也。虽然，其生也无始，故无先后之可言。有则俱有，本非二物，故无合离之时。□◎妙合，而造化发育，生生无穷，至神至妙者也。在造化，谓之天，又谓之帝，造天地，生万物，福善祸恶，昭昭无毫厘之差。远而天地之外，近而一身之中，久而古今之间，暂而一息之顷，微而一尘之内，幽而隐独之中，皆上帝之所在也。是以一念之善恶，天得而知之；一事之善恶，天得而劝惩之；以福极，可尊可畏而不可欺也。知止者，求知可尊可畏之本然者也。曰"止至善"，曰"顾諟天之明命"，曰"诚意"，曰"正心"，曰"修身"，曰"齐治平"，曰"戒惧谨独"，皆所以恭敬奉持上帝之命也，此之谓持敬也。持敬者，圣学之所以成始而成终者也。故别为一图，以庶几初学着实下手之一助焉。夫■在造化则谓之天，在人则谓之明德，本一理也。故以《先天图》发明心法，而作《明德图》也。右图中心◎字，以大字笔图之正中之上者，以发明为总括之名号。其笔天字于心字之中者，以发明天与心本一理也。人之知觉，气也，◎之象也。明灵魂魄皆属气，故在◎之中也。所以[1]知觉者，理也，□之

---

[1] 译者按：原文"所以"后衍"节"字。

象也。太极、四德、五常、性理、德、诚、中、至善,皆属理,故在□之中。明与德,理与气,图通行之路者,以明理气妙合无间,有则俱有,不得相离也。以规围用之情意五典,而性与情、气与意,图通行之路,以明体用一源,显微无间,无将迎[1]、无内外也。省略卦者,以笔理气明德等字也。盖明德者,上帝之在人者,而纯粹至善者也。尧、舜、孔子之心,其本然也,人皆固有之。然气禀所拘,人欲所蔽,则有时而昏,所以有教而有学也。是故于意上开示于恶之根底。其善恶二字,于规外书之,以善为直出,以恶为旁出者,以开示其本,然有善而无恶也。是乃心法之用关也。学者必以此图默识神会明德之本体、心法之渊源,而以《持敬图》体认服膺心法之工夫,则庶几其不差矣。……

《持敬图说》:《持敬图说》的内容已在上面作了说明,故予省略(参照③《持敬图说》中"畏天命、尊德性"之学的成立)。

⑤ 心之自然

作为对固守格法之方法的摸索,藤树在《原人》中设定了人格神的天(皇上帝),并在《持敬图说》里揭示了"畏天命、尊德性",以作为本体即工夫论的具体表现,但他却把"畏天

---

[1] 译者按:原文"将迎"后衍"无"字。

命、尊德性"作为"工夫之准的"[1]"工夫之宗旨"。[2]此外,他在《藤树规》里还明言:"持敬之要,进修之本。"[3]这足以说明藤树的"畏天命、尊德性"说就是以天命为前提的明德之学。而若以藤树的"畏天命、尊德性"说为依据,则只有在将天命当作明德的前提下,才会使明德自然而然地固守格法。这样一来,起初被作为问题意识的固守格法的难题,便被轻而易举地解决了。其间,藤树还批判了被视为主观工夫论的宋学之持敬论,并据此而证明了自己的"畏天命、尊德性"之学的妥当性。

在进入本论之前,先试着举例说明藤树自己在《持敬图说》里对"畏天命""尊德性"所作的解释。

首先,关于《论语·季氏》的"畏天命",藤树叙述说:

> 畏者,严悼之意也;天者,上帝之别名也。命由令也,天命者,上帝所赋之正理,无物不有,无时不然……明明上帝常照临,而须臾不离,以试其敬怠,而用五福六极以向威之,其聪明昭昭,不可欺,况可罔乎?可畏之慎者也。盖人在君父前,则虽小人,其心愿懿,而不能为不善,以其有所畏敬也。学者能知天之聪明明畏,无幽独显

---

[1]《藤树先生全集》卷一一《持敬图说》。
[2] 所谓"畏天命、尊德性者,工夫之宗旨"也(《藤树先生全集》卷一一《持敬图说》)。
[3]《藤树先生全集》卷三。

明之异，而其严有甚于君父者，而畏敬之，则虽幽独之中，犹在君父之前，而必欲止于天命正理，则动静云为，自无不持敬也。方其静而无事之时，而畏天命，则本心常惺惺，而天下之大本立也。方其动而应物之时，畏天命，则谨独能虑，而天下之达道行也。此乃持敬之宗旨也。

接着，藤树又对《中庸》的"尊德性"作了一番评述：

尊者，恭敬奉持之意；德性者，上帝之所以命人，而人之所以受为人之正理，即明德是也。盖学者能顾谡天之明命，而使德性为一身之主，而恭敬奉持之，则动静云为，天君常泰然，而百体守职，无往而不持敬也。方其静也，尊德性则明德常明而天地之中存焉。方其动也，尊德性则人心每听道心之命，而自无过不及之差焉。此亦持敬之宗旨也。

在对于"畏天命"的理解上，以上内容中也有与《原人》相重复的地方。比如"明明上帝常照临，而须臾不离，以试其敬，而用五福六极以向威之"，就是对作为福善祸淫之审判者的人格神的天（皇上帝）的设定，并且是对甚于君父的上帝之威严的畏敬，所谓"动静云为（言动），自无不持敬也"。而此处所说的"自"，其实就是针对作为"畏天命、尊德性"之内容的天命所产生的"本心钦明之德"的运作之形态。正是由于这种"畏天命、尊德性"的显现,才使藤树从"自"(即心之自然)的理论出发,而批判了宋学的持敬说,并且证明了自己的"畏天命、尊德性"之学的妥当性。对此,可从以下对话以及藤树所作的严厉批判中窥见一斑:

> 或曰:程子(伊川)尝于此(指持敬工夫——作者注,下同)以"主一无适,整齐严肃"言之;谢氏(迷山)又以"常惺惺法"言之;尹氏(和靖)又以"其心收敛,不容一物"言之;朱子亦以此(指持敬工夫)为说。然子(指藤树)不取其说者,何也?(藤树答)曰:程子"主一无适"之说,最为亲切的当也。然其曰无适之谓一,则一之义不亲切,而有立言太简奥,而意味不足者。是以初学不能得[1]其精蕴,而往往苦着实下手之艰焉。盖不知畏天命、尊德性,而徒欲此心一之[2],则无工夫之准的,而又恐或有他歧之惑。程门诸子淫老、佛者多,盖从此处差去,而入于彼欤!差之毫厘,谬以千里,此之谓也。虽朱子于儒、佛惺惺之辨,则犹有未莹者,所谓立言太简奥之弊乎?所谓"整齐严肃""常惺惺法""其心收敛,不容一物"者,皆唯形容持敬之气象而已,非(持敬)工夫之骨子。如适从此说,而徒欲把握此心,则其所存者,只是知

---

[1] 译者按:"得"字,原文为空格■,据上下文补。
[2] 译者按:原文作"之一",据上下文改。

觉之心，所应者，又是私欲之事，是则老、佛、小人之徒也。

实质上，就像宋学的持敬说，藤树是把"说"和"论理"放在首位的，所以他断言道：如适从此说，而徒欲把握此心，则其所存者，只是知觉之心（而非本体之心），所应者，又是私欲之事，是则同于老、佛、小人之徒也。并且指出：程伊川、谢迭山、尹和靖等人的主张，皆唯形容持敬之气象而已，而非持敬工夫之骨子。反倒是他自己，不仅设立了作为福善祸淫之审判者的皇上帝，即人格神的天，而且强调作为天命的"本心钦明之德"的自然之发动，以为这样的发动即为敬，进而直接确立了自己的持敬理论。他还认为，由于不晓得"畏天命、尊德性"，而徒欲此心一之，才使得工夫成了无准的工夫。实际上，所谓"工夫之准的"，指的就是"畏天命、尊德性"。

应该说，藤树把"畏天命、尊德性"作为工夫之准的（即骨子）的观念是一以贯之的，而他对宋学持敬论所进行的批判，也是建立在此种理论之上的。依照藤树的见解，在"畏天命、尊德性"的场合，如果不去适从整齐严肃、常惺惺法等说教而徒欲把握此心，那就会自然而然地明白"盖能畏天命、尊德性，则自然主一无适，自然整齐严肃，自然常惺惺法，自然其心收敛、不容一物"[1]的道理。

---

[1]《藤树先生全集》卷一一《持敬图说》。

从某种意义上可以说，这样的批判，其实并不仅仅指向持敬论，它还表现出以天即理为基轴的宋学之理法的原理的天，与以天即皇上帝为基轴的藤树的人格神的天，在观念及对物的思考方法上的不同及其缘由。而程伊川的"整齐严肃"、谢迭山的"常惺惺法"和尹和靖的"其心收敛，不容一物"的持敬之"说"，实际上原本就存在于藤树所固守的"格法"中。问题是，如果像藤树所激烈批判的"宋学之持敬说皆只形容持敬之气象而已，而非工夫之骨子。如适从此说而徒欲把握此心，则只是知觉之心，所应者，又陷于私欲之事也"的话，那么可以说，藤树原本所固守的格法便反倒被否定掉了。《持敬图说》致力于对格法的固守和践行，它应该是在怎样才能固守格法的疑虑中被制作出来的。需要特别关注的是，如果藤树重视的是从"畏天命、尊德性"那里显现出来的人类本心之"自然"，那么必然也就会否定像持敬那样的格法。而藤树为了固守本来的格法，思考并提出了"畏天命、尊德性"之命题，但却使之成了否定格法自体的理论。而且这种对宋学持敬说的批判，还成为藤树在受容王阳明学说时的选择标准。由此似可确定：藤树并没有接受既为王阳明门下又近于朱子学并关注敬之工夫者的思想立场。[1]

---

[1] 王阳明说："正谓以诚意为主，即不须添敬字，所以举出个诚意来说，正是学问的大头脑处。"可见，较之持敬，王阳明更重视诚意。在他看来，若以诚意为主，则朱子学的持敬说便成了画蛇添足之举。然而，最接近朱子学立场的其门人邹守益则曰："以为圣门要旨，只在（转下页）

（2）王畿思想的受容

① 从格法到真性活泼之体

在《藤树先生年谱》三十三岁条里，有"作《持敬图说》并《原人》而示同志。此行数年，然多有不得行处。而甚戾人情、逆物理，故不能止疑"[1]的记载。果真如此，那也不能说是偶然之反省吧！《持敬图说》和《原人》皆致力于对格法的固守和践行，它们应该是在怎样才能固守格法的疑虑中制作出来的。换言之，这两篇文献乃得之于如何更好地固守格法的问题意识。它关系到在格法不得行（即守）处甚多的情况下，在《原人》和《持敬图说》的创作阶段对格法本身进行反思的大问题。即一方面，在藤树"行此数年，然不得行处多"的反省中，使"行"或者"不得行"的缘由成了如何更好地行格法的焦点。另一方面，作为"行"之对象的格法，由于其"甚戾人情、逆物理"之事实被表露无遗，于是使藤树"不能止疑"。这是藤树第二次产生"疑"（第一次的"疑"发生在作《原人》和《持敬

（接上页）修己以敬。敬也者，良知之精明而不杂以尘俗也。戒慎恐惧，常精常明，则出门如宾，承事如祭……故道千乘之国，直以敬事为纲领。"（董平编校：《邹守益集》卷四《简胡鹿崖巨卿》，南京：凤凰出版社，2007年，第507页）而藤树在其中期以后（三十七岁）接受王阳明思想时，主要受容的是致良知说，像邹守益那样强调戒惧以及敬之内容的思想则未被论及。这点从我们的以上论述中已得到了确认。山本命氏对此曾作过详论（参照山本命：《中江藤樹の儒学——その形成史の研究》，东京：风间书房，1977年，第28页）。

[1] "持敬図説竝ニ原人ヲ作為シテ 同志ニ示ス 此ヲ行フコト数年 然レドモ行ハレザル処多シテ 甚ダ人情ニ戻リ物理ニ逆フ 故ニ疑止コトアタワズ。"（《藤树先生年谱》，三十一岁条）

图说》之前），而他对格法的反省就是在这种疑虑中发生的。

藤树意识到守格法"甚戾人情、逆物理"的问题，于是从人之情、物之理出发，对格法的存在方式提出了质疑，在此过程中，还对"人情与物理"的人伦世界之存在方式也提出了质疑。而与这种质疑相关联的，乃是建立在被视为本体即工夫论的"畏天命、尊德性"基础之上的、表现为重视本心之自然的理念。这种理念又与内在于《持敬图说》中的格法否定理论有密切关联。于是，藤树便不得不提出了何谓格法的问题，并且从理论结构上予以了确认。

其结果，使得王阳明思想积极侧面的继承者王畿的思想为藤树所接纳并多有触发，进而又使藤树思想中出现了源自本体即工夫（现成良知）论的心之自然说以及三教合一论等倾向，直至他三十四岁时否定格法："是年始觉专守格套为非"。[1] 然而，显而易见的是，藤树之所以对王畿思想多有触发，乃是因为其思想内容当时已相当接近于王畿了。

问题在于，藤树是什么时候接近王畿思想的？根据《年谱》三十三岁条的记载："冬，得《王龙溪语录》，初读时，悦其触发处之多。"说明藤树从三十三岁得到《王龙溪语录》开始，便多有触发。这里需要回答的问题是：藤树所说的"触发"究竟指的是什么？

藤树当初在面对固守、实施格法的过程中，提出了自己

---

[1] "是年 始テ専ラ格套ヲ守ルノ非ナルコトヲ覚フ。"（《藤树先生年谱》，三十四岁条）

的解决方案，此即：A. 人格神的天（皇上帝）的设定；B. 被作为本体即工夫论的"畏天命、尊德性"之学的创立；C. 由这些理论所推导出的人的本心自然说；D. 格法否定论，并以此为基础而受容王畿思想。上述内容，大致上是与王畿思想相连接的。故此，藤树在受容王畿思想一年后（三十四岁），便以"专坚守格套为非"，从而自觉认识到了固守格法之弊端。毫无疑问，藤树所说的"触发"，其内容与他一贯的问题意识，即对固守、实施格法的解决方案是直接相关联的。可以说，只要围绕这种对格法的问题意识之进展方向前行，就有可能受容王畿思想。顺便指出，就像《年谱》三十三岁条所记载的，藤树在初读《王龙溪语录》之前，其实就已经在三十三岁正月里，[1] 读了钟人杰于明崇祯七年（1634）编著的《性理会通》中的部分内容，[2] 并且已接触到该书所载录的

---

[1] "冬王龍溪語録ヲ得タリ 始コレヲ読ドキ 其觸發ウルコトノ多キコトヲ悦ブ。"（《藤树先生年谱》，三十三岁条）
[2] 在《藤树先生年谱》三十三岁条里，有"今世性理會通ヲ讀ミ"的记载，但这里的"今世"，具体指何年并不明确。藤树读《性理会通》后，曾将书中所收录的王畿的《三山丽泽录》引用于《论语乡党启蒙翼传》中，说明《论语乡党启蒙翼传》当作于读《性理会通》之后。而据《年谱》三十二岁条称："秋，讲《论语》，至《乡党篇》，大有感得触发。于是欲作《论语解》。先起于《乡党篇》，然至《先进》二十三章，则病苦而未果（秋 論語ヲ講ズ 郷黨ノ篇ニ至テ 大ニ感得觸發アリ 是ニ於テ論語ノ解ヲ作ソト欲ス 先ズ郷黨ノ篇ヨリ起テ 先進ノ二十三章ニ至ル 病苦ニサヘラレテ果サズ）。"说明《论语乡党启蒙翼传》应为藤树三十二岁秋以后或者三十三岁（今岁）以后的作品。木村光德氏在其所著的《藤樹学の成立に関する研究》（东京：风间书房，1971年）中，认定藤树于三十三岁秋开始著《翁问答》，而《论语·乡党》之作则至少在秋天以前即已完成，故而推定"今岁"乃三十三岁正月前后。

王畿的《南游会纪》[1]和《三山丽泽录》[2]这两篇文献。所以在他三十二三岁时所作的《论语乡党启蒙翼传》里就已引用了《三山丽泽录》。

在对流露了格法否定意识的《年谱》三十四岁条进行检讨之前，我们先举例来说明反映在王畿身上的格法（格套）论，以解明在围绕着格法的问题意识的进展方向上，是完全有可能接触并受容王畿思想的，亦即藤树思想与王畿思想的连续性问题，同时还需要解明藤树从王畿思想那里所受到的"触发"的具体内容。

王畿指出："他如制木城、造铜面、畜猎犬，不论势之所便、地之所宜，一一令其如法措置，此是搀入格套，非真良知也。"[3]在这里，他不仅把格套与心（真良知）作了区分，而且还把后者（即真良知）作为判断现实事物的标准。王畿又说："学原为了自己性命，默默自修自证，才有立门户、护门户之见，便是格套起念，便非为己之实学。"[4]格套在这里被理解为是与实学相对立的东西，从而使王畿对格法的批判意识被充分地显示了出来。

另外，出于同一思路，王畿又指出："若夫乡愿，不狂不狷，初间亦是要学圣人，只管学成穀套，居之行之，象了圣人

---

[1]《王龙溪先生全集》卷七《南游会纪》。
[2]《王龙溪先生全集》卷一《三山丽泽录》。
[3]《王龙溪先生全集》卷一《维扬晤语》。
[4]《王龙溪先生全集》卷一《抚州拟岘台会语》。

忠信廉洁；同流合污，不与世间立异，象了圣人混俗包荒。"[1]在这里，他不仅对摆脱了格套之束缚的狂者作了评价，而且还对只顾学习而成"豰套"的乡愿人格进行了批判。他还回答了学生张元忭在书函中所提的问题："狂者行不掩言，只是过于高明、脱落格套，无溺于污下之事，诚如来教所云。夫狂者志存尚友，广节而疏目，旨高而韵远，不屑弥缝格套，以求容于世。"[2]

王畿在厌恶格套（豰套）的同时，还相当重视人心之自然发现。可以说，这正是从以上所述的，不仅区分格套与真良知，而且还把后者（真良知）作为判断现实事物的标准这一基本立场出发的。王畿说：

> 凶事无诏，哀哭贵于由衷，不以客至不至为加减也。昔人奔丧，见城郭而哭，见室庐而哭，自是哀心不容已。今人不论哀与不哀，见城郭室庐而哭，是乃循守格套，非由衷也。客至而哭，客至而不哭，尤为作伪。世人作伪得惯，连父母之丧亦用此术，以为守礼，可叹也已。[3]

在这里，王畿把"真心"（人心之自然）与"作伪"的"格套"作了巧妙的对比，从而把自己重视人之真心即人心之自然的立

---

[1]《王龙溪先生全集》卷一《与梅纯甫问答》。
[2]《王龙溪先生全集》卷五《与阳和张子问答》。
[3]《王龙溪先生全集》卷五《天柱山房会语》。

场和盘托出。

上面我们考察了王畿重视"人心之自然"及否定"作伪"之格法（格套）的思考方式和态度。而这种思考方式和态度，在当初藤树为适应固守格法之实践而著《持敬图说》时，就已经有所反映了。正是在这样的思想共通性下，藤树才不仅接受了王畿思想，而且还大受其"触发"。故此可以说，在藤树本来的问题意识的解决过程中，王畿思想是发挥过重要作用的。于是，他三十三岁读《王龙溪语录》，三十四岁便发生了思想转变。据《年谱》三十四岁条记载：

> 是年，始觉专守格套为非。此前，专信朱注，日讲明之，以《小学》之法示门人。是故门人落在格套，拘挛日长，气象渐迫。或有圭角，同志之际，不予融通。一日，谓门人曰："吾久来受用格套，近来，渐觉其非。受用格套之志与求名利之志，可谓同日而语，均失真性活泼之体矣。吾人只有放弃拘挛之意，信奉本心，而不拘泥其迹方可。"门人大有触发而兴起。[1]

---

[1] "是年 始テ専ラ格套ヲ守ルノ非ナルコトヲ覚ユ 此ヨリ前 専ラ朱註ヲ尊信シテ 日ニ講明之 小学ノ法ヲ以テ門人ニ示ス 是故ニ 門人格套ニ落在シ 拘攣日ニ長ジテ 気象漸ク迫レリ 或ハ圭角アリテ 同志ノ際 ナヲ融通セズ 一日 門人ニ謂イテ曰 吾 久シク格套ヲ受用シ来ル 近来 漸其ノ非ヲ覚フ 格套ヲ受用スルノ志ハ 名利ヲ求ルノ志ト 日ヲ同シテモ語ルベカラズトイヘドモ 真性活潑ノ體ヲ失フコトハ均シ 只吾人 拘攣ノ意ヲ放去シ ミヅカラ本心ヲ信ジテ 其跡ニ泥ムコトナカレ 門人 大ニ触発興起ス。"

引文中的"拘挛"，意指"因意念而拘滞或束缚于名利格法"；[1] 而所谓"圭角"，据《熟语解》，则意指"锋芒而有棱角"，[2] 比喻人的言行不圆滑并奇特而刻薄。"真性活泼之体"的"活泼"，与"活泼泼地"同义，而"活泼泼地"，乃是以王畿为首的继承了王阳明思想之积极侧面的良知现成论者的常用语；它就如同《熟语解》"自由自在地活泼发动"[3] 之释义，意指人心的自由自在之活动。藤树所言的"门人落在格套，拘挛日长，气象渐迫。或有圭角，同志之际，不予融通"，概而言之，就是指前文所言的"甚戾人情、逆物理"。而固守格法，不过是"形容气象"；所以格法被固守，遂使"自然气象渐迫"。藤树用拘挛、圭角、迹、气象来形容作为内核的格法，并且认为这些东西都是有损于真性活泼之体、自然之气象和本心的，所以予以"非"之而痛加否定。如此一来，藤树放弃"拘挛之意"（即固守格法之意念）而"信奉自然本心"，便可以说是对其当初围绕格法而产生的问题意识的分割和扬弃。

如上所述，藤树的格法否定论，在其思想理论的形成过程中，可以说是受到了王畿思想影响的，故而被王畿思想所"触发"也是完全有可能的。这点大概可以被确认为是藤树受容王

---

[1] "カカッリヒキッルトヨム シバルコトナリ 意念ニ因テ名利格法ニ滞リナヅムコト。"（《藤树先生全集》卷二一，杂著，《熟语解》）
[2] "マルクアルキ（=的）ニカドノアルヲ云。"（《藤树先生全集》卷二一，杂著，《熟语解》）
[3] "自由自在ニイキテハタラクコトナリ。"（《藤树先生全集》卷二一，杂著，《熟语解》）

畿思想的意义与作用吧!

② 本体工夫论的受容与展开

藤树的"畏天命、尊德性"之学，就是以天命为前提的明德之学，也是藤树所固有的本体即工夫论。藤树就是以"畏天命、尊德性"之学为根基而受容了王畿的本体即工夫论。而所谓本体即工夫，具体所指，即现成良知论。在藤树的《翁问答》下卷之末里有如下记载：

> 体充问曰：受用全孝之心法，则至艮背敌应之圣域也。师曰：心学由凡夫而至圣人，则全孝之心法即艮背敌应之心法矣。名变而实同之道理矣。此所谓本体工夫之矣。[1]

在这里，"全孝之心法"和"艮背敌应"是作为本体工夫论而登场的。"本体工夫"的思想，在《王龙溪全集》卷一的开头几篇讲学会语[2]如《天泉证道纪》[3]《冲元会纪》等中曾被反复提及，而藤树则是在三十三四岁时从王畿那里获得王学这一最重

---

[1] "體充問曰 全孝の心法をよく受用仕候はば 艮背敵應の聖域へもいたり候はんや 師の曰 心學は凡夫より聖人に至みちなれば 全孝の心法がすなわち艮背敵應の心法なり 名はかわりて實はおじ道理なり こわを本體工夫と云なり。"
[2] 《王龙溪先生全集》卷一《冲元会纪》。此外，还有《闻讲书院会语》《复阳堂会语》《抚州拟岘台会语》等。
[3] 《王龙溪先生全集》卷一《天泉证道纪》。

要的思想的。[1]

下面,就以"全孝之心法"和"良背敌应"为对象,来论述一下藤树对王畿本体工夫论的受容与展开。

首先是"全孝之心法"。藤树在引用了《孝经》《礼记》《孟子》中有关孝的论述后指出:"熟读以上圣模贤范,则明辨孝德之亲切真实、广大高明、无上无外、至尊无对,而孝之外无德无道矣。其所常行者,若不背孝德之天真,则天威所动,君子所尊也。"[2] 而关于"孝德之天真",藤树接着又引用了《孝经·圣治章》中"不爱其亲而爱他人者,谓之悖德;不敬其亲而敬他人者,谓之悖礼"的一段告诫,并以"明孝德全体之天真的工夫"来定义全孝之心法。[3] 因此,所谓"孝德",其实指的就是先爱敬其亲,然后爱敬他人的人类本来具有的、素朴的自然之心。而全孝之心法,也就是明本来具有的孝德形态(即孝德全体之天真)之工夫。所以藤树接着说:

> 全孝之心法,广大高明,通神明,应六合,然约其本,实立身行道也。立身行道之本在明德,明明德之本在以良知为镜而慎独也。良知者,以赤子孩提之时,爱敬其

---

[1] 参照木村光德:《藤樹学の成立に関する研究》,第 173 页。
[2] "以上の聖模賢範を熟讀して 孝德の親切真實廣大高明無上無外至尊無對にして 孝の外には德もなく道もなき事を明に辨ふべし。"(《翁问答》下卷之末)
[3] "孝德全體の天真を明にする工夫を全孝の心法と云なり。"(《翁问答》下卷之末)

亲之最初一念为根本也；辨善恶是非，云德性之知也。此良知者，磨而不磷、涅而不缁之灵明也，虽愚痴不肖之凡夫心亦明矣。故良知者，镜之工夫、种之工夫是也。《大学》致知格物工夫，即在此矣。[1]

总之，所谓全孝之心法，即立身行道之法，而立身行道之本则在明德。藤树的"畏天命、尊德性"之学，正像前面反复论证的，乃是以天命为前提的明德之学。藤树是通过《四书合一图说》《五性图说》《明德图说》《持敬图说》而确立了明德之学的立场，并且沿着这一立场而强调指出："学问以明明德为主意头脑。明德者，我与人形之根本也，主人也。……人间万苦起于明德之暗，天下兵乱亦起于明德之暗。此岂非天下之大不幸耶？"[2] 藤树认为，明明德者，"学问第一义之事"也，

---

[1] "全孝の心法 その廣大高明なること 神明に通じ六合にわたるといへども 約とこるの本實は身をたて道を行にをり 身をたて道をおこなふ本は明德にをり明德を明にうろ本は良知を鏡として獨を慎にあり 良知とは赤子孩提の時よりその親を愛敬する最初一念を根本として 善恶の分別是非を真實に辨しる德性の知を云 この良知は磨に不磷涅にて不緇の靈明なれば いかなる愚癡不肖の凡夫心にも明にあるものなり しかる故に此良知を工夫の鏡とし種として工夫するなり 大學の致知格物の工夫これなり。"（《翁问答》下卷之末）
[2] "學問は明德を明かにするを主意頭脳とす 明德は我人の形の根本なり 主人たり 人間の萬苦は明德のくらきよりあこり 天かの兵亂も又明德のくらきよりあこれり これ天下の大不幸にあらずや。"（《翁问答》下卷，丁亥春）

抑或"明学问第一义之明德"也。[1] 一言以蔽之，明明德乃学问第一义。藤树以明明德之本体即良知为镜或慎独之对象，明明德之本谓之良知，并因此而把全孝之心法归于良知。在这里，良知被理解为比明德更深一层的根源性存在。故而曰："圣模之意，笃志于天地之神道、明明德之工夫。""若施行明明德之工夫，则本心之良知明矣。"[2] 这就是说，良知乃"明德之良知"，或曰明德之所发，良知被视为明德之依附，知者明德之灵动，此即良知也。或曰"自己心里固有之明德"，[3] 即德性（"德性者……即明德是也"[4]）之所在也。良知相当于明德、德性之知。所以藤树明言："良知者，以赤子孩提之时，爱敬其亲之最初一念为根本也；辩善恶是非，云德性之知也。"而作为全孝心法之所归的良知，"磨而不磷，涅而不缁"，即所谓固有不变之灵明，则皆在此愚痴不肖之凡夫心中，所以自然要以良知（即明明德）为镜之工夫、种之工夫。这便是《大学》的致知格物之工夫。而把良知作为镜之工夫、种之工夫，则遂

---

[1] "學問第一義の明德を明かにする事……學問第一義の明德を明らかにして…"（《翁问答》下卷之末）
[2] "この聖模の意は篤く天地の神道に志し明德をあきらかにする工夫をじゃげましつとめわこなえば 必さとりをひらき うまれつき愚癡にして迷ひふかきもにも本心の良知あきらかになれり……明德あきらかになけれども生れつきて勇なるを勇者と云 この勇者……人欲のまよひふかき故に明德の良知あらければ 不義無道のはたらき畜生にひとしくて 天道の仁をうしなふもの也。"（《翁问答》下卷之末）
[3] "自己心裏に固有したる明德。"（《翁问答》下卷，丁亥春）
[4] 《藤树先生全集》卷二一《持敬图说》。

使良知成为工夫所发之本体。总之，所谓工夫，即如同镜之照，乃良知之分别，并由分别而实行之；亦如同种之造，乃良知之发用，并由发用而具化之。良知之现实具体的工夫，就是在此过程中成立的。藤树遂因此而强调本体即其工夫也。

其次是"艮背敌应"。所谓"艮背敌应"，源自《易经》艮卦"艮其背，不获其身"，又依据于《象传》"艮其止，止其所也。上下敌应[1]，不相与也"之言。艮者，止也；时止则止，时行则行；动静不失其时，其道光明。是以"不获其身，行其庭，不见其人，无咎"也。即艮卦为"止其所止"，就人的身体而言，为止于不动的背部。而适应就是前引用文指出的"上下适应不相与也"，以艮卦的六爻来解即为："一阳居二阴之上。阳动而上进之物，既至于上则止矣。阴者，静也，上止而下静，故为艮也。"于是适应就意味着"六爻的上卦和下卦虽不相与，但彼此和谐相处的状态"。因此艮止被视为圣人的最高之德，万事皆应于此。而藤树则以十三经（即《孝经》《论语》《孟子》《周易》《书经》《周礼》《诗经》《礼记》《左传》《谷梁传》《公羊传》《尔雅》）为例，认为这些经典本来就是为了"扩充一部《易经》"，[2] 是故"可常学《易经》也"。[3] 不过他虽重视《易经》，然犹如"儒者心法，以艮背敌应不相与之

---

[1] 译者按：原书作"适应"，据上下文改，下同。
[2] "本來易經一部をおしひろめた。"（《翁问答》下卷之末）
[3] "易經をよく學びたるがよし。"（《翁问答》下卷之末）

圣心为镜"[1]一样，其最重视的还是艮卦。于是，在藤树那里，作为儒者之心法的"艮背敌应"遂被当作圣人之心（圣心），而且还是"皇极之神理"。所以他说：

圣人之心，因艮背敌应而无意必固我之私，因此于富贵贫贱、死生祸福，及外在天下之万事，大小高下，清浊美恶，无一毫好恶拣择之情，只满腔满目之一贯，穷极之神理矣。[2]

藤树把"艮背敌应"之圣心称为"大一天真之神道"。[3]大一（太一）与大乙（太乙）、太虚同义，它就像天地未分、混沌未发之元气，乃未至于意必固我之私心、好恶拣择之私情的心之状况。换言之，"大一"指的是作为明明德之本的良知，亦即"赤子孩提之时爱敬其亲的最初一念"[4]的纯粹状态。实质上，它就是朴素的人本来具有的自然之心的显现。藤树将其称为"天真之神道"。故此在藤树看来，"艮背敌应"与"全孝心

---

[1] "儒者の心法は 艮背敵應不相與の聖心を鏡とする。"（《翁问答》下卷之末）
[2] "聖人の心は艮背敵應にして意必固我の私なきによつて 富貴貧賤 死生禍福 その外天下の萬事 大小高下 清濁美惡におゐて 毛頭好惡揀擇の情なく 只滿腔滿目一貫 皇極の神理ばかりなり。"（《翁问答》下卷之末）
[3] "大一天真の神道。"（《翁问答》下卷之末）
[4] "赤子孩提の時よりその親を愛敬する最初一念。"（《翁问答》下卷之末）

法"以明孝德全体之天真的工夫是相通的。本体本身即工夫。

而藤树对王畿的本体工夫论的受容内容，则大致上可以概括为：藤树是在其固有的本体工夫论的"畏天命、尊德性"（明德之学）的基础上受容王畿的本体工夫论的。"全孝之心法"和"艮背敌应"论，便可以说是"畏天命、尊德性"之变容。然而，关于这种变容，不能仅仅以为是对王畿本体工夫论的受容。对于王畿的本体工夫论，藤树从受容王阳明思想开始直到自己的晚年，始终将其作为思想基础。比如在其所著的《大学解》里，对《大学》第一章中"物格而后知至，知至而后意诚，意诚而后心正，心正而后身修，身修而后家齐，家齐而后国治，国治而后天下平"的主要意思，有过如下论述："上文之发明，明且尽。学者因八条之名而误认工夫亦有八等级。恐不辩八条总括工程唯格物，而申说此段矣。……此段之意，言物格而后知至、物格而后意诚、物格而后心正、物格而后身修、物格而后家齐、物格而后国治、物格而后天下平之义也。……开示所谓一了百当之工程矣。"[1] 从而明确提出了自己对本体与工夫关系的看法。而藤树在揭示了"八条总括工程唯格物"后，又将其归纳为"开示所谓一了百当之工程矣"。这

---

[1] "上文ノ発明明ニシテ且尽ストイヘトモ 学者八条ノ名ニ因テ工夫ニ八ノ等級アリト認メ誤テ 八条総括ノ工程唯格物ナルコトヲ弁ヘザルコトヲ恐テ 申テ此段ヲ説ク …… 此段ノ意ハ物格而后知至 物格而后意誠 物格而后心正 物格而后身修 物格而后家斉 物格而后国治 物格而后天下平也トイヘル義 …… 所謂一了百當ノ工程ヲ開示スルモノナリ。"（《藤树先生全集》卷二一，杂著，《大学解》）

说明，藤树是用"格物"来易简直截地总括引用文前部中的八条之工夫工程（即工夫之则[1]）的。而他将此明示为"一了百当之工程"，则明显是以王畿的本体工夫论为基础的。一般来说，所谓"一了百当之工程"，依据的就是《王龙溪语录》中"一了百当，即本体便是工夫，易简直截，更无剩欠，顿悟之学也"[2]的思想。

2. 对王阳明致良知论的受容

（1）入德之手段：致良知之学

藤树三十三岁时，读了载入《性理会通》的阳明语录，从而部分地接触到王阳明的思想。不过他对王阳明思想的真正兴趣，却是在读了《阳明全集》（译者按：疑即《王文成公全书》）后才产生的，这时他已三十七岁。对此，《年谱》三十七岁条是这样记载的："是年，始得《阳明全集》，读之，甚悦，多触发印证，其学弥进。"[3] 至于"触发印证"的内容，一般来说，就如同藤树思想的继承者熊泽蕃山在《集义外书》中所言："其时（即正保元年，1644年，藤树三十七岁）见中江氏见王氏之书而喜良知之旨。"[4] 其中特别提到的是《阳明全集》中的"良知之旨"，即致良知论。而藤树接触《阳明全集》时

---

[1] "工夫ノ则ノリ。"（《藤树先生全集》卷二一《熟语解》）
[2] 《王龙溪先生全集》卷一《天泉证道纪》。
[3] 《藤树先生年谱》，三十七岁条。
[4] 熊泽蕃山：《集义外书》，收入《蕃山全集》，东京：名著出版，1980年，卷六，第6章。

的喜悦心情，在其所撰的《与池田子》书里亦有述及：

> 道学之志今如何？知定在日日可罢成矣。虽私事深，信朱学，年久用工，然无入德之效，故愤而疑学术矣。得天道之惠，买《阳明全集》而熟读之，则虽疑如拙子，发明而启愤，犹觉入德把柄入手，一生之大幸，言语之道断矣。若无此一助，则此生空空如也。委于面上，物语之事，只存于暮。百年已前，王阳明先觉出世，指点朱学之非，发明孔门嫡派之学术；又信《大学古本》，解致知之知为良知。遂发明而开悟矣。[1]

正是在熟读《阳明全集》的基础上，再根据王阳明把致知之知新释为"良知"，才使得藤树的思路得到了极大的启迪。于是，藤树便把致良知理解为入德之手段（把柄）。

（2）现成良知

藤树不仅把王阳明的致良知之学当作入德之手段，而且还对它作了进一步的深化。而藤树所作深化，又连接着对王畿本体工夫论的受容与展开。据藤树《翁问答》所言："明明德之本，以良知为镜而慎独之。……以良知为工夫之镜、工夫之种而做工夫矣。"在这里，藤树把良知作为心中之镜，而良知即明明德之本，亦即工夫之镜、工夫之种。说明其对良知的自觉

---

[1]《藤树先生全集》卷一八《与池田子》。

和信赖感，可以在良知开花、结果的过程中实现。所以藤树认为，良知即"心里常住不息的主人公"。而藤树所谓的"自反慎独之工"，即面对良知之主人公而实行之。若面对良知之主人公，则可除却万事颠倒（转倒）之外物。[1] 这与此前所说的"以良知为镜而慎独之。……以良知为工夫之镜、工夫之种"的内容是一致的。另外，从同样的旨趣出发，藤树又记述说：

> 现在心里面，常住不易之天君，泰然而信之。不神之神，不妙之妙，心得真实神明之事。所谓题目之内，学术如何使其心为门户耶？升本心之堂，可目见天君。目见之后，知一言一动皆此君。勤于工夫，则浮气沉，躁念静；万事颠倒，日日能辨；五官尽其职，天君可有安稳矣。[2]

可见，藤树是从现在心里面（本心之堂）的常住不易之天君，即人格神的角度来把握良知（辨是非善恶之动）的，而且认为良知是与德性（明德）中以天命为前提的"畏天命、尊德性"之学相关联的。因此，良知在这里虽被表现为"方寸之内光明赫奕之本尊"，但不管怎么说它都被规定为人格神。而正是在这一过程中，良知的当下具足、当下自在性得到了进一步加强。比如藤树说：

---

[1]《藤树先生全集》卷一八《答国领太》。
[2]《藤树先生全集》卷一八《答冈村子二》。

> 喜怒哀乐未发之时，观察当下具足之良知而不失此心；受用应事接物之时，则易失此心矣。[1]
>
> 心之良知，斯之谓圣，当下自在，圣凡一性。[2]

其中"当下具足""当下自在"的"当下"，藤树在《熟语解》中释为"タウザト云コト，見在ノココロ"，[3] 意即现成、见在的东西。也就是说，当下具足、当下见在的良知，即现成良知，它就像藤树所说的"本体本来固有，自然完具，昏迷时不减，开悟成德时不增"[4]那样，良知就是本来固有、自然完具、不增不减的本体之存在。

（3）从"致良知"倾斜到"信良知"

藤树以《大学》致知的"致"为"至"，以"知"为"良知"，即将致知释为"至良知"。比如其所作的《大学解》，对"致知在格物"的训诂为："致者，至也；知者，良知也。"[5] 这样的用例，还有许多，在此就不一一举证了。

需要说明的是，藤树将"致良知"释为"良知ニイタル（至良知）"的论述，曾经引来了很多争议，比如旧本《藤树先

---

[1] "喜怒哀樂未發の時 當下具足の良知を觀察してこの心を不失やうに御受用 偖應事接物の時 此心を失ひやすき所にて候。"（《藤树先生全集》卷一八《答山田权》）
[2] 《藤树先生全集》卷一，经解，《慎独六》。
[3] 《藤树先生全集》卷二一《熟语解》。
[4] "本體ハ本来固有自然完具ニシテ 昏迷ノ時減ズルニ非ズ 開悟成德ノ時增ストコロニ非（ズ）。"（《藤树先生全集》卷一三《论语解》）
[5] "致ハ至也 知ハ良知ナリ。"（《藤树先生全集》卷二一，杂著，《大学解》）

生全集》的编者之一加藤盛一及战后的田中佩刀、山下龙二就认为，王阳明与藤树之间虽有训诂上的区别，但并无思想上的差异。不过也有人认为，藤树把"致良知"读作"至良知"，是对王阳明思想的误解，这种观点的主倡者是尾藤正英。尾藤之说具有很大的颠覆性，而前面提到的田中、山下二氏之说就是对尾藤说的回应。

尤其是田中氏，他调查了《藤树先生全集》中所有关于"致"的用例，[1] 认为可分为"イタス（致）""キワム（极）""イタル（至）"三种意义，而"イタル（至）"之训，乃是藤树所作的有意识解读。[2] 但正如前面所看到的，朝鲜时代的郑齐斗也曾将"致良知"读作"良知ニイタル（至良知）"（参照第二部第二章第二节）。这个事实说明，以往对日本阳明学的研究，只是将其放在与中国阳明学的纵向关系中，即把研究的视野仅限定在与中国阳明学的比较中去考察，而几乎看不到把日本阳明学放在与中国阳明学的横向联系中去定位的意向。

藤树在《大学解》里对"致知在格物"所作的解释是："致，至也；知者，良知也。"而他用"イタル（至）"训"致"的场合还有很多。如上所述，藤树所说的良知，是当下具足、

---

[1] 参照田中佩刀：《中江藤樹の"致良知"について》，《明治大学教養論集》，通卷第118号，日本文学，1978年3月1日。
[2] 参照源了圆：《近世初期実学思想の研究》，东京：创文社，1980年，第411页。

当下见在，是"现在心里面，常住不易之天君"，是"心里面常住不息之主人公"，是"方寸之内光明赫奕之本尊"。在藤树看来，"イタル（至）"这样的"良知"，就是在"现在心里面"相信"常住不易之天君（良知）为泰然"，从而无限地复归于良知。如果能至得良知，那么不可否认的是，良知（理）内在的、静的、反省的（省察的）的性格，就会比外在的、动的、行为的性格更加强烈。比如，把"超凡入圣"[1]作为学问之目标的藤树就说过："唯信良知者，即可到圣人。"[2]这说明，他是把"信良知"放在"到圣人"的前提条件的位置上的。总之，"信良知"就是存在于"现在心里，无限接近于常住不易之天君（良知）"的过程，而这就是"良知ニイタル（至良知）"。藤树曾说"能积功而致良知，则变昔日凡心，而到今日圣人"，[3]所以"信良知"就如同实致良知。对藤树来说，"致良知"就是"信良知"，就是"从凡心到圣人"的另一种表达方式。

根据以上所述，说明藤树的"致良知"论已经在向良知信仰倾斜，而他的这种良知信仰，又被其后学进一步具体化了。下面就让我们针对这一部分来展开讨论。

---

[1]《藤树先生全集》卷一三《中庸解》。
[2]"唯ヨク良知ヲ信ズル者即チ聖人ニ可到。"(《藤树先生全集》卷一四《中庸续解》)
[3]"能ク功ヲ積テ致良知則昔日ノ凡心變ジテ今日聖人ニ到ル。"(《藤树先生全集》卷一四《中庸续解》)

（4）以藤树后学的良知信仰论为例

藤树对现成良知信仰，正如三浦亲馨在其未定稿《会津外藤树学道系谱》中所说的："世云：良知之学，藤夫子唱，冈山子述，难波翁继。又曰：（藤树）夫子之学，至冈山、木村二子而备。"[1] 是经由渊冈山，再传至木村难波，然后被具体化了。[2] 下面就对渊冈山、木村难波二人的良知信仰论作一考察。

① 渊冈山的致（信）良知论

渊冈山（1617—1686），名惟元，又名宗诚，通称四郎右卫门、源兵卫，号冈山。其一生全部的努力，尽在"致良知"。他说：

> 舍去外在心愿，良知之外无利无害，先至良知，此外无他。想受到人的褒奖，先至良知；欲求金银财宝，先至良知；此世有事之愿望，皆先至良知也。[3]

冈山认为，世界上的万事万物都是致良知，除此之外无

---

[1] 三浦亲馨：《会津外藤树学道系谱》卷四六，难波先生条。
[2] 关于两者的资料，笔者是以木村光德编纂的《日本陽明学の研究——藤樹学派の思想とその資料》（东京：明德出版社，1986年）为底本。另外，关于中江藤树的思想，笔者也参照了该书。
[3] "外に願ふものの思案を打捨よ良知の外に利も害もなしとあり　先良知に至るの外他なし　人にほめられんとおもははは先良知に至れ　金銀財寳をはしくは先良知に至れ　何そ此世に有事の望あらは先良知に至れと也。"（《冈山先生示教录》卷五）

任何意义。他主张应舍去"想受到人的褒奖""欲求金银财宝"这样的"外在心愿"和"愿望"而先至良知。在冈山看来,"人人固有之良知",[1] 即"吾人左右当下"[2] 那样的良知,故而须遵从或者信奉当下之良知。而他对"当下"所作的解释是:"出于脐下之位,当下也。……只要出于脐下之位,即可明察秋毫。"[3] 而所谓"出于脐下",即见在位置之模样。冈山强调说:"从当下作逆向思考,是无法得知加护之事的,故又当罚之矣。"[4] 总之,冈山所要追求的,是信奉当下的现成良知,并让其原封不动地发用流行。所以他说:

> 知意念者,良知也;随良知者,信良知也。复滞于气者,信意念也,是以能辨。一切用心,起于信意念也。若信良知,则诸欲何以动吾心耶?[5]

在冈山看来,若信良知,则诸欲不能动吾心。同时,他还明确

---

[1] "人々固有ノ良知 …… シル事ナクシテ知ラスト云事ナ(シ)。"(《冈山先生示教录》卷六)

[2] "吾人ノ左右當下々々。"(《冈山先生示教录》卷六)

[3] "臍下より出る位當下なり……臍下より出候位にては一座の模樣もよく見ゆる物也。"(《冈山先生示教录》卷一)

[4] "當下より逆におもヘハ 加護ある事を不知故に 又罰のあたるべ(し)。"(《冈山先生示教录》卷六)

[5] "意念ト知ルモノハ良知ナリ 扔良知ニシタガフハ良知ヲ信ズル也 クリカヘシ気ニカクルハ意念ヲ信スル也 是ヲ以テ能辨ルニ一切ノ心クセハ意念ヲ信スルヨリオコレリ 良知ヲ信セハ諸欲何ソ吾心ヲ動サンヤ。"(《冈山先生示教录》卷一)

揭示了信良知即其工夫的思想。

② 木村难波的"戴祈"论

木村难波（1637—1716），名胜政，又称宗十郎。据三浦亲馨未定稿《会津外藤树学道系谱》记载，难波是体认良知真旨的渊冈山的第一高足，被尊称为难波翁（以下所述资料，皆来源于《难波叟议论觉书》上）。

藤树的良知信仰，经过冈山而被难波以"戴祈"说的形式作了展开。至于难波的立场，则可以说，是不滞于格式、典要，不经于才识、见解，去除了思索、安排，而专以性命自然之天机为基础的本体工夫论。诚如《难波叟议论觉书》所载：

> （此书）常慕藤树先师之道脉，承冈山先生之熏化，穷道德之渊源，笃究圣教之奥蕴，夜以继日，积切思之功，无处不作问答。盖其议论，不滞格式典要，不累才识见解，去思索安排，专性命自然之天机。体人心惟危，道心惟微之妙，于日用实地中，日新格物致知之功，至本体之工夫归于精一之论矣。[1]

---

[1] "（此書）常に藤樹先師の道脈をしたひ　岡山先生の熏化によつて　ふかく道德の淵源をさくり　あつく聖教の蘊奥をたつねて　夜以て日に繼ぎ　切偲の功を積處問答也　蓋其議論　格式典要にととこほらす　才識見解にわたらす　思索安排を去て　專性命自然の天機に基き　人心惟危道心惟微なるの神應をこゝろみ　日用實地において　格物致知の功日々に新にして　本體工夫精一に歸するの論なり。"（《难波叟议论觉书》卷首《序》）

而难波本人亦尝曰:"人心天地流行之自然,何时止息? 又何处见事在心之本体之外耶? 信不信当下而已。信时,呈本体自然;不信时,则失本体矣。"[1] 他认为人心是经流不息的天地流行之自然,信得心之本体,则本体自然呈露,不信时,则本体失之。虽说"(宇宙中所有万物所具有的)天然本体诚具足",[2] 但"当下良知(下丹田)"或"当下心之本然",在天地万物中,是唯有人才与生俱有之灵德。难波把这种称作灵德的良知看成是真实之神明,亦即神之存在。于是,如何戴祈作为神之存在的固有之良知,如何深化良知信仰,便成为难波的问题意识。据难波说:

> 我明此明德,则吾人思之矣。有左之者也。原明之故,是有戴祈而已。[3]
>
> 此良知之物,元(原)明之也。我明与不明,只在戴祈以去邪辟,此为自然之工夫也。地上之物,天也;天下之物,地也。人在天、地间,受其灵德。唯有戴祈其真实之神明而已。[4]

---

[1] "人心天地流行之自然 何之時にやまん 心之本體此外に又見る事在るにあらさらん 當下信と不信とに在り 信有る時は本體自然に呈露 不信なる時は則本體を失ふ。"(《难波叟议论觉书》上)
[2] "天然たる本體誠に具足。"(《难波叟议论觉书》上)
[3] "此明德を我明にせんと吾人思へり 左にては有ましき也 元明なる故 是を戴祈て有る而已。"(《难波叟议论觉书》上)
[4] "此良知といふ物は元明なる事也 我が明にせんとするにはあらす 只在戴て在は邪辟を去る事自然之工程也 地より上なる物は天なり 天より下なる物は地也 人天地之間にはらまれて 其靈德を受生す 其真實之神明戴祈之有而已。"(《难波叟议论觉书》上)

那么，难波此处所说的"戴祈"，究竟指的是什么意思呢？对此，难波的解释是：

> 戴者，物体原有戴也；祈者，戴之极也；祈者，生之自然也。此生非我之物也。我身亦非我之身、我心亦非我之心、我生亦非我之生、我死亦非我之死、我真亦非我之真，爰至一端也。[1]

总之，凡与我之身体有关的所谓生死、身心等，皆"由本来之神明（良知）戴"之。[2] 这就是说，"戴"者，戴心中之道也，非内心原无却得之于外者也。良知原有戴，故无需作为，信之即成矣。"祈"即心向着现在统治吾身的所有神明展示自然之作用的极致。从这个侧面上讲，无论"戴"还是"祈"，其发用皆为人心底自然之存在物（生之自然）。

质言之，所谓"祈"，即自然之工夫（自然之工程），亦即

---

[1] "戴くは惣體元戴き有也　祈るは戴之極也　祈るは生之自然　此生我物にあらず　爰に至て我身我身にあらず　我心我心にあらず　我生我生にあらず　我死我死にあらず　我真我真に非さる一端也。"（《难波叟议论觉书》上）

[2] "予曰　自己底之戴と云は　此心にて此道を戴といふが如き者　末　先生曰　然り　元戴て有　至善といふも元止りて候　其本分に肌合のみ也　又曰　自己底非を省　其知ものを認置て　其非を直さんと受用し其非を知は　不知處よりの知覚と云事を不辨　先生云　然り　仍而謂うり　止也慮なり　神とどまります自然　言語道斷也　動静語默皆然り　故に戴て有而已。"（《难波叟议论觉书》上）

难波所说的致良知。难波主张若祈求安心，就要除去某种意图或意念，否则意念越大不安就越大。[1] 所以说："其尽行而有位，几微之际，所谓致良知也，自然之工程也。"对此，难波的回答是"然"。[2] 对难波来说，"祈"即不加人为工夫的当下现成良知的自然之发用，所以任"其尽行"要比什么都重要。这样一来，对于工夫来说，所剩下的就只有信仰良知（戴祈）了。据《难波叟议论觉书》载：

> 问："一枚之生生，我浊而秽，学以清之而已。"翁曰："然。其清有差别。清其私，故枉费推移力也。冈师受用意念予人，又每度示之，是也唯有戴祈而已。其自然有清之工夫也。"[3]

即使吾之身心（一枚之生生）被万欲、浊情所污染，也没有必要去清理像具有转化某种事物之能力的"推移力"那样的易变之意念。而惟有"戴祈"为自然清理之工夫。所以"先生曰：

---

[1] "不安堵なる自然を安堵ならしめんとしる故に なあ意念重て倍不安堵る物也。"（《难波叟议论觉书》上）
[2] "問 其儘行あて而有位 幾微之際 所謂致良知也 自然之工程也 翁云 然り。"（《难波叟议论觉书》上）
[3] "問 一枚の生々を 我か濁にて穢すを 學て是を清むる而已 翁云 然り 其の清め様に差別有 其私に清めんとする故に 從來枉費推移力也 岡師人に意念を受用し給なと每度被示候は是也 唯戴祈て有而已 其自然に 清める工程有り。"（《难波叟议论觉书》上）

天气有晴有昙，然白日也，云其如戴祈，时晴时昙。予在此当下，只云闻教而事足矣。然云圣凡一枚戴受用也。先生曰：诚易简也"。[1] 这就是难波希望看到的真正工夫——不是故意为之，而是只要戴祈良知即可实现的真正的简易工夫。可见，惟"戴祈"可受用不尽。

二、大盐中斋对致良知之"归太虚"的理解

大盐中斋（1793—1837），幼名文之助，通称平八郎，同于其父。初名正高，后名后素，字子起，号连斋，后号中轩、中斋。大阪町奉行所东组与力大盐平八郎敬高之子，以家塾之名洗心洞而称"洗心主人"。他作为天保八年（1837）"大盐之乱"的首谋者，因叛乱失败而选择了自杀。

1. 致良知论与归太虚论的结合

中斋的思想核心，在其所撰的主要著作《洗心洞札记》的自述（即《札记自述》）中有如下记载："请者曰……何则先生论学有不协于人情者五焉：一曰太虚；二曰致良知；三曰变化气质，四曰一死生；五曰去虚伪。"在这里，他采用了假托

---

[1] "先生曰 天氣晴事有 曇事有 然とも白日也 其如く戴祈る事有なれば 時に晴 時に曇ると云々 予此當下 只教を聞と云にて事足れり 然は聖凡一枚戴受用する也と云へば 先生曰 誠に易簡也と云り。"（《难波叟议论觉书》上）

"请者"(门下)之言的方式,从五个方面介绍了己说的特质,即"不协于人情者"的(A)太虚、(B)致良知、(C)变化气质、(D)一生死、(E)去虚伪。很显然,从 A 到 E 的排列顺序,并不只是简单的并列,它说到底是按照各学说的重要程度来排列的。故此,能够表明中斋之思想特质的东西,仍是太虚。对此,中斋的门人松浦诚之的《札记跋》是这样说的:

> 故先生之学,慎独乎未发已前,以痛扫意见情识之害良知者。故其极,在归乎太虚矣。夫太虚,则良知自然明也。此是妙处,非言语见解之所能及也。《札记》乃其致仕后所书,而五伦五常,迄经济、兵务、文学、技艺之紧要,莫尽不载焉,然皆括之太虚矣。括之太虚,而有五伦五常,经济、兵务、文学、技艺如此[1],则岂佛也哉?岂老也哉?因诚之谨考之。太虚、良知一而已矣。其公而无私处即太虚,其灵而不昧处即良知。而其所以不公不灵者,皆夫意见情识之欲蔽之也。宜哉!先生云云。故吾人之于去其欲也,犹矿之在冶,璞之在攻也。有变化气质之义焉,有一死生之义焉,有去虚伪之义焉。而真反求,即去之、变化之、一之,而蔽之者尽散矣,于是其公与灵乃全现焉。[2]

---

[1] 译者按:"如此"前疑阙"亦复"二字。
[2] 引自吉田公平译注:《洗心洞札记》,第 349—354 页。

在这里，(A)《札记》被总括为太虚一字。(B) 太虚与良知合而为一。(C) 因受蔽于意见情识之欲而丧失了公（太虚）与灵（良知）。(D) 有必要去虚伪、变化气质、一生死，从而完全去除公（太虚）与灵（良知）所受到的遮蔽。在松浦诚之看来，若能完全显现本体的公与灵，就会使中斋学说的核心——太虚得到充分显现。太虚虽被视为"良知自然之明"，然所谓"一"者又意味着什么呢？松浦诚之认为，人本来具有的"知"即灵之发动，又被谓之良知。良知的存在，包罗万象，无所不在。这样的良知便成为万事万物之理的渊源，即理之所在。盖心（良知）者，具万事万物之理也。因此，所谓"良知自然之明"的"明"，便是指良知为万事万物之理的渊源，即理之所在（亦即具备万事万物之理）。换句话说，"明"乃是对万事万物之所存的形而上之场（场所）的文字性表述。而虚与明（公与灵即分别被形容为虚与明）又在内容上和意义上被理解为同一。若能从这一思路出发，则称太虚为"良知自然之明"亦是可行的。所以说，当"良知自然之明"（即太虚）被有作为的意见情识遮蔽时，就有必要扫除遮蔽良知的这些意见情识，而扫除遮蔽的极致，即在于"归太虚"。本体的公而无私处即太虚，本体的灵而不昧处（明）即良知。所以虚与明在内容和意义上是一致的，而太虚与良知的合一亦是由此而形成的。另外，归太虚即归明（良知），它直接等同于致良知。从松浦诚之的解读中，我们可以清楚地看到中斋把"致良知"论与"归太虚"论巧妙结合在一起的真实意图。

2. 太虚说的渊源

立足于中斋之思想核心的"太虚"之语，其实并非中斋之独创。诚如中斋在《儒门空虚聚语》中所言，太虚之语必不离儒门经典，它与儒门先贤之说，在本旨上是一致的。于是，中斋便把儒门中有关太虚的注释论说统统汇集起来加以论证。[1] 然而，一说到太虚，便会浮现出张横渠的太虚说。中斋曾明言："吾奉姚江（即王阳明）致良知之教。"[2] 想以此来说明其太虚说来自王阳明的致良知教。所以当时有人问："子（中斋）动辄以心归太虚为言，此由张子《正蒙》而来否？"中斋回答说："吾太虚之说，自致良知来，而不自《正蒙》来矣。然不能逃《正蒙》。学徒如信吾曰不能逃于《正蒙》，只读《正蒙》知太虚之说，则亦特解得其言语而已，而必不能归乎太虚也。故致良知，其臻焉之道乎！"[3] 明言其太虚说虽与张横渠有关联，但主要来源于王阳明的致良知说。中斋的目的，是想强调致良知即至太虚之道，故而中斋又说："非积阳明先生所训致良知之实功，则不可至于横渠先生所谓太虚之地位。故欲心归乎太虚者，宜致良知矣。不致良知而语太虚者，必陷于释、老之学，可不恐哉？"[4] 总之，正如松浦诚之在《札记跋》中所

---

[1] 参照大盐中斋：《儒门空虚聚语自序》，收入安冈正笃等监修：《日本の陽明学（上）》，东京：明德出版社，1972年，阳明学大系，第9卷，第342页。
[2]《洗心洞札记》下卷，第101条。
[3]《洗心洞札记》上卷，第47条。
[4]《洗心洞札记》上卷，第48条。

言，中斋所显示的，是要把归太虚说与致良知论结合在一起加以认识的理念。中斋在其中所要强调的乃是自己的太虚说来自致良知说，若放弃致良知而言太虚，则必陷入释、老之学。而中斋的这一思想，其实是建立在王阳明以下论述之上的。

> 仙家说到虚，圣人岂能虚上加得一毫？佛氏说到无，圣人岂能无上加得一毫有？但仙家说虚，从养生上来；佛氏说无，从出离生死苦海上来，却于本体上加却这些子意思在，便不是他虚无的本色了，便于本体有障碍。圣人只是还他良知的本色，更不着些子意在。良知之虚便是天之太虚，良知之无便是太虚之无形，日、月、风、雷、山、川、民、物，凡有貌象形色，皆在太虚无形中发用流行。未尝作得天的障碍。圣人只是顺其良知之发用，天地万物俱在我良知的发用流行中，何尝又有一物起于良知之外，能作得障碍？[1]

所以当有人询问王阳明究竟在哪里明言过太虚的质疑时，中斋便以《传习录》中的这段论述为例而强调指出："此岂非道太虚哉？吾太虚之说，皆亦来祖述此。而张子之太虚，复无异之矣。"[2] 王阳明对良知之虚无性格的相关论述，在中国被继

---

[1]《传习录》下卷，第69条。
[2]《洗心洞札记》上卷，第51条。

承其思想之积极侧面并加以主导性展开的思想家们作了全面的提升和阐发（参照第二部第一章），而中斋把归太虚说与致良知论相结合的意图，也可以首先从与此相似的思想脉络中找到依据。比如中斋所言：

> 王子四言教，简易明白，无可诽议。只龙溪子四无之说起以还，世儒并罪无善无恶是心之体之言。是何可罪哉？实不可加之格言也。夫心之体天也，天者太虚也，太虚无善之可名，何得有恶？[1]

可见，中斋是把"无善无恶心之体"称为"天"，并把天与太虚结合在一起。所以又可以说，太虚者，无善无恶也。

3. 良知的虚无性格之深化——空虚之实学

中斋把致良知论与归太虚说结合在一起的理念，可以理解为是对王阳明提出的良知之虚无性格的继承和发展。但他的主张又与王阳明思想的积极侧面在中国之展开的立场有一定差异。中斋没有像中国学者那样将外在之场完全吸入内在的虚无当中。他否定了只把原本内在的良知之虚仅仅停留在心体内的做法，而是将内在良知所具有的虚无属性与外在的虚无联系在了起来，使两者合而为一。所以可以说，这是一种通过对内在之场的否定，来达到对外在之场的无限肯定的方式。在此过程

---

[1] 大盐中斋：《古本大学刮目》。

中，良知之动的、实践的品格被体现了出来。可以认为，这就是中斋思想的显著特征。即不仅因内心之良知将虚无的性格向外无限扩张，而使主体得到了无限扩大，而且相对于太虚的宇宙论性格，其实践论、修养论等命题也随之被凸显了出来。

如上所述，王阳明提出的良知之虚无，具有"内在场之扩大"的性格。对此中斋当然也是认可的。然而，中斋对虚无（或者空）的理解，却要比王阳明有着更广义的认知。比如他说：

> 夫太虚无形而灵明，包括万理万有，而播赋流行，人禀之以为心，心即虚而灵。……心空无论，耳目为空，口鼻为空，运用身体所亦为空，造筑家室处亦为空，无一不空者而不之觉，何也？世适有言之者，目之以佛，是岂非反为顽愚乎？呜呼！儒者曾割空虚以奉佛氏，而佛氏固槁寂其空，则彼此共失焉者也。故空虚之实学，依然只在于皇上帝而不渝而已矣。呜呼！孰学孔子之空空、颜子之屡空，不失上帝所赐之太虚，而执中安仁，以遂位育之功哉！[1]

---

[1]《儒门空虚聚语自序》，安冈正笃监修：《日本の陽明学（上）》，第347页。空空：见《论语·子罕》中之"有鄙夫问于我，空空如也"。此空空是言孔子之谦虚。屡空：源自《论语·先进》："子曰，回也！其庶乎，屡空。"此句是依据孔子之言，说颜回近道却常困之语。

在这里,中斋首先强调太虚无形而灵明,它包括万理万有,播赋(广大)而流行(流传),人禀之以为心,心即虚而灵。接着,中斋又把太虚称为空虚,并且指出:"心空无论,耳目为空,口鼻为空,运用身体所亦为空,造筑家室处亦为空,无一不空者而不之觉。"然而,"世适有言之者,目之以佛,是岂非反为顽愚乎?"也就是说,不仅心体,而且从耳目口鼻之身体到家室之外物,无一不空,只是没有觉察到罢了。然而,"儒者曾割空虚以奉佛氏,而佛氏固槁寂其空,则彼此共失焉者也"。故而中斋感叹道:"故空虚之实学,依然只在于皇上帝而不渝而已矣。呜呼!孰学孔子之空空、颜子之屡空,不失上帝所赐之太虚,而执中安仁,以遂位育之功哉!"这段被中斋写进《儒门空虚聚语自序》里的话,后来又被编入《儒门空虚聚语》中。而这段话,其实是中斋针对其友人所谓"此空虚二字为佛氏之学,故为儒者所忌嫌。然你不仅诉诸口,而且编成书,这究竟是为什么"的质疑时所作的回应。

在上述引文中,中斋把空虚与上帝连接在一起,并且要求从实(实学)的角度来加以把握的主张是需要我们注意的。他的空虚论的真实含义,就是从人的心和耳目口鼻之身体的空虚到家室,皆为空虚。即从内至外的存在物没有不是空虚的。故而中斋强调:"天特在上,非只苍苍太虚矣。虽石间之虚、竹中之虚,亦天矣。"[1]"躯壳外之虚,便是天矣。天者吾

---

[1]《洗心洞札记》上卷,第1条。

心矣。"[1] 即把空虚当作天，而此天又与上帝相连接，说明天绝非简单之空虚。而所谓视而不见、听而不闻的太虚之德（心之发动），也是被当作"实"来把握的。[2] 在中斋看来，可以把这样的太虚视为"实"，亦即上帝。这实际上是继承了日本阳明学的开山之祖中江藤树的思想传统。藤树认为，天乃上帝之别名，[3] 故曰："天指太虚之主宰，所谓皇上帝是也。"[4] 即把天（即皇上帝）视作太虚之主宰。因此藤树指出："太虚有上帝，犹国有帝王，故象之名"。[5] 这就如同国有帝王那样，天之太虚也是被当作皇上帝（等于帝王）之主宰的现实具体之场来把握的。藤树把太虚与皇上帝结合在一起，提出了"太虚皇上帝""太虚廖廓之皇上帝"[6] 等概念，并且这种象征虚无的太虚，最终也被完全变容为"见于目（有）、有发用（实）"（参照第三部第四章）。

4. 致良知（=归太虚）论

中斋把致良知视为"至太虚之道"，还认为"故欲心归乎太虚者，宜致良知矣"，并且强调"心归虚，由诚意、慎独入"。[7]

---

[1]《洗心洞札记》上卷，第2条。
[2]"视而不见，听而不闻，一言而蔽之，皆太虚之德矣。"(《洗心洞札记》上卷，第108条)
[3]《藤树先生全集》卷一一《持敬图说》。
[4]《藤树先生全集》卷二《中庸解》。
[5]《藤树先生全集》卷三《原人》，"皇上帝"之栏外注。
[6]《藤树先生全集》卷一，经解，《慎独》。
[7]《洗心洞札记》上卷，第57条。

因此，中斋的致良知之学，亦即"以致其良知而诚意之学"；[1]其结果，自然也就成了"至太虚"之学。

中斋的良知，就如同其所谓的"夫良知只是太虚灵明而已矣"，[2]即太虚之灵明。然而，太虚与良知又如其门人松浦诚之所明言的那样，"太虚、良知一而已矣。其公而无私处即太虚，其灵而不昧处即良知"，是以虚、灵为媒介而取得内容上的统一的。所以中斋说："不以心归乎太虚，而谓良知者，皆情识之知，而非真良知也。真良知者，非他，太虚之虚灵而已矣。非知道者，孰能悟之？"[3]换言之，心不归于太虚而谓良知者，皆情识之知，而非真良知也。真良知者无他，乃太虚之虚灵也。总之，良知即太虚之虚灵（或曰"天之太虚"[4]），亦即心归于太虚或纯乎太虚之状态。而归太虚（即良知之虚灵）即"扩充"良知也。[5]这是因为，心之体者，太虚也；太虚者，一体之灵明也。心若归于太虚，则太虚即为心。[6]另据中斋说，这种内在的心体（即良知或一体之灵明）之太虚与外在的太虚是紧密相连的。然"有形质者，虽大有限，而必灭矣。无形质者，虽微无涯，而亦传矣。高岳桑田，或崩或为海。而唾壶之虚，即太虚之虚，而唾壶虽毁，其虚乃归乎太虚，而万古不

---

[1]《洗心洞札记》下卷，第 6 条。
[2]《洗心洞札记》上卷，第 34 条。
[3]《洗心洞札记》上卷，第 58 条。
[4]《洗心洞札记》下卷，第 95 条。
[5]《洗心洞札记》下卷，第 93 条。
[6]《洗心洞札记》上卷，第 106 条。

灭"。[1] 这里的关键，乃在于唾壶虽毁，然其内在之虚归乎外在太虚也；而其实质，则在于"归太虚"。在中斋那里，归太虚不仅意味着回归到本来具有的良知状态，还意味着良知的无限扩充（扩大）。中斋对这种内在之虚归乎外在太虚的归太虚思想，还作过如下阐释：

> 月之障乎树叶，而虽叶间漏于光，叶之当处遮了，乃似亏月体而非亏焉。是可悟常人良知之障于气质，而隐见断息之义也。故学不至变化气质，即良知虽存于内，焉能照彻于外也哉？[2]

诚如中斋所言，归太虚与变化气质（犹如月体之现成）而把良知照彻于外是同步进行的。变化气质而把良知照彻于外（致良知），即扩充良知，亦即归太虚。中斋是把致良知直接等同于归太虚，把致良知论等同于归太虚论，并在两者结合的基础上解读归太虚论。可以说，中斋的思想特征及其行为方式（实践）乃至动的性格，就是在把良知照彻、扩充于外的过程（即到达归太虚）中呈现出来的。

---

[1] 《洗心洞札记》上卷，第 103 条。
[2] 《洗心洞札记》上卷，第 85 条。

第四章 比较论的考察

众所周知，致良知是王阳明思想的核心。在他的致良知论中，原本就存在着重视本体的积极侧面与重视工夫的消极侧面两大倾向。这两大倾向，在王阳明在世时就已开始了其具体化和表面化的过程。这就是由钱德洪、王畿引发的围绕"四句教"而展开的思想论争。王阳明思想的这两大倾向在具体化、表面化的过程中，表现出各种分裂形态（即个性之展开）。而其分裂形态亦基本上是以重视本体的积极侧面与重视工夫的消极侧面这两大倾向为基本出发点的。

在中国，重视本体的积极侧面成为其主导性的展开方式，王畿、王艮、罗汝芳、李贽为其主要代表。王畿大大提升了良知现成论思想的地位，其后良知现成论遂成为明末阳明学展开的主要形式，并逐次转化为王艮的明哲保身论、罗汝芳的赤子之心论和李贽的童心论。这些逐次展开的良知现成论，都是在积极深化良知之虚无性格的形式下展开的，而且其虚无性格无不意味着内在之场的扩大，乃至向外无限扩大了心体的无、混沌和自然之性格，并且使之直接成为有。由此出发，又使所有对外在事物的把握，都成为内在之场的延伸，并将外在之场也当作其自体而获得了存在的价值。这无疑可以理解为内在之场的扩大化和绝对化。而其外在之场的确立，正是在这样的结构中实现的。

然而在韩国，王阳明思想的分裂形态却表现为对重视工夫的消极侧面的良知体用论的受容和展开。对于继承了张维、崔鸣吉的重视工夫之立场的郑齐斗来说，良知体用论乃是以《良知图》（其内容即体现了良知体用论）的形式表现出来的。郑齐斗的良知论，是把良知理解为体与用（即良知之体与良知之用）的关系，并在此基础上明确揭示了良知之发挥和实现的阶段性。心之发动（即心之情＝良知之用）由良知之体所控制，并且得到间接的显现，从而描绘出非常稳定的心性结构，所以郑齐斗在思想性格上也显示出静的、反省的倾向。而郑齐斗对良知体用论的理解，便是在与既存的性情体用论相对应的形式下形成的。但是，就像其《良知图》所明确显示的那样，良知是不可能从属于既存的性情体用论的，这就确保了良知所固有的独自领域。郑齐斗在《良知图》中所要揭示的思想，乃是突出"性"，甚至要超过强调良知之体，同时还明确表现出重视既存的性情体用论的姿态。就这样，作为一种对异文化的受容方式，良知论在这里被巧妙排除了。然其实质，则说明了郑齐斗对良知的信赖感及关心度并未达到较高程度。于是，作为理解良知的必然归宿，郑齐斗批判了王阳明的致良知说，认为有任情纵欲之患（王学之病）。而在中国，也的确出现了比王阳明强烈得多的、被视为主导的、建立在使良知虚无性格得以深化的良知现成论之基础上的人欲（私欲）肯定论的倾向（参照第四部第二章）。然而，即使在朝鲜时代，也出现过许筠这样的受到中国现成良知论的影响而主张人欲肯定论，并被作为反名教论者而受到批判的人（参照第四部第三章第一节）。至于郑齐斗对致良知说的批判，则似乎可以作这样的理解，即意味着现成良知论在韩国的挫折（如果说这是对良知体用论的具体展开，那便可以称之为"变容"）。当然，郑齐斗对良知的理解，并不代表作为内在之场扩大化的良知虚无性格的深化。正如《良知图》所象征的那样，郑齐斗是把眼前展开的天地万物（有）寄托于我的性情，使之成为具体的场，并在此基础上予以否定和克服。而人之性情与围绕它的天地万物之间，则被画上了各种线条，而使之截然分开。不过，这些线条并不意味着场的断绝，而是一方面把人与物放在各自固有的领域里，另一方面又聚合在一个圈（领域）内，而使之成为一体。这就是在郑齐斗所说的"天地万物一体无间"的基础上所描绘出来的《良知图》。可以说，《良知图》归根结底是分别对应于各场之区分的。

至于日本，则在受容阳明学之初，就采用了良知现成论。日本阳明学的鼻祖中江藤树，在受容王阳明思想之前，在其以固有的本体工夫论的"畏天命、尊德性"之学（明德之学）为基础的思想里，首先受容的是王畿的现成良知论。也就是说，是在被王畿的本体工夫洗练之后，才受容了王阳明的思想。因此，对于藤树来说，揭示其首先受容王畿的思想（本体工夫论），而且主要以致良知论为对象，并有选择地受容王阳明的思想这一点是非常有意义的。正因为如此，才使藤树特别深化了王阳明的致良知（现成良知）论，并使现成良知与以天命为前提的明德之学（畏天命、尊德性）很好地结合在一起，变成绝对的信赖、信仰之对象。而藤树这种倾向于对现成良知之信仰的致良知论，又被其后学所接受和继承，从而使良知被进一步归入为人格神（上帝），成了绝对的信赖、信仰之对象。尽管继承了王阳明思想之积极侧面的王畿的现成良知论为藤树所受容并作了展开，但藤树思想所呈现的却是静的、省察的性格。因此藤树所显示的，是一个极具个性特质的思想形态，亦即不同于在中国阳明学的展开过程所能看到的人欲肯定论之立场的思想形态（参照第四部第四章第一节）。这可以说是藤树受容阳明学的最大特征。而在这一过程中，似乎也能体察到现成良知论在日本的屈折。不过，藤树所显现的静的、省察的性格，到了继承并发展其思想的大盐中斋那里，却从解释太虚概念出发，而使致良知论重新呈现出现成良知论原本具有的动的、行为的性格。尤其是作为中斋思想之核心的归太虚论，更是对良知的虚无性格作了进一步深化。然而，中斋毕竟接受和继承了藤树思想的传统，故而他又把太虚归结于上帝，并把显在的事物（有）及其现实运动，统统当作有（实）来把握。由此出发，他还把在中国阳明学的展开过程中被当作内在之场的虚无，变容为完全外在的、具体的现实之存在；甚至认为，在上帝的活动之场中，虚无乃是一种固有的、特殊的存在。

第三部

万物一体论的展开

绍兴碧霞池天泉桥遗址：在王阳明五十六岁（1527）那年，接到征讨广西思田之乱的命令。在起征思田的前一夜（9月8日），王阳明的两位杰出弟子王畿和钱德洪在越城碧霞池边的天泉桥上，围绕着蕴含老师教诲的四句话展开论争，结果促使王阳明对此进行调整。一般将此四句称之为"四句教"或"四言教问答"。据推测，天泉桥并不是真正的桥，而是建在绍兴王府内碧霞池边楼阁前的桥形建筑。

王阳明讲学像：现在阳明学圣地贵州省修文县龙场的阳明洞周边建有阳明园。在公园的入口处树立着王阳明和弟子讲学雕像。王阳明平时极重视"因病立方"并站在听者立场上讲学的方式，这样的教育方法不仅唤醒了弟子的个性，还对弟子们在亲身体认良知上起到了引导作用。

第一章　王阳明的万物一体论

万物一体论古时候在《庄子》、佛家的《肇论》中都出现过，而并非儒家之专利。王阳明的万物一体论是继承了儒家也就是程颢（号明道）的万物一体论的产物。程颢解释了仁的含义，主张万物是一体的，进而提倡万物一体之仁。[1]然将这一理论发扬光大并体系化的却是王阳明。

王阳明的万物一体（或万物一体之仁）论，是以良知为根基而树立起来的一体论世界观。[2]诚如王阳明自己所明言的：

> 吾平生讲学，只是"致良知"三字。仁，人心也；良知之诚爱恻怛处，便是仁，无诚爱恻怛之心，亦无良知可致矣。[3]

---

[1] 万物一体论最早在《庄子·齐物论》，后来在僧肇的《肇论》中，都曾出现过。在儒家《礼记·礼运篇》中，"大同"社会论堪称其典型。参照岛田虔次：《朱子学と陽明学》（东京：岩波书店，1976年）、《中国近世の主観唯心論ついて——萬物一體の仁の思想》（《东方学报》，第28册，1958年）。
[2] 参照高桥进：《朱熹と王陽明》，第275页。
[3] 《王阳明全集》卷二六，续编一，《寄正宪男手墨二卷（一）》，第991页。

仁即是良知，而作为良知之实现和发挥的致良知论，亦即象征着万物一体之仁的实现。不过，笔者在第一部中已经提到，在良知的实现（致良知）过程中，存在着互相纠结的积极性与消极性两个侧面。而在与致良知论形成表里一体关系的万物一体论中，这两个侧面亦理所当然地具有适用性。

当把表现在良知实现过程中的这两个侧面拿来考虑万物一体论时就会发现，其积极面是通过向外扩充良知来实现万物一体的，而这乃是一种以经世为中心的直接方法。反之，较之向外（他人）扩充良知，其消极面则是通过向内（自我）灭绝妨碍万物一体之实现的私欲来实现的，而这乃是一种以修养为中心的间接方法。就其外在特征而言，前者显示了动的、行为的倾向，而后者则显示出静的、省察的倾向。

基于以上内容，在下面的叙述过程中，为了理论之展开，特把万物一体论区分为两种形态，即用积极之方法把前者的万物一体论视为"以经世为中心的行为的万物一体论"，而用消极之方法把后者的万物一体论视为"以修养为中心的反省的万物一体论"。

一、以经世为中心的行为的万物一体论

对于以经世为中心的行为的万物一体论，王阳明是这样说的：

> 仁者以天地万物为一体，莫非己也，[1] 故曰："己欲立而立人，己欲达而达人。"[2] 古之人所以能见人之善若己有之，见人之不善则恻然若己推而纳诸沟中者，亦仁而已矣。今见善而妒其胜己，见不善而疾视轻蔑不复比数者，无乃自陷于不仁之甚而弗之觉者邪？[3]

以"己欲立而立人，己欲达而达人"来实践天地万物一体之仁，采用的是积极的方法。这里显示了一种理念，即以己之欲为起点而推及考虑他人，同时肯定自我和他人。而这种对自我和他者的肯定，又是通过以下行为来实现的：警惕"见善而妒其胜己，见不善而疾视轻蔑不复比数者"的不仁行为，自觉做到"能见人之善若己有之，见人之不善则恻然若己推而纳诸沟中者"。

仁即人心，亦即"良知之诚爱恻怛处"，也就是所谓的"恻隐之心""不忍之心"等对于他者的共感之心，但它们皆为良知之发现。王阳明是在与仁、明德的相同意义上使用良知概念的。例如他说："是其一体之仁也，虽小人之心亦必有之。是乃根于天命之性，而自然灵昭不昧者也，是故谓之明德。"[4] 认为仁即天命之性，即明德。而且在王阳明那里，明德还被直接等同于仁："自格物致知至平天下，只是一个明明德。虽亲

---

[1] 语出程颢《识仁篇》。
[2] 语出《论语·雍也》。
[3]《王阳明全集》卷八，文录五，《书王嘉秀请教卷》。
[4]《王阳明全集》卷二六，续编一，《大学问》。

民,亦明德事也。明德是此心之德,即是仁。仁者以天地万物为一体,使有一物失所,便是吾仁有未尽处。"[1] 从这里可以看出,无论天命之性、明德还是仁,都只是良知的另一种表述方式。[2] 也就是说,良知是一个概括性的、终究性的概念。本来,王阳明所说的良知,是孟子所说的"不虑而知,不学而能",即包括了良知、良能之概念。良知之发露是"恻隐之心""不忍之心",同时又是知人之疾痛的"是非之心":"夫人者,天地之心,天地万物,本吾一体者也。生民之困苦荼毒,孰非疾痛之切于吾身者乎?不知吾身之疾痛,无是非之心者也。是非之心,不虑而知,不学而能,所谓良知也。"[3] 然而,孟子原本所说的"是非之心"乃智之端绪,而并非完全之表述。王阳明把"是非之心"看成是与生俱来的东西,即良知,这一点与孟子明显有别。

如上文所述,王阳明还主张"自格物致知至平天下,只是一个明明德。虽亲民,亦明德事也",即把"明德"与"亲民"视为一体。[4] 据其《书朱子礼卷》载:

---

[1]《传习录》上卷,第89条。
[2] 岛田虔次指出:"'明德',即光明的品德。'明德'对阳明来说就是良知,因此'明德即仁'是一个非常独特的提法。"(《朱子学と陽明学》,第135页)
[3]《传习录》中卷,《答聂文蔚》。
[4] "阳明子曰:'政在亲民。'曰:'亲民何以乎?'曰:'在明明德。'曰:'明明德何以乎?'曰:'在亲民。'曰:'明德、亲民,一乎?'曰:'一也……故明明德必在于亲民,而亲民乃所以明其明德也。故曰一也。'"(《王阳明全集》卷七,文录四,《亲民堂记》)

（朱子礼）他日又见，而问政与学之要。阳明子曰："明德、亲民，一也。古之人明明德以亲其民，亲民所以明其明德也。是故明明德，体也；亲民，用也。而止至善，其要矣。"子礼退而求至善之说，炯然见其良知焉，曰："吾乃今知学所以为政而政所以为学，皆不外乎良知焉。信乎，止至善其要也矣！"[1]

在王阳明看来，"学所以为政而政所以为学，皆不外乎良知焉"，这就把"学"（学问）与"政"（政治）等同齐观，并皆视之为良知之作用；只要通过"尽心"（良知），即可实现"万物一体"。

由此可见，以经世为中心的行为的万物一体论，乃是以明德（良知）为原点，进而扩大到亲民，并最终是以《礼记·礼运篇》中所描述的"以天下为一家，以中国为一人"的大同社会这一理想世界为目标的。而王阳明的理想世界又可以分为狭义和广义两种。从狭义上说，其理想世界只是一个仅限于人类社会的构想。如他说：

　　圣人之求尽其心也，以天地万物为一体也。吾之父子亲矣，而天下有未亲者焉，吾心未尽也；吾之君臣义矣，而天下有未义者焉，吾心未尽也；吾之夫妇别矣、长幼序

---

[1]《王阳明全集》卷八，文录五，《书朱子礼卷》。

> 矣、朋友信矣，而天下有未别、未序、未信者焉，吾心未尽也。吾之一家饱暖逸乐矣，而天下有未饱暖逸乐者焉，其能以亲乎？义乎？别、序、信乎？吾心未尽也。故于是有纪纲政事之设焉，有礼乐教化之施焉，凡以裁成辅相、成己成物，而求尽吾心焉耳，心尽而家以齐，国以治，天下以平。故圣人之学不出乎尽心。[1]

在这里，王阳明是想通过"尽心"来实现其理想社会，并让全天下的人一同为以下目标而行动：A. 确立道德（五伦）；B. 确保衣食住能够得到满足（饱暖逸乐）；C. 设立法制政治组织（纪纲政事），并根据情况调节"过与不及"（裁成相辅）。王阳明认为，通过上述行为，自己与他人就都能过上理想生活（成己成物）。他又说：

> 夫圣人之心，以天地万物为一体，其视天下之人，无内外远近，凡有血气，皆其昆弟赤子之亲，莫不欲安全而教养之，以遂其万物一体之念。[2]

这则引文说明，理想社会的理念是将天下之人都看成亲兄弟，并且必须要对他们的安全和教养（教化赡养）负责。不

---

[1]《王阳明全集》卷七，文录四，《重修山阴县学记》。
[2]《传习录》中卷《答顾东桥书》。

过这并不是单纯依靠单方面教化的问题，而是要依靠发挥人自身所具有的万物一体之念。在这里，万物一体之念具体指的是"良知之诚爱恻怛处"（恻隐之心、不忍之心）。在王阳明看来，若无"诚爱恻怛之心"，则"无良知可致矣"。接着他又对安全和教养（教化赡养）作了进一步详论，这就是以"拔本塞源"论著名的《答顾东桥书》。[1] 为了充分阐述王阳明关于经世哲学的问题意识，文章虽长，但还是将之列入正文，以便参考。

> 天下之人心，其始亦非有异于圣人也，特其间于有我之私，隔于物欲之蔽，大者以小，通者以塞，人各有心，至有视其父子兄弟如仇雠者。圣人有忧之，是以推其天地万物一体之仁以教天下，使之皆有以克其私，去其蔽，以复其心体之同然。其教之大端，则尧、舜、禹之相授受，所谓"道心惟微，惟精惟一，允执厥中"。而其节目，则舜之命契，所谓"父子有亲，君臣有义，夫妇有别，长幼有序，朋友有信"五者而已。唐、虞、三代之世，教者惟以此为教，而学者惟以此为学。当是之时，人无异见，家无异习，安此者谓之圣，勉此者谓之贤，而背此者虽其启明如朱，亦谓之不肖。下至闾井、田野、农、工、商、贾之贱，莫不皆有是学，而惟以成其德行为务。何者？无有闻见之杂，记诵之烦，辞章之靡滥，功利之驰逐，而但使

---

[1] 按：一名《答人论学书》，载于《传习录》中卷。

孝其亲，弟其长，信其朋友，以复其心体之同然。是盖性分之所固有，而非有假于外者，则人亦孰不能之乎？学校之中，惟以成德为事，而才能之异，或有长于礼乐、长于政教、长于水土播植者，则就其成德，而因使益精其能于学校之中。迨夫举德而任，则使之终身居其职而不易。用之者惟知同心一德，以共安天下之民，视才之称否，而不以崇卑为轻重，劳逸为美恶。效用者亦惟知同心一德，以共安天下之民，苟当其能，则终身处于烦剧而不以为劳，安于卑琐而不以为贱。当是之时，天下之人熙熙皞皞，皆相视如一家之亲。其才质之下者，则安其农、工、商、贾之分，各勤其业，以相生相养，而无有乎希高慕外之心。其才能之异，若皋、夔、稷、契[1]者，则出而各效其能，若一家之务，或营其衣食，或通其有无，或备其器用，集谋并力，以求遂其仰事俯育之愿，惟恐当其事者之或怠而重己之累也。故稷勤其稼，而不耻其不知教，视契之善教，即己之善教也；夔司其乐，而不耻于不明礼，视夷之通礼，即己之通礼也。盖其心学纯明，而有以全其万物一体之仁，故其精神流贯，志气通达，而无有乎人己之分、物我之间。譬之一人之身，目视、耳听、手持、足行，以济一身之用。目不耻其无聪，而耳之所涉，目必营焉；足

---

[1] 按：在舜帝时期皋、夔、稷、契被称作四大贤臣。皋即皋陶，为刑官，夔是乐官，后稷是农官，契是掌管教育的司徒。

不耻其无执,而手之所探,足必前焉。盖其元气充周,血脉条畅,是以痒疴呼吸,感触神应,有不言而喻之妙。此圣人之学所以至易至简,易知易从,学易能而才易成者,正以大端惟在复心体之同然,而知识技能非所与论也。

在这里,王阳明借言尧、舜三代学校之教育而展示了自己的政治理想及社会观。其概要为:A. 教育是以人格完成(成德)为中心的;B. 在人格完成的基础上,再根据人的才能、素质而录用(任用)各尽其职的合适人才,而且被录用的人必须专注于自己被赋予的职业,并终身不得转业;C. 人人各尽其责,以保持社会全体的安定,并进入一身同体之关系,这就是理想之社会。[1] 在王阳明看来,唯如此,安全和教养才能达成。

那么,与以人类社会为中心的狭义的理想世界相对的广义的理想世界又是怎样的(内容)呢?要回答这个问题,就不能仅仅停留在人的世界(人伦界)里,而要把自然界也作为对象来考虑。我们可以大胆地把这种观念称作"阳明学的环境伦理"。王阳明说:

大人者,以天地万物为一体者也,其视天下犹一家,

---

[1] 王阳明说:"夫拔本塞源之论不明于天下,则天下之学圣人者,将日繁日难。斯人沦于禽兽夷狄,而犹自以为圣人之学。吾之说虽或暂明于一时,终将冻解于西而冰坚于东,雾释于前而云滃于后。呶呶焉危困以死,而卒无救于天下之分毫也已。"(《传习录》中卷《答顾东桥书》)

中国犹一人焉。若夫间形骸而分尔我者，小人矣。大人之能以天地万物为一体也，非意之也，其心之仁本若是，其与天地万物而为一也。岂惟大人，虽小人之心亦莫不然，彼顾自小之耳。是故见孺子之入井，而必有怵惕恻隐之心焉，是其仁之与孺子而为一体也；孺子犹同类者也，见鸟兽之哀鸣觳觫，而必有不忍之心焉，是其仁之与鸟兽而为一体也；鸟兽犹有知觉者也，见草木之摧折而必有悯恤之心焉，是其仁之与草木而为一体也；草木犹有生意者也，见瓦石之毁坏而必有顾惜之心焉，是其仁之与瓦石而为一体也。是其一体之仁也，虽小人之心亦必有之。是乃根于天命之性，而自然灵昭不昧者也，是故谓之"明德"。[1]

在这里，广义的万物一体论已从人类世界扩大到自然界。也就是说，王阳明所研究的对象已不仅仅局限于人类世界，还包括由鸟兽、草木、瓦石组成的所谓世界万物。

在王阳明的思考模式中，对于自我和与之相对的他者（人与自然）是同样予以肯定的，并且认为在此过程中是可以形成能动的、生命的连带关系及一体（共同体）结构的。我们可以将这样的万物一体论整理成下图：

---

[1]《王阳明全集》卷二六，续编一，《大学问》。

对象：特性	情景状况	人心	心之作用	
孺子：犹同类（人）者	欲入井	⇒	必有怵惕恻隐之心	因此万物一体
动物（禽兽）：犹有知觉（感觉）	欲遭宰割而哀鸣觳觫		必有不忍之心	
植物（草木）：犹有生命	摧折		必有悯恤之心	
无生物（瓦石）：无生命	毁坏		必有顾惜之心	

以上所述的王阳明的万物一体论，并不仅仅是观念的、空想的产物，而是建立在将普罗大众放在首位，并切身去感受（自觉）他们的困难苦痛的强烈的济世感和责任心之上的。[1] 由

---

[1] 王阳明说："夫人者，天地之心，天地万物，本吾一体者也。生民之困苦荼毒，孰非疾痛之切于吾身者乎？不知吾身之疾痛，无是非之心者也。是非之心，不虑而知，不学而能，所谓良知也。良知之在人心，无间于圣愚，天下古今之所同也。……仆诚赖天之灵，偶有见于良知之学，以为必由此而后天下可得而治。是以每念斯民之陷溺，则为之戚然痛心，忘其身之不肖，而思以此救之，亦不自知其量者。"（《传习录》中卷，《答聂文蔚》）

于王阳明的理念还与行为、实践相结合，所以其所追求的所谓"狂者"（欲在现实中实现自身理想之人）境地，[1] 就是无论古今，不论圣愚，都要绝对相信"是非之心"，即"不虑而知、不学而能"的良知之灵明作用，并且把所有的一切都委于良知，按良知即是非之心的指引去实践之。

二、以修养为中心的反省的万物一体论

以修养为中心的省察的万物一体论，用王阳明的话说，即"所恶于上，是良知；毋以使下，即是致知"。[2] 这就如同《论语·卫灵公》"其恕乎！己所不欲，勿施于人"之言，为了实现万物一体之仁，不能靠积极之"作为"，而必须采用"不作为"这种消极方法。换言之，重点在于省察吾身，而真正是自己不想做的事亦不去强加于他人，并对自己所厌恶的事有清醒的自觉。[3] 为了实现这一目的，就得着重以个人修养为中心，并据此显示一种与动的、行为的倾向相对的静的、省察的性格。

王阳明在平定浰头（今广东省东北部）之贼的时候，曾发

---

[1] "（阳明）先生曰：'我在南都已前，尚有些子乡愿的意思在。我今信得这良知真是真非，信手行去，更不着些覆藏。我今才做得个狂者的胸次，使天下之人都说我行不掩言也罢。'尚谦出，曰：'信得此过，方是圣人的真血脉。'"（《传习录》下卷，第112条）
[2]《传习录》下卷，第105条。
[3] 参照高桥进：《朱熹と王阳明》，第276页。

自内心地告谕[1]道：

> 岂知我上人之心，无故杀一鸡犬，尚且不忍；况于人命关天，若轻易杀之，冥冥之中，断有还报，殃祸及于子孙，何苦而必欲为此。我每为尔等思念及此，辄至于终夜不能安寝，亦无非欲为尔等寻一生路。惟是尔等冥顽不化，然后不得已而兴兵，此则非我杀之，乃天杀之也。今谓我全无杀尔之心，亦是诳尔；若谓我必欲杀尔，又非吾之本心。尔等今虽从恶，其始同是朝廷赤子；譬如一父母同生十子，八人为善，二人背逆，要害八人；父母之心须除去二人，然后八人得以安生。均之为子，父母之心何故必欲偏杀二子？不得已也。吾于尔等，亦正如此。若此二子者一旦悔恶迁善，号泣投诚，为父母者亦必哀悯而赦之。何者？不忍杀其子者，乃父母之本心也。今得遂其本心，何喜何幸如之。吾于尔等，亦正如此。[2]

王阳明正如其所吐露的"呜呼！民吾同胞，尔等皆吾赤子，吾终不能抚恤尔等而至于杀尔，痛哉痛哉！兴言至此，不觉泪下"一样，其以经世为中心的行为的万物一体论的立论根据，就是从急迫的心情出发，以现实、具体的人为对象；而其

---

[1] 即明白地告诉公众，使之晓谕，并指告知的内容。
[2] 《王阳明全集》卷一六，别录八，《告谕浰头巢贼》。

以修养为中心的省察的万物一体论，则在旨趣上与此略有不同，这可以说是一种哲学的、伦理的深化。

以修养为中心的省察的万物一体论，将现实万物视为对象，并将其一体化。也就是说，在万物一体论的实现方法上，如果说以经世为中心的行为的万物一体论是直接的方法，那么以修养为中心的省察的万物一体论便是间接的方法。所以王阳明说：

> 仁是造化生生不息之理，虽弥漫周遍，无处不是，然其流行发生，亦只有个渐，所以生生不息。如冬至一阳生，必自一阳生，而后渐渐至于六阳，若无一阳之生，岂有六阳？阴亦然。惟其渐，所以便有个发端处；惟其有个发端处，所以生；惟其生，所以不息。譬之木，其始抽芽，便是木之生意发端处；抽芽然后发干，发干然后生枝生叶，然后是生生不息。若无芽，何以有干有枝叶？能抽芽，必是下面有个根在。有根方生，无根便死。无根何从抽芽？父子兄弟之爱，便是人心生意发端处，如木之抽芽。自此而仁民，而爱物，便是发干生枝生叶。[1]

也就是说，所谓仁，即天地造化生生不息之理（道理），它充满宇宙，无处不在，然其流行发生、活动造物并非发生于一

---

[1]《传习录》上卷，第94条。

时，而是有先后次序的，所以才可能生生不息。而对于这样的仁之理，较之在现实具体的世界中进行实践，还不如把重点放在个人的内心世界中进行体认。这样一来，自然会使静的、省察的性格更加显著。而这种静的、反省的万物一体论，又首先要求对如下所述的哲学的、理论的根据加以体认。王阳明又说：

> 人的良知，就是草、木、瓦、石的良知。若草、木、瓦、石无人的良知，不可以为草、木、瓦、石矣。岂惟草、木、瓦、石为然，天地无人的良知，亦不可为天地矣。盖天地万物与人原是一体，其发窍之最精处，是人心一点灵明。风、雨、露、雷、日、月、星、辰，禽、兽、草、木、山、川、土、石，与人原只一体。故五谷禽兽之类，皆可以养人；药石之类，皆可以疗疾。只为同此一气，故能相通耳。[1]
>
> 你只在感应之几上看，岂但禽兽草木，虽天地也与我同体的，鬼神也与我同体的。……可知充天塞地中间，只有这个灵明，人只为形体自间隔了。我的灵明，便是天地鬼神的主宰。天没有我的灵明，谁去仰他高？地没有我的灵明，谁去俯他深？鬼神没有我的灵明，谁去辩他吉凶灾祥？天地鬼神万物离却我的灵明，便没有天地鬼神万物了。我的灵明离却天地鬼神万物，亦没有我的灵明。如

---

[1]《传习录》下卷，第74条。

此，便是一气流通的，如何与他间隔得？[1]

　　这就是说，如果从"一气之流通"和"感应之几上"来看，风雨露雷、日月星辰、禽兽草木、山川土石以及被称为鬼神的天地万物，是与人（的良知）为一体的。不过这种一体之关系，并非只是机械地意味着人（的良知）被埋没于万物之中，其可能性乃是建立在对组成天地万物之物并作为感应主体的人之良知进行体认的基础上的。诚如王阳明所言：

　　　　良知之虚便是天之太虚，良知之无便是太虚之无形，日、月、风、雷、山、川、民、物，凡有貌象形色，皆在太虚无形中发用流行。未尝作得天的障碍。[2]

　　这其实是要人们顺从于良知之发用。这里所说的顺从，除了意指真诚的顺从良知之发用，亦即良知之体认（体得）外，同时还指可以通过修养而实现的理想人格者（圣人）的境界。而良知之发用流行，亦即天地万物之流行。下面这段对话便很好地反映了这种观点：

　　　　问："通乎昼夜之道而知。"先生曰："良知原是知昼

---

[1]《传习录》下卷，第136条。
[2]《传习录》下卷，第69条。

知夜的。"又问:"人睡熟时,良知亦不知了。"曰:"不知
何以一叫便应?"曰:"良知常知,如何有睡熟时?"曰:
"向晦宴息,此亦造化常理。夜来天地混沌,形色俱泯,
人亦耳目无所睹闻,众窍俱翕,此即良知收敛凝一时。天
地既开,庶物露生,人亦耳目有所睹闻,众窍俱辟,此即
良知妙用发生时。可见人心与天地一体,故'上下与天
地同流'。今人不会息,夜来不是昏睡,即是妄思魇寐。"
曰:"睡时功夫如何用?"先生曰:"知昼即知夜矣。日间
良知是顺应无滞的,夜间良知即是收敛凝一的,有梦即
先兆。"[1]

总之,王阳明通过哲学的、理论的方式所描绘出来的万物
一体论,乃是以良知之体认(体得)为目标的,而它所显示的
乃是以修养为中心的静的、省察的性格。

---

[1]《传习录》下卷,第67条。

第二章　以经世为中心的万物一体论在中国的展开
——特别以王艮为中心

一、共　生

中国的阳明学，主要展开的是以经世为中心的万物一体论，王艮便是其中的典型。下面将以王艮为中心，对在中国占主导地位的、以经世为中心的行为的万物一体论的展开过程进行考察。

犹如在第二部"明哲保身"论中已经叙述的那样，王艮把保全自身放在第一位。身是天地万物之本，又与天下国家为一物，害身也就是危害天下国家，两者是紧密相连的，若不能保身，则难以成就万物一体之理想。所以王艮认为，人人保全作为家、国之根本的一身，乃是成就万物一体的前提条件。如其曰："即事是学，即事是道。人有困于贫而冻馁其身者，则亦失其本而非学也。"[1] 又曰："仕以为禄也，或至于害身，仕而害身，于禄也何有？仕以行道也，或至于害身，仕而害身，于道

---

[1]《王心斋全集》卷一《语录》。

也何有?"[1] 对于王艮来说,安身与行道必须同时进行。若只知安身而不知行道,则失于一偏,然若只知行道而不知安身,亦失于一偏。[2] 若能出色做到既安身又安心者,此乃上乘;虽不能安身但能安心者,乃为其次;既不能安身又不能安心者,则为下乘。[3] 作为君子,最重要的是不以养人者害人,不以养身者害身,不以养心者害心。[4] 他还说:

> 是故身也者,天地万物之本也,天地万物,末也。知身之为本,是以明明德而亲民也。身未安,本不立也。本乱而末治者,否矣。本先乱,治末愈乱也。[5]
>
> 如保身而不知爱人,必至于适己自便,利己害人。人将报我,则吾身不能保矣。吾身不能保,又何以保天下国家哉?此自私之辈,不知本末一贯者也。若夫知爱人而不知爱身,必至于烹身割股,舍生杀身,则吾身不能保矣。吾身不能保,又何以保君父哉?此忘本逐末之徒,其本乱而末治者,否矣。[6]

---

[1]《王心斋全集》卷一《语录》。
[2] 王艮说:"知安身而不知行道,知行道而不知安身,俱失一偏。"(《王心斋全集》卷一《语录》)
[3] 王艮说:"安其身而安其心者,上也;不安其身而安其心者,次之;不安其身又不安其心,斯其为下矣。"(《王心斋全集》卷一《语录》)
[4] 王艮说:"君子不以养人者害人,不以养身者害身,不以养心者害心。"(《王心斋全集》卷一《语录》)
[5]《王心斋全集》卷一《答问补遗》。
[6]《王心斋全集》卷一《明哲保身论(赠别瑶湖北上)》。

这就是说，身与天下国家一物也。在王艮看来，"若不先晓得个安身，则止于孝者，烹身割股有之矣；止于敬者，饥死结缨有之矣"。[1] 又因"安其身而安其心者，上也"，所以"杀身成仁"亦理应不能作为上乘之仁，只有行仁而又保身，才可以说是最优先的。

王艮还把仁分为以下几类：A. 乍见孺子入井而恻隐者，是谓"众人之仁"；B. 无求生以害仁，有杀身以成仁者，是谓"贤人之仁"；C. 吾未见蹈仁而死者，是谓"圣人之仁"。[2] 这里最值得关注的，是把第二类视为贤人之仁，以为只有圣人之仁，即既行仁又保身者，才是最上乘的仁。而此处说的圣人，当然指的是孔子。

王艮在《孝箴》中说："父母生我，形气俱全。形属乎天，气本乎地，中涵太极，号人之天。此人之天，即天之天……外全角气，内保其天。苟不得已，杀身成天。古有此辈，殷三仁焉。断发文身，泰伯之天；采薇饿死，夷、齐之天；不逃待烹，申生之天；启手启足，曾子之全。敬身为大，孔圣之言。孔、曾斯道，吾辈当传，一日克复，曾、孔同源。"[3] 可见，王

---

[1]《王心斋全集》卷一《答问补遗》。
[2]《王心斋全集》卷一《语录》。
[3]《王心斋全集》卷二《孝箴》。按：泰伯，周朝古公亶父的长子，得知父王要把王位让给最小的弟弟季历，就和大弟仲雍一起逃到荆蛮之地吴国，按当地蛮人风俗断发文身，隐瞒身份，以拒绝继承王位。孔子在《论语·泰伯》中称："泰伯其可谓至德也已矣。三以天下让，民无得而称焉。"伯夷、叔齐，周武王灭殷时，二人以拒绝食用周国的谷物而反对臣子讨伐天子。初入首阳山，以采食蕨菜为生，（转下页）

艮继承了儒家鼻祖孔子的学说，把敬身、保身作为根本，并将此作为建构自己思想的根本。

王艮认为："志于道，立志于圣人之道也。"[1]"天下之学，惟有圣人之学好学。"[2]意指圣人之学是所有学问的坐标。而其所说的圣人、圣人之学，毫无疑问指的是儒家之祖孔子及其学问。这就像他自己所明言："我而今只说志孔子之志，学孔子之学。"[3]孔子曾说过："甚矣吾衰也！久矣吾不复梦见周公。"[4]以借被视为先王（古圣人）的周公来抒发自己的理想治国愿望。王艮则引用此典故道："梦周公，不忘天下之仁也，不复梦见，则叹其衰之甚，此自警之辞耳。"[5]以孔子之志、孔子之学为志向的王艮，在此基础上又补充了"君子之欲仕，仁也"。从这一点上可以看出，他是把基于仁而不忘天下的孔子作为自己的榜样，而且表现出一定要实现孔子境界的强烈意志。

（接上页）后连蕨菜也拒绝食用，以至饿死于此。孟子高度评价伯夷，称其为"圣之清者也"（《孟子·万章下》）。申生，春秋时晋献公的太子。父王因宠爱王妃骊姬，欲封二人所生之子奚齐为继承人，而对申生行烹刑，申生得知后并没有逃走，而是竭尽恭候。"启手启足"，出自《论语·泰伯》："曾子有疾，召门弟子曰：启予足，启予手。诗云：'战战兢兢，如临深渊，如履薄冰。'而今而后，吾知免夫！小子！"将此句与《孝经》首章之"身体发肤，受之父母，不敢毁伤，孝之始也"相对照，可以看出曾子平生战战兢兢、小心谨慎对待自己身体的态度。

[1]《王心斋全集》卷一《语录》。
[2]《王心斋全集》卷一《语录》。
[3]《王心斋全集》卷一《语录》。
[4]《论语·述而》。
[5]《王心斋全集》卷一《语录》。

有志于圣人（孔子）之仁的王艮，还把《论语·季氏》篇的"隐居以求其志"解读为："隐居以求其志，求万物一体之志也。"[1] 虽然这是依托孔子之言来表达其对万物一体的强烈愿望，但同时也是其批判绝人避世之行为，热情追求积极入世、"与人共生"之心情的真实写照。王艮把吾身比喻为"矩"，而把天下国家比喻为用来描绘此"矩"的"方"，[2] 并且指出："吾身是个矩，天下国家是个方；絜矩，则知方之不正，由矩之不正也。"[3] 从而把对天下国家的责任，全部寄托于己之一身。在他看来，身即天下国家之根本。所谓根本，即指天地万物必依存于己，而己却不依存于天地万物。由于天下国家、天地万物对己的相关性，反过来又使己确立了对天下国家、天地万物的责任感和使命感，这就必然使己成为天下之师。对王艮来说，天下之师即为存有不忍之心的大丈夫。而所谓大丈夫（大人），即存有不忍之心而使天地万物依于己。所以王艮强调："出则必为帝师，处则必为天下万世师。出不为帝者师，失其本矣；处不为天下万世师，遗其末矣。进不失本，退不遗末，止至善之道也。"[4]

所谓"天下万世师""帝者师"的"师"，指的是"立乎

---

[1]《王心斋全集》卷一《语录》。
[2] 王艮说："吾身犹矩，天下国家犹方，天下国家不方，还是吾身不方。"（《王心斋全集》卷一《语录》）
[3]《王心斋全集》卷一《答问补遗》。
[4]《王心斋全集》卷一《语录》。

中，善乎同类者"。[1] 所谓"善乎同类者"，即存有"不忍之心"者。这样的人并不独善其身，而是积极入世、与人共生的。所以王艮认为，独善其身者是根本不可能成为天下万世师的。他还严厉抨击这些独善其身者，犹如孔子在旅途中所遇到的隐者："隐则如丈人沮溺之徒，绝人避世，而与鸟兽同群者是已。"[2] 总之，王艮的立场是修身而不独善，并认为这才是孔孟之学的本质。[3]

在王艮的门人中，曾有人根据伊尹成相的传说，称王艮贤如伊尹。但王艮却说："伊、傅之事我不能，伊、傅之学我不由。"门人问其原由，王艮答曰："伊、傅得君，可谓奇遇，设其不遇，则终身独善而已。孔子则不然也。"[4] 总之，王艮是以孔子之学为根据，批判了独善，并表达了自己对生生一以贯之的热切期望。这从他用自己的观点来解读王阳明的诗中也可看出："文成有句云：'羡杀山中麋鹿伴，千金难买芰荷衣。'先生曰：'羡杀山中沂浴伴，千金难买莫春衣。'"[5] 王阳明在诗中

---

[1]《王心斋全集》卷二《安定书院讲学别言》。
[2]《王心斋全集》卷一《语录》。
[3] 王艮说："修身见世，而非独善其身者也。斯处不遗末矣。孔孟之学正如此。"(《王心斋全集》卷一《答问补遗》)
[4]《王心斋全集》卷一《语录》。译者按：伊即伊尹，商汤之相，辅汤罚桀；傅即傅说，曾是刑徒，后被商王武丁荐举为相。
[5]《王心斋全集》卷二，诗文杂著，《书荷轩卷》。按：王阳明的诗，见《王阳明全集》卷二一，外集，江西诗，《春日游齐山寺用杜牧之韵》。译者按：此诗江苏教育出版社点校本未收，原附于日本嘉永元年（1846）和刻本《王心斋全集》所录《书荷轩卷》诗后。

所表达的是对与大鹿、小鹿（麋鹿）相陪伴的隐者生活的羡慕（羡杀）之情。"芰荷衣"，即用芰荷制作的衣服，意指隐者的服装。然王艮却把王阳明的诗改写成"羡杀山中沂浴伴，千金难买暮春衣"，即把"麋鹿伴"改为"沂浴伴"，把"芰荷衣"改为"暮春衣"。其中的"沂浴"和"暮春衣"，皆象征儒者颇具风流特征的理想生活。在《论语·先进》篇中，当孔子的弟子们（子路、曾晳、冉有、公西华）各抒己志时，曾晳（名点）与抒发政事之志的其他三人不同，表达了"暮春者，春服既成，冠者五六人，童子六七人，浴乎沂，风乎舞雩，咏而归"的独特的儒者风流志向。对此，孔子喟然叹道："吾与点也。"这是将理想指向了像曾点这样的具有独特风流的儒者。王艮在其他文献中亦曾有过这样的表述："曾点童冠舞雩之乐。"[1] 显然这与王艮的愿望是一致的。不难看出，王艮改"麋鹿伴"为"沂浴伴"、"芰荷衣"为"暮春衣"的真实原因正在于此。王艮追求的不是隐者的独善其身，而是积极入世、与人共生的理想，表现出作为一个儒者想要成为"立乎中，善乎同类"之师者的强烈意志。

孔子曾将以仁为基点的"共生"热情表述为"吾非斯人之徒与而谁与"（《论语·微子》）。而孔子这样的热情在下面所要引述的《鳅鳝赋》中却有更为明显的表现。

---

[1]《王心斋全集》卷一《语录》。译者按：出典见《论语·先进》篇。

二、救世的使命与实践

王艮对万民救济的热情，不仅仅体现在观念上、观照上，而且还伴随着切实的行为和实践，这在《心斋年谱》二十九岁条里已有所反映。那年的某一天，王艮汗溢如雨，顿觉心体洞彻，结果终于悟得了"万物一体，宇宙在我之念"。这也就是在其所述的梦之体验中被象征性揭示的东西（参照第一部第二章第二节）。为了本章的论理之展开，在此再作一些深度解剖。

> 先生一夕梦天坠压身，万人奔号求救，先生独奋臂托天而起，见日月列宿失次，又手自整布如故，万人欢舞拜谢。醒则汗溢如雨，顿觉心体洞彻，而万物一体、宇宙在我之念益真切不容已。[1]

王艮醒来后，在壁间题下"正德六年间，居仁三月半"一行字。这里所说的"汗"，实际上可以说是王艮万民救济之热情的结晶。对于伴随着天下混乱而来的万民之痛苦，王艮采取的应对方法，让人不由得想起了孟子所说的"不忍人之心"和"恻隐之心"。[2]

---

[1]《王心斋全集》卷三《年谱》。
[2]《孟子·公孙丑上》："人皆有不忍之心。……所以谓人皆有不忍人之心者，今人乍见孺子将入于井，皆有怵惕恻隐之心，非所以内交于孺子之父母也，非所以要誉于乡党朋友也，非恶其声而然也。……恻隐之心，仁之端也。"

在王艮看来，人心（本性）中与生俱来的与他者的一体感（亦即万物一体之念），是在行为和实践中体现出来的，这可以在王艮所作的《鳅鳝赋》中窥见一斑：

> 道人闲行于市，偶见肆前育鳝一缸，覆压缠绕，奄奄然若死之状。忽见一鳅从中而出，或上或下，或左或右，或前或后，周流不息，变动不居，若神龙然。其鳝因鳅得以转身通气，而有生意。是转鳝之身，通鳝之气，存鳝之生者，皆鳅之功也。虽然，亦鳅之乐也，非专为悯此鳝而然，亦非为望此鳝之报而然，自率其性而已耳。于是道人有感，喟然叹曰："吾与同类并育于天地之间，得非若鳅鳝之同育于此缸乎？吾闻大丈夫以天地万物为一体，为天地立心，为生民立命，几不在兹乎？"遂思整车束装，慨然有周流四方之志。少顷，忽见风云雷雨交作，其鳅乘势跃入天河，投于大海，悠然而逝，纵横自在，快乐无边。回视樊笼之鳝，思将有以救之，奋身化龙，复作雷雨，倾满鳝缸，于是缠绕覆压者，皆欣欣然有生意。俟其苏醒，精神同归于长江大海矣。道人欣然就道而行，或谓道人曰："将入樊笼乎？"曰："否。吾岂瓜也哉？焉能系而不食？""将高飞远举乎？"曰："否。吾非斯人之徒与而谁与？""然则如之何？"曰："虽不离于物，亦不囿于物也。"[1]

---

[1]《王心斋全集》卷二，诗文杂著。

以上所引几乎是《鳅鳝赋》的全文，其大体内容是说：有一道人忽见一条鳅在"率其本性而动"，使一群被关在水缸中奄奄一息的鳝获得了生气，受到了鼓舞。为了要像救一缸鳝的鳅那样，为了实现万物一体之理想，道人遂束装整车，立志云游四方。这里的道人不是别人，正是王艮自己。鳅的行为，不过是王艮自己心境的真实写照。《鳅鳝赋》是王艮四十岁左右所作，当时他还真的造了一辆蒲轮车游京师，并打着"天下一个，万物一体，入山林求会隐逸，过市井启发愚蒙。遵圣道天地弗违，致良知鬼神莫测"的旗号，出京师进行传道活动。[1]

实际上《鳅鳝赋》中的缸中之鳝，相当于上文《年谱》中记载的天塌下来后四处奔号求救的万民。覆压缠绕的鳝当中，一条鳅从中而出，如神龙一般，上下、左右、前后周流变动，其鳝因鳅得以转身通气，有了生意。这个得以转其身、通其气、存其生的鳝，就相当于被再度托起的坠落之天，被重新恢复秩序的日月，以及生命得到拯救的万民；而鳅的功德与快乐，则相当于受到了被拯救者歌颂拜谢的王艮的功德与快乐。《年谱》中所记载的王艮二十九岁时的梦想，在他四十岁时又在《鳅鳝赋》中获得了重现。而且这个梦想已不再是虚幻的存在，而是整车束装、云游四方的王艮通过实践将它变成了现实。所以可以说，"奋身化龙，复作雷雨，倾满鳝缸，于是缠绕覆压者，皆欣欣然有生意。俟其苏醒，精神同归于长江大海

---

[1]《王心斋全集》卷三,《年谱》四十岁条。

矣。道人欣然就道而行"中的鳅之形象，很好地反映了王艮的心境。

王艮在梦中救济万民，乃是出于自然本性的、无意识的行为。同样，"转鳝之身，通鳝之气，存鳝之生"也只不过是"非专为悯此鳝而然，亦非为望此鳝之报而然，自率其性而已耳"。从根本上说，这些行为都是"不忍人之心"和"恻隐之心"的产物。换句话说，就是率本性之良知之乐。[1] 而此乐激发了王艮"为天地立心，为生民立命"之责任心，最终转化成整车束装、周游四方之行动。可见，王艮的万物一体论，不仅是个体层面上的自身修养，更是以"吾与同类并育于天地之间"，亦即"与人共处"之理念为终极目标的。所以它所呈现的乃是一种外向的、动的、行为（实践）的性格。

---

[1] 按：从这个侧面可以认为，王艮也是借"泥鳅顾鳝鱼而生援救之心"，通过本性、良知、恻隐之心、不忍人之心的自然流露来尽己之乐。

第三章　以修养为中心的万物一体论在韩国的展开

在韩国，经世论的万物一体论未曾被受容，取而代之的是以修养为中心的万物一体论及其展开。本章将对韩国阳明学的中心人物崔鸣吉和郑齐斗的万物一体论作一番考察。

一、崔鸣吉的以自身修养为中心的万物一体论

崔鸣吉的万物一体论在前述的《寄后亮书》[1]中已有初步揭示。在这里姑且对前述引文再作一次引用：

> 汝书云："本来面目，只于恍惚间，看得依稀，此乃工夫未熟而然也。"汝能觉得如此，亦见日间点检省察之功，深可喜也。阳明书云："心本为活物，久久守着，亦恐于

---

[1] 崔鸣吉：《迟川集》卷一七，杂著。

心地上发病。"[1] 此必见得亲切，自家体验分明，故其言如此。以阳明之高明，犹有是忧，况汝方处逆境，心事何能和泰如平人耶？此时遽下刻苦工夫，过为持守，或转成他病，亦不可不虑。但就寻常言动间，时加提撕，不使此心走放，往往静坐默观，认取天机之妙，常使吾心之体，妙合于鸢飞鱼跃之天，则虽在囹圄幽絷之中，自有咏归舞雩之趣，自足以乐而忘忧，矧汝起居，饮食犹得自由。A. 所与接者，言语风习虽殊，亦莫非吾之同胞。而其所得于天之五性七情，与我未甚相远，岂不愈于木石麋鹿之与处者耶？抑所谓本来面目，常涵于虚明澄澈之地，而发见于喜怒哀乐之间。古人用功，所以无间于动静。而 B. 日月寒暑之代谢，风云烟雨之变态，莫非道体流行之妙，而与吾方寸知觉之用，上下同流滚合为一。但能觉得到此，而常常体认，则所谓依稀者，自然分明，所谓恍惚之间者，自然恒久纯熟矣。吾非臻此境者，但心之所存，常在于此，亦觉往往有得力处。平生遭忧患难，堪非一二，赖此，得不至大狼狈，故为汝言之。（按：英文序号和下划线为引者所加）

下划线的 A、B 部分是提及万物一体论的地方。在 A 中，

---

[1] 译者按：此处崔鸣吉所引用的所谓"阳明书云"之内容，并未载入现行版的《王阳明全集》，不过在《传习录》上卷第 96 条中有类似之语："初学工夫如此用亦好，但要使知。出入无时，莫知其乡，心之神明，原是如此，工夫方有着落。若只死死守着，恐于工夫上又发病。"

崔鸣吉提到"所与接者,言语风习虽殊,亦莫非吾之同胞",并认为"其所得于天之五性七情,与我未甚相远,岂不愈于木石麋鹿之与处者耶"。意思是:性情相同的人,就算言语风俗不同,也是我们的同胞。

《寄后亮书》是"丙子胡乱"之后崔鸣吉在沈阳时寄给其子后亮的信函。言语风俗不同者,具体是指作为异民族的中国(清)。崔鸣吉认为,他们也是"吾之同胞"。但是这里对"吾之同胞"的认同,乃是建立在"往往静坐默观,认取天机之妙,常使吾心之体,妙合于鸢飞鱼跃之天"之前提上的。相对于动的、行为的性格,崔说更倾向于静的、省察的性格。这在下面 B 的部分里有明确表示。即先由"日月寒暑之代谢,风云烟雨之变态,莫非道体流行之妙,而与吾寸方知觉之用,上下同流滚滚合为一",引出了万物一体论,接着又说:"但能觉得到此,而常常体认。"认为万物一体的境界是要靠内在的自觉(自得)、体认来达到。崔鸣吉就是这样将万物一体论作为自身的修养论来对待的。因此,如下文所示,我们可以从崔说中看出其万物一体论的经世论特性。与把自身向外扩大的万物一体论相对,这种万物一体论称得上是一种逆向的、把外部集约到甚至是缩小到自身构造中的万物一体论。

例如崔鸣吉说:"君者,人之心志也;三公者[1],人之精神

---

[1] 按:"三公"是指周代的太师、太傅、太保三大高官。朝鲜时代以此为基础设三个正一品官职,即左议政、右议政、领议政。此三职即合称"三公"。

也；六卿者[1]，人之脏腑也；百官者，人之气脉也；四方万民者，人之血肉也。心志既定，精神不爽，脏腑得其平，而后气脉流行，而四肢血肉自然充壮，此理之常也。"[2] 从而把君、三公、六卿、百官、四方万民这一国家组织的有机一体之关系，形象地比喻为人之身体的心志、精神、气脉和血肉之关系；并且强调"心志既定，精神不爽，脏腑得其平，而后气脉流行，而四肢血肉自然充壮"，使人的自身修养之构造被原封不动地显现在国家组织之稳定的结构当中。

二、郑齐斗的基于加强自身修养的静态的万物一体论

根据郑启燮（郑齐斗七世孙）的《先祖霞谷先生文集稿跋》记载：郑齐斗的著作有"札录、兵学、理气、医学、地理、万物一体等书数十种，目十四卷，已属散失难考"。[3] 由于郑齐斗的著书散失严重，所以现在已难见其全貌。所幸《霞谷

---

[1] 按："六卿"是周代的六官之长，指冢宰、司徒、宗伯、司马、司寇、司空。朝鲜模仿周代官制，建吏曹、户曹、礼曹、兵曹、刑曹、工曹之"六曹"。
[2] 《迟川集》卷三〇，疏札，《请修明大典以尊祖宗法制札》。
[3] 《霞谷集》卷二二。按：不过据尹南汉氏考证，除与兵学、医学、地理相关的书籍以外，大部分内容直接或间接地记载在现存的《霞谷集》22册本中（参照尹南汉：《朝鲜时代的阳明学研究》，首尔：集文堂，1982年）。

集》中对万物一体论的直接、间接的描写被保存了下来。而通过对这些内容的考察，是可以多少还原一些郑齐斗的万物一体论思想的。

如前文所述，郑齐斗曾在《良知图》中，继"性圈""情圈"之后描述了"天地万物一体无间圈"（参照第一部第三章第二节）。所谓"天地万物一体无间圈"的"无间"之概念，乃"一源无间"[1]、"贯通无间"[2]之意。在郑齐斗看来，人与天地万物本来是一源（一元）的，两者之间是无媒介的贯通（连续）关系。而自然则在各个方面制约着人类，同时也构成了人类生活的各种模式。在这样的前提条件下，人类社会的权力和阶级、地位和身份、知识和差别全都被对象化了，因而不存在任何一种绝对的事物。不管人类多么想要将自然作为对象来征服它，作为自然一分子的人类都是不可能接近这个目标的。人类最终还是会通过对人类与自然共存原理的自觉意识，而进入到一种与自然不即不离的共生状态中。故而越是远离自然，人类社会的权力和阶级、地位和身份、知识和差别等一切关系就越会绝对化。人类要客观地认识这种状况，并在其中确立起自己的位置。"天地万物一体无间"的"间"的意思，并不是眼睛可以观察到的"间隔"，而是包括人类在内的万物（天地万物）之形而上的、原理性的空间（场所）之存在。因为所谓

---

[1]《霞谷集》卷一，书二，《答闵彦晖书》。
[2]《霞谷集》卷九，《存言下》。

"无间",就是没有间隔,具体的含有以下两层意思:A. 在我们人类和天地万物之间没有间隔;B. 我们眼前每时每刻都在繁衍着的天地万物,它们全都处在这个空间之内。更进一步地说,"无间"的"间"还可衍生出"任何地方都存在(是)空间"的理论。但是,这里需要注意的是,在《良知图》中,"性圈""情圈"和"天地万物一体无间圈"三个概念是被清楚地区分开来的。所以不能忽视其构成图中所隐含着的如下意图,即认同作为人之领域的性情(心性)圈与作为物之领域的天地万物圈的差异性。

郑齐斗在区分人性与物性的基础上,以突出人性的固有性乃至独特性的方式,描述了万物一体之概念。例如其诗曰:"不外吾心性,天人自一元;如何求物理,转使亡其源。"[1] 认为天与人本来就是一元的。不过很显然,这种"天人自一元"的关系,终究是要以"不外吾心性"这一条件为前提才能成立的。这从郑齐斗所言的"人心者天地万物之灵,而为天地万物之总会者也(人心之体在于天地万物,天地万物之用在于人心),故合天地万物之众总而开穷于人心"[2] 和"大抵人、物,虽本同生,实则异理,其血气虽同,性情绝异"[3] 中似可更清楚地看出这一点。

从上节可知,崔鸣吉提出了以人(性情)为中心的一体论

---

[1]《霞谷集》卷七,诗,《草亭新居》。
[2]《霞谷集》卷九《存言中》。
[3]《霞谷集》卷八《存言上·理一说》。

(此处的万物一体论之规模明显缩小，与王阳明在《大学问》中所揭示的扩大化的万物一体论之旨趣略显不同)。他将人之性情与木石麋鹿相区分，并认为前者要明显胜过后者，强调"所与接者，言语风习虽殊，亦莫非吾之同胞。而其所得于天之五性七情，与我未甚相远，岂不愈于木石麋鹿之与处者耶"。因此可以说，郑齐斗的"天人自一元"之成立的前提条件在崔鸣吉的理论中已经存在了。

在郑齐斗的场合，根据其在《门人语录》[1]中所记载的李匡臣[2]之言，郑对学问的关心，从早年专修朱子学到转向阳明学之前，曾有一段潜心研究周敦颐、程颢学问的时期，故而他专念于"内"，并醉心于周敦颐的"主静之说"，正如《门人语录》所录："先生之学专于内……常喜濂溪主静之说，又注明道定性之书，有经说若干篇藏于家，此可以观先生之学矣。"[3]这就如同刘宗周所说的："此（指《定性书》[4]）伯子（指程颢）发明主静立极之说，最为详尽而无遗也。"[5]郑齐斗也以程颢之

---

[1]《霞谷集》卷一一《门人语录》。
[2] 李匡臣（1700—1744），号恒斋，字用直。郑齐斗直传弟子。折中朱子与阳明的理论而形成自己的思想。
[3]《霞谷集》卷一一《门人语录》。
[4] 按：《定性书》是程颢针对其老师张载提出的问题而作。"定性"是指本心不依外物而动摇的状态。张载对定性的状态苦思而不得，即使暂时进入定性状态也会瞬间消失。为此张载向程颢提出质疑。程颢的回答是，如果执着于动静内外之分别，则定性无法实现。
[5] 黄宗羲：《宋元学案》卷一三《明道学案上》，北京：中华书局，1986年。

《定性书》为宋儒"发明主静立极之说"最为详尽的文献。所以郑齐斗不仅把重点放在程颢的《定性书》上，而且还对此书做了注解。而郑齐斗之所以要选择为《定性书》做注解，乃是因为程颢思想之要旨虽然包括在《识仁篇》和《定性书》中，但是朱熹、吕祖谦编纂的《近思录》中却不收《识仁篇》，而只收录了《定性书》。有见于此，郑齐斗认定《定性书》要比《识仁篇》更重要，于是便对此书做了注解。然而，正如《年谱》肃宗四十年（六十六岁）条所记："纂《程门遗训》，注《定性书》。"郑齐斗除了纂有《定性书解》[1] 外，还纂有《定性文》三条 [2] 等。另外，他还为周敦颐《通书》中的《诚上》《诚下》《诚几德》《圣》四篇文献作了注解。[3]

不可否认的是，郑齐斗的学问本身即具有以主静为根基的倾向，他的万物一体论比起崔鸣吉更具有一层静的氛围。而且可以看到，通过强调扩充一身之仁，其万物一体论的理论规模亦被明显缩小了。这一点在后面将要叙述的"一点生理说"中表现得尤为显著。所谓"一点生理"的"生理"，就是良知（诚爱恻隐之处），亦即仁。郑齐斗是在王阳明所说的"良知，心之本体""良知之诚爱恻隐处，便是仁"，以及程颢所说的"腔子是恻隐之心"的基础上，才将良知定义为仁（即恻隐之

---

[1]《霞谷集》卷一六。
[2]《霞谷集》卷八《存言上》。
[3] 参照尹南汉：《霞谷集第二集解题》，《霞谷集》Ⅱ，首尔：民族文化推进会，1977年，第14—15页。

心）以及人之生理的。[1]

郑齐斗还进一步从"一团生气之元，一点灵昭之精，其一个生理（即精神生气为一身之生理）者，宅窍于方寸，团圆于中极[2]；其植根于肾，开花于面，而其充即满于一身，弥乎天地；其灵通不测，妙用不穷，可以主宰万理，真所谓周流六虚[3]，变动不居也。其为体也，实有粹然本有之衷，莫不各有所则。此即为其生身命根，所谓性也。只以其生理则曰生之谓性[4]。所谓天地之大德曰生，惟以其本有之衷，故曰性。所谓天命之谓性，谓道者，其实一也。万事万理皆由此出焉，人之皆可以为尧舜者即以此也。老氏之不死，释氏之不灭，亦皆以此也。凡夫之贪利殉欲亦出于此，而以其掩弊也。禽兽之各一其

---

[1] 郑齐斗说："其言良知者，盖以其心体之能有知（人之生理）者之全体名之耳，非只以念虑察识之一端言之也。盖人之生理，能有所明觉，自能周流通达而不昧者，乃能恻隐，能羞恶，能辞让、是非，无所不能者，是其有之德，而所谓良知者也，亦即所谓仁者也。如程子所谓'满腔子是恻隐之心'者，正是其体也。若无此良知，顽然如木石无知，则其谁能恻隐者乎？（所可论正在此段）。今也以其良知，不过为循其恻隐而寻绎察识者之一端，而不察乎其恻隐之心即良知也，心体之知即生理也。"《霞谷集》卷一，书二，《与闵彦晖论辩言正术书》）
[2] 按：中极为脐下四寸处的经穴，因处于人体之极内，即极端处，所以叫"中极"。是肝、脾、肾三经与任脉交会之处，为腹部的重要穴位。
[3] 按：六虚即六合，指上、下、东、西、南、北，即全世界。
[4] 按：一般认为，"生之谓性"即指与孟子论辩的告子之"生来如此即为性"。但郑齐斗在这里所说的"生之谓性"，却是以程颢的主张为基础而提出的。程颢的"生之为性"并不是告子的"以自然之性为性"。程颢和郑齐斗所认为的"性"是作为道德的"天理""天德""道"的至善之性。然而他所主张的"生之为性"，则不过是要表现随天地万物之气禀而体现出的现象之差异而已。

性,亦得于此,而持其一端也。此即其生身命根,所谓天地之大德曰生。然惟其本有之衷为之命元,故有不则乎此也,则生亦有所不取,利亦有所不居"[1]出发,把生理定义为一身的精神生气、生身命根及性。而其所说的生理之"生",实际上是建立在《孟子》所谓的"生之谓性"和《周易》所谓的"天地大德曰生"的基础之上的。

就这样,郑齐斗在其生理的一身之内,从扩充的意义上探求了万物一体论。所以他说:

> 一团生气之元,一点灵昭之精,其一个生理者,宅窍于方寸,团圆于中极;其植根于肾,开花于面,而其充即满于一身,弥乎天地;其灵通不测,妙用不穷,可以主宰万理,真所谓周流六虚,变动不居也。[2]

可见,郑齐斗是以人的身体为模型,把"一团生气之元""一点灵昭之精"的一个生理(意指精神、生气乃一身之生理;生理者,仁也),解释成与方寸、中极、肾、面等人的身体部位有机紧密结合的本体之存在,然后将其扩充至一身乃至整个天地,进而建立起其极静的万物一体论。

---

[1]《霞谷集》卷八《存言上·一点生理说》。
[2]《霞谷集》卷八《存言上·一点生理说》。

第四章 以"现实场"为中心的经世的万物一体论在日本之展开

与以确立个人的、自由的精神世界为目标，以修养为中心，具有省察特质的韩国万物一体论不同，在日本所展开的是以经世为中心的万物一体论。其特点即在于，设定了被称作太虚的现实具体之场，并把个体之身集约于这个场中，使之变为一体。这便是所谓的以现实具体之场为媒介的万物一体论。从这一意义上说，日本的理想追求，乃是把"外"场吸收到虚、无之"内"场，进而形成隐蔽的无限之场。这与中国的以经世为中心的万物一体论之旨趣略有不同。下面将以中江藤树和大盐中斋为例，考察以经世为中心的万物一体论在日本的展开过程。

一、中江藤树提出的被称作"太虚"的现实具体之场

1. 作为天地活动之场的"太虚"

藤树所提出的"太虚"，乃是天地之具体形象的活动之场。

对此，他是这样解释的："太虚者，天地未生之本体，混沌之全体也。天地开辟其中，而与太虚异者，唯其形象而已。其两间之虚中，则天地未生之本体，而与天外之虚一贯无别。"[1]此处所说的"太虚"，从与天地的逻辑（非时间上）之先后关系来看，是"天地未生之本体"，或是"混沌之全体"。天地未生之本体或混沌之全体，即太虚，是天地之"两间之虚中"，其"与天外之虚一贯无别"。而从"天地开辟其中"来看，太虚显而易见地即为建构天地活动之场（场所）。所谓"天地开辟"，从引文来看，乃是将（作为区别天地和太虚之标准的）形象显现出来的过程。而这一过程，就是显现天地本来之活动。天地虽有形象，但这也是包含于叫做无形之场的太虚之中的。太虚是可以让天地这种有形之存在作用的无形之场。但太虚不是不能产生任何事情的单纯的虚，而是其中可以产生某种作用和活动的虚中（空的场所）。相对于天地的有形之存在，作为天地存在的无形之场，太虚非虚，却在虚中。然而，藤树又通过以下引文而将太虚定义成了现实具体之场：

> 太虚惟阙国家，乾坤惟阙公，大君惟阙孤、六卿、诸侯、大夫，四民惟阙百工，禽兽草木惟阙食政，乃乳养之理也。五金璧玉惟阙政货，日月星辰、风雨雷霆、春夏秋

---

[1]《藤树先生全集》卷五，杂著，《学术便蒙》。

冬惟阙政教，五福惟阙赏，六极惟阙刑。[1]

在这里，藤树把太虚比作"国家"。同样的，他还在《原人》开篇里说"惟皇上帝，无极而太极"云云，在皇上帝的栏外注里曰"太虚有上帝，犹国有帝王，故象之名"，从而将太虚和上帝分别比作国家和帝王。然而从以上引文可知，藤树不仅把太虚比作国家，而且还把乾坤比作公（三公），把大君比作孤（少师、少傅、少保）、六卿、诸侯和大夫，把四民比作百工（百官），把禽兽草木比作食政（并认为这是"乳养之理"），把五金璧玉比作货政，把日月星辰、风雨雷霆、春夏秋冬比作政教（即政治和教化），把五福比作赏，把六极比作刑。其中的食政和货政是八政（食、货、祀、司空、司徒、司寇、宾、师）中的两种。这样一来，藤树就从国家（太虚）这一现实具体的实存出发，将乾坤、大君、六卿、诸侯、大夫、四民、禽兽草木、五金璧玉、日月星辰、风雨雷霆、春夏秋冬、五极、六福等天地万物，分别替换成了具体的公、孤、百工、

---

[1]《藤树先生全集》卷三《原人》。按："公"指三公或三台、三槐，在周朝指大臣的最高职位太师、太傅、太保。"孤"指三孤或三少，这里指辅佐三公的少师、少傅、少保。"六卿"是西周时的官职，随天地和四季分为天官、地官、春官、夏官、秋官、冬官六官；六官的首长叫六卿，后沿此传统而把六部和六曹的首长也称作六卿。"四民"是士、农、工、商之统称。"百工"是指高低不等的所有官员。"五金"指金、银、铜、铁、铝。"璧"是较扁的珠子，"玉"为圆形珠子。"五福"指《书经·洪范》中的寿、富、康宁、攸好德、考终命。"六极"指《书经·洪范》中的凶短折、疾、忧、贫、恶、弱。

食政、货政、政教、赏、刑等事物,并通过在国家(太虚)中找到这些事物的位置,而描绘出了一幅生动的万物一体论之图景。藤树极为具体而现实的比喻性阐释,正是基于其原本就有的所谓"讨论义理之时,若无法达到共识,较好的办法就是举眼前具体的例子去体认"。[1] 这一主张正是出于其"要将抽象无形的理论转化为具体有形的,即眼前可以用眼睛确定的,更容易理解的形式(事物)去体认"的一贯想法。

2. 太虚主宰者(皇上帝)的设定及其场所的绝对化

太虚(国家)是天地万物活动、作用的场所,但正如藤树所强调的"上帝乃天地之主宰"[2] 和"天乃太虚之主宰,所谓皇上帝也"[3] 一样,太虚实处于上帝(帝王)的统治之下;然天地居于太虚之中,故而太虚之主宰也就是天地之主宰。

藤树正是通过"太虚皇上帝""太虚之皇上帝"[4] "太虚神明"[5] "太虚寥廓之皇上帝,乃太一元神之一"[6] 这些说法,将太虚与皇上帝紧密联系在一起,进而描绘出居于太虚之中并主宰

---

[1]《翁问答》上卷之末,第40条,收入山井湧等:《中江藤树》,第70页。译者按:《翁问答》为日文,此处据原文意译,下同。原文为:"義理にて論じては合點ゆきがたければ、目のまへなることにたとへて體認したるがよく候。"像这样将抽象的、无形的理论转化为具体的、有形的事物来体认的方式,正是藤树的理论特征之一。

[2]"上帝ハ天地ノ主宰ヲ指シテ云。"(《藤树先生全集》卷一四《中庸续解》)

[3]"天ハ太虚ノ主宰ヲ指ス。所謂皇上帝是ナリ。"(《藤树先生全集》卷一三《中庸解》)

[4]《翁问答》下卷之末。

[5]《翁问答》上卷之本。

[6]《藤树先生全集》卷一《经解七》。

太虚的皇上帝之形象。同时，他还将太虚作为特定之场所（即皇上帝的居处），并使之绝对化和神圣化。而这样一来，太虚皇上帝之外的事物就被理所当然地相对化了，同时丧失了其绝对意义。于是，天地万物的一切都被纳入皇上帝居住的太虚之中，从而使太虚成为藤树思想中的重要命题。

3. 太虚皇上帝的分身之集合

然而，皇上帝既有"严"的一面，[1] 又有"天道者，造我形，与我性，与我衣食者也"的"慈爱"一面。可以说，它是与父母、君一样的存在。所以藤树明确表示："远而天地之外，近而一身之中，隐微幽独中，细微之事，无不有天道。天道者，造我形，与我性，与我衣食者也，民之父母也，君也。以事君之道事之，则此谓之钦崇。钦崇之道无他，止于至善而已。钦崇则与五福，不钦崇则降六极。惟影响可畏！可畏！"[2] "上帝具有真实无妄之慈爱，造化万物，补给人极。"[3] 又曰："太虚之中，无有形之物，无精粗之物。"[4] "世界之中，凡人及有形之物，皆皇上帝、天神地祇之子孙。"[5] 因为天地万

---

[1] 参照《藤树先生全集》卷三《原人》；卷二一《持敬图说》。
[2] 《藤树先生全集》卷一，解绎，《钦崇天道》，第 37 页。
[3] "上帝真實無妄の慈愛をもって　萬物を造化し人極をさでめ補給ふ。"（《藤树先生全集》卷二，杂著，阴阳，《阴骘解》）
[4] "太虚のうち　かたちあるはどのものに　精粗のわかちなきものはな（い）。"（《翁问答》上卷之末，第 45 条）
[5] "世界のうちにありとあらゆるはどの人の形有るものは　皆皇上帝　天神地祇の子孫。"（《翁问答》下卷之末，第 81 条）

物都是皇上帝创造出来的，所以说要"以天道为根本而生万物。天道者，人、物之大父母，根本也；人、物者，天道之子孙，枝叶也。根本之天道，纯粹至善，是故其枝叶之人、物，亦皆善而无恶矣"。[1] 藤树正是以此方式将皇上帝（天道）与根本、父母，将人、事物与枝叶、子孙分别联系起来。因为作为根本或父母的皇上帝（天道）是纯粹至善的，故作为部分、个别之存在的人或物同样也可作为"善"的存在而得到肯定，且皇上帝的被造物——人与物通常是依存于全体、绝对之天道作用的。换言之，从"造我形，与我性，与我衣食"之比喻可知，作为根本的父母被赋予了各种对作为枝叶的子孙之责任和权限，而子孙（枝叶）之意志则只不过是父母（根本）之意志的体现。这样一来，父母（根本）的善恶生死，便理所当然地与子孙（枝叶）的善恶生死直接联系在了一起。于是他说：

> 吾之心性、身体、毛发皆受之于父母之心性、身体、毛发，是故身体发肤，本非我之身体发肤，而为双亲之身体发肤也。作为身体发肤之主人的心性，亦非我之心性，而为双亲之心性也。故而毁损自己之身体发肤，就是毁损父母的身体发肤；毁损自己之德性，就是毁损父母之

---

[1] "天道を根本として生まれいでたる萬物なれば　天道は人物の大父母にして根本なり　人物はてんたうの子孫にして枝葉なり　根本の天道純粋至善なれば　そのえだ葉の人物もみな善にして惡さしと得心すべし。"（《翁问答》下卷之末，第97条）

德性。[1]

也就是说，子孙后代的心性、身体、毛发都是属于父母的，任由子孙们肆意破坏、毁伤这样的事是被严格禁止的。子孙们的行为，唯有在其父母赞同的情况下才能去做。对此，所谓日本的"亲子心中"[2]等可以说就是一个很好的例子。那是因为，"生吾身者，父母也"。[3] 所以他又说：

> 从根源类推，我之身受之于父母，父母之身受之于天地，天地者，受之于太虚也，则本来吾身，乃太虚神明之分身变化也。然若不能致得太虚神明之本体，则吾身亦不保矣。[4]

---

[1] "身にそなはるものは心性も身體も毛髮も 皆親の心性身體毛髮を受けたるものなれば 身體髪膚も本我身體髪膚にあらず 親の身體髪膚なり 身體髪膚の主本たる心性も我心性にあらず 父母の心性なり しかる故に 我身體髪膚をそこなひやぶるは 即父母の身體髪膚をそこなひやぶるなり 我德性をそこなひやぶるはすなはち父母の德性をそこなひやぶるなり。"（《翁问答》下卷之末，第 104 条）

[2] 按："亲子心中"包含父母和子女偕同自杀之意。父母认为，如果子女无法保护自己，那么活着就会痛苦。因此所抚养之子女在父母死时偕同自杀就是理所当然的。

[3] "この身を生みたる人は父母。"（《翁问答》上卷之本，第 3 条）

[4] "さて元来をよくおしきわめてみれば わが身は父母にうけ 父母の身は天地にうけ てんちは太虚にうけたるものなれば 本来わが身は太虚神明の分身変化なるゆへに 太虚神明の本體をあきらかにしてうしなはざるを 身をたつると云也。"（《翁问答》上卷之本，第 3 条）

所谓"我",就像藤树所说的,是位于"我—父母—天地—太虚神明(皇上帝)"之图式中的。而根据"受"身(或形体)之关系,"我"又可以归本于太虚之神明(皇上帝)。从"受之于"这层关系来看,无论我、父母还是天地,皆应归本于太虚之神明(皇上帝)。因此,我之身必然是太虚神明的分身变化。若如此,则我们即为因"父母之分身(太虚之神明)分形",而"由所持之气连接的存在"。所以万民皆为"天地之子",在你我具有人形的意义上来说皆可谓兄弟。[1] 而所谓"父母之分身",并非狭义上的"双亲",而是作为"人伦之太祖"的"太虚皇上帝"。

> 人者,父母所生也,皆受命于太虚皇上帝也,是故谓之天神地祇之化育,可矣。……天神地祇者,万物之父母也;太虚皇上帝者,人伦之太祖也。以此神理观之,则圣人、贤人、释迦、达摩、儒者、佛者、我、你,乃至世界上一切有形之物,皆为皇上帝天神地祇之子孙也。[2]

---

[1] "おやの身をわけて 分形連氣の人……ばんみんはきとごとく天地の子なれば われも人も人間のかたちあるはどのものはみな兄弟なり。"(《翁问答》上卷之本,第3条)
[2] "人間の生出こと父母のわざのごとくなれども父母のわざになることにあらず 太虚皇上帝の命をうけて 天神地祇の化育したまふところなり …… その子細は天地地祇は万物の父母なれば 太虚の皇上帝は人倫の太祖にてまします 此神理に観ば聖人も賢人も釈迦も達磨も儒者も仏者も我も人も 世界のうちにあるとあらゆるほどの人の形有るものは 皆皇上帝天神地祇の子孫なり。"(《翁问答》下卷之末,第81条)

故此，对父母之孝行，在藤树看来，并不仅仅是孝敬父母，而是"对太虚的孝行"，[1] 所以在《全孝图》[2] 中，太虚被视为孝之发端，天地万物被视为太虚之萌芽。太虚至德广大无边，其孝之理存在于万事万物之中。[3] 正如藤树所言，以太虚而为全体，虽经历万劫，却无始无终，所谓"广大无边之至德"也。"孝作为对父母所行之事之一并不是浅近的"，[4] 而是蕴含着"尽得太虚神明之本体"之深刻道理的。

在藤树看来，世界上存在的一切有形之物皆为皇上帝和天神地祇之子孙。因儒道为皇上帝和天神地祇之神道，故具人形而逆反、背叛儒道，即为违命和批判其先祖和父母之道。……敬畏大始祖皇上帝与大父母天神地祇之命，钦崇并受用其神道，可名之为孝行，亦可名之为至德要道也，此即所谓儒道也。[5]

---

[1] "元來孝は太虚をもつて全體として　萬劫をへてもおはりなく始なし　孝のなき時なく　孝のなきものなし　全孝圖には　太虚を孝の體段となして　てんちばんぶくを　そのうちの萌芽となせり　かくのごとく廣大無邊なる至德なれば　萬事萬物のうちに孝の道理そなはぎるはなし。"（《翁问答》上卷之本，第13条）
[2] 译者按：该图由明人虞淳熙所作，收入明江元祚辑《孝经大全》。
[3] 参见《翁问答》下卷之末，第82条。
[4] 《翁问答》上卷之本，第13条。
[5] "世界のうちにあるとあらゆるほどの人の形有るものは　皆皇上帝　天神地祇の子孫なり　さてまた儒道はすなはち皇上帝・天神地祇の神道なれば　人間の形有て儒道をそしりそむくは　其先祖父母の道をそしりて其命をそむくなり……我人の大始祖の皇上帝　大父母の天神地示の命おそれうやまひ　その神道を欽崇して受用するを孝行と名づけ　又至德要道と名づけ　また儒道と名づく。"（《翁问答》下卷之末，第81条）

藤树的万物一体论将太虚皇上帝设定为天地万物的父母，而根据其所描绘的"我—父母—天地——太虚神明（皇上帝）"之图式，则各个分身之个体最终皆会集于太虚之神明（皇上帝）而成为一体。因此可以说，藤树的万物一体论是以纵向之关系为根干，并且显示出静的性格。

二、大盐中斋的太虚之内面化

1. 太虚之内面化

以藤树提出的以孝为原理，将"我—父母—天地—太虚神明（皇上帝）"连接成系谱的万物一体论，在后来的日本阳明学中成为一种传统理论和模式。[1] 所以总地来说，藤树的万

---

[1] 按：人之祖先是在"太虚—天地—先祖—父母"这一谱系中，熊泽蕃山的"太虚生天地，天地生先祖，先祖生父母，父母生我。天地者，人之太祖也"（《孝经小解》一），大盐中斋的"人人之祖为太虚、天地、先祖、父母。太虚生天地，天地生先祖，先祖生父母，父母生我。天地乃人之大祖。天地以生生为心，人以天地之心为心。故《厥德》为孝"（《孝经讲义》上），都是典型的例子。在此，笔者想参照加地伸行的《中国思想からみた日本思想史研究》（吉川弘文馆，1985 年）第二部《儒教の本質的理解——中江藤樹の孝》，并结合中国阳明学的具体情况，来研究日本阳明学重视"孝"及《孝经》的问题。另外还想介绍一下中斋的《增补孝经汇注序》。中斋的《增补孝经汇注》是把以王阳明为首的黄道周、杨慈湖、罗近溪等人关于孝的诸说增补到明代江元祚编纂的《孝经大全》之《孝经汇注》中，并且加入了一些他自己的私见。中斋序称："曾得明江元祚所刻《今文孝经汇注》以阅之。是乃无章第，其汇注云者，删辑子渐朱鸿氏、初阳孙本氏、澹然虞淳熙氏三氏之注书者也。熟读玩味，数日卒业，乃掩卷叹曰：'以孝贯万善，（转下页）

物一体论还是显示出一种静的、观照的性格。中斋在基本上继承了藤树的万物一体论的同时，还将其变容为动的、行为的万物一体论。可以说，中斋的万物一体论之思想特质，主要体现在把藤树所提出的"太虚"这一现实具体之场加以彻底内面化一点上。而太虚（场）之内面化，也就是把自身彻底归于太虚的过程，从中显示一种动的、行为的性格。犹如前文所述，中斋的"归太虚"论是与王阳明的"致良知"论完美结合的产物（参照第二部第三章第二节）。从这个侧面上我们可以洞见，中斋的万物一体论所具有之动的、行为的性格及其万物一体论和归太虚论以王阳明的致良知论为基础的事实。这是因为，中斋把太虚视为良知，认为致良知即归太虚。

中斋曾引用张横渠的"气坱然太虚，升降飞扬，未尝止息。《易》所谓'絪缊'，庄生所谓'生物以息相吹''野马'者与！此虚实、动静之机，阴阳、刚柔之始。浮而上者阳之清，降而下者阴之浊，其感通聚结，为风雨，为雪霜，万品之

（接上页）以良知贯孝，以太虚统良知，而天地圣人易简之道，于是偶获之焉。'遂赏宿志，不亦幸乎。<u>因复穷考朱、孙、虞三子之注，盖以阳明王子及杨慈湖、罗近溪三贤所说之孝似为其根柢者</u>。"（下划线为引者所加）说明中斋的《增补孝经汇注》，实为子渐朱鸿、初阳孙本、澹然虞淳熙三人注书的删辑本，并且"以孝贯万善，以良知贯孝，以太虚统良知"作为删辑的指导思想，认为三人之注乃"以阳明王子及杨慈湖、罗近溪三贤所说之孝似为其根柢者"。这实际上是说，中斋本人的孝论就是以王阳明、罗近溪等人之说为基础的。这一例子充分证明了，日本阳明学的孝及《孝经》与中国阳明学的孝及《孝经》是存在着非常密切之关系的。

流形,山川之融结,糟粕煨烬,无非教也",[1] 并将其解释为:

> 谨案,此章论太虚二气之变化,而不及人也。然人体此理,则吾方寸便是这太虚,而其虚实动静、阴阳刚柔,皆亦自此活出焉。其在天之风雨,在吾则号令恩泽也;在天之霜雪,在吾则不得已之刑戮也。[2]

在中斋看来,张横渠关于太虚二气之变化的论述,并未论及人,而太虚应该被视为人的内面化。这里所谓的"内面化",若根据中斋的说法,就是人"体得"太虚二气的变化之理,并据此而得出了"吾方寸"即太虚的结论,认为作为太虚二气之变化的虚实动静、阴阳刚柔,皆是从"吾方寸"中生生而出(活出)。

中斋所说的"吾方寸"之太虚,即一个灵明,也就是良知("心之体,太虚也,太虚一灵明而已矣"[3])。因此,致良知就是回归"吾方寸"之太虚的意思。而太虚存在于"唾壶"[4]的内部和外部,此内外两方面又是紧密结合在一起的。[5] 所以中斋说:

---

[1] 张载:《正蒙·太和篇第一》。
[2]《洗心洞札记》下卷,第108条。
[3]《洗心洞札记》上卷,第106条。
[4] 译者按:"唾壶"即承唾之器,又名唾器,指吐唾液的容器,属卫生用具之一,魏晋南朝时常用的随葬陶瓷器壶的一种样式。
[5]《洗心洞札记》上卷,第103条。

> 方寸之虚，与太虚不可刻不通也，如隔而不通焉，则
> 非生人也。何者，今以物塞乎口中，即方寸之虚闭，而呼
> 吸绝矣。忽为死人，故方寸之虚，不可刻不通于太虚也。
> 是无他，以太虚即心之本体故也。亦何疑也哉！[1]

也就是说，太虚的所有部分都是互相贯通的，所谓"方寸之虚（即无限之外部），与口耳之虚本通一，而口耳之虚，即亦与太虚通一，而无际焉，包括四海，含容宇宙，不可捉捕者也"。[2] 所以说，回归"吾方寸"之太虚，同时亦即回归外部之太虚；"心归乎太虚，则太虚乃心也"。[3] 例如就身心关系而言："自形体而言，则身裹心，心在身内焉；自道而观，则心裹身，身在心内焉。"[4] 这样一来，太虚也就被完全包含在心（良知）的活动之中了。

2. 天地万物乃吾之分身

中斋所说的回归太虚，即是致良知。如果不是心归乎太虚而谓良知者，则皆为情识之知而非真良知也；真良知者，一定是太虚之灵而无他。[5] 万物一体之仁，若无太虚之灵的致良知（即归太虚），则决不可称其为成熟。[6] 像这样的太虚被良知活

---

[1]《洗心洞札记》上卷，第37条。
[2]《洗心洞札记》上卷，第42条。
[3]《洗心洞札记》上卷，第106条。
[4]《洗心洞札记》上卷，第6条，第36条。
[5] 中斋说："不心归乎太虚而谓良知者，皆情识之知而非真良知也。真良知者，非他太虚之灵而已矣。"（《洗心洞札记》上卷，第58条）
[6] 所谓"不致良知，则仁决不熟也。"（《洗心洞札记》上卷，第56条）

动所包裹的世界，便是中斋的理想世界。中斋的万物一体论，是以归乎太虚为根基的。这是因为，只有心归乎太虚之际，万有（天地万物）才能被包裹其中。对此，中斋尝曰：

> 躯壳外之虚，便是天地，天者，吾心也。心葆含万有，于是焉可悟矣。故有血气者，至草木瓦石，视其死，视其摧折，视其毁坏，则令感伤吾心，以本为心中物故也。若先有欲而塞心，则心非虚，非虚则顽然一小物，而非天体也，便与骨肉既分隔了，何况其他耶？名之以小人，不亦理乎！[1]

而基于归太虚使天地万物包裹于心中的具体含义，则指的是存在于太虚中的天地万物是与我的身心活动合一齐通的。对于这一点，中斋是这样说的：

> 开眼俯仰天地以观之，则壤石即吾骨肉，草木即吾毛发，雨水川流即吾膏血精液，云烟风籁即吾呼吸吹嘘，日月星辰之光即吾两眼之光，春夏秋冬之运即吾五常（仁、义、礼、智、信）之运，而太虚即吾心之蕴也。呜呼！人七尺之躯而与天地齐乃如此，三才（天、地、人）之称，岂徒然哉！宜变化气质，以复太虚之体也。[2]

---

[1]《洗心洞札记》上卷，第2条。
[2]《洗心洞札记》上卷，第38条。

也就是说，若能归乎太虚，则存在于太虚之中的事物即皆被包含在心中，并成为吾心身活动之结晶。所谓"太虚即吾心之蕴"，意即心归乎太虚，而所谓"心之蕴"，即吾心回归活动之结晶。中斋还强调"宜变化气质，以复太虚之体也"，意即"复太虚之体"是以"变化气质"（修养）为前提的。若不变化这样的气质而带有私欲，便不能称之为归太虚，而且亦背离了中斋"归太虚"论之本旨。对此，佐藤一斋（1772—1859）在写给中斋的信（即《一斋佐藤翁俗牍》，收入《洗心洞札记·附录抄》）中即指出，中斋的"归太虚"论有误导事实上并未归太虚者的危险，使他们自以为已经归太虚了。佐藤一斋的这封信，是天保四年（1833）四月在《洗心洞札记》刊行之际其读后写给中斋的回信。正如一斋所指出的：

就中，自得太虚之说致敬服。拙兼灵光之体，即得太虚与心处。自觉太虚，其实不免意、必、固、我之私。知认贼作子，实相成难认之事。君全力着力于此处，即得力爱可有之欤！

一斋的这一番话，可以说揭示了中斋当时思想的本质。一斋说自己对《洗心洞札记》中自得太虚之说很是敬服，并且自认为已体会到了心之体即太虚的思想。然而他认为，尽管自己觉悟到了太虚，但还是不免有意、必、固、我之私，而且很难确定自己有没有"认贼（私）作子（太虚）"。所以他奉劝中斋一定要在这方面多下功夫，若如此，则定能得力归太虚。

3. 所谓分身的"心中"——"大盐之乱"的思想史意义

如前文所述，中斋认为，太虚中的壤石草木、雨水川流、云烟风籁、日月星辰之光、春夏秋冬之运等事物，分别与吾之骨肉毛发、膏血精液、呼吸之吹嘘、两眼之光、五常之运相对应，两者互通，不分彼此，故曰"太虚即吾心之蕴也"。根据他的这一理论，则太虚中的一切事物都不过是吾之分身的一部分，它们的苦痛势必就是吾（身心）之苦痛，所以决不允许被私情私欲所侵染的旁观、漠视行为的存在。因为这样的行为就是一斋所说的"认贼（私）作子（太虚）"，而这是有违于"归太虚"之本旨的。若以这样的观点来看，则可以说"大盐之乱"的发生绝非偶然。

关于"大盐之乱"，需要从出版《洗心洞札记》的天保四年（1833）说起。这一年爆发的饥荒在天保七年（1836）演变成了规模空前的全国大饥荒，米价高涨，大阪甚至出现了百姓大量饿死的惨状。大盐中斋作为前任大阪町奉行的与力[1]，当时主管私塾洗心洞。他曾数次上奏救济之策，但是当时的新任奉行迹部良弼（1839—1855）却对此不闻不问。到了天保八年（1837），中斋认为再依靠奉行来解决此事已绝无可能，于是便想通过富商来救济贫民，但此事也以失败告终。当时迹部良弼不但没有去照顾大阪百姓，就连从巨贾北风家门中购入的

---

[1] 译者按：江户时代町奉行的官职，其序列为奉行←与力←同心←冈引。与力排在第二位。

粮食也作为祝贺新将军德川家庆就任的贺礼被送到了江户。见此情形，大盐中斋作出了一个非常决定：于当年二月卖出洗心洞藏书五万卷，以筹得的六百数十金，一边救济贫民，一边做起义举兵的准备。二月十七日，他起草了长篇檄文，并发布到各地，以弹劾失职的官僚。在檄文中，他明确宣示了要严惩贪官的决心，并于十九日一早在其邸宅举兵起事。追随他起兵的主要是其门徒和地方百姓草民，竟达三百余人。但因遭到奉行所的抵抗，而使行动不尽如人意，到了当日下午，一帮党徒就不得不解散了。这便是所谓的"天满骚动""大盐之乱"。事败后，中斋暂时出逃大和路，不久又潜回大阪，藏身于旧友商人油挂町美吉屋五郎的兵卫宅中。三月二十七日，他的藏身处被捕吏发现，于是与养子大盐格之助一同引爆火药自尽。[1]

中斋的檄文以"四海困穷，天禄永终；小人治国，灾害并至"为开篇，行文中有"此季米价弥高，百姓疾苦，大阪奉行并诸役人，忘却万物一体之仁，恣意行政"[2]之语，反映了大阪

---

[1] 参照后藤基已：《大盐中斋》，收入安冈正笃等监修：《日本の陽明学》上，第89页。
[2] "四海に圍まれたこの世が困窮しては　天與の祿も永斷するであろう　とか　道德の欠けた小人が國家を治めたならば　災害竝び到るであろう　とかは　昔中國の聖人が天下後世の人君人臣となる者に訓戒として殘されたものだ……この時節　米の價格はいよいよ高值になり　大阪の奉行ならびに諸役人ともいわゆる萬物一體の仁すなわち萬物萬人が上下區別のない一體のものとする仁愛精神の忘却し　えて勝手な政治運營をしておる。"（竹内弘行、角田達朗：《大盐中斋》，ツリーズ阳明学25，东京：明德出版社，1995年，第226—227页）

奉行及诸役人视万物一体之仁而不见，即不论上下皆忘记了一体之仁爱精神，而任意为政之现况。如前文所述，在这种情况下发起的"大盐之乱"正带有对万物一体之仁的实践意义。此"乱"虽以中斋的失败自尽而告终，但从另一种意义上来说，他的自尽不仅是他个人的，还应该是其心中的万民即所谓己之分身的共同自尽。而这一意义上的解释，又赋予了"大盐之乱"以新的思想内涵。

第五章 比较论的考察

王阳明的万物一体论是以良知为基础建立起来的，所以他在说到发挥、实现良知（致良知）时提出的积极性、消极性的两大侧面，也同样适用于他的万物一体论，两者被分别集约于具有向外的、动的、行为之性格的"以经世为中心的实践的万物一体论"和具有向内的、静的、省察之性格的"以修养为中心的反省的万物一体论"。但在王阳明的万物一体论中，这两个侧面互相结合，互为表里，有时在特定场合中被混用。

在中国，王阳明之后阳明学的发展主要具有积极的倾向，其继承者中建立了最具有特色的万物一体论的是王艮。王艮将自己早年觉悟到的万民救济之热情归纳为以经世为中心的实践的万物一体论。他还根据孔子的共生精神，描绘出"吾与同类并育于天地之间"的宏大的万物一体之理想。根据王艮的观点，共生的条件并不是只靠心就能解决的，关键在于人人（万民）保其身。然而保身并不只是独善，而是以积极置身于世，与人人（同类）和善共处为前提的。然而，王艮的救世热情虽发自于强烈的社会责任感和使命感，但却存在着虽有满腔热情，却始终欠缺勇敢的、体系化的、有组织的行动与省察之不足。黄宗羲就曾指出，王艮这样的倾向是"赤手以搏龙蛇"之行为。

展开于韩国的万物一体论与王艮具有的向外的、动的、实践的万物一体论之旨趣略有不同。韩国的万物一体论具有以自身修养为前提的静的、省察的性格。在崔鸣吉和郑齐斗的理论中，万物一体论只被理解为自身修养的一个环节，而并不具有动的、实践的性格以及救济社会的热情。韩国阳明学的各种静的、省察的性格，如"通过对自身修养的深化，人固有之性情会得到更加明确的显现""人性、物性之区分"等等，都在郑齐斗的《良知图》中得到了相当集中的反映。

与此相对，日本阳明学把由皇上帝主宰的太虚设定为现实具体的场所，并将人列入太虚、皇上帝—天地—父母—我的系谱之中，认为人自身就是太虚、皇上帝的分身，而彻底回归于太虚，乃是人的最高理想。

在藤树那里，具有图式性之内容的万物一体论，虽然以经世为中心，但却具有极静的、观照的性格。而继承了藤树思想的大盐中斋，则把自己思想的核心——归太虚和致良知，巧妙地结合在一起，从而将藤树的万物一体论变成具有动的、实践之性格的思想体系。在中斋看来，良知的表露和实现，就是归太虚。

藤树将内面世界的定义巧妙地改变成可见的外部世界。而中斋的思想则意味着把藤树的这一思想彻底内面化，这也是中斋思想之所以能明显呈现出一种动的、实践之个性的原因之一。太虚的内面化，也就是太虚、皇上帝-天地-父母-我之系谱的内面化。而这样一来，天地万物也就成了人体的分身；所谓的"大盐之乱"，便可理解为这些分身与其"心中"的关系。这也是日本阳明学所设定的现实、具体之场所（太虚、皇上帝），与以不特定的宇宙空间为对象的中国阳明学的万物一体论之旨趣有所区别的重要原因。

第四部

人欲论的展开

王阳明诞生地余姚瑞云楼：浙江省余姚市王阳明故居遗址。王阳明的祖母岑氏在其出生前做了一个梦，梦见神人衣绯玉云中鼓吹，送儿授岑。后祖竹轩公异之，便以"云"来为之取名。乡人传其梦，指所生楼曰"瑞云楼"。阳明五岁时（1476）仍不能言。一次偶然机会，阳明遇见一神僧，语其以"云"为名实为"道破天机"。竹轩公听后始悟，遂更其名为"守仁"。

王阳明绍兴故居遗址：王阳明出生于余姚，后迁居绍兴，此图即为其绍兴故居之遗址。

王阳明墓：位于浙江省绍兴市柯桥区的王阳明墓，全名"明王阳明先生之墓"，在距离绍兴市区以南约三十里处。墓地为阳明生前亲择。墓碑曾遭到破坏。1989年绍兴县政府及日本的阳明学者对王阳明墓进行了修葺。

第一章　私欲肯定论在中国的展开

在进入本章主题之前，笔者欲先对王阳明的人欲观进行一番考察。

王阳明本身并不是私欲肯定论者，而是主张彻底"克服"私欲的。关于王阳明克服私欲的主张，前文已有阐释（参见第一部第一章第二节），在此仅介绍两三条能够显示其"私欲克服论"观点的例子。

当王阳明的弟子向他提出有关"知行合一"的问题时，他是这样回答的：

> 此须识我立言宗旨。今人学问，只因知行分作两件，故有一念发动，虽是不善，然却未曾行，便不去禁止。我今说个知行合一，正要人晓得一念发动处，便即是行了。发动处有不善，就将这不善的念克倒了，须要彻根彻底，不使那一念不善潜伏在胸中。此是我立言宗旨。[1]

---

[1]《传习录》下卷，第26条。

王阳明对"知行合一"的解释，正是要人晓得人之一念发动处便是行。他主张若在心这个发动的根源处存有不善，那么就应当彻底克服这一不善之念，而不要让一念不善潜伏于胸中。王阳明就是这样主张彻底克倒私欲，并明确将这一点作为自己的立言主旨的。

克服私欲的观点，也同样适用于王阳明的人情事变论。他的门人陆澄曾就陆九渊（象山）的"在人情事变上做工夫"之说质疑于他，他的回答是：

> 除了人情事变，则无事矣。喜、怒、哀、乐非人情乎？自视听言动，以至富贵、贫贱、患难、死生，皆事变也。事变亦只在人情里。其要只在"致中和"，"致中和"只在"谨独"。[1]

他首先断言，除去人情（即喜、怒、哀、乐）事变（即视、听、言、动和富贵、贫贱、患难、生死），即无事可言矣。接着他又提出"事变亦只在人情里"，认为事变是因人情而起。这说明，他并没有否认人本来具有的自然性（人情）及其呈现。然而，即使将人情作为事变的起因，也仍然无法就这样肯定它的存在。这是因为，在人的人情事变里，一定会有程度上的过度和不及（过不及），结果就必然会倒向恶（私欲）。故

---

[1]《传习录》上卷，第38条。

此可以说，王阳明之所以会基本认同"事变亦只在人情里"的说法，就是因为存在着"其要只在'致中和'，'致中和'只在'谨独'"这样的前提条件。

另外，陆澄在鸿胪寺[1]暂时寓居时，突然接到家中来信，通知他儿子病危了。陆澄心急如焚，坐立难安。当时为了能使他在人情发露上克服"过不及"，做到"致中和"，王阳明对其提出了如下要求：

> 此时正宜用功。若此时放过，闲时讲学何用？人正要在此等时磨炼。父之爱子，自是至情，然天理亦自有个中和处，过即是私意。人于此处多认做天理当忧，则一向忧苦，不知已是"有所忧患，不得其正"。大抵七情所感，多只是过，少不及者。才过，便非心之本体，必须调停适中始得。就如父母之丧，人子岂不欲一哭便死，方快于心？然却曰"毁不灭性"[2]。非圣人强制之也，天理本体自有分限，不可过也。人但要识得心体，自然增减分毫不得。[3]

---

[1] 鸿胪寺：官署名，掌管朝会、宾客、吉凶仪礼之事。王阳明于1514年被任命为南京鸿胪寺卿。陆澄也正是在此时入其门下学习的。
[2] "子曰：孝子之丧亲也，哭不偯，礼无容，言不文，服美不安，闻乐不乐，食旨不甘，此哀戚之情也。三日而食，教民无以死伤生，毁不灭性，此圣人之政也。"（《孝经·丧亲》）
[3] 《传习录》上卷，第45条。

对王阳明来说,"致中和"的另一种说法,就是坦然地遵从良知。因为良知即是致中和,即是知人情事变之过不及的意思,所以只要自然地遵从良知,就可以达到人情之发露。[1]

不过,虽然王阳明像以上所说的那样坚决主张克服私欲,但在他的那些只习得皮毛的门人中,私欲肯定论还是有所抬头并作了展开。对此,钱德洪曾经指出:王阳明没后,其门下各以己见立说。这些学者"稍见本体,即好为径超顿悟之说,无复有省身克己之功。谓'一见本体,超圣可以跂足',视师门诚意格物、为善去恶之旨,皆相鄙以为第二义。简略事为,言行无顾,甚者荡灭礼教,犹自以为得圣门之最上乘"。[2] 从而指出那些继承了王阳明思想积极面的思想家,一味专注或倾心于本体之行为的弊害。而这样的弊害,就如同以往学者已指出的那样,可以说就隐藏于王阳明本来的思想中,这个思想就是"事上磨炼"说。而王阳明的"事上磨炼"说,实际上"就是要在实事上致知的同时,使心之主体性的行为品格得到张扬和落实"。[3]

王阳明以后,作为在中国阳明学中抬头并展开的私欲肯定论的中心人物,梁汝元、李贽等人的思想是较有代表性的。下

---

[1] "问:'良知原是中和的,如何却有过不及?'先生曰:'知得过不及处,就是中和'。"(《传习录》下卷,第104条)
[2] 钱明编校:《徐爱·钱德洪·董沄集》,南京:凤凰出版社,2007年,第198页。
[3] 参照高桥进:《朱熹と王陽明》,第172页。

面就先从梁汝元的寡欲论开始，然后再论及李贽，以考察自我、私欲获得相对积极之肯定的过程。

一、梁汝元的寡欲论

梁汝元（1517—1579），字柱干，号夫山，一般以何心隐之名而为人所熟知。他是颜钧（号山农，王艮弟子）的门人，属于泰州（王艮）学派的一员。其谓"《大学》先齐家，乃构萃合堂以合族，身理一族之政，冠婚葬祭赋役，一切通其有无，行之有成"。[1] "萃合堂"又叫"聚和堂"，设有率教（一人）、率养（一人）、辅教（三人）、辅养（三人）、杂教养（三人）等委员，是教化全族的自治团体。特别是在为宗族子弟设立的学校中，对全体学生实施在校内住宿、共同生活的管理办法。这是一种值得特别关注的不论贫富、平等互助、施行严格宗族训练的社会构想。[2] 所以梁汝元的思想曾经都被认为是"乌托邦社会思想"，[3] 而他被当作"乡村教育的先驱者"[4] 的缘由也在于此。因此可以说，梁汝元是一位追求自己理想，并充满着"以赤手搏龙蛇"之实践精神的教主。他在京师时尝开设

---

[1]《明儒学案》卷三二《泰州学案一》。
[2] 参照岛田虔次：《朱子学と陽明学》，第 111—123 页。
[3] 参照侯外庐主编：《中国思想通史》，北京：人民出版社，1960 年，第四卷下，第二十三章《泰州学派继承者何心隐的乌托邦社会思想》，第 1003—1018 页。
[4] 参照容肇祖：《何心隐及其思想》，《辅仁学志》第 6 卷第 1、2 期合刊本。

各门（各业种）会馆（同业组合），招来四方之士，各地方技杂流，亦纷纷投靠于他。[1] 到湖北孝感后，他又聚众讲学。然而最终他还是遭到欲向宰相张居正献媚的湖广巡抚王之恒的陷害，被杖杀而死。[2]

1. 无欲论的否定与寡欲论——向孔孟寡欲论的回归

梁汝元是否定无欲论、主张寡欲论的。从他的《辩无欲》中可以清楚看出这一点：

> 濂溪言无欲。濂溪之无欲也，其孟轲之言无欲乎？[3] 孔子言无欲而好仁，似亦言无欲也。[4] 然言乎好仁，乃己之所好也。惟仁之好而无欲也。不然，好非欲乎？孟子言无欲其所不欲，亦似言无欲也。然言乎其所不欲，乃己之不欲也。惟于不欲而无欲也。不然，无欲非欲乎？是孔孟之言无欲，孔孟之无欲也。岂濂溪之言无欲乎？且欲惟寡

---

[1]《明儒学案》记载："心隐在京师，辟各门会馆，招来四方士，方技杂流，无不从之……心隐方在孝感，聚徒讲学。"（卷三二《泰州学案一》）

[2] 按：对于杀何心隐以讨好张居正的做法，李贽等人曾作过激励抨击："咸谓杀公以媚张相者之为非人也。"（李贽：《焚书》，北京：中华书局，1975年，卷三，杂述，《何心隐论》）另外黄宗羲在也有过叙述："心隐方在孝感，聚徒讲学，遂令楚抚陈瑞捕之，未获而瑞去。王之垣代之，卒致之。心隐曰：'公安敢杀我？亦安能杀我？杀我者张居正也。'遂死狱中。"（《明儒学案》卷三二《泰州学案一》）

[3] "孟子曰：无为其所不为，无欲其所不欲，如此而已矣。"（《孟子·尽心上》）

[4] "子曰：无欲而好仁者，无畏而恶不仁者，天下一人而已矣，是故君子议道自己，而置法以民。"（《礼记·表记》）

则心存，而心不能以无欲也。欲鱼欲熊掌，欲也。舍鱼而取熊掌，欲之寡也。欲生欲义，欲也。舍生而取欲，欲之寡也。能寡之又寡，以至于无，以存心乎？欲仁非欲乎？得仁而不贪，非寡欲乎？从心所欲，非欲乎？欲不逾矩，非寡欲乎？能寡之又寡，以至于无，以存心乎？[1]

总之，梁汝元认为，一切指向人心的方面都是"欲"，我们只能够做到尽量使这样的"欲"减少，而并不能做到心中"无欲"。孔孟的"无欲"也绝不是对人欲一般的否定，而是"寡欲"的意思。从这一宗旨出发，梁汝元批判了周敦颐的无欲说，并借此展开了自己的寡欲论。特别需要指出的是，这种寡欲论不是一味地否定人欲，而是以寡欲的形式肯定人欲。这一观点反映了儒教本来的人欲观，并且是以孟子的"养心莫善于寡欲"[2]的所谓寡欲说为基础的。周敦颐则进一步发展了孟子的这种寡欲说：

濂溪先生曰：孟子曰："养心莫善于寡欲。"予谓养心不止于寡而存耳。盖寡焉以至于无，无则诚立明通。诚立，贤也；明通，圣也。[3]

---

[1] 容肇祖整理：《何心隐集》卷二《辩无欲》，北京：中华书局，1960年，第42页。
[2] 《孟子·尽心下》。
[3] 朱熹、吕祖谦：《近思录》卷五，"改过迁善，克己复礼"，第2条。

可见周敦颐主张的是无欲，并将其当作圣学的重要组成部分；而孔孟之无欲，非濂溪之言无欲也。因此，从严格意义上讲，梁汝元对周敦颐无欲说的批判，可以说是向儒教（孔孟）原来的人欲肯定论的回归。这也就是他所说的："从心所欲，非欲乎？欲不逾矩，非寡欲乎？"梁汝元寡欲论的究极之处，其实就是儒家鼻祖孔子的"从心所欲不逾矩"[1]之境界。这一点在下面的"矩"论中也得到了很好的体现。

> 学之有矩，非徒有是理，而实有是事也。若衡、若绳、若矩，一也。无声无臭，事藏于理，衡之未悬，绳之未陈，矩之未设也。有象有形，理显于事，衡之已悬，绳之已陈，矩之已设也。矩者，矩也，格之成象成形者也，物。……仲尼十五而志学，志此矩也。三十而立，立此矩也。四十而不惑，不惑此矩也。五十而知天命，知此矩也。六十而耳顺，顺此矩也。至于七十而始从心所欲不逾矩矣。夫圣如仲尼，自十五而七十，莫非矩以矩乎其学，学以学乎其矩。矩也者，不容不有者也。是故矩之于学也，犹衡之于轻重也，犹绳之于曲直也，莫非事理之显乎其藏，不容不有者也。[2]

---

[1]《论语·为政》。
[2] 梁汝元将物理释为理和事，曰："物也，即理也，即事也。事也，理也，即物也。"（《何心隐集》卷二《矩》，第33—34页）

梁汝元在即事的立场上论述了自己的"矩"论，是借孔子之言来说明自己也是将"从心所欲不逾矩"之境界作为理想目标的。这里所说的"矩"，是与"欲仁""取义"[1]中的"仁"[2]"义"一样的具有代表性的儒教之道德规范。

2. 御欲者（＝命）

犹如梁汝元的"五十而知天命，知此矩也"之论断，他把"知天命"看成是"知矩"。也就是说，他把天命视为可以限定和制御拥有无限可能性的人之本性（性）。故此，天命即为御欲者（"命也，御乎其欲者也"），凡欲所御，若有所发即为中，若有所中节（节度）即为和。梁汝元认为这就是"寡欲"：

> 性而味，性而色，性而声，性而安佚，性也。乘乎其欲者也。而命则为之御焉。是故君子性而性乎命者，乘乎其欲之御于命也，性乃大而不旷也。凡欲所欲而若有所发，发以中也，自不偏乎欲于欲之多也，非寡欲乎？寡欲，以尽性也。尽天之性以天乎人之性，而味乃嗜乎天下之味以味，而色、而声、而安佚，乃又偏于欲之多者之旷于恋色恋声而苟安苟逸已乎？乃君子之尽性于命也，以性

---

[1] 参照《何心隐集》卷二《辩无欲》，第42页。
[2] 何心隐将"仁"规定为："仁无有不亲也，惟亲亲之为大，非徒父子之亲亲已也，亦惟亲其所可亲，以至凡有血气之莫不亲，则亲又莫大于斯。亲斯足以广其居，以覆天下之居，斯足以象仁也。"（《何心隐集》卷二《仁义》，第27页）

不外乎命也。命以父子，命以君臣，命以贤者，命以天道，命也，御乎其欲者也。而性则为之乘焉。是故君子命以命乎性者，御乎其欲之乘于性也，命乃达而不堕也。凡欲所御而若有所节，节而和也，自不戾乎欲于欲之多也，非寡欲乎？寡欲，以至命也。至天之命以天乎人之命，而父子乃定乎天下之父子，以父以子，而君臣，而贤者，而天道，乃又戾于欲之多者之堕于委君委臣委贤而弃天弃道已乎？乃君子之至命于性也，以命不外乎性也。凡一臭，一宾主，亦莫非乘乎其欲于性，御乎其欲于命者，君子亦曷尝外之，而有不尽性至命于欲之寡乎！[1]

可见，梁汝元的寡欲说不同于明知欲望是人与生俱来的本性却仍要将其根绝的无欲说。他一方面承认并肯定欲望之存在是人之天性的事实，同时又基于道德的立场而反对无条件的纵欲。他所继承的是主张对欲望加以限制的孔孟之传统儒家的立场。[2]

3. 与民同欲与育欲

梁汝元还主张"与民同欲"（和百姓同欲）和"育欲"。他说：

> 欲货色，欲也。欲聚和，欲也。……昔公刘虽欲货，

---

[1] 《何心隐集》卷二《寡欲》，第 40—41 页。
[2] 参照金谷治：《死と命運——中国古代の思索》，东京：法藏馆，1986年，第 195 页。

然欲与百姓同欲，[1]以笃前烈，以育欲也。太王虽欲色，亦欲与百姓同欲，以基王绩，以育欲也。育欲在是，又奚欲哉？仲尼欲明明德于天下，欲治国、欲齐家、欲修身、欲正心、欲诚意、欲致知在格物，七十从其所欲，而不逾乎天下之矩，以育欲也。育欲在是，又奚欲哉？[2]

由此可知，无论"与民同欲"论还是"育欲"论，都是以"从心所欲不逾矩"这一传统儒家的寡欲观为根基的。

二、李贽的私及私欲肯定论

1. 无私论批判

梁汝元主张寡欲，认为周敦颐的无欲说与孔孟不合。只不过他的寡欲论是向孔孟寡欲论的回归，而并不意味着对私欲的肯定。众所周知，对私及私欲加以肯定的问题，是在明末李贽时开始出现的，在此之后，清初思想家们沿着李贽的思路，把

---

[1]《孟子·梁惠王下》："王曰：'寡人有疾，寡人好货。'对曰：'昔者公刘好货，《诗》云："乃积乃仓，乃裹糇粮。于橐于囊，思戢用光。弓矢斯张，干戈戚扬，爰方启行。"故居者有积仓，行者有裹囊也，然后可以爰方启行。王如好货，与百姓同之，于王何有？'""王曰：'寡人有疾，寡人好色。'对曰：'昔者，太王好色，爱厥妃，《诗》云："古公亶父，来朝走马。率西水浒，至于岐下。爰及姜女，聿来胥宇。"当是时也，内无怨女，外无旷夫。王如好色，与百姓同之，于王何有？'"
[2]《何心隐集》卷三《聚和老老文》，第72页。

私及私欲作为议论对象而做了极大的发挥。比如吕坤[1]的"世间万物皆有所欲,其欲亦是天理人情",[2] 黄宗羲的"有生之初,人各自私也,人各自利也",[3] 顾炎武[4]的"人之有私,固情之所不能免矣。故先王弗为之禁;非惟不禁,且从而恤之",[5] 王夫之[6]的"人欲之各得,即天理之大同",[7] 无不显示出这种倾向。[8] 清初阳明学者唐甄[9]也是主张此一思想的代表,他在自己的著作《潜书》中曾对人欲论、富民论作了阐释。

说到李贽的私及私欲论,他首先认为,私即人之心,若无私,则无心,所以他批评无私说是"画饼之谈""观场之见",

---

[1] 吕坤（1536—1618）,号新吾,河南宁陵人。强调在学问上以自我领悟最为重要。学术上不偏属于朱子学和阳明学中的任何一派,思想上与东林学较近。反对良知良能说,主张气一元的元气论。代表作有《呻吟语》。

[2] 吕坤:《呻吟语》卷五,外编,《治道》。

[3] 黄宗羲:《明夷待访录·原君》。

[4] 顾炎武（1613—1682）,字忠清,号林亭,江苏昆山人。清代考证学的奠基者。批判理学和心学,追求经世致用的实学和博学。著有《石经考》《日知录》等。

[5] 顾炎武著,黄汝成集释:《日知录集释》卷三《言私其豵》,长沙:岳麓书社,1994年,第92页。

[6] 王夫之（1619—1692）,字而农,号姜斋,世称船山先生,湖南衡阳人。以张载的气论为基础开创了独特的气的哲学。著有《读通鉴论》《读四书大全说》等。

[7] 王夫之:《读四书大全说》,北京:中华书局,1975年,卷四《论语》,第248页。

[8] 参照沟口雄三:《中国思想史》下《李贽》,东京:ぺりかん社,1987年,第220页。

[9] 唐甄（1630—1704）,本名大陶,字铸万,号圃亭,四川达州人。因与上级不和而被罢官。后经商赔本,遂设立学校开展讲学活动,猛烈抨击君权专制,拒绝空理空谈。代表作有《潜书》等。

进而提出了肯定私及私欲的主张:

> 圣人之学,无为而成者也。然今之言无为者,不过曰无心焉耳。夫既谓之心矣,何可言无也?既谓之为矣,又安有无心之为乎?农无心则田必芜,工无心则器必窳,学者无心则业必废,无心安可得也?解者又曰:所谓无心者,无私心耳,非真无心也。夫私者人之心也,人必有私而后其心乃见,若无私则无心矣。如服田者,私有秋之获而后治田必力;居家者,私积仓之获而后治家必力;为学者,私进取之获而后举业之治也必力。故官人而不私以禄,则虽招之,必不来矣。苟无高爵,则虽劝之,必不至矣。虽孔子之圣,苟无司寇之任、相事之摄,必不能一日安其身于鲁也决矣。此自然之理,必至之符,非可以架空而臆说也。然则,为无私之说者,皆画饼之谈,观场之见。但令隔壁好听,不管脚根虚实,无益于事,只乱聪耳,不足采也。[1]

那么,主张这种私及私欲论的李贽,其伦理观究竟是如何的呢?

2. 人伦的本质——穿衣吃饭

李贽提倡脱离儒教传统的异说,尝以破除名教之典型人物

---

[1] 李贽:《藏书》,北京:中华书局,1959年,卷三二《德业儒臣后论》,第544页。

而为世人所知。其谓:"酒色财气,一切不碍菩提路,有此便宜事,谁不从之?"[1] 然此言是否出于李贽之口,尚无明确证据。若此言果真为李贽所说,那么这句话便可以看作是典型的表现其私欲观的论断。之所以这么说,是因为这句话并不把酒色财气这类人之欲望视为通往菩提(即涅槃,意指从一切烦恼中解脱,不再处于迷茫状态[2])之路的"阻碍物"。毫无疑问,这是将酒色财气等皆作为人之本性(菩提)来加以肯定的。

从与此大致相同的旨趣出发,李贽认为,真的伦理(人伦物理)等同于"真空"。[3] 而真的伦理存在于人世间的各种日常事务即所谓的吃饭穿衣中,除却吃饭穿衣,也就不存在伦理了。因此,学者只要在"伦物上加明察",即可"得真空",而切不可在"伦物上计较忖度"以"辨伦物"。犹如孟子"舜明于庶物,察于人伦,由仁义行,非行仁义也"[4] 之所言,真的伦物是靠明察才能得到的(自得),而不可能通过支离、易简之辨来获得。

---

[1]《明儒学案》卷一六《江右王门学案一·颖泉先生语录》,第347页。
[2] 参照中村元等编:《仏教辞典》,东京:岩波书店,1989年。
[3] 按:真空乃佛教用语,意味着"超越一切色相意识的境界状态(涅槃)",及"真正的实象为空",或"非空之空"。佛教中的"色"是"存在的总和"或"可变化消灭的物质普遍之存在","相"是一种依靠已经固定了的模式来接受、继而形成的观念。李贽认为,真正的人伦物理不是被设定为超越人间日常的某种东西。人们只凭借"伦理是超越日常的"这种固有模式而制造了伦理概念,以至于其生活也被这并非实体的观念所支配。于是他警告说:被"不是实际伦理的伦理这种观念"所支配的结果,正是对真正的伦理(日常生活)的放弃。
[4]《孟子·离娄下》。

穿衣吃饭即是人伦物理，除却穿衣吃饭，无伦物矣。世间种种皆衣与饭类耳，故举衣与饭而世间种种自然在其中，非衣食之外更有所谓种种绝与百姓不相同者也。学者只宜于伦物上识真空，不当于伦物上辨伦物。故曰："明于庶物，察于人伦。"于伦物上加明察，则可以达本而识真源；否则，只在伦物上计较忖度，终无自得之日矣。支离、简易之辨，正在于此。明察得真空，则为由仁义行，不明察，则为行仁义，入于支离而不自觉矣。可不慎乎！[1]

在李贽看来，忽视或漠视私欲，真的伦理便无法成立。他在《兵食论》中曾说过："夫天之生人，以其贵于物也……盖有此生，则必有以养此生者，食也。有此身，则必有以卫此身者，兵也。"

李贽对信、兵、食的理解不同于《论语·颜渊》篇中"信重于兵食"之认识。[2]据《论语·颜渊》载：

子贡问政。子曰："足食，足兵，民信之矣。"子贡

---

[1] 李贽：《焚书》卷一《答邓石阳》。
[2] 朱熹主张信先于兵食。他注释道："言食足而信孚，则无兵而守固矣。""民无食必死，然死者人之所必不免。无信则虽生而无以自立，不若死之为安。故宁死而不失信于民，使民亦宁死而不失信于我也。"（《论语集注》）

曰:"必不得已而去,于斯三者何先?"曰:"去兵。"子贡曰:"必不得已而去,于斯二者何先?"曰:"去食。自古皆有死,民无信不立。"

然李贽则认为,"信重于兵食"乃是"不达圣人立言之旨",那只是在"不得已"的情况下无奈提出的。在此基础之上,李贽才进一步提出了重兵、重食的主张。[1] 不过,作如此展开的李贽思想,最后却仍然采用了以圣人立言之旨作为基准的办法。此前李贽尝在《答邓石阳》一文中,把孟子所说的"舜明于庶物,察于人伦"作为样板,并把其中的"庶物"替换为"穿衣吃饭",把"人伦"替换为"人伦物理",从而建立起了"穿衣吃饭即是人伦物理"的极富个性的理论。正因为如此,我们好像还不能说李贽完全超越了传统儒教的局限。

---

[1] 对此,李贽的完整论述是:"夫天之生人,以其贵于物也,而反遗之食,则不如勿生,则其势自不得不假物以为用,而弓矢戈矛甲胄剑楯之设备矣。盖有此生,则必有以养此生者,食也。有此身,则必有以卫此身者,兵也。食之急,故井田作;卫之急,故弓矢甲胄兴。……夫子曰:'足食足兵,民信之矣。'夫为人上而使民食足兵足,则其信而戴之也何惑焉。至于不得已犹宁死而不离者,则以上之兵食素足也。其曰'去食''去兵',非欲去也,不得已也。势既出于不得已,则为下者自不忍以其不得已之故,而遂不信于其上。而儒者反谓信重于兵食,则亦不达圣人立言之旨矣。"(《焚书》卷三,杂述,《兵食论》)

第二章 无欲论在韩国的展开和私欲肯定论的屈折

由于受到中国私欲肯定论的影响,韩国的阳明学中亦出现了像许筠这样的人欲肯定论者。但是,到了郑齐斗,私欲肯定论则受到批判,转而变为无欲论。

一、许筠的私欲肯定论

许筠因叛乱之罪,于光海君十年(1618)被判处死刑。因此,他一般被称作是与李贽并驾齐驱的"叛逆思想家"和"反叛者"或是"反名教论者",并以此而闻名于世。

1. 男女情欲乃天也

朱子学者李植[1]曾经这样评价过许筠:

> 王阳明弟子讲道于江湖,一再传而入于盗贼。有颜山农者,聚徒讲书,以一欲字为法门宗旨,从者数百人。何

---

[1] 李植(1548—1647),字汝固,号泽堂。是朝鲜朝时期的著名学者,被誉为"汉文四大家"之一。

心隐者,以一杀字为宗旨,皆以师门自处而行杀越之事,连结南蛮,将作变而被诛。许筠聪明有文才,以父兄[1]发迹,有名而专无行俭。居母丧,食肉娼,有不可掩,以此不得为清官。遂博观仙佛书,自谓有所得,自此尤无忌惮。晚以缔结元凶[2],官至参赞,竟谋大逆,诛死。其人事不足污口,愿尝闻其言曰:"男女情欲,天也;伦纪分别,圣人之教也。天且高圣人一等,我则从天,不敢从圣人。"[3]其徒诵其言以为至论。此固异端邪说之极致,非筠始言之。老、庄、佛之书皆有其意。陆象山、王阳明虽藏机不露,但熟观其书,则自有一脉透漏处,流于山农、许筠之所为,特未达一间,可惧哉![4]

明末清初的思想家顾炎武也曾有过与李植类似的评价,他

---

[1] 按:许筠的父亲许晔(1517—1580)是徐敬德的门人,在东、西人党争时,为东人领袖,并任同知中枢府事。其父之外,其兄许筬(1548—1612)、许篈(1551—1588)、姐姐许兰雪轩(1563—1589)也都擅长诗文。
[2] 按:这里的"元凶"指的是李尔瞻(1560—1623)。许筠与李尔瞻儿时在同一学堂读书。李尔瞻在宣祖的后嗣继承问题上极力推荐光海君。光海君即位后,李尔瞻也被封为具有实权的礼曹判书。此时许筠也凭借与李尔瞻的关系,先后晋升为曹判书及左赞成。
[3] 例如,安鼎福在《天学问答》(《顺庵集》卷一七)中说:"筠则聪明能文章,专无行检……倡言曰:'男女情欲,天也;分别伦纪,圣人之教也。天尊于圣人,则宁违于圣人,而不违天禀之本性。'"另外,沈铎在《橡轩随笔》中也说过:"许筠聪明有文才……其言曰:'男女情欲,天也;分别伦纪,圣人之教也。天且高圣人一等,我则从天而不敢从圣人。'其徒诵其言以为至论。"可见,此言的确出自许筠。
[4] 李植:《泽堂集》,别集,卷一五,杂著,《示儿代笔》。

说:"故王门高弟为泰州、龙溪二人。泰州之学,一传而为颜山农,再传而为罗近溪、赵大洲[1];龙溪之学,一传而为何心隐,再传而为李卓吾、陶石篑[2]。"[3] 也就是说,王阳明之学经过其高弟泰州(王心斋)、龙溪二人,分别发展出了(王心斋——)颜山农至罗近溪、赵大洲与(王龙溪——)何心隐至李卓吾、陶石篑两个支派。而如同这种把王阳明思想中的积极倾向作主导性展开的谱系一样,李植也明确认为,王阳明的学问经过一传再传,而发展到颜山农、何心隐,他还将许筠也强行归入此谱系中。李植原本是朱子学者,他对朝鲜时期担当排斥异端(阳明学)之领袖角色的李滉[4] 相当尊敬,[5] 而对佛教、

---

[1] 赵贞吉(1508—1576),字孟静,号大洲,四川内江人。泰州学派一员,以博学多识著称。著有《文肃集》等。
[2] 陶望龄(1562—1609),字周望,号石篑,浙江绍兴人。泰州学派一员,主张性灵说。晚年醉心于佛教。
[3] 顾炎武著,黄汝成集释:《日知录集释》卷一八《朱子晚年定论》,第666页。
[4] 李滉(1501—1570),字景浩,号退溪。他不仅创建了韩国退溪学派,还对日本近代儒学创始人藤原惺窝以来的崎门学派及熊本学派产生过重大影响。他曾站在朱子学的立场上批判王阳明的《传习录》,著有《传习录论辩》。在此书中,他虽然对王阳明的亲民说、心即理说、知行合一说等学说进行了批判,但他的批判仅针对《传习录》上卷中的条目,而并非针对阳明学的全部体系。他在阳明学传入朝鲜朝初期就将此学划为异端而加以彻底排斥,这就从根本上掐断了阳明学后来在朝鲜儒学界扩散的可能。
[5] 例如李植说:"朱子以后,学者著述甚多,率以文化润色,读之使人,意思悠泛,少见契悟……若以《退溪集》继之朱子之后,则虽真西山、范兰溪,殆无以过之……我国学者,从事经典之外,须看《退溪集》,以为师资。"(《泽堂集》,别集,卷一五,杂著,《追录》)从这里可以明显看出这一点。

阳明学则持批判立场。[1] 故此，他对许筠的评价和看法也必然是相当屈折的。这里值得关注的是，许筠被认为是与中国的王阳明思想中积极倾向之展开的主导人物颜钧、罗汝芳同属一个派系。许筠之所以被这样定位，乃是因为他认为男女情欲是天之教，伦纪分别是圣人之教，天高出圣人一等，所以主张从天而不从圣人。因此可以说，许筠对伦纪（礼教）所持的各种批判态度，与中国阳明学中对私欲的积极评价在立场上是相似的。

而许筠的这一态度，在下文所引其诗中的"放"之一字上，也有象征性之表现。

久读修多教[2]，因无所住心。周妻[3]犹未遣，何肉[4]更难禁。已分青云隔，宁愁白简侵。人生且安命，归梦尚祇林[5]。

---

[1] 关于李滉对待异端的态度，李植是这样说的："退溪谦冲自守，绝不谈人物长短、时事得失，惟于辟异端处，未尝退让。见先辈名儒立言，或过恐流于异端，则必力加分析而折衷之。"（《泽堂集》，别集，卷一五，杂著，《追录》）另一方面，李植自己亦批判老、佛之学道："异端之说，亦有数层老、佛之说。其书自别居处行迹，与儒流不同。此如境外之贼，对敌不难亦未易，遽为其混并也。"（同前）他还对王阳明作过这样的批判："若所谓王阳明，则公然诋斥朱子，其徒皆僭妄狂悖，无复忌惮。"（同前）所以在李植眼里，王阳明是"纵悖"式的人物（"阳明之纵悖"）。
[2] 按："修多"为"修多罗"之缩写，系佛教经典。此处借指佛教。
[3] 按："周妻"是指南朝齐国儒士周颙虽醉心道、佛，但仍恋恋不舍与妻子的世俗生活之典故。
[4] 按："何肉"是指南朝时何胤虽精于佛理，笃信佛教，但却放不下食肉之习的典故。
[5] 祇林：即为印度须达长者将买下的摩揭陀国祇陀太子的乐园布施给释迦作僧园的"祇树给孤独园精舍"。释迦常在这里讲经说法。

礼教宁拘放，浮觉只任情。君须用君法，吾自达吾生。亲友来相慰，妻孥意不平。欢然若有得，李杜幸齐名。[1]

这首诗是对佛教怀有浓厚兴趣的许筠与醉心道教的郭再佑[2]，在一同被视作异端而受到弹劾并被罢去官职时，即兴而作的。[3] 许筠首先强调自己长久研读修多教（佛教之经典）的原因，是因为"无所住心"；并且认为礼教之所以拘于"放"（即放行、放任而使自主之行为自由化。[4] 这个"放"字，可以认为是许筠对自己被罢官所作的譬喻），乃是由于"浮沉（荣枯盛衰）只任情（不是人情，而是世情）"，故曰"君须用君法（即礼教），吾自达吾（放）生"。像许筠这样的以"放"字为象征，而主张浮沉只任情的理念，以及其所谓的"吾自达吾生"的生存方式，与以"拘"字为象征的礼教，是明显对立的。在此许筠下了这样一个结论："君须用君法，吾自达吾生"，就是说彼此要朝着各自认定的路走下去。这实为一种即

---

[1] 许筠：《惺所覆瓿稿》卷二〇，诗部二，《闻罢官作》。
[2] 郭再佑（1552—1617），字季绥，号忧堂。"壬辰倭乱"时的义兵长代表，亦称红衣将军。
[3] 据《闻罢官作》小序载："时宪司，以郭公再佑尚道教，以仆崇佛教，并劾之，为闻异端，启罢。"（许筠：《惺所覆瓿稿》卷二〇，诗部二，《闻罢官作》）另外，许筠还在《辟谷辨》（《惺所覆瓿稿》卷一二，文部九，《辨作》）中详细记载了自己对郭再佑醉心于道教并因此而招致世间之非难时所作的辩护。
[4] 参照中村元编：《仏教语大辞典》，东京：东京书籍，1981 年。

使立场和态度不同,也要完全放任对方的并存方式。

2. 居处饮食与财货论

许筠尝曰:"居处饮食,人道之大端也。地利既得而不有居处,则此身安在何地?"[1] 其实把居处与饮食视为人道之大端,并非许筠之独创。众所周知,《孟子·万章上》中就有"男女居室,人之大伦"之说。而许筠也是从居处、饮食乃人道之大端的视角上阐释了迁居与足食、定居与常产的关系:"迁居以足食为本,足食以农事为先。"[2] "治生之道,有定居,有常产。"[3] 而他从流配地开始周游全国,品尝各地美食,以图文并茂的形式记录的《屠门大嚼》[4],却是以与孟子敌对的告子主张的"食色性也"为基础发表的一己之见:

> 食色,性也,而食犹躯、命之关。先贤以饮食为贱者,指其饕而徇利也,何尝废食而不啖乎?不然则八珍[5]之品,何以记诸礼经,而孟轲有鱼熊之分耶?余尝见何氏食经[6]

---

[1] 许筠:《闲情录》卷一六《治农·定居》。
[2] 许筠:《闲情录》卷一六《治农·种谷》。
[3] 许筠:《闲情录》卷一六《治农·牧养》。
[4] 按:《屠门大嚼》是许筠在流配地编纂的有关韩国八道名特产和特色美食的著述。所谓"屠门大嚼"就是过肉店而嚼,比喻喜欢的事情即使没有实际去做,只靠想象也能很满足。
[5] 按:"八珍味"是《礼记·内则》提出的奉养老人的八道美食,即淳熬、淳母、炮豚、炮牂、捣珍、渍、熬、肝膋。
[6] 按:这里的"何氏"指的是即使每日饮食超过万金仍抱怨味道不佳的晋人何曾。其所著的《平安公食单》即为《食经》。

及郇公食单[1]。二公皆穷天下之味，极其丰侈，故品类甚多，以万为计。缔看之，则只是互作美名为炫耀之具已……余罪徙海滨，糠秕不给，钉案者唯腐鳗、腥鳞、马齿苋、野芹，而日兼食，终夕枵腹，每念昔日所食山珍海错，厌而斥不御者，口津津流馋涎，随欲更尝，邈若天上王母桃，身非方朔，安得偷摘也。遂列类而录之，时看之，以当以商焉。既讫，命之曰屠门大嚼，以戒夫世之达者穷侈于口，暴殄不节，而荣贵之不可常也，如是已。[2]

文中例举了告子的"食色，性也"，[3]指出食乃与躯、命相关之物，先贤将饮食看成是低贱之物，是假借指责其饕餮而谋取利益，并从"何尝废食而不啖乎"反省了人对食的态度。其中"先贤以食为贱者……何尝废食而不啖乎"一句，似可看成是对《礼记》第九《礼运》中的"饮食男女，人之大欲存焉"，以及胡炳文[4]注《中庸》序中的"如饮食男女，人心也；饮食男女之得其正者，道心也"等儒家传统观点的超越与抵抗。如此看来，许筠既不能说是欲望无限的肯定论者，也不能说是欲望解放论者，而是在肯定人欲本身的前提下，主张寡欲，并且是

---

[1] 按：文中的"郇公"原为"舒公"。舒公在唐朝被封为韦巨源。著有《烧尾宴食单》。文中所说的《食单》，即指此书。
[2] 许筠：《惺所覆瓿稿》卷二五《屠门大嚼》。
[3] 《孟子·告子上》。
[4] 胡炳文（1250—1333），字仲虎，号云峰。元代朱子学的代表人物。所著《四书通》为当时儒者的必备教材，在儒学界享有极高的地位。

以儒学传统的人欲观作为根据的。

正因为许筠对人欲作了肯定性评价,并且将此作为积极而扩大的方法之一,所以才提出了自己的财货论。他的财货论,被典型地表现在其所作的《治农》篇(收入《闲情录》卷一六)中。该篇就像《闲情录·凡例》中"四民之业,唯农为本"之所言,乃是建立在以农为本的思想之上的。它共分成十六个部门,即择地、资本、定居、种谷、种蔬、树植、蚕缫、牧养、顺时、务情、习俭、养蚕、养牛、医治急用单方(针对牛之病)、养鸡、养鱼。故此可以说,《治农》篇并不仅仅是在与治农有关的诸文献的基础上编集而成,而是以广泛的实际经验为根据的。[1] 例如在"资本"部中他这样写道:

> 各邑经营,无本不立,非财不成,同类既得,而资本不裕,亦无成功。故将欲经营,先蓄其财,然创业者,毋贪循序,自然有益。故赀不可无,不必富也。

意思是说,离开了"本",或者没有"财货",各邑之经营便不能进行,即使进行了也不可能成功。如果想要经营,就一定要先积蓄财货。再比如,在"树植"部中有所谓"栽种材木果核,以为财货、器用之资"之说,即是指要把栽培材木果核

---

[1] 按:例如在与病牛相关的《医疗急用单方》中,收录了许筠自己在养牛方面的经验(参照《许筠全集·题辞》,首尔:成均馆大学出版部,1981年)。

（栽种）当作财货、器用之资本，这实际上就是在追求财货之积累。

二、郑齐斗的无私无欲论及对私欲肯定论的批判

前文已经指出，郑齐斗在从朱子学向阳明学的转变过程中，曾经醉心于周敦颐和程颢的学问（参照第三部第三章第二节）。郑齐斗这种对主静无欲说和定性说的沉醉，不仅限于对学问性知识的吸收和扩大，而且最终发展成以此为材料而树立起他自己的无心、无私、无欲论思想。此即郑齐斗所说的："独心性求仁之学，为圣贤宗旨。其要于《论》之求仁克复、《孟》之存养集义、《学》之明德至善、《庸》之中和率性、周程之无欲定性之书可见。"[1] 也就是说，他虽然把心性求仁之学当做圣贤之宗旨，但却认为这是以《论语》的求仁克复、《孟子》的存养集义、《大学》的明德至善、《中庸》的中和率性、周敦颐和程颢的无欲定性之书为根据的。此处，他将周敦颐的无欲、程颢的定性之书与四书之要旨相提并论，并给予两者以"可见"圣贤之宗旨这样的极高评价。后来，周敦颐的无欲说和程颢的定性说，分别在《通书》及所谓的《定性书》中得到展开，而郑齐斗则对这两篇文献作了注解，留下《通书解》和

---

[1] 郑齐斗：《霞谷集》卷七，杂著，《壬戌遗教》。

《定性书解》。[1]

与此同时，郑齐斗还对"大人天道之学"作了全面论述，然后又接着周、程有关大人天道之学称："其言大人天道之学，不过如是。至周、程继之，则曰'无极而太极''主静立人极'焉。其立人极之道者，惟在无欲主静也。圣可学之功，乃在一者无欲也。（是中正、仁义、诚立、明通，皆出于无欲养心也。）"[2] 很显然，在郑齐斗看来，周、程二人是继承了大人天道之学（等同于心性求仁之学）的，所以他以《太极图说》和《通书》为例证，而把可作为周敦颐学问之核心的无欲、主静说视作与大人天道之学相符的思想学说。比如他以《通书·圣学》中的"'圣可学乎？'曰：'可。'曰：'有要乎？'曰：'有。''请问焉。'曰：'一为要。一者，无欲也。无欲，则静虚动直。静虚则明，明则通；动直则公，公则溥。明通公溥，庶矣乎！'"之记载为立足点而阐述道："圣可学之功，乃在一者无欲也。"并注解说："是中正、仁义、诚立、明通[3] 皆出于无欲养心也。"

---

[1] 收入《霞谷集》卷一六。
[2] 郑齐斗：《霞谷集》卷八《学辩》。
[3] 按：周敦颐的"养心说"被收录于《近思录》和《心经附注》中。《心经附注》中的《周子养心说》载："孟子曰：养心，莫善于寡欲，其为人也寡欲，虽有不存焉者，寡矣，其为人也多欲，虽有存焉者，寡矣。予谓养心，不止于寡而存耳，盖寡焉，以至于无，无则诚立明通，诚立，贤也，明通，圣也，是圣贤非性生，必养心而至之，养心之善有大焉，如此，存乎其人而已。"

而周敦颐无欲论的这种影响力，不仅反映在郑齐斗身上，其实在崔鸣吉对《通书》的解释中也有所体现，尤其是对其中的《家人无揆复无妄》第三十二"诚心复其善之动而已矣。不善之动，妄也。妄复则无妄矣，无妄则诚矣"所作的解释，便可视作是崔鸣吉对深刻体认无妄（诚）说的阐释。[1] 这甚至可以说，是崔鸣吉受到了先学之学术气氛的影响，而倾心于郑齐斗的无欲论，并对此做了继承和深化的结果。崔鸣吉曾在《通书解》中解释道：

A. 诚者圣人之本……大哉易也，性命之源乎。（《诚上第一》）

B. 圣诚而已矣……故曰：一旦克己复礼，天下归仁焉。（《诚下第二》）

C. 诚无为……发微不可见、充周不可穷之，谓神。（《诚几德第三》）

D. 寂然不动者，诚也；感而遂通者，神也……诚、神、几，曰圣人。（《圣第四》）

在这里，"天人即一而已"（根据 B 之解释）之境界，即有

---

[1] 崔鸣吉说："继以无妄，理本无妄。无妄，天之道也。惟其理，为物昏，所以念念而皆妄，事事而皆妄。复者，求去其妄而复于善也。一念之善，即一念之无妄也；一事之善，即一事之无妄也。积而至于纯，诚斯立矣。故曰：复则不妄，学者所当深体也。"（《迟川集》卷七〇，杂著，《复箴后说》）

关无妄（诚）的四条，被特地提取出来而分别加了注释。

继前文所说的"至周、程继之则云云"的周敦颐之无欲、主静论后，郑齐斗又引用了程颢的《定性书》，并通过（或者说依托）《定性书》，而使其自己所主张的思想在《定性书解》中得到了展开。也就是说，在《定性书解》中，与周敦颐无欲论相联系的郑齐斗自己的无私（无自私）、无心、无情论，以注解的形式被明确表述出来。相关内容可见如下之例证（括号部分为注解）：

    A. 夫天地之常，以其心普万物而无心；圣人之常，以其情顺万物而无情（普万物，顺万事，无用智矣；无心、无情、无自私矣）

    B. 故君子之学，莫若扩然而大公（无情之道也，是不自私也……）

    C. 物来而顺应（……〇此即求其顺万事，而无情之功也……）

    D. 人之情，各有所蔽，自私是也；故不能适道，用智是也。大率患在于自私而用智（道者，即以有为之感应，而出于明觉之无为，即顺事而无情者也。无自私，则蔽去而大公；无用智，则顺应而适道……）

    E. 自私则不能以有为为应迹（自私者，外物之内心，恶物之累心，不能大公者也……）

    F. 今以恶外物之心（恶外物之累己，自私之心也）

G.《易》曰：艮其背不获其身，行其庭不见其人（言无自私而用智也……）

H. 与其非外而是内（……自私用智之所由出也）

I. 不若内外之两忘也（……○两忘则无自私也）

J. 两忘则澄然无事矣（无自私，则大公矣……）

K. 明则尚，何应物之为累哉（……○忘则无私也，无私则大公而无用智之为也……）

L. 圣人之喜，以物之当喜；圣人之怒，以物之当怒（……○是无自私而大公也）

M. 是则圣人岂不应于物哉（大公无情而顺应也）

N. 乌得以从外者为非，而更求在内者为是也（岂可二本于内外是非之自私而用智哉）

O. 今以自私欲用智之喜怒（二内外而分物我故，私妄好恶而自作喜怒者也）

P. 第能于喜怒时遽忘其怒，而观理之是非（……忘则大公而无私，观理则顺应而无智）

如果站在上述郑齐斗的无心、无私、无欲论的立场上来看，前节许筠的人欲（私欲）肯定论，就必须予以否定了。所以郑齐斗说："王氏致良知之学甚精，抑其弊或有任情纵欲之患。（此四字真得王学之病。）"而从郑齐斗把"任情纵欲"之倾向当作"王学之病"加以批判这点来看，似可看出其思想志向的某种倾向性。

第三章　无欲论在日本的展开

在日本，阳明学被受容之初，所接受的是继承了王阳明思想之积极倾向的王畿的现成良知论。然而，日本阳明学却通过良知与人格神（皇上帝）的结合，而习惯于把人心定位为绝对之主宰（参照第二部第三章），从而使得在中国阳明学中被视为私欲肯定论的倾向没有得到展开，反倒是展开了无私、无欲论。下面，就让我们来考察一下中江藤树及其之后的无私、无欲论的展开过程。

一、中江藤树的凡心之超克

1. 绝意论——意为万欲百恶之源

在藤树看来，意是"心之所倚"，是"万欲百恶之渊源"。在此基础上，他提出了自己的绝意论。本来把意定义为"世情嗜欲""万欲""万病""千过万恶"之源的是王畿。[1] 然据《藤

---

[1] 例如王畿说："吾人一切世情嗜欲，皆从意生。心本至善，动于意，始有不善。"（《王畿集》卷一《三山丽泽录》，第10页）"万物起于意，万缘生于识。"（《王畿集》卷八《意识解》，第192页）"万病（转下页）

树年谱》三十三岁条记载:"冬,得《王龙溪语录》,初读时,受其触发而多悦之。"[1] 则说明藤树大概是从王畿那里得到了很多启发。不过,在藤树三十一岁时所著的《明德图说》中已云:"恶之根柢生发于意之地上,是以《大学》之工夫,其要谛在于诚其意。"认为恶之根柢是从意之地上生发的。从这点上看,可以认为将"意"看作是欲望和恶之根源的观点是早就内蕴于他的思想之中的。之后,藤树的这种观点通过阅读《王龙溪语录》被进一步确定下来。另外这种观点还促使"诚意的正确工夫"即《大学》的诚意论成为其后来的工夫中心。

藤树是站在天道(上帝)之子孙皆为善(纯粹至善)而无恶[2]的唯善论的立场上,依人心从纯粹至善的明德中直出还是旁出,来区别善与恶的。[3] 对他来说,善是从明德中直出之本

(接上页)皆起于意,万缘皆生于识⋯⋯意者病之所由以生,识者缘之所由以起也。"(《王畿集》卷一四《原寿篇赠存斋徐公》,第387页)"千过万恶,皆从意生,不起意,是塞其过恶之原,所谓防未萌之欲也。"(《王畿集》卷五《慈湖精舍会语》,第113页)

[1] "冬 王竜溪語録ヲ得タリ 始コレヲ読トキ 其触発スルコトノ多キコトヲ悦ブ。"(《藤树先生年谱》,三十三岁条)

[2] 藤树曰:"以天道为本而生万物,则天道者,人物之大父母,而成根本也。人物者,天道之子孙,而成枝叶也。根本之天道纯粹至善,则其枝叶之人物亦为善而无恶矣。"(《翁问答》下卷之末,第45条)("天道を根本として生まれいでたる萬物なれば 天道は 人物の大父母にして根本なり 人物はてんたうの子孫にして枝葉なり 根本の天道 純粋至善なれば そのえだ葉の人物もみな善にして惡さしと得心すべし。")

[3] 藤树曰:"盖明德者,上帝之在人者,而纯粹至善者也。⋯⋯以善为直出,以恶为旁出者,以开示其本然有善而无恶也,是心法之要关也。"(《藤树先生全集》卷一一《明德图说》)

干，恶是明德中旁出之寄生疣赘。[1] 如果藤树在贯彻唯善论之思想时，只能断绝心之所倚、万恶百欲的渊源——意，那么他的"诚意"在内涵上就只能算是"绝意"。故此，藤树在《古本大学全解》（又称《大学解》）中，把"欲正其心者，先诚其意"解释为："诚者，纯一真实之谓也；意者，心之所倚，好恶之执滞，是非之素定，一切将迎及一毫适莫，皆意也。而省察克治其意念所倚、所杂，复本来纯一真实之心，此谓诚意。"[2] 总之，藤树强调的是意为心之所倚，省察克治，即克治此意念之所倚；诚意者，即复其本来纯一无杂（真实无妄）之真心，亦即复诚也。于是，藤树遂在以下引文中把"诚意"直接等同于"绝意"。

  诚意之意，与子绝四意同。圣人所为圣无他，意而明明德而已；学者所学亦无他，绝意而复明德本然而已。然初学人遽欲绝意，则不能无弊，故不曰"绝意"。曰"诚意"，立言甚精妙哉。[3]

正如藤树所言，有"万欲百恶之渊源"的意之存在，明德

---

[1] 藤树曰："形气本虽无恶，而有形象，则不能无偏。形气一，则理或所夺，而亡其本然，是以发而不中节，而旁出寄生疣赘之恶。形气者，为理之配，本有善而无恶者也，是以不亡其本然，而发而中节，为直出本干之善。"（《藤树先生全集》卷一一《明德图说》）
[2] 《藤树先生全集》卷一二。
[3] 《藤树先生全集》卷一二。

就会昏昧，五事（即貌、言、视、听、思[1]）即会颠倒错乱；而意若不存在，则明德就会明彻，五官即会遵从其命令，从而使万事中正通利。《论语·子罕》篇云："子绝四，毋意，毋必，毋固，毋我。"朱熹的《四书集注》把"毋意"之意训为"私意"，又将《大学》的"诚意"之意训为"心之所发"（《大学章句》）。然藤树对这种意之解释抱有疑问。王阳明对意的解释与朱熹相似，声称"身之主宰便是心，心之所发便是意"。[2]故此藤树不依从朱、王任何一方，而是坚持自己的立场，强调"吾唯希其与至当"，表现出对朱、王之解释的不满情绪。[3]

---

[1] 藤树继承了王阳明将"物"看作"事"的主张（"物者 事也"。《藤树先生全集》卷一二《大学考》），但他又在此基础上将之进一步解释为"五事"，缩小了事的一般所指范围。正如其在《藤树先生全集》卷一二《大学考》中所示"物ハ事也 貌言視聽思ノ五事ヲ指シテ云"，"五事ハ萬事ノ根本 善惡ノ樞機也 …… 洪範ノ九疇有天道 有人道 天道ハ五行ヲ以根本トシ 人道ハ五事ヲ根本トス"一样，此"五事"即为《书经·洪范》中的"九畴、五事"，即"貌、言、视、听、思"。这种解释一方面显示出藤树与朱熹所持观点的差距之大，同时还鲜明地揭示出王阳明在逻辑立场方面的实际问题。关于这一点，我们从藤树的《大学考》中即可看出。即大部分学者未及深考，而大抵袭用了朱子将"物"字解为"物犹事"之论，几乎没有将物定为"五事"，因此导致格物之功效最终无法切实实现。"物ノ字ノ解朱子ノ物ハ猶事ト解シテヨリ大抵皆襲用ユト雖 不及深考 終ニ五事ト定メテ解スル人ナシ 故ニ格物ノ功泛濫ニシテ切實ナラズ。"（《藤树先生全集》卷一二）

[2]《传习录》上卷，第6条。

[3] 例如，藤树在《大学考》中将自己对《大学》的基本理解概括为："盖程、朱、阳明皆先觉，吾何所偏袒也。今见吾是古本，遂从阳明；是经传之差别，遂从朱子；可知皆党同之私也。吾唯希其与至当。若其是真，则吾必愚矣。"（蓋程朱陽明皆先覺ナリ 吾何ゾ偏ムキニ祖ヌグ所アラソヤ 今吾古本ヲ是トスル所ハ陽明ニ從ヒ 經傳ノ差別ハ（转下页）

因为在藤树看来，本心里面潜藏着作为"万欲百恶之渊源"的意，所以"心之所发"（凡心之发）中自然不仅有善，同时亦有恶。如此一来，恶念就不是由心而显现，而是由潜藏的意所引发。很显然，在这种只看到"所发"，而将善与恶都认定为意之所发的情况下，善与恶的根源是不分明的，所以仅仅退至"所发"处，而不去省察克治潜藏之病根，同样也是于事无补的。

在这里，藤树释意为"心之所倚"，[1] 以为"诚意"之意与"绝四"中的"毋意"之意，本来"无异义"，并确信"诚意"等于"绝意"。也就是说，圣人之圣只是无意而明明德，学者所追求的境界，亦只是诚意而复归圣人"毋意"之明德。由于圣德只在本体之自然上立论，所以只言"毋意"；《大学》只在用功之工夫上立言，所以只言"诚意"。所谓"毋"，乃圣人之事；所谓"绝"，则乃因病而言"诚意"。藤树还进一步阐释了初学时诚意等于绝意的方法。他认为，初学时若强调绝意，就会陷入顽虚（即"顽空"。据藤树《熟语解》，所谓顽空，即杂心而滞，感通惺惺[2]）之弊害。诚是纯一无杂、真实无妄之本体，也就是良知，而心之所倚（意）若即于良知之诚，则虽倚

（接上页）朱子ニ從フヲ見テ 黨同ノ私ナキコト可知 **吾ハ唯其至當ニ與セソト希フノミ** 若其真是ニアラザラソハ吾愚ナリ。）（《藤树先生全集》卷一二）这明显地表现出他对学问的一般态度，而并不仅仅是他对《大学》的理解。

[1] "意ハ心ノ所倚 好惡ノ執滯 是非ノ素定 一切ノ將迎及一毫ノ適莫 皆意ナリ。"（《藤树先生全集》卷一二《大学解》）
[2] 《藤树先生全集》卷二一，杂著。

亦非邪僻。藤树是这样阐释初学时诚意等于绝意之方法的：

> 意者，万欲百恶之渊源。故有意时，明德昏昧，五事颠倒错乱也；无意时，明德明彻，五官从令，万事中正通利也。是以开示圣人之德，曰"子绝四：毋意，毋必，毋固，毋我"；教《大学》之道，曰"诚意"。人之欲心昏迷万端，只意之一字，或以明圣德，或以开示学术，指点他之病痛之意，能可着心眼处。然意字之解，《大学》训为心之所发也，《论语》训为私意也，似有异义也。阳明不及深考而从此解。今窃考之如未莹。……心之所发，本来灵觉，有善而无恶者也。凡心起发，有善有恶，本心里面，意之伏藏故也。然则恶念，亦为意之伏藏起发，本心之发见也。然只认所发，善念亦意，恶念亦意时，善恶之根源不分明矣。若仅退治所发，而不去省察克治伏藏之病根，则似欠端本澄源之功矣。譬如除草当去其茎，方能断根去弊也。朱子之意，本非如此，字义十分不莹，泥于言诠，此弊也。盖意者，心之所倚也。诚意之意与绝意之意，本无异义。圣人之圣无他，惟无意而明明德而已矣。学者所求亦无他，惟诚意而复圣人"毋意"之明德而已矣。圣德在本体自然上立论，故只言毋意；《大学》在用功工夫上立言，所以只言诚意。言"毋"者，乃圣人之事；言"绝"者，乃因病而言诚意也。其意之义，至为精密明备也，此所冠吾道之三教也。或曰："云绝意而有病，

何也?"曰:立志者,用戒惧之功者,皆初学之时,于此不能不倚也。此亦意之类矣。故初学者,非绝意,则入顽虚之弊也。诚者,纯一无杂、真实无妄之本体,即良知也。心之所倚,率于良知之诚时,倚非邪僻也。以倚而至不倚,倚亦不倚之理也。[1]

---

[1] "意者万欲百悪ノ淵源ナリ 故ニ意アルトキハ 明徳昏昧シ 五事顚倒錯乱セリ也 意ナキトキハ 明徳明徹五官令ニ従ヒ万事中正通利也 是ヲ以テ聖人ノ徳ヲ開示スルニハ 曰ク 子絶四 毋意 毋心 毋固 毋我ト 大学ノ道ヲ教ユルニハ 曰ク 誠意ト 人ノ欲心昏迷万端ナルニ 只意ノ一字ヲ以テ 或ハ聖徳ヲ明シ 或ハ学術ヲ開示玉ヒテ 他ノ病痛ヲ指点シ玉ハザル意 能可著心眼トコロナリ 然ルニ意ノ字ノ解 大学ニハ心之所発也ト訓ジ 論語ニハ私意也ト訓ジ異義アルニ似タリ 陽明モ不及深考シテ従此解 今窃ニ考之如未瑩 …… 心ノ所発ハ本来ノ霊覚有善而無悪者ナリ 凡心ノ起発有善有悪ハ本心ノ裏面ニ意ノ伏蔵アル故也 然則悪念ハ意ノ伏蔵ヨリ起発シテ本心ノ発見ニアラズ 然ルヨ只発スル所ノミヲ認テ 善念モ意ナリ悪念モ意ナリトスルトキハ 善悪ノ根源分明ナラズ 且発スル所バカリヲ退治シテ 伏蔵ノ病根ヲ省察克治スル講論ナキトキハ 端本澄源ノ功欠タルニ似タリ 譬バ草ヲ除クニ茎ヲ去テ根ヲ断ザル弊アルベキニヤ 朱子ノ意本如此ナルニハ非ザレドモ 字義十分ニ瑩ナラザルヲ言詮ニ泥ム時ハ此弊アルベシト也 蓋意者心之所倚也 誠意ノ意ト絶四ノ意ト本異義ナシ イカントナレバ聖ノ聖タルトコロ無他 意ナクシテ明徳明ナル而已矣 学者ノ求ル所モ亦無他 意ヲ誠ニシテ聖人毋意ノ明徳ニ復ル而已矣 聖徳ニハ本体自然上ニ論ヲ立ル故ニ毋意トイヘリ 大学ニハ用功工程上ニ言ヲ立ル故ニ誠意トイヘリ 毋トイヘルハ聖人ノ事 絶トイヘバ病アルニヨツテ誠意トノ玉フ 其意ノ義ノ至テ為精密明備也 此吾道ノ三教ニ冠タル所ナリ 或曰 意ヲ絶ト云テ病アルハ何也 曰 志ヲ立ルニモ戒懼ノ功ヲ用ルニモ初学ノ時ハ此ニ於テ不倚コトアタハズ 此モ亦意ノ類ヒナリ 故ニ初学ヨリ意ヲ絶ントセバ頑虚ニ入ル弊ナキコト能ハズ 誠ハ純一無雑・真実無妄ノ本体即良知也 心之所倚良知ノ誠ニ卒フトキハ 倚トイヘドモ邪僻ニ非ズ 倚ヲ以テ不倚ニ至ルトキハ倚モ亦不倚ノ理リナリ。"(《藤樹先生全集》卷一二《大学考》)

2. 从凡心超克到无心无欲

如上所述，藤树不仅将意看做是"心之所倚""万欲百恶之渊源"，还将意看成是"凡心之实体"。[1] 所以说，凡心是万欲百恶（又称"凡心之惑"[2]）滋生的根源。

藤树原本是将"超凡入圣"[3] 作为学问之目标的。而为了达到"入圣"这一目标，就自然要把"变凡心"作为课题。[4] 为了说明从凡心达到圣学的方法以及两者的关系，藤树还特地撰写了《凡心图说》。[5]

所谓《凡心图说》，是由 A. 凡心（图二）、B. 悟道（图三）、C. 禽兽（图四）、D. 圣学（图五）这样四幅"图"所构成的。下面就按照藤树自己对"图"的解释，试着作番考察。

A. "凡心"：与《君子图》（图一）一样，《凡心图》也是方框□与圆圈○的叠加结构，并且也写着"神明"二字。这是

---

[1] 藤树曰："意者，凡心之实体也。"（《藤树先生全集》卷一，经解，《诚意一》）

[2] 藤树在有关"子绝四，毋意，毋必，毋固，毋我"（《论语·子罕》）的"主意"说里指出："凡心之惑虽万不同，其根皆在于此四者。若无此病根，则不能污习，不能溺于名利酒色。万欲生于此根，四者无非各烦，毕竟只一病也。始意而遂必，留固而成我。又生于意而循环无穷。心气凝滞而成意必故我之病也。"（《藤树先生全集》卷一三《论语解》）这就意味着，意、必、固、我之病是因意而起，并以意→我→意的循环模式而无穷展开的，所以说是"只一病也"，而所谓"惑"，即"凡心之惑"（具体指的是"名利酒色"），亦是因凡人之意而生的。

[3] 《藤树先生全集》卷一三《中庸解》。

[4] 比如藤树说："致良知，则变昔日之凡心，而致今日之圣人也。"又说："由凡夫而致圣人。"（《藤树先生全集》卷一四《中庸续解》）

[5] 《藤树先生全集》卷一四《补遗》。

君子

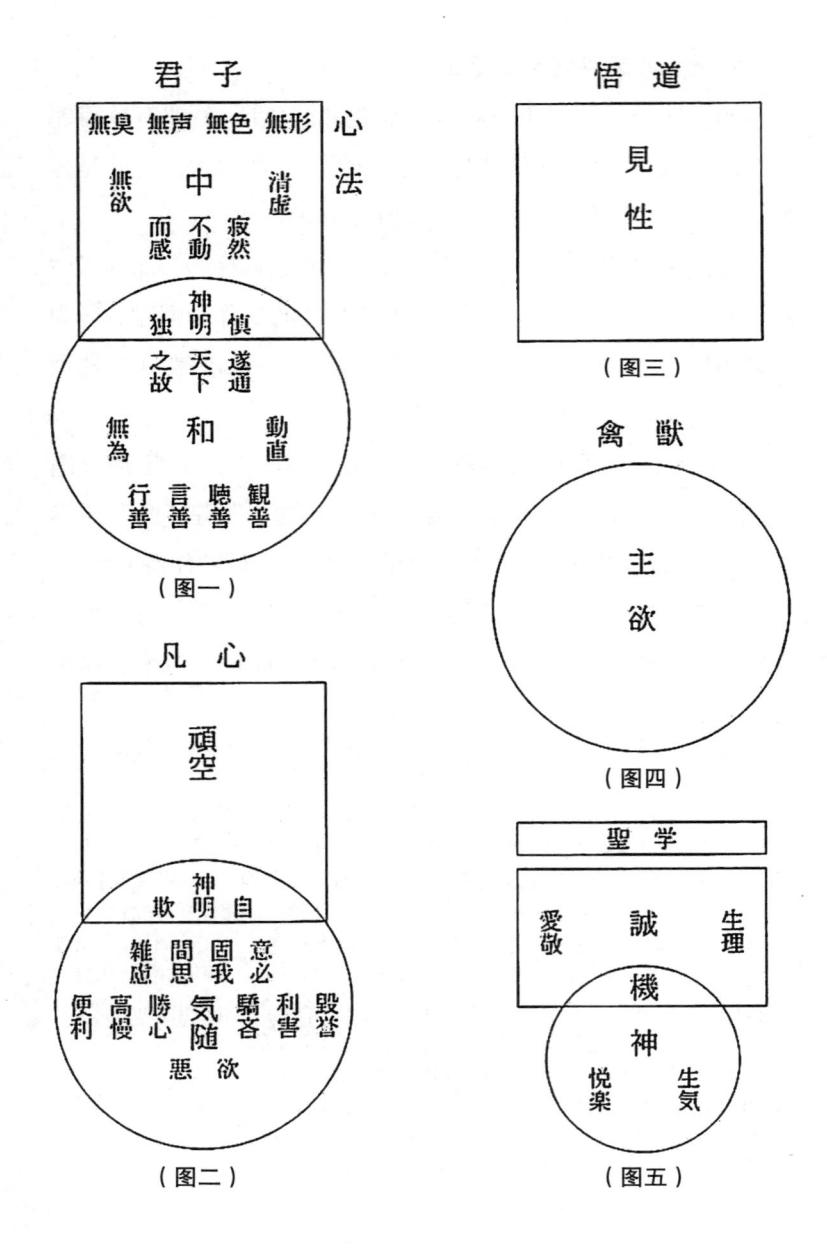

心法

無臭 無声 無色 無形

無欲 中 消虚
而感 不動 寂然

神明 慎
独之故 天下遂通

無為 和 動直

行善 言善 聴善 観善

（图一）

凡　心

頑空

神明 自
欺

雑慮 問思 固我 意必
便利 高慢 勝心 気随 驕吝 利害 毀誉

悪欲

（图二）

悟　道

見性

（图三）

禽　獣

主欲

（图四）

聖　学

愛敬　誠　生理

機
神

悦楽　生気

（图五）

因为，无论圣人还是凡夫都是作为人而降生于世的，其天性并没有改变，心中也并非没有知善知恶的神明，且都具有憎恨不义、耻于行恶的良知。然而，自欺与慎独之间乃相差千里，所以才有了君子与小人之名。但如果能够做到一念自反、辨惑慎独、改过迁善，凡夫就能成为君子，因此惟有将神明同时写在《君子图》和《凡心图》上才行。小人自欺随性，其心体为空之时，其实并非真空，所以方框□中写有"顽空"[1]二字。念虑动时即妄，所以在圆圈〇中写有意、必、固、我、间、思、杂、虑八字。至于毁誉、利害、骄吝、胜心、高慢、便利十二字，则写的是凡心之常。此处所给出的东西，是相当沉重的。即使骄者诽谤吝者，吝者诽谤骄者，亦皆不知凡心之迷惘，甚者还会陷于欲、恶二端，所以在最下方写有欲、恶二字。

B."悟道"：将方框□离开圆圈〇而置于高处作为悟道。此处表示的是只有见性而无用的意思。方框□与圆圈〇是理气。理气同在而不离。若两者分离，则方框□亦非实理，圆圈〇亦非真气。在方框□内写着"见性"二字，意指虽异端亦见寂然不动、无欲无为之性。方框□乃无之至极也。圣学者，无极而不惑也；异学者，未至无极之境也，故虽悟而有惑。若不见造化之神理，则把天地亦视为轮回。故佛者出太虚而离阴阳，实惧轮回也。太虚无外，不可越出；又无轮回，不可分离。只因

---

[1] 按："顽空"是指虽杂不滞心，但若惑根不拔，就会成为邪恶纷涌之地，呈现出混乱昏暗之态（参照《藤树先生全集》卷二一，杂著，《熟语解》）。

方框□中的寂然不动、无欲无为未予显现，后又见无真而作佛性，至此遂将不生不灭当作成佛，离阴阳生生之体，而使我无再生、无子孙而出离生死，造化无尽藏而无中生有。生者不灭，行者不返，无轮回也；虽可谓无始无终，但不可谓不生不灭。方框□内前后皆不显，形象声臭皆不可灭，此可谓不生不灭也。

C."禽兽"：只有圆圈○而没有方框□的被视为禽兽。此处说明禽兽只有形气之欲甚且以此为心，所以圆圈○中写的是"主欲"二字。若无理之知觉，则只虚生浪死矣。然则，即使禽兽，亦未脱得了圆圈○和方框□，惟因混沌一体而未显理之灵觉也，是故形同虚设矣。或问：雁按长幼之序而不乱其行，乃见方框□之照也。吾曰：阳鸟多受火气而生。火气之神，礼也，是故自然如此，并非知礼而生矣。其他之事亦皆同其鸟也。人若知礼而无礼，则比禽兽还低劣焉。人者，固有无欲之性而知无欲之理，然却只把欲当作心，此非与禽兽无异耶？禽兽者，生于禽兽，故而无罪。然人者，虽有人性，却近于禽兽，此乃大耻矣。或问：心者，灵觉之名也。人与物，皆有灵性，心之虚灵知觉，一也，何在于理气之知觉耶？吾曰：灵觉之本者，理也；至理之虚觉而明，则速至矣。故云感而知觉也，此至神明矣。圣人者，人之神明也；平人者，圣人之未开者也。禽兽鱼虫草木者，气质也，故至末只气质之灵觉也（下略）。

D."圣学"：原文对此未作说明，由于有同于此图的《天命性道合一图说》，所以可作为此图之说明的参考文。现将《天命性道合一图说》载录于下：

> 爱敬则生理也，悦乐则生气也。生理生气以天道而言之，爱敬悦乐以人道而言之，此天命性道合一之图也。天人合一、理气一合，谓之机，机者心之天理，而人间是非之鉴也。静虚而动直，至诚而明达也，故机以诚为背，以神为耳目手足矣。体用一源，显微无间，然则机良知乎。良知无心，以爱敬为心；良知无体，以无欲为体；良知无知，以无知为知。爱敬者，慈爱无我之真也；无欲者，圆神不倚之中也；无智者，太虚神明之灵也。呜呼！爱敬无欲无知者，夫圣人乎！心之圣人，此之谓良知，故致其良知，则圣兹得焉。[1]

以上即为《凡心图说》之内容，其要似可大致归纳出以下几点：

A. 人皆有良知（理），只要有了良知，则圣人、凡夫，本性无二，谁都可以成圣。B. 然人者，乃理气（□○）合一（即方框□与圆圈○之叠加）之存在也，是故凡人，或者易从于气（形气），或者离气而求理。C. 无理而唯有气者，禽兽也，人若有理而不知理，则比禽兽更为低劣。D. 因此，人必须克服易

---

[1]《藤树先生全集》卷一一。

从于气的凡心，以达到作为心之圣人的良知（理）。E. 良知者，无心、无欲、无知也，若致得良知，则人皆可以为圣人矣。

　　由此可见，此《凡心图说》，其实也就像藤树所说的"诚者，纯一无杂、真实无妄之本体，即良知也。心之所倚者，率于良知之诚，虽倚亦非邪僻也"[1]那样，是以其自己当初所定的"超凡入圣"之目标为基础的。而藤树的目标，其实就是遵从纯一无杂、真实无妄之本体（等于诚之良知），以克服心之所倚也。这是因为，对藤树来说，"遵从良知"就是"致良知"，而若遵从良知，则"致良知而变昔日之凡心以至今日之圣人也"；[2] 以至超越"凡心之惑"而成圣，从而达到"超凡入圣"之目的。可见，所谓"超凡入圣"，不过是心中纯一无杂、真实无妄（诚），即"无心""无欲"之境界。

二、藤树以后无欲论的展开
——以大盐中斋为重点

　　上节所述的藤树的无欲论，后来遂成为日本阳明学派的一个传统。下面就介绍一下其中的代表人物大盐中斋。
　　中斋思想的核心是归太虚说。只不过，中斋的归太虚说，是以无私、无欲论为基础的，所以其思想最终可理解为是对藤

---

[1]《藤树先生全集》卷二〇《大学考》。
[2]《藤树先生全集》卷一四《中庸续解》。

树的无私、无欲论的继承和展开。犹如其以下引文之所言:

> 心有意必固我则非虚……心无意必固我归乎虚。[1]
> 心归乎太虚,非他,去人欲存天理,乃太虚也。[2]
> 而人欲去全归乎太虚,则其妙不可言述也。[3]
> 虚亦有人为之虚,与天成之虚有别……然人有欲,则天成之虚反为不灵。……故无欲则天成之虚,其灵乃如神。[4]

中斋把去人欲、无欲、无我作为归太虚的前提条件,而把达到"大无心"[5]作为归太虚的目标。所谓"大无心",其实就是归太虚的状态,意味着无私和无欲。因此,中斋的门人松浦诚之曰:

> 且先生常言曰:不用扫意见情识之苦劳,而徒指常凡之发见挽意欲者,而漫语良知者,盖泰州之王学,而非越中之王学也。故先生之学,慎独乎未发已前,以痛扫意见情识之害良知者,故其极在归乎太虚矣。……因诚之谨考之,太虚良知一而已矣。其公而无私处即太虚,其灵而不

---

[1]《洗心洞札记》卷上,第41条。
[2]《洗心洞札记》卷上,第115条。
[3]《洗心洞札记》卷下,第53条。
[4]《洗心洞札记》卷下,第56条。
[5] 中斋曰:"夫吾儒之存诚敬者,则更无一点祸福生死之念粘着于方寸,故其方寸与太虚一焉,是即大无心也。"(《洗心洞札记》卷下,第103条,第214页)

昧处即良知。[1]

这就是说，中斋虽继承了王阳明思想的积极侧面，但却又不得不对倾心于私欲肯定论的泰州学派进行非难。[2] 如此一来，对

---

[1] 松浦诚之：《洗心洞札记·札记跋》。
[2] 中斋说过："蔽良知者人欲，而细分之则有四，一曰知觉之知，二曰闻见之知，三曰情识之知，四曰意见之知。"（《古本大学刮目》，收入《日本の陽明学》上，第356页）这是把知觉、闻见、情识、意见之知视为"蔽良知者"，也就是人欲。而其所说的"知是知非，知善知恶，是良知之照，而非良知之体，阳明先生特为有意欲者权言之也"（《洗心洞札记》卷上，第33条，第69页），则是以王阳明的"知善知恶是良知"（《传习录》下卷，第115条），即所谓"四句教"之第三句为立足点的。就像朝鲜时代的郑齐斗把良知分为体用来理解那样，中斋亦认为，知是非善恶是"良知之照"（作用），而非"良知之体"（本体）；并且认为，"四句教"的第三句是王阳明为"有意欲者"（凡人）而设。这样一来，就自然会对"常凡之发见撄意欲者"，亦即倾向于人欲肯定论的泰州学派加以责难了。比如他批判泰州学派之祖王艮（心斋）说："王门之格物，岂可谓一蹴而臻成？其工实胜于朱子格物之劳……王心斋聪明，而导人之志切乎其工夫矣。故只语良知，而不语格物之工。闻语格物，则只指物有本末之物，以为格物之物，所谓格量物之本末始终，而为用力之地也。审如此，则《大学》之格物，亦一日二日讲究而了之，岂有是理哉？心斋非不知之，以王子格物害乎导愚夫愚妇故也。不知不语王子之格物，而其弊峰起于将来，至乎东林诸公起救之，遂令世讳王子之致良知，岂谓心斋无罪哉！"（《古本大学刮目》，收入《日本の陽明学》上，第354页）又因中斋得到了舶来的宁陵（吕坤）的《呻吟语》："因天佑，得购舶来宁陵《呻吟语》，此亦吕子病中言也。熟读玩味，道其不在焉耶！……自是又究宁陵所渊源，乃知其亦从姚江来矣。"（《寄一斋佐藤氏书》，收入吉田公平译注：《洗心洞札记》下卷，第366页）并通过探究吕坤的学问之渊源，而了解到吕坤亦来自姚江（王阳明）之学（即阳明学）。这就是说，吕坤的《呻吟语》是触及到阳明学的。《呻吟语》的作者吕坤，一般都看作是气学学者。侯外庐主编的《中国思想通史》指出："对明代的学术，吕坤对王阳明一派反对（转下页）

私欲肯定论持批判立场，而以无私、无欲为根底的中斋的"归太虚"的思想特征，在以往的研究中，又被认为是"禁欲主义"。[1]

（接上页）最为激烈。……同时，他对泰州学派则加以肯定。"（第4卷，下册，第946页）然而，令人生疑的是，如果吕坤真是如此肯定泰州学派的话，受其影响的中斋又为何会如此坚定地反对泰州学派呢？另一方面，中斋还对属于阳明学右派的诸人物，如邹守益（东廓）、欧阳德（南野）、罗洪先（念庵）、刘宗周（念台）、孙奇逢（钟元）、李颙（二曲）、黄宗羲（梨洲）等给予了"其道德功业，皆载籍炳耀矣"的极高评价，并且根据《明史》《明史稿》《南疆绎史》《明学儒案》等，而略述了他们每个人的道德和功业（见《洗心洞札记》卷上，第180条，第365—376页）。即使对于在中国继承了王阳明思想的积极侧面而成为展开之主导的一拨人，中斋也作了以下这样引人注目的评论："且龙溪、心斋、近溪末流之弊固多，然不可少这矣。孔门传其正宗者，惟颜、曾二人，子夏、子路等再传，虽皆有弊，然以之罪子夏、子路等，则亦不可矣。故吾以此恕二王（即龙溪、心斋）、罗（即近溪）三子矣。学者若以工夫之真修为要，则龙溪之精微、心斋之超脱、近溪之无我，无不可矣。龙溪四无说，虽斥为仇中人以下者，然上根宿学者何尝非同此心耶？心斋虽被斥为禅，然事亲而孝，笃于尊师，薄于爵位，而明于性理也。阳明子初见时，退而谓门人曰：'吾擒尾濠时无稍动，今日却为斯人所动，此真学圣人者矣。'史（即《明史》）虽言心斋读书止《孝经》《论语》《大学》，然为儒者之冠冕矣。则僻陋之学究，岂可轻议耶？亦何见其王道论哉？其明周公之法制，即可见矣。然则，可概曰禅乎？近溪是亦有禅之毁，然皆俗学左袒之论，而非公正之议矣。"（同前注）可见，对于阳明学左派，中斋并不一味地坚持批判立场。他的批判，与其说是针对龙溪、心斋、近斋本人的，倒不如说是针对"龙溪、心斋、近斋末流之弊"的。进而言之，诚如《札记跋》所言"徒用扫除意见情识之苦功，乃指揆常凡发见之意欲者；而漫语良知者，盖泰州之王学云云"（译者按：查中斋门人松浦诚之、汤川干、松元干知撰于天保六年的三篇《札记跋》，皆无此言，疑引文出处有误），其实指的亦并非泰州学派之祖王艮（心斋），而是其末流。

[1] 参照户谷敏之：《中斋の太虚について——近畿農民の儒教思想》，收入《日本農業經濟史研究》上，东京：日本评论社，1958年。

第四章 比较论的考察

王阳明原本不是私欲肯定论者，而是主张彻底克服私欲。不过，王阳明的思想体现在良知的实现、发挥（致良知）上，重视本体与重视工夫这两种倾向便被内在地结合在其思想中，并且为其继承者所分别而具体地加以展开和深化，进而不可避免地形成为私欲肯定论者抑或私欲否定论者。也就是说，私欲肯定论和私欲否定论基本上是各自继承了王阳明思想中强调本体（主体）、实践之倾向与强调工夫、省察之倾向，并将其加以深化的结果。

在中国，私欲论是由继承了王阳明思想中强调本体的思想家为主导而展开、发展起来的，其主要人物是梁汝元和李贽。梁汝元否定无欲论，主张寡欲论，还提倡"育欲"，并在社会层面上强调与欲相关的"与民同乐"。但是，梁汝元的观点其实只能理解成是对儒教（孔子、孟子）之传统寡欲观的回归或者确认的结果。梁汝元的人欲肯定论，又在李贽那里得到了进一步深化。李贽认为，自我便是真正的人心，人正因为有自我才能见此心，若没有自我，心就无法体现。李贽批判无私之说是画饼之谈、观场之见，进而认为穿衣吃饭的私欲是人之本性，也是伦理能够成立的条件。但是李贽的人欲论也是以"圣人立言之旨"作为依据的，在这一点上他与梁汝元一样，亦无法超脱儒教传统之人欲观的框架。

韩国也受到了在中国展开的重视本体侧面的私欲肯定论的影响，而在阳明学发展的初期就兴起了私欲肯定论，其主要代表人物是许筠。许筠认为，男女情欲是天之教，伦纪分别是圣人之教，天高圣人一等，所以自己不从圣人而从天，从而主张在积极的、肯定的意义上来定义人欲。在积极而肯定的人欲评价论的基础上，许筠还展开了自己的居处饮食论和财货论。许筠的人欲论在"放"这个字上得到了象征性的体现，而其关于"浮沉只任情"（人情）、"吾自达吾生"的生存方式，则在以"拘"字为象征的礼教之对立形态上得到了展开。但即使如此，从许筠的人欲观亦一样以"先贤"为依据这一点（犹如人欲论在中国的展开）来看，仍可以说他并没有脱离儒教传统之人欲观的框架。而许筠的人欲观到了郑齐斗时，却受到了批判，最终变容为无私、无欲论。也就是说，郑齐斗是通过对以无心、无情、无私（无自私）为基础的思想之展开来否定私欲论的。

在日本，虽然其阳明学的鼻祖中江藤树以王阳明思想的受容为立足点，接受了王阳明思想之积极倾向的继承者王畿的良知现成论，并作了进一步的深化，但却并未出现像中国（或韩国的许筠）那样的人欲肯定论之展开。这是因为，倾心于唯善论的中江藤树，对人之本质作了深刻反省，以为人若不设定绝对物便无法顺利地控制住自己，甚至极易趋于恶，为此藤树确定了人格神（皇上帝）的存在。在此基础上，明德被认为必须要以天命为前提，此即藤树所说的"畏天命、尊德性"之学（即明德之学）。而藤树所谓的现成良知，则被他看作是与心中之天（皇上帝）相同的东西，于是成了主宰人心的本体。良知是纯一无杂、真实无妄（即诚）的存在，所以人们可以通过良知来超克私心、私欲，进而达到无心、无欲之境界。这便是藤树所说的"超凡入圣"。藤树的"超凡入圣"之方法，被特别体现在其诚意（即绝意）论和其所作的《凡心图说》中。藤树所描绘的由超克私心、私欲而向无心、无私、无欲转换的图式，在日本后来的阳明学之发展过程中成为一种传统，而其代表性例证便是大盐中斋的学说。也就是说，作为中斋思想之核心的"归太虚"论，就是以无私、无欲论为基础而建立起来的。

第五部

权道论的展开

郑齐斗的《良知图》和《丽明体用图》（上左）：《良知图》被认为是郑齐斗的最具阳明学特征之图。郑齐斗受容阳明学，主要表现在他的体用框架中，这也反映了韩国阳明学的特征。故而郑齐斗的《良知图》一般又被称作《良知体用图》。《良知图》下面的《丽明体用图》，则是一幅以体用来划分良知之内容并将此比喻为火的示图。

郑齐斗《霞谷集》之《存言》部分（上右）：《存言》分上中下三部分，是一对应于王阳明的主要著述《传习录》的上中下三卷而撰写的重要著作。可以从上图中间看到郑齐斗的著名观点"一点生理说"。

郑齐斗之墓：郑齐斗墓位于江华郡良道面霞逸里山56番地。郑齐斗于六十一岁（1709）那年的八月迁居安山江华岛，并开始为弟子讲学。

引 言

　　权道是与"任何情况下都绝对不变的道理"——"正道、常道、经道"相对的概念，是"特别情况下的融通之道"，故又称"变道"。"权道"一词出自孟子与齐国辩才淳于髡之间的一段问答语："淳于髡曰：'男女授受不亲，礼与？'孟子曰：'礼也。'曰：'嫂溺，则援之以手乎？'曰：'嫂溺不援，是豺狼也。男女授受不亲，礼也。嫂溺援之以手者，权也。'曰：'今天下溺矣，夫子之不援，何也？'曰：'天下溺，援之以道。嫂溺，援之以手。子欲手援天下乎？'"[1] 虽然"男女授受不亲"[2] 是当时的道德规范，但孟子还是要求"嫂溺，援之以手"。因为相对来说，这样做更为急切重要。朱熹曾在《孟子集注·离娄上》中说："权，称锤也，称物轻重而往来以取中者也。"因此可知，权道不能单纯地被理解为临时变通，而应该是在特殊情况下所要求的另一种正道。我们还可以把权道与

---

[1]《孟子·离娄上》。
[2] "男女不杂坐，不同椸枷，不同巾栉，不亲授。"（《礼记·曲礼上》）"男不言内，女不言外，非祭非丧，不相授器。其相授，则女受以篚。其无篚则皆坐奠之而后取之。"（《礼记·内则》）

《中庸》中所说的"时中之道"[1]划等号，并且可以做这样的解释：当时的情形（时）合于（中）。而这也就是"中庸之道"。

在进入本论之前，我们有必要先来讨论一下王阳明的权道论。

权道论是阳明学的思想特征之一。阳明学的权道论，是通过王阳明的门人将阳明学在各地区之展开而得到继承和发扬的，且在此过程中，亦鲜明地展示出自己的风格。

有意思的是，阳明学的创始者王阳明并未系统论述过权道论，不过他的核心思想致良知论却与权道论有很深的关系。致良知论本来就是以"事上磨炼"[2]为基础的"实学"[3]。可以认

---

[1] "君子之中庸也，君子而时中。"（《中庸》）
[2] 王阳明说："是徒知静养而不用克己工夫也。如此临事，便要倾倒。人须在事上磨，方立得住，方能静亦定，动亦定。"（《传习录》上卷，第23条）"人须在事上磨，方立得住。"（《传习录》上卷，第23条）"人须在事上磨炼做功夫乃有益。"（《传习录》下卷，第4条）
[3] 按：实学，顾名思义就是实体达用之学。一般来说，实学是为了克服当时思想学问的空疏化而兴起的学风。王阳明的实学属于"实心实学"。其实学既不脱离实际的现实事物而只讲心之修养，也不脱离心之修养而只讲实际的现实事物。或者说是"应对现实具体事物的身心修养之学"。《传习录》中有一记载足以说明这一点："有一属官，因久听讲先生之学，曰：'此学甚好，只是簿书讼狱繁难，不得为学。'先生闻之，曰：'我何尝教尔离了簿书讼狱悬空去讲学？尔既有官司之事，便从官司的事上为学，才是真格物。如问一词讼，不可因其应对无状，起个怒心；不可因他言语圆转，生个喜心；不可恶其嘱托，加意治之；不可因其请求，屈意从之；不可因自己事务烦冗，随意苟且断之；不可因旁人谮毁罗织，随人意思处之。这许多意思皆私，只尔自知，须精细省察克治，惟恐此心有一毫偏倚，枉人是非。这便是格物致知。簿书讼狱之间，无非实学。若离了事物为学，却是著空。'"（《传习录》下卷，第18条）

为，致良知论是实际应对和处理现实问题的有效工夫。为什么这么说呢？因为王阳明主张，与既成的观念和规范（死格，即常道）无关，每个人都必须要根据自己所处的时间（时）、场所（所）和地位（位），服从于自己良知的命令去行动和实践。而当这种理论被完整地体现在现实的具体行为上时，我们即可称之为"权道"。《传习录》中有这么一段对话：

> 问："良知一而已，文王作《彖》，周公系《爻》，孔子赞《易》，何以各自看理不同？"（阳明）先生曰："圣人何能拘得死格？大要出于良知同，便各为说何害？且如一园竹，只要同此枝节，便是大同。若拘定枝枝节节都要高下大小一样，便非造化妙手矣。汝辈只要去培养良知，良知同，更不妨有异处。汝辈若不肯用功，连笋也不曾抽得，何处去论枝节？"[1]

据此可说，王阳明的致良知论，采取的是与固守既成观念和规范相对的、随顺人之个性的一种开放的新价值观。如此说来，王阳明以后出现的阳明学分裂现象，似可以理解为是其门人不拘师说（死格），而发挥自己个性，建构各自独立之说（即个性之展开）的结果。

王阳明曾在其门下就朱、陆之是非争论不休时站出来批评

---

[1]《传习录》下卷，第93条。

道:"各自且论自己是非,莫论朱、陆是非也。"[1] 也就是说,与其谈论他人之是非,不如先彻底地搞清楚自己的是非。因为真正的学问,不是要与其他观点相对比,而是要与自己的心相对照来判断是非。王阳明主张,如果对照自己的心时是错的,虽其言出自孔子,那也一定是错的。他说:

> 夫学贵得之心,求之于心而非也,虽其言之出于孔子,不敢以为是也,而况其未及孔子者乎?求之于心而是也,虽其言之出于庸常,不敢以为非也,而况其出于孔子者乎?[2]

根据这一理论,则师说也好,传统规范也罢,如果对照自己的良知而言为非,就无需遵从(当然,王阳明是否拒绝并否定孔子之言,则另当别论)。诸如此类的命题在现实中被具体化时,它所具有的让现实事物以某种方式改变的动力和力量,就一直成为阳明学被视为危险、当作异端的理由之一。对此,王阳明说:"夫道,天下之公道也;学,天下之公学也。非朱子可得而私也,非孔子可得而私也,天下之公也,公言之而已矣。"[3] 认为道与学非私人所有,而应该是天下之公器。但即使如此,恐怕也不能说王阳明就是一个独善其身的、出于偏见

---

[1]《传习录》中卷《启问道通书》。
[2]《传习录》中卷《答罗整庵少宰书》。
[3]《传习录》中卷《答罗整庵少宰书》。

的、无条件的既存观念和规范的破坏者。

> 圣贤教人如医用药,皆因病立方,酌其虚实温凉、阴阳内外而时时加减之,要在去病,初无定说。若拘执一方,鲜不杀人矣。今某与诸君,不过各就偏蔽,箴切砥砺,但能改化,即吾言已为赘疣。若遂守为成训,他日误己误人,某之罪过可复追赎乎?[1]

在王阳明看来,学问不可固守定说(即死格),我们的所有行为都必须时时对应于时间、地点及自己的处境,这才是做学问的基本精神。

问题的焦点,在于权道论的伴随现象,即以致良知论为基础,并且可以说是伴随着致良知论的形成过程而应运而生的。本书从第一部开始,就已经反复论述过王阳明的致良知论,并且指出:致良知论在良知的发挥和实现过程中,有积极侧面与消极侧面两种倾向,它使王阳明的思想体系呈现出两大性格。据此,我们也可以推测出,权道论的展开过程亦如致良知论所揭示的,是将王阳明思想的这两种倾向朝着左右两个方向予以展开的过程。

---

[1] 徐爱:《传习录序》,收入《传习录》卷首。

第一章 中国的经之相对化与经则法（史）论之展开

在中国，积极继承和展开（作为致良知论的伴随现象而产生的）权道论的是继承了王阳明思想之积极侧面的弟子们，其主要代表人物有王畿、李贽等人。

一、王畿的格法（格套）否定论和经则法论

如前所述，王阳明认为，医生用药，必先诊病，所以开始并无定说，如果固执于一种处方，则可能致人亡命，因此要因病立方。王阳明的目的是想否定固执于定说，强调要根据时间、地点、处境来处理各种事务。如果我们把定说视为常道的话，那么适时地应变于变化多端的诸事物便是权道。王阳明说："今某与诸君，不过各就偏蔽箴切砥砺，但能改化，即吾言已为赘疣。"他还告诫自己的弟子，他所教的东西，不过如医用药，切不可将它们当作"成训"来固守。王阳明的用意，就是为了让弟子们认识到其所教的内容都是权法而非定说，以

防被当作定说去固守。

在中国阳明学的展开过程中，积极发展王阳明之权道论的，是继承了其思想之积极侧面的那些人。对此，通过围绕王阳明所谓的"四句教"而展开的钱德洪与王畿之间的争论，可以看得很清楚（参照第一部第三章第一节）。继承了王阳明思想之消极侧面的钱德洪，把其师的思想当作"定说"；与此相反，王畿则不把师说当作"究竟话头"[1]（即成训），而只视为权法。据王畿的《天泉证道纪》记载：

> 阳明夫子之学，以良知为宗，每及门人论学，提四句为教法："无善无恶心之体，有善有恶意之动，知善知恶是良知，为善去恶是格物。"学者循此用功，各有所得。绪山钱子谓："此是师门教人定本，一毫不可更易。"先生（指王畿）谓："夫子立教随时，谓之权法，未可执定。"[2]

关于王阳明的四言教，钱德洪认为："此是师门教人定本，一毫不可更易。"而王畿则认为："夫子（即王阳明）立教随时，谓之权法，未可执定。"两人所持立场可谓针锋相对。而事实上，王阳明本人似乎更倾向于王畿的看法，只不过他要求钱德洪、王畿二人不可各执己见，片面理解，这可以说是一种折中的、暧昧的立场。王阳明说过："夫道，天下之公道也；

---

[1] 王阳明曰："此恐未是究竟话头。"（《传习录》下卷，第115条）
[2] 收入《王畿集》卷一。

学,天下之公学也。"既然把道与学从私人之产变成为天下公有之产,那么王阳明不把自己的说教当作成训或定说,便是自然而然的事了。如果他偏向或者强调钱德洪和王畿任何一方,那他自己也就把其说教当作了定说或成训,进而也就成为其私产了。用王畿的话就是:"天下之公学,非先师所得而私也。"[1]

而正是王畿,不仅积极继承和展开了王阳明的权道思想,而且严厉批判了固守格法(格套)的做法(参照第二部第四章第一节),甚至认为,作为王阳明之思想核心的致良知说,亦是时代的一个产物,而并不具有超越时代的特性。如其所言:

> 孔门之学,务于求仁,今日之学,务于致知,非有异也。春秋之时,列国纷争,天下四分五裂,不复知有一体之义,故以求仁立教。自圣学失传,学者求明物理于外,不复知有本心之明,故以致知立教,时节因缘使之然也。[2]

王畿认为,孔子的求仁之教和王阳明的致良知之教,都是为了让人悟出一体之义和本心之明,并且都是根据时机因缘而独自创立的。

如此看来,孔门也好,王阳明之教也罢,都是为悟道(一体之义、本心之明)而设的"权法",而不可视为"定说""成训"。所以王畿说:"道本自然,圣人立教,皆助道法耳(方

---

[1]《王畿集》卷八《大学首章解义》。
[2]《王畿集》卷五《与阳和张子问答》。

便),良知亦法也(助道)。"[1]而王畿的权道论,在其经书观里也体现得相当充分。比如他说:"道在人心,《六经》吾心脚注,虽经祖龙(即秦始皇)之火,吾心之全经未尝忘也。"[2]这显然来自陆九渊的"《六经》皆我注脚"[3]和王阳明的"《六经》者非他,吾心之常道也……《六经》者吾心之记籍也"[4]等说教。其中的"虽经祖龙之火,吾心之全经未尝亡也"之说,意指他不想因己之心的绝对化而使经书的权威相对化和对象化。

---

[1]《王畿集》卷一三《欧阳南野文选序》。
[2]《王畿集》卷一《抚州拟砚台会语》。
[3] 陆九渊著,钟哲点校:《陆九渊集》卷一三《语录》,北京:中华书局,1980年,第395页。
[4]《王阳明全集》卷七《稽山书院尊经阁记》,第254页。按:《稽山书院尊经阁记》反映了王阳明的经书观。原文如下:"《六经》者非他,吾心之常道也。故《易》也者,志吾心之阴阳消息者也;《书》也者,志吾心之纪纲政事者也;《诗》也者,志吾心之歌咏性情者也;《礼》也者,志吾心之条理节文者也;《乐》也者,志吾心之欣喜和平者也;《春秋》也者,志吾心之诚伪邪正者也。君子之于《六经》也,求之吾心之阴阳消息而时行焉,所以尊《易》也;求之吾心之纪纲政事而时施焉,所以尊《书》也;求之吾心之歌咏性情而时发焉,所以尊《诗》也;求之吾心之条理节文而时著焉,所以尊《礼》也;求之吾心之欣喜和平而时生焉,所以尊《乐》也;求之吾心之诚伪邪正而时辩焉,所以尊《春秋》也。盖昔者圣人之扶人极,忧后世,而述《六经》也,犹之富家者之父祖虑其产业库藏之积,其子孙者或至于遗忘散失,卒困穷而无以自全也,而记籍其家之所有以贻之,使之世守其产业库藏之积而享用焉,以免于困穷之患。故《六经》者,吾心之记籍也,而《六经》之实则具于吾心。犹之产业库藏之实积,种种色色具存于其家,其记籍者特名状数目而已。而世之学者,不知求《六经》之实于吾心,而徒考索于影响之间,牵制于文义之末,硁硁然以为是《六经》矣,是犹富家之子孙不务守视享用其产业库藏之实积,日遗忘散失,至于窭人丐夫,而犹嚣嚣然指其记籍曰:'斯吾产业库藏之积也。'何以异于是?"

更主要的是，在王畿看来，祖龙之火（指秦始皇焚书）与道的有无没有任何关系，就算失去了经书，只要道之渊源（即心）还在，经书就能再写。这就像他所说的"圣人立教，皆助道法耳"一样，经书不过是助心道的手段而已。于是，便可以把经书理解为等于权法。王畿把经书视作权法，这是对王阳明所说的"万理由来吾具足，《六经》原只是阶梯"[1]及其"《六经》皆史"之立场的继承。但他把经书彻底视为权法这一点，则可以说要比王阳明更向前迈进了一步。

二、李贽的经史一物论

前面说过，王阳明认为医生对患者用药的时候，初无定说，而李贽则不仅认为人之是非无"定质"，而且认为人以是非评论他人亦无"定论"，这样就否定了"定质"和"定论"。

> 李氏曰：人之是非，初无定质；人之是非人也，亦无定论。无定质，则此是彼非并育而不相害；无定论，则是此非彼亦并行而不相悖矣。然则，今日之是非，谓予李卓吾一人之是非，可也；谓为千万世大贤大人之公是非，亦可也；谓予颠倒千万世之是非，而复非是予之所非是焉，亦可也。则予之是非，信乎其可矣。前三代，吾无论矣，

---

[1]《王阳明全集》卷二〇《林汝桓以二诗寄次韵为别》。

后三代，汉、唐、宋是也，中间千百余年，而独无是非者，岂其人无是非哉？咸以孔子之是非为是非，故未尝有是非耳！然则予之是非人也，又安能已？夫是非之争也，如岁时然，昼夜更迭，不相一也。昨日是而今日非矣，今日非而后日又是矣，虽使孔夫子复生于今，又不知作如何非是也，而可遽以定本行罚赏哉？[1]

所谓"昨日是而今日非矣，今日非而后日又是矣"，既是对定质、定论说的否定，也反映了李贽基于彻底相对化之历史认识的历史观。李贽还在"以今视古，古固非今，由后观今，今复为古"[2]的认识上进一步展开了自己的思想。

历史变化无常，因为"道"是历史的产物，所以亦必然有变化。李贽巧妙地用"虽使孔夫子复生于今，又不知作如何是非也"，将自己的"历史和道的相对性"思想正当化。他的这种相对主义的历史认识，以王阳明和王畿的《六经》观[3]为

---

[1] 李贽：《藏书》第1册，《世纪列传总目·前论》，北京：中华书局，1959年，第1页。
[2] 《焚书》卷三，杂述，《时文后序》。
[3] 王阳明将经史看作一体的六经观，出自与其弟子徐爱的问答语："爱曰：'先儒论《六经》，以《春秋》为史。史专记事，恐与《五经》事体终或稍异。'先生曰：'以事言谓之史，以道言谓之经。事即道，道即事。《春秋》亦经，《五经》亦史。《易》是包牺氏之史，《书》是尧、舜以下史，《礼》《乐》是三代史。其事同，其道同，安有所谓异？'""又曰：'《五经》亦只是史。史以明善恶，示训戒。善可为训者，特存其迹以示法；恶可为戒者，存其戒而削其事以杜奸。'"（《传习录》上卷，第13—14条）

基础,最终形成了其自己的"经史一物也""《六经》皆史"之观点。比如《春秋》是经,但同时也是史。同样,《诗经》《书经》也是二帝三王以来的历史。所谓道者,亦屡迁变易而无常,所以当然也就"不可以一定执也"。李贽曰:

> 经史一物也。史而不经,则为秽史矣,何以垂鉴后世乎?经而不史,则为说白话矣,何以彰事实乎?故《春秋》一经,春秋一时之史也。《诗经》《书经》,二帝三王以来之史也。而《易经》则又示人以经之所自出,史之所从来,为道屡迁,变易匪常,不可以一定执也。故谓"《六经》皆史"可也。[1]

显然,我们可以把李贽的这种将"经书或者儒教之道彻底相对化的立场",理解为是对王畿的经则史论与王阳明权道思想的具体展开。

---

[1]《焚书》卷五,读史,《经史相为表里》。

第二章 韩国的经之补完论及其权论之展开

一、崔鸣吉的知经与达权

即使在韩国阳明学中,权道思想也有一定的展开,而这也是崔鸣吉、张维、郑齐斗这些人共通的课题。

崔鸣吉学问的基本立场,既是心学的,又是实学的。而这种心学加实学的态度,又直接或间接地影响了他的权道论。在叙述崔鸣吉的权道论之前,笔者想先对他的心学、实学之立场等作一番阐释。崔鸣吉指出:

> 夫名者,实之影也,而循名以责其实,则失之者多矣。迹者,心之著也,而执迹以求其心,则失之者亦多矣。……呜呼!今世之所尚者,名也,而臣之所务者,实也;世之所论者,迹也,而臣之所信者,心也。[1]

---

[1]《迟川集》卷八《论典礼札》。

也就是说，他加以拒绝的是作为"实"之影的"名"和作为"心"之著的"迹"。在这里，他阐明了自己既信"心"又信"实"的心学加实学的立场。这对崔鸣吉来说，亦即"道在吾心，不在经道"[1]之立场。于是"道"内在于"心"，也就成了理所当然的结论。而在"道"内在于"心"的前提下，经与道之间的等同关系便不能成立。可以说崔鸣吉最信任的是心，并且把心作为自己的最后归宿。然而，如果将其心学、实学之立场向前推进，就不可能把不断变化的具体的现实置之度外。

当时的朝廷，各个政治派别正围绕着仁祖生母仁献皇后[2]的丧期问题而争论得不可开交。[3] 在崔鸣吉看来，各派势力之

---

[1]《迟川集》卷二《示沈秀才》。
[2] 按：仁献皇后（1578—1626）是宣祖第五子定远君（1580—1619）是妃子，仁祖之母。1623年仁祖反正，废黜光海君，称启运宫。1632年仁祖追尊定远君为元宗后，启运宫被追尊为仁献皇后。
[3] 按：1626年仁祖的生母启运宫逝后，仁祖称："三年之丧，至天子达于庶人斯乃天地之常经，继大统之后亦称父母，岂不服三年丧矣？"所以主张执行三年丧。然而礼曹判书和各位大臣却认为："依礼制，领养者为己之父母，应服齐衰不杖期。"因仁祖直接上承宣祖大统，于私亲之丧礼自然要降低，所以他要求齐衰不杖期。但仁祖反正的主要策划者李贵（1557—1633）等人却宣称："仁祖生父定远君承宣祖大统之位"，服三年丧没有问题。不仅三年丧问题，仁祖是否可以成为启运宫的丧主也是个大问题。对此，领议政李元翼（1547—1634）表示强烈反对，他认为："欲为丧主，固为私亲执国葬。为僭越，必招亡国之祸。"结果，仁祖还是将丧主让给了亲弟绫原君，最终以齐衰不杖期举行了葬礼。这些都是因为仁祖反正所引发的事件。事件的核心乃是仁祖为巩固自己的正统性，欲将其生父定远君及生母启运宫引入王统（非私亲）之中，而大臣们却主张要以所谓的"礼法之经道·正道"为根据来处理所引发的各类问题（参照《迟川集》卷八《论典礼札》）。

争，不过是为了推行自己的政治主张，其"曲直无所辨，不过以势之强弱为胜负而已"。[1]崔鸣吉认为，各派之议论不过是强辩，缺乏考证，无片言只语之根据。如果要想解决问题，就必须先阐明各自所引用的话语出于哪部经典，经文的本意是什么，先儒是如何注释的，所言之事与今日事实是否相符。当这些问题经过思考并得到解决后，真伪问题也就不言自明了。他说：

> 今臣之所论，节节皆有考证。廷臣之论，出于强辩，而实无片言只字可以为据者。……先问其引之语出于何经，次考经文本意如何，先儒注释云何，及其言果合今日事实与否而决之，则真伪自难逃矣。[2]

可以说，崔鸣吉在此处强调考证，质疑经文或对其注释是否合乎"今日之事实"的疑问，很显然是以重视具体现实的实学之态度为前提的。而他的实学态度，即使在他的读书生活中也有所反映。比如他告诫说："毋为徒读其书，而必体之于心；毋徒体之于心，而必施于用。"[3]

下面再把议论的重点拉回到崔鸣吉的权道论上。首先，他

---

[1]《迟川集》卷八《论典礼札》。
[2]《迟川集》卷八《论典礼札》。译者按：原引文断句有误。又"只"字原文作"集"字，据上下文改。
[3]《迟川集》卷七《论官礼札》。

强调的是"盖道有经权,事有轻重"。[1] 认为万事并非一定,更不固定,而是在不断变化之中的,只有对应于这种变化,才有可能决定其轻重缓急。所以崔鸣吉说:"变以从厚,事之权也。"[2] 并且声称:"夫知时、识势、达变、通权,乃庙堂大臣之事。"[3] 明确主张朝廷大臣必须懂得知时、识势、达变和通权。

不过需要说明的是,崔鸣吉的这种经权说,实际上就像他自己所说的"六十年间,醉而不醒"[4]那样,与其遭遇的"平生之患难"[5]有密切关系,并且是以复杂的国内外情势为背景的。宣祖二十五年(1592)"壬辰倭乱"[6]后,在光海、仁祖时期,即中国的明清交替之际,朝鲜王朝又发生了丁卯、丙子两次胡乱,这是朝鲜历史上最为混乱的时期。当时的朝鲜,为抗击倭乱,与明朝援军一起经历了七年奋战。后金正是在这一时期,趁着明朝国力的衰弱而成长起来的。紧接着,后金为打击

---

[1]《迟川集》卷一一《丙子封事》。
[2]"从简"和"从厚"一般是指与礼制有关的两种不同立场。"从简"为实践礼制的个人立场,"从厚"为共同体立场(参照《迟川集》卷一〇《辞副提学第四》)。
[3]《迟川集》卷一三《论斥和诸臣赦宥》。按:庙堂即宗庙和明堂,指朝廷议政处。
[4]《迟川集》卷一七,杂著,《复箴》。
[5]《迟川集》卷一七,杂著,《寄后亮书》。
[6] 译者注:"壬辰倭乱"爆发于1592年4月12日,当时统一日本的丰臣秀吉率二十万大军,兵分九路侵入朝鲜。翌年初,李如松率四万余明朝援军跨过鸭绿江,援助朝鲜抗倭。1597年1月,又爆发了日军再次入侵的"丁酉倭乱"(或称"丁酉再乱")。两次倭乱长达七年,使朝鲜蒙受巨大损失,包括王宫在内的无数建筑毁于战火,仅在战争中伤亡的将士就达数十万。

明朝，又以与明朝有着密切关系的朝鲜作为牵制，在仁祖丁卯年（1627）入侵了朝鲜（史称"丁卯胡乱"），并且逼迫朝鲜与之签订了兄弟盟约。随后后金改国号为清，并要求朝鲜与明朝断交，向清称臣（行臣子礼），当这一要求被朝鲜拒绝后，遂于丙子年（1636）再度侵入朝鲜（史称"丙子胡乱"）。

崔鸣吉就是在"丙子胡乱"时发挥过重要作用的代表性人物。当朝鲜王朝陷入危机后，朝廷便避难于南汉山城，以领导抗倭斗争。然而当时却出现了截然对立的两派，即基于对明朝援军之感恩而主张大义名分的主战（斥和）派，与为了国家安全和民生保全而考虑实际利益，不赞成无条件地拒斥清军要求，而主张先"听其语而处事"，以避免国家之危难，并且不顾自身安危，不怕非难和诬陷的讲和派。[1] 最后讲和派的主张占了上风，朝鲜不得不与清朝签订了城下之盟。于是崔鸣吉遂派僧侣悄悄地独步潜入明朝，将此事向明廷作了报告。事情被曝光后，清人便把崔鸣吉囚禁于沈阳监狱。崔鸣吉想堂堂正正地死去，便对着清人怒吼道："崔阁老，事事自当，铁石肝

---

[1] 关于当时的状况以及崔鸣吉的作用，张维在其述怀中有所揭示："上幸江都驾（君王的车马）次通津，从官散万舍。余时忝备局（朝鲜时代的备边司之别称），夜深后，备局下隶来曰：'有驰启至，胡差将到，诸宰咸会矣。'余苍黄驰赴，闻胡差为讲和且至，方议其进止，不能决。崔子谦谓：'兵交，使在其间，不当遽示斥绝，姑宜接致听其语而处之。'群意大抵皆然，莫肯发口。子谦主其说，竟接其人于镇海楼中。继而刘海又至，和事遂成。时房兵屯平山、江都百余，而行朝守备寡弱，人情危惧，虽斥和者外为大言，内实幸和议之成，而畏浮议莫敢明言，独子谦遇事辄首发，无所顾避，卒以是被弹去。"（《溪谷集·溪谷漫笔》卷一）

肠！"[1] 当然这只是发生在当时的一个小插曲。

对崔鸣吉来说，其实已意识到主张讲和会给自己带来一生的骂名，[2] 但他仍坚持己见，大声疾呼讲和无过，并且把讲和之利归于国家，讲和之祸则由自己来承担。他强调说：

> 噫！南宋之主和者，祸归于国而利归于身。执此以言，则人之贤邪、事之是非，亦有不难知者矣。今之主和者，祸归于身而利归于国。君子所信者，心也。求诸心而无愧，则毁誉之来，特其外物耳。[3]

在这里，我们看到了崔鸣吉作为心学者的果敢态度。而且他还认识到求心者的自我行动，必须公是公非，因为"天下之公是公非，非一人一家之私"[4] 也。在崔鸣吉看来，所谓"道"，并

---

[1] 参照阿部吉雄：《朝鮮の陽明学》，收入《陽明学入門》，东京：明德出版社，1971年，第414页；李能和：《朝鲜儒界之阳明学派》，《青丘学丛》第25号，1937年，第120页。
[2] 崔鸣吉说："今日攻臣之论，出于若干年少之口，而举朝靡然。或相和附，其间非无臣诬枉者，而环立相视，终不敢明臣心事者无他，一开口则相随而入于和议科臼中故也。此见主和二字为臣一生身累，然于臣心，尚未觉今日和事之非。"（《迟川集》卷一一《丙子封事》）
[3]《迟川集》卷一一《丙子封事》。
[4]《迟川集》卷一〇《辞副提学第三》。此外，他还诫切不可"郁公论"："夫好恶出于心，而是非存乎人。以吾心之好恶，徇天下之是非，则我之所好，即天下之公是，我之所恶，即天下之公非也，知是则公论伸，而人心自服。以天下之是非，徇一己之好恶，则我之所好，人未必以为是，我之所恶，人未必以为非，知是则公论郁，而危辱至矣。"（《迟川集》卷八《论诸学士不为朋党札》）

非基于私心和偏见，而实乃天下之共有。[1]

然而，崔鸣吉的讲和立场，却与主战论者金尚宪（1570—1652，号清阴）产生了尖锐对立。就在当时那种非和即战的场合，金尚宪撕破了和书，而崔鸣吉则痛哭不已，并迫不及待地偷偷将撕破的和书捡起来补好。[2] 这件事明显反映出两人对待现实的具体态度。两人关于主和还是拒和的尖锐对立，还反映在他们基于权经之立场的相互唱和的诗赋当中。这些诗可以说是身处苦难当中的两人灵魂的结晶。

首先，崔鸣吉强调："事者，随时而别；心者，宁归于道。"从而显示出他把"达权"置于"知经"之上的基本立场。[3] 如其赋诗曰：

---

[1] 崔鸣吉说："臣固尊李珥者也。李珥之一生尊信，非李滉而谁欤！使臣知尊李珥，而不知尊李滉，则是犹知慕朱子，而不知有程子也，宁有是哉？大抵道者，天下之所共有（译者按：原文作'由'），而惟圣贤先学乎此道，则是固天下之所共尊也。"（《迟川集》卷一一《因朴淳疏自辨疏》）
[2] 《迟川集》卷三《北扉酬唱录》。在南九万（药泉）的《神道碑铭》（《迟川集》附录）中亦有如下记载："公发愤曰：'今日之策，唯有和与战两事。而欲战则力不及，欲和则畏不敢。一朝城陷，上下鱼肉，则将置宗社放何地乎？'……金公尚宪裂和书，痛哭，公拾而补之。"
[3] "当仁祖丙子，金人之乱，南汉被围之际，孤城落日，危机一发，事大义理者，空言斥和。唯鸣吉主和，解得国难；迟川临难处变，当得力于阳明学者也。后迟川与金清阴尚宪同拘于沈阳，而适处于邻室，乃呈诗解嘲，以见经权之意。盖谓向来清阴之斥和，是守经也；自己之主和，是知经而能达权也。"（李能和：《朝鲜儒界之阳明学派》，《青丘学丛》第 25 号，1937 年，第 121 页）

> 静出观群动，真成烂漫归。汤冰俱是水，裘葛莫非衣。事或随时别，心宁道与归。君能悟斯理，语默各天机。[1]

然而金尚宪却认为，即使对凡人来说，经也是不可违背的，而对于贤人，权也会是个错误，所以即便是在慌张而急迫的场合，也要在应酬时谨慎权衡。于是他从"守经"的立场出发，以和诗的形式对崔鸣吉提出了忠告：[2]

> 成败关天运，须看义与归。虽然反凤暮，未可倒裳衣。权或贤犹误，经应众莫违。寄言明理士，造次慎衡机。[3]

后世对崔鸣吉的评价褒贬不一。其中代表性人物有安鼎福和朴世堂。安鼎福曾作诗讥讽崔鸣吉："虏势虽云怕，皇恩不可忘。征兵一段事，当以力争防。圣朝三百载，养士得贤臣。到底迟川子，竟将国卖人。"[4] 视其为"无视大义名分的卖国贼"。而朴世堂（1629—1703）却认为崔鸣吉功不可没。他

---

[1] 《迟川集》卷三《北扉酬唱录·用前韵讲经权》。
[2] 参照李能和：《朝鲜儒界之阳明学派》，《青丘学丛》第 25 号，1937 年，第 121 页。
[3] 《迟川集》卷三《北扉酬唱录·次韵》。
[4] 此为安鼎福（1712—1791）的代表性评价（详见《顺庵集》卷一《出南门忆崔迟川当日事马上慨然成七绝》）。

高度评价崔鸣吉为:"东土之人,得奠其枕席,保其子孙,皆公之赐。顾今之谈者,赖其力而訾其人,不已舛乎?"[1] 视其为"审时度势,救国救民"之义士。无可否认的事实是,崔鸣吉所主张的权道,并不是要否定经道及大义名分,而是"要遵从救国救民——吾心(良知)之命令"这一原则。

二、张维的知变和通变

在权论问题上,与崔鸣吉交往密切的张维是其志同道合者。

诚如王阳明所言:"夫学贵得之心,求之于心而非也,虽其言之出于孔子,不敢以为是也。"[2] 张维亦认为:"先儒定说,本当恪守,心有所疑,亦宜讲究。"[3] 在心学家张维看来,只有求之于心,才能知晓诸行为的正当性,所以"心"可以说是万事万物之理的渊源。[4] 然而,他也很重视"实",主张"因实

---

[1]《西溪集》卷七《迟川集序》。
[2]《传习录》中卷《答罗整庵少宰书》。
[3]《溪谷集·溪谷漫笔》卷一。
[4] 按:张维的心即理说主要体现在他的如下叙述中:"目之所视者,色也;耳之所听者,声也;鼻之所嗅者,臭也;口之所尝者,味也;心之所知者,理也。目能视,视而知其色者,非目也;耳能听,听而知其声者,非耳也;鼻能嗅,嗅而知其臭者,非鼻也;口能尝,尝而知其味者,非口也。视而知其色者,非目也,非目则不能视;听而知其声者,非耳也,非耳则不能听;嗅尝而知其臭味者,非鼻口也,非鼻口则不能嗅且尝。然则,心之知理也,亦有待于外者乎?曰:理必寓于物,心之用因物而起,声形臭味,物之质也;视听嗅尝,心之用也。无声形臭味,则无物,无物则无理。无视听嗅尝,则心之用废;心之用废,(转下页)

定名"。[1]

对于与崔鸣吉持相同的心学或实学之立场的张维来说，不能不把了解时势或变化作为自己的重要课题。这是因为，在张维看来，不管怎么说，人都不是从属的、依附的存在，而必须是"自治""自立"的主体性之存在。诚如其所言："人必自治而后可以不待物矣，自立而后可以不附物矣，有守而后可以不随物矣。"[2] 时势或变化并不决定于人自身，而是决定于人之本心："本心者，一身之主、百行之本也。"这就明确地把心之

（接上页）则虽有理无以知之。是故尧舜之智，瞽则无以别五色，聋则无以辨五声。鼻塞则不能识香臭，口爽则不能知甘苦。离朱之目，师旷之耳，易牙之口，善嗅者之鼻，心不在焉，视而不见，听而不闻，食而不知其味，嗅而不知其臭矣。生知之圣，生而目无见、耳无闻、鼻不嗅、口不尝，则不知有其物矣。不知有其物，则亦不知有其理矣。此乃体用一源，显微无间之妙，此乃所谓理。"（《溪谷集》卷三，杂著，《杂述》）这种用耳目口鼻来证明心即理说的理论，后来又为郑齐斗所继承。比如郑齐斗尝曰："尝观溪老于阳明之书，惟其文义见解之熟，故一见便会，无不得其要领。于是每叹先辈眼目之高、胸怀之公。"（《霞谷集》卷二，书三，《答崔汝和锡鼎书》，第41页）坦诚自己是通过张维才把握住阳明学之要领的。另外，郑齐斗还在"溪谷《杂述》曰云云"中援引了张维的以上言论，并以小注的方式论述了自己对"耳目口鼻说"的看法（参照《霞谷集》卷八《存言上·圣学说》，第238页），进而阐明了郑氏本人的心即理说。而利用耳目口鼻来论证心即理的问题，在王阳明的《传习录》上卷第123条及下卷第1条、第117条中亦可举出不少例证。一般来说，这对张维是会产生影响的。

[1] 比如张维说："存乎我者有其实，则金匮石室，不足为荣，沟渠粪土，不足为辱。不然，传之愈久而诟愈甚，此君子所以重乎实者也。"（《溪谷集》卷三，杂著，《覆酱瓿解》）又说："礼莫大于名，因实定名，然后节文有所施。"（《溪谷集·溪谷漫笔》卷一）

[2]《溪谷集·溪谷漫笔》卷一。

灵动当作时势或变化的根据,而"知(即辨)"其所变乃是比什么都重要的事情。诚如崔鸣吉所说的"先听听清朝使臣的意见,然后再决定如何行事,才是正确的"一样,也就是说在了解了时势或变化之后,才能知道该做什么,什么能做。而这种建议和办法,最后亦为张维所采纳。在一定意义上,可以说两人的态度是与王阳明所说的"事上磨炼"及"实学"之态度相吻合的。

> 待物而立者,婴儿也;附物而成者,女萝也;随物而变者,影[1]魍魉也;窃物而自利者,穿窬也;害物而自肥者,豺狼也;人而或近于斯五者,则君子之弃,而小人之归矣。下二者,丽犯犹可易免;上三者,细尤为难察,砥行之士可不戒哉?[2]

在这里,张维是把"待物而立者""附物而成者""随物而变者""窃物而自利者""害物而自肥者"分别视为如同婴儿、女萝、魍魉、穿窬、豺狼一样的,离开了自治、自立之立场的无主体性之存在。

张维的课题,就是以心(主体)为依据,然后去掌握物之势、物之变,并对其适宜性作出判断。正如其所言:"今之时

---

[1] 译者按:"影"字或为衍字,或移至"者"字前。
[2]《溪谷集·溪谷漫笔》卷一。

势,非祖宗朝时势也;今之人心,非祖宗朝人心也。顾以祖宗借口,欲行难行之法,尚可谓之知变乎?"[1]他在这里强调了"知变"的重要性,认为若不去考虑今、昔时势之变化,而硬要把难行之法施行于今,就不能叫"知变"。而张维对"知变"的态度,则已达到了"因其势而制其治,通其变而适其宜。此固自然之道,而圣人之功也"的高度。[2]

三、郑齐斗的经权补完论及其名教绝对化

崔鸣吉、张维的权论,后来又被郑齐斗所继承。按照郑齐斗的说法:"牛溪之从和议,关国家存亡之几,之二者义理之重大,殆有甚于得食得妻,而则恐不可以从利废义非斥之也?"[3]从而旗帜鲜明地表明了自己对牛溪[4]之和议赞同之意。同时他还把和议问题上升到国家存亡的高度。

郑齐斗之权论,一如崔、张二人,亦强调"道者天下之公,非一人之私言","公论之定,在于是非,非在以强弱也"。[5]进而他又说:

---

[1] 《溪谷集》卷一七,疏札,《论军籍拟上札》。
[2] 《溪谷集》卷三,杂著,《设孟庄论辩》。
[3] 《霞谷集》卷一,书一,《上朴南溪书》。
[4] 成浑(1535—1598),字浩源,号牛溪。是朝鲜宣祖时期德高望重、学问渊博的学者。因与李珥论争四端七情理气说而闻名。因在"壬辰倭乱"时上疏"时务三策",并与柳成龙共同主张与日议和而引起宣祖大怒。
[5] 《霞谷集》卷一,书一,《上朴南溪书》(甲子)。

> 生人者，无非有用之物，不可空守经籍；学问者，无非养心之方，不可靠溺文义。如礼、乐、射、御、书、数，是实学问。[1]
>
> 终勿废实学。且如经书，须是精学贯通，不得如时辈涉猎卤莽也。[2]

据此可知，在郑齐斗那里，其权论之成立，乃是以公与实（实学）为基础的。[3] 在郑齐斗看来，国家之存亡，就像得食得妻一样，是头等重要的事情。"得食""得妻"之语来源于《孟子·告子下》。在论述郑氏权论之前，我们先来引用一段《孟子·离娄上》里的对话，以揭示重权思想的思考理路。淳于

---

[1]《霞谷集》卷九，《存言下》。
[2]《霞谷集》卷七，杂著，《壬戌遗教》。
[3] 按：张维在请设书院的《再疏》（见《溪谷集·溪谷漫笔》卷七《纪郑先生淮阳治事》）里，曾把郑齐斗视为"实学""自得"之士而给予了高度评价。然而，当与经书观相结合而考察其实学意蕴时，即可看出，郑齐斗所谓的"实"，其实并未对离开经书的具体现实予以关注，而只是充实了经书之内容。也就是说，郑齐斗的"实"，不同于在王阳明及其门下（如王畿、李贽）乃至许筠、崔鸣吉等人身上所能看到的，以心或者现实为基准而使经书之权威相对化的"实"。郑齐斗说过："圣人之道无他，惟是彝伦、名教、礼法之事也。故学问之事无他，亦惟在于日用人情事物之间而已。"（《霞谷集》卷九《存言下》）说明他做学问的目的在于彝伦、名教和礼法，故而强调："终勿废实学。且如经书，须是精学贯通，不得如时辈涉猎卤莽也。"可见，相对于把经书相对化的做法，郑齐斗主张"精学贯通"经书，并且斥责了对待经书的"涉猎卤莽"之行为。所以在他那里，经书的权威性不仅没有降低，反而得到了进一步强化。

髡问:"男女授受不亲,礼与?"[1]孟子答:"礼也。"淳于髡又问:"嫂溺,则援之以手乎?"孟子又答:"嫂溺不援,是豺狼也。男女授受不亲,礼也;嫂溺,援之以手者,权也。"可见,孟子对礼和权是区别对待的,在救助兄嫂之生命(关乎人命)的关键时刻,即使违背礼制,也应该去做。这就是以权为重。它就像朱熹在《孟子集注》中所说的:"权,称锤也,称轻重而往来,以取中者也。"此外,《孟子·告子下》也有类似记载:"任人有问屋庐子曰:'以礼食,则饥而死;不以礼食,则得食,必以礼乎?亲迎,则不得妻;不亲迎,则得妻,必亲迎乎?'"这其实已不是无条件的重礼还是重食色的问题,而是要根据不同场合来决定礼或食色孰重孰轻的问题。正是在这样的思路下,孟子回答道:"取食之重者与礼之轻者而比之,奚翅食重?取色之重者与礼之轻者而比之,奚翅色重?"对此,朱熹《孟子集注》的解释是:"礼食亲迎,礼之轻者也。饥而死以灭其性,不得妻而废人伦,食色之重者也。"而郑齐斗把国家存亡比喻为得食得妻,大概就源自朱熹的这一注解。可以说,在郑齐斗的观念里,似乎潜藏着这样的逻辑:就像处在"饥而死以灭其性,不得妻而废人伦"这样的重要时刻,即使有违背礼的举措,食色亦不可谓不重要一样,当关系到国家

---

[1] 按:此问题乃沿袭《礼记》而来。如《曲礼上》称:"男女不杂坐,不同椸枷,不同巾栉,不亲授。"《内则》称:"男不言内,女不言外。非祭非丧,不相授器;其相授,则女受以篚;其无篚,则皆坐,奠之,而后取之。"

存亡之大事时，即使因此而有反礼之举动，也应以媾和为第一要务。

接着以上之答问，孟子又说："纺兄之臂而夺之食，则得食；不纺，则不得食，则将纺之乎？逾东家墙而搂其处子，则得妻；不搂，则不得妻，则将搂之乎？"而朱熹则沿着孟子的这一思路下结论道："此章言义理事物，其轻重固有大分，然于其中，又各自有轻重之别。圣贤于此，错综斟酌，毫发不差，固不肯枉尺而直寻，亦未尝胶柱而调瑟，所以断之，一视于理之当然而已矣。"[1]

郑齐斗正是延续了上述有关权经关系的论述，尤其是以朱熹的注释为依据，从避免"枉尺而直寻"（即"从利而废义"）、"胶柱而调瑟"（即"执一而不权"）而一视于理之当然的立场出发，认为如果只知有经而不知有权，即为"胶柱而调瑟"，然后又以批判性的口吻质疑道："世或有揣摩事宜、斟酌经权者，又必疑之为枉尺何哉？"如其曰：

> 孟子谓：授受不亲，礼也。嫂溺，援之以手，权也。又谓：以礼食，则饥而死。亲迎，则不得妻。则奚啻食色重？朱子断之曰：义理事物，其轻重固有大分，然于其中，又各自有轻重之别。圣贤于此斟酌，固不肯枉尺

---

[1] 朱熹：《四书章句集注》卷一二。

而直寻（从利而废义），亦未尝胶柱[1]而调瑟（执一而无权）。断之，一视之当然而已（朱子说止此）。盖以此为处事之权衡，实义理至要处也。凡天下道理，若只有个不肯枉尺而已，则又安用更说未尝胶柱邪？陈代之劝见诸侯，为圣贤济时之功。牛溪之从于和议，关国家存亡之几。之二者，义理之至重且大，殆有甚于得食得妻，则恐不可以从利废义，非斥之也。大抵古今人国，此讼甚多。日者丈席，亦尝以近日事承问。而妄意在国存亡为重，故敢以权轻重仰解。然窃谓必明此义，而后天下事理方可辨也。若只知有经，而莫知有权，则可不谓之胶柱乎？虽然，世或有揣摩事宜、斟酌经权者，则又必疑之为枉尺，何哉？[2]

不难看出，郑齐斗上述议论的要点，即在于必须对经与权两个方面都有把握。

郑齐斗还在别的地方强调"权衡即我之义也"。[3]但他又明确划清了行权与枉尺的区别，认为行权是为了制义，而枉尺是

---

[1] 按："胶柱"是指用阿胶粘住琵琶或古琴的雁柱，导致无法调节音之高低，以至于只能发出一种声音。比喻拘泥古板，无融通性，只知固守规则，不会变通。
[2]《霞谷集》卷一，书一，《上朴南溪书》（庚申）。
[3] 郑齐斗说："非我明，则无彼白；非我义，则无所长。如此处此之，如彼处彼之，其权衡即我之义也。即以其此处彼处者为主本，则贰矣。"（《霞谷集》卷九《存言下》）

为了从利。[1] 所以他批判"枉尺"[2] 为"从利而废义"。当然，若不划清行权与枉尺的区别，那么行权就有可能转变为"从利而废义"的枉尺。对于这样的现实，郑齐斗也是颇为不满的。他评价陈代劝孟子见诸侯，[3] 为圣贤济时之功；成浑从和议，为关乎国家存亡之几。此二者之义理，是要比得食得妻更重要的大事，所以郑氏并未将其斥为"从利废义"。因为这两个例子，都明确显示了不是枉尺而是制义，故而行权是可以理解的。以上这些区分行权与枉尺的具体观点，都反映在郑氏所著的《孟子》之《诸章杂解》中。

郑齐斗尝释朱熹《孟子集注》"枉尺而直寻，以利言也"之注文曰："以其出于为利而废义也。"然后又进一步论述道：

> 所以为枉，有利欲之心而出于为利者，是利也。权义之轻重者，以道言，以其均乎为义者，故可以权之。如无为利之心而诚于为义，则是道也。故虽其事有所变，道则常直，不可曰枉。二者事虽相类，其情异也。如得妻得食之不亲迎不礼食，如迫于废伦灭性之大节，则是所谓权。若出于悦色贪食之利欲，则为枉也。逾墙搂子，绐兄

---

[1] 郑齐斗说："行权之为制义，枉尺之为循利。"（《霞谷集》卷一五《孟子说下·诸章杂解》）
[2] 按："枉尺"出自《孟子·滕文公下》的"枉尺直寻"。枉：弯曲；直：伸直；寻：古度量名，等于八尺。屈折的只有一尺，伸直的却有一寻。比喻小处有损，大处得益。此处意指"为了利益而曲折道义"。
[3] 《孟子·滕文公下》。

得食,其废伦灭性之重,悦色贪食之欲,二者之分,此亦有之,然非理也。行权之为制义,枉尺之为徇利,其别如此。是故在圣贤行权之事,则是可谓之权,不可谓之枉尺直寻。如世人计利之事,则皆可谓之枉尺直寻,不可谓之权也。其事虽同,其义之不同如此。然则,其权枉之义,为可以辨矣。[1]

不难看出,对于郑齐斗来说,所谓权之议论,绝不是要让经发挥相对化的作用和机能。在他看来,学问不外乎"彝伦、名教、礼法之事",所以对待经书之内容,亦必须是精学贯通,而不得涉猎卤莽。因此可以说,与中国阳明学中视经书为史的观点,以及崔鸣吉所主张的把经书之内容视为"今日之事实"然后决定其是非的观点,亦即使经书之权威相对化的做法相异趣的是,在郑齐斗那里,经书的权威反而被进一步强化了。

---

[1]《霞谷集》卷一五《孟子说下·诸章杂解》。

第三章　基于时处位论的日本权则道论之展开

在日本的阳明学中，"经"被彻底地相对化，结果还产生了"权则道"论。所谓"权则道"论，就是以自觉到日本之特殊性和固有性的"时处位"论为背景的经权关系论。而这种以"时处位"论为背景而主张"权则道"论的代表人物，则可以举出日本阳明学的鼻祖中江藤树及其继承者熊泽蕃山等。

一、中江藤树的权则道论与时处位论

藤树断言，权者，圣人之妙用，神道之总名，至其一言一动之微而皆为权之道也。因此，汉代赵岐注《孟子·离娄上》"嫂溺，援之以手者，权也"之句谓："权者，善于反经矣。"然而藤树却极大误解了赵岐的这一解释，以为"圣人制作"的"礼仪作法"（礼法）之内容亦为权之道。有关这一观点的真实意义，我们可以从藤树《翁问答》下卷之末的相关论述中得到验证：

体充问曰："异于通常之礼法而能达道者，为权之道乎？"

师曰:"权者,圣人之妙用,神道之总称也。大至尧舜之禅让[1]、汤武之放伐[2],小至周公之握发吐哺[3]、孔子之恂恂便便[4],以至一言一动之微,皆为权之道矣。然谓反经合道为权,则大谬矣。程子已正其误矣。[5]权者,秤之度量也。神道与权联系之意如下。神道因与圣人的天同体,故至诚无息,无滞无迹。独往独来,活泼泼地,所行皆与天道神理合。如秤砣无定,往来无滞,知物之轻重,恰似适合之度衡也。大贤以下之人,有气质之累,明德黯淡,行权不得,是故圣人为天下定礼法。此礼法即权道也。既定于法,便有形迹,而无法变通,故不言权而言礼法也。不知此意者,只解礼法之迹为真实之道,而不悟圣人立法之本意为权道之妙义,执于礼法,非礼法而不行,有悖于'应时得中'之神理。此种存在方式和行为,只可称作'非礼之礼',而非君子之行也。然混同'非礼之礼'

---

[1] 指尧帝弃其子丹朱于不顾,自愿让位给有德而受天命的舜。
[2] 指汤王以武力放伐昏庸无度的夏王桀,建立殷王朝;武王又继其父文王之志,以武力放伐殷王纣,建立了周王朝。
[3] 按:"握发吐哺"是从"一沐三握发,一饭三吐哺"简化而来。意思是:洗一次头,要三次握住头发,中止洗头来接待士人;吃一顿饭,要三次把食物吐出来,来回答士人的问题。有为国家礼贤下士,殷切求才之喻。
[4] 按:此语出自《论语·乡党》:"孔子于乡党,恂恂如也,似不能言者。其在宗庙朝廷,便便言,唯谨尔。""恂恂"为温和恭顺的样子,"便便"为善于辞令。孔子在乡党时恭敬父兄和宗族,好像不会说话;在宗庙和朝廷上辩明礼法和政事时,却侃侃而谈。
[5] 按:此句出自朱熹对《论语·子罕》中"子曰:可与共学,未可与适道;可与适道,未可与立;可与立,未可与权"之注释:"程子曰:汉儒以反经合道为权,故有权变权术之论,皆非也。权只是经也,自汉以下,无人识权字。"(《论语集注》)

与真实之礼者,一见圣贤之行迹有违礼法,即抱疑虑,以为礼与权各有所指。若不知权字之真意,则必不能立志于心学而致知力行,以至误入将非礼之礼与真实之礼相混同的迷途。《大学》之'能虑',详分此权之工夫矣;'能得'者,[1] 得心之受用此权也。有法而不落法,在而无所在,定而无处定,必可体认权字之理味矣。"[2]

---

[1] 按:"能虑能得"出自《大学》"知止而后有定,定而后能静,静而后能安,安而后能虑,虑而后能得"句。
[2] "體充問日 つねの禮法にちがひて道にかなふは權の道なりと承及候 さやうにておはしまし候や 師の日 權は聖人の妙用 神道の惣名なり 大にしては堯舜の禪授 湯武の放伐 小にしては周公の吐握 孔子の恂々便々 一言一動の微に至まで皆權の道なりしかるを經に反して道にかなふを權といへるは大なる誤なり 程子すでにその誤を正しめされたり 權ははかりのおもりなり 神道を權とつなぐる名義は 聖人の天と同體,至誠無息,物に凝滞せず跡によらず 獨往獨來,活潑々地にして おこなひたまふ所ことごとく天道の神理に適當恰好なる景象 秤のおもりの定ところなく 往來滯ずして 物の軽重をはかりて適當恰好なるに似たる意あるによって象をとれり 大賢以下の人は気質の累ありて明徳くらく權をおこなふことあたはざる故に、聖人天下のために禮法を定たまふ 此禮法もすなはち權の道なれ共、すでに法に定ぬれば 迹ありて変通の活発なきによって 權といはずして禮法といふなり 此意をしらず徒に禮法の迹を真実の道なりと心得て 聖人立法の本意 權道の妙をさとらずして 禮法になずみて 專にとりおこなひ 時中の神道にそむくをば 非禮の禮となづけて 君子のせざる所なり 此非禮の禮をも真実の禮なりとまよひたる人 聖賢の行跡 禮法にちがひたるをみてうたがひをなし 禮と權は格別なりなどゝ得心するなり 此權の字の精義をしらざれば 心学に志ありて致知力行をなげますと云とも 必欣真落法の地にまよふべし 大学の能慮は此權を詳に分別する工夫なり 能得は此權を得心受用するものなり 法ありて法におらず 在ゆるところなくして在らざる所なく 定ところなくして定らざる処なき權字の理味をよくよく體認すべし。"(《翁问答》下卷之末)

正是顺着这种对权的理解思路，藤树才进一步认为：权为圣人之妙用，而初学之人是不可能受用的。因为初学者之受用与圣人之妙用，存在着天壤之别，所以必须把权当作"工夫之准的"。若不把权当作准的（目标），便无明明德之方法。

> 体充曰："果真如此，则初学者亦可行权乎？"师曰："权者，圣人之妙用，即使初学者不能受用，工夫之准的也要以权为目标。比如打铁炮，对炮术家稻富一梦[1]及初学者来说，所瞄准的靶子是相同的。然而稻富皆击中目标，而初学者则往往击在目标之外。两者的目标击中率虽有天壤之别，然而目标却是相同的。如此看来，权的初学者之受用与圣人之妙用，虽有差别，但若不以权为目标而行工夫，则无足以明明德之道矣。"[2]

藤树主张把权当作"工夫之目标"。这就会产生如下之结

---

[1] 按：稻富一梦（1552—1611）为江户前期的武将、炮术家，"稻富式炮术"的创始人。
[2] "體充曰 さやうに候はば初学の人も権をおこなひ候はんや 師の曰 権は聖人の妙用にして初学の人の受用することあたはずといへども 工夫の準的はかならず権を目あてとすべし たとへば鉄炮を打がごとし いなとみがねらふ所も初心の人のねらふ所もまとにちがひはなけれども いなとみはうつごとにきりもみにあたり 初心の人はかくをもうちはづすばかりなり そのあたるとあたらざるとは天地懸隔なれ共 めあてのねらひ所をちがへてはうち習べき理なし そのごとく初学の受用と聖人の妙用とは天地懸隔なれ共 権を準的として工夫せざれば明徳を明にすべき道なし。"（《翁问答》下卷之末）

果:"权之外无道,道之外无权;权之外无学,学之外无权。"也就是说,权即道即学。因此,藤树又阐明道:《论语·子罕》中有"子曰:可与共学,未可与适道;可与适道,未可与立;可与立,未可与权"之语,但这决不是说"初学者对权就不能评论"了。

  体充曰:"子曰:'可与共学,未可与适道;可与适道,未可与立;可与立,未可与权。'从表面上看来,是权不能为初学者所扱取之义乎?"师曰:"此圣人之教之旨,为警戒学者各识其位,不折其上达之志。非谓初学者未可与权。所谓'可与共学',即权道之学也。所谓'可与适道',即此权道之道也。而'可与立'之道,亦即此权道之道也。权外无道,道外无权;权外无学,学外无权;惟在受用上有生熟、大小、精粗之差别矣。是故圣教之主旨,在于厘清工夫成就之次第,而指出至极无上之神道(权),显示初学者之准的焉。孟子道性善,言必称尧舜。公明仪曰:'文王我师也,周公岂欺我哉?'须体验明辨贤人提出的模范。若不了解此准的,即便心学之徒,亦必执著、滞留于欣真法落之地,而多有非礼之礼矣。"[1]

---

[1] "體充曰 子曰 可與共學 未可與適道 可與適道 未可與立 可與立 未可與權 をもて見れば權は初学の取さたすべきことにあらずと存候はいかが 師の曰 此聖諭は学者の面々のいたるところの位をよしと画して 上達の志あつからざるをいましめ引たてたまふ主意なり(转下页)

宋人洪兴祖的《论语集注》曰："权者，圣人之大用，（经道）未立而言权，犹人未能立而欲行，鲜不仆矣。"[1] 根据藤树的主张，可知其所论有一种想做超出能力之外的事的倾向。不过，尽管藤树有这种念头，但他自己却决不这么做。所以他进一步论述道：

> 体充曰："洪氏曰：'权者，圣人之大用，经未立而言权，犹人未立而欲行，鲜不仆矣。'由此格言观之，则先生之教有超越顺序之弊害乎？"师曰："此格言并非要以权为工夫之准的，而是对误解权之真意，碍道者之警戒。没有领悟权之真意而接近权道的有两类人。一类是落入狂者之见的人。这种人只看到不堕权道之法、不执著俗迹之

（接上页）初学の者権を取さたすべからず とのたまふにはあらず 可与共の学はすなはち此権の道をまなぶ学なり 可与適の道もすなはち此権の道なり 可与立の道もすなはち此権の道なり 権の外に道なし 道の外に権なし 権の外に学なく学の外に権なし 但その受用に生熟大小精粗の差別あるのみ しかる故に此聖謨の主意は工夫成就の次第をあかして 至極無上の神道を指出して学者の準的を示たまふものなり 孟子道性善 言必稱堯舜 文王我師也 周公豈欺我哉 かくのごときの賢範をよく體驗して明に弁しるべし 若この準的をしらざるときは心学の徒なりとも 欣真落法の地に執滞して非禮の禮多あるべし。"（《翁问答》下卷之末）

[1] 引自朱熹：《四书章句集注》，第 116 页。译者按：洪兴祖（1090—1155），字庆善，号练塘，丹阳人。著有《周易通义》和《论语说》等。《论语集注》是其亡佚诸书中之一种。是书刘宰《京口耆旧传》、《宋史·艺文志》、《至顺镇江志》、刘会恩《曲阿诗综》均有著录，卷帙不等。朱熹称其"始于不愠，终于知命"，"其说多可采"（《四书章句集注》第 42 页）。

表象，无法识别《中庸》精微之矩，且认为随任无欲之心，不拘于行迹又不堕于法者，乃至极之道。此已悖于神道之权矣。如学禅者，即迷于此心地者也。此即将权之体段彻头彻尾地全作《中庸》之精微神理。所谓不堕于法，不拘于行迹，是没有醒悟到这只是权之影像，而犯了认影为形之过矣。另一类是俗儒。俗儒只认为博学而不执礼法者为权，而不知'应时得中'，任欲心，背礼法，即使己心在此状态中也不知不义，甚为高傲之气象，而假借权名而巧避之，欺己之门人，蛊惑世间，而成碍道之人矣。正是为了警戒这两种权之赝品，洪氏才把这一格言引用于《论语集注》。此须常明辨矣。"[1]

---

[1] "體充曰 洪氏曰 權者聖人之大用 未能立而言權 猶人未能立而欲行 鮮不仆矣 此格言にて見申候へば 先生の教 等をこゆる弊あるべしと存候いかが 師の曰 此格言は権を工夫のめあてとすることをいましむにあらず 権の理味を心得ちがへて道のそこなひとなる人をいましめたる注意なり 権の理味を心得そこなひて道のさはりとなる人二しなあり 一には狂見に入たる人 権道の 法におちず述になづまざる面影を見付 中庸精微の矩をわきまへず 無欲の心にまかせて あとになづまず法におちざるを至極の道として神道の権にそむけり 禅を学ぶ人此心地にまよへり これは 権の體段 徹頭徹尾ことごとく中庸精微の神理にして 法におちず述になづまざるは権の景象なることをさとらず 影を認て形とする誤なり 又一には俗儒の 学をひろくして禮法になづまざるを権なりとばかり心得て 時中の適當をわきまへず 欲心に任て禮法をそむき その心にも不義なりとはわずかにしれ共高満の傲気はなはだしき故に 権の名をかりてのがれことばを巧にして その門人を罔し世を惑し道のさまたげとなる人あり 此ふたしなの権の贋ものをいましめんために 洪氏の格言を集註に引用ひめされたり よくよく明弁すべし。"
（《翁问答》下卷之末）

在藤树看来,洪兴祖之格言,是对学禅者和俗儒这两种人行"假权道"的告诫,而并不是要"将权当作工夫之准的"问题来揭明。

总之,权即道、权即学的理念,乃藤树的一贯之旨。而且藤树还根据《孟子·离娄上》的一段话,针对那种以为经与权必有差别的想法,提出了诸如"经与权无别""权者道之总名""权即道,道即权""礼本权道之节文""礼法即权""礼之外无权,权之外无礼"等一系列有关经权关系之论述,以凸显权与礼实质上只是"一理"的道理。对此,藤树在回答其弟子有关《孟子·离娄上》里孟子与淳于髡的一段对话的提问时,曾发表了长长一段评论,其中心思想就是强调无论"权"还是"礼"抑或"名义",实皆为"一理"的道理。

体充曰:"淳于髡曰:'男女授受不亲,礼与?'孟子曰:'礼也。'曰:'嫂溺,则援之以手乎?'曰:'嫂溺不援,是豺狼也。男女授受不亲,礼也;嫂溺,援之以手者,权也。'曰:'今天下溺矣,夫子之援何也?'曰:'天下溺,援之以道;嫂溺,援之以手,子欲手援天下乎!'考见孟子此章(即《孟子·离娄上》),则当知经与权之差别耶!何如?"

师曰:"汉儒反经[1]合道为权之说,见误于此章矣。此

---

[1] 按:汉儒主张此为赵岐之说。赵岐将权与经作对立概念来理解,他认为"权者善于反经矣"(《十三经注疏》)。

章之礼，指礼法而言之矣。礼法者，为天下万民日用通行者也，其惟决定于平生急务之事，而臆想不到之事则非礼法矣。道者，充满太虚而不离身者也，而平生日用之礼法即道矣。然处理臆想不到之事的义亦即道也。权者，此道之总称也，故礼法原即为权矣。虽如此，因事之模样已定，而有形迹者，难以名之为权，故名之为法。嫂溺即臆想不到的变事，因无救助之礼法，故不说'嫂溺援之以手者礼也'，而说'嫂溺援之以手者权也'。权者道之总称也，所谓权即道，道即权也。故而欲言成道也就变为成权矣。此章若为'男女授受不亲礼也，嫂溺援之以手者道也'，则'反经合道'之说非误矣。言成权，则泥于权，且生疑窦。此章之主旨，并非明礼与权之别也，而是为解明儒者之道不堕于法，不执行迹，上乘天时，下应水土，而以止至善为根本焉。淳于髡以己之私心来理解孟子之思，视孟子憎恨当时诸侯之无礼不仕。然后人却以为孟子是拘泥礼法之人，故而以嫂溺为寓言而讥讽孟子。然孟子则以儒者之道应专以权为本，不凝滞于物，不拘泥行迹，活泼泼地，并以此解淳于髡之迷惑，故不说道，而说权也。《孝经》曰：'夫孝，天之经也，地之义也，民之行也，天地之经而民是则之。'则经或权皆同道之总名，而不可云有经与权辩。礼法原即权道之节文而显于形焉。故而若适时中而采用，则礼法显然即为权也。若离时中而用，则悖于权，而成非礼之礼矣。礼外无权，权外无礼。

权与礼名虽稍异，而其实一理矣。须仔细玩味。"[1]

藤树的《翁问答》，表面上看似乎是其门人"体充"与其"师"

---

[1] "體充曰 淳于髠曰 男女授受不親禮乎 孟子曰禮也 曰嫂溺則援之以手 曰嫂溺不援是豺狼也 男女授受不親禮也 嫂溺援之以手者權也 曰今天下溺矣 夫子之援何也 曰天下溺援之以道 嫂溺援之以手 子欲手援天下乎 孟子の此章を考見れば經と權と差別あるべきと存候はいかが 師の曰 漢儒反經合道為權の説は 此章を見あやまりたるものなり 此章の禮は禮法を指ていへり 禮法は天下萬民日用通行のために平生急務の事はりを定たまふものなれば 非常の変事には禮法なし 道は太虚に充満して身をはなれざるものなれば もとより平生日用の禮法も道なり また非常の変に処する義も道なり 權は此道の惣名なる故に 禮法も本權なれ共 事の模樣定りて迹あるによって 權と名げがたき故に 法となづけたり 嫂溺は 非常の変にして これをすくふ禮法なければ 嫂溺援之以手者禮也といはずして權なりといへり 權は道の惣名なれば 權すなはち道 道すなはち權なる故に 道也といはんために權也といへるなり 此章 男女授受不親禮也 嫂溺授之以手者道也とあらば 反經合道の見あやまりあるまじ 權也といへるによって權の字になづみてうたがひあるなり 此章の主意 禮と權との弁をあかすにあらず 儒者の道は法におちずあとになづまず 上天時に律り下水土に襲て至善に止を本とすることを開示するものなり 淳于髠 をのれが私心をもて孟子をうかがひ 孟子の當時の諸侯の無禮をにくみつかへされざるを見て 禮法になづみたる人なりと思ふによって 嫂溺の事を寓言して孟子を諷したり しかる故に 孟子 儒者の道は專權をもて主體として 物に凝滞せず迹になづまず 活発発地なることをしらしめて そのまよひをとかんために 道とはいはずして權也と論じめされたり 孝經曰夫孝天之經也 地之義也 民之行也 天地之經而民是則之とあれば 經も權もおなじく道の惣名なれば 經と權と弁ありと云は不可なり 禮法と權とすこし弁ありといはんは可なり しかれ共禮法は本權道の節文なるによって 時中にかなひて用れば禮法すなはち權なり 時中にたがひて用ゆれば權にそむきて非禮の禮となれば 畢竟禮の外に權なし 權の外に禮なし 權と禮と名義はすこし弁あれども 実は一理なり よくよく玩味あるべし。"(《翁问答》下卷之末)

之间的问答语，实质上是藤树的自问自答，而藤树有关权的一番议论，便都反映在《翁问答》里。他的主要论旨，就是权即道、权即工夫之准的（目标）。[1]

那么，主张经即权并认为礼法也是权的藤树之相关论述，究竟是出于什么样的见解和想法呢？藤树是这么考虑的，即没有通用于万世的定法，载于儒书的礼仪作法，是在中国历史上形成，并以特殊的历史背景为前提而成立的。所以它不能被原封不动地照搬于现在的日本（或者其他国家），而任由处于具体"时处位"上的人采纳并实施。由于礼仪作法会因处于具体"时处位"上的人而改变，所以如果要将其实施于日本，就必须以"时处位"即日本（或者其他国家）的风俗为出发点。如果不拘泥于儒书所载之礼仪作法，而以某国某地之风俗为出发点而施行之，礼法便可通用于任何国家。对此，藤树的以下论述已说得再清楚不过了：

---

[1] 按：本来在《翁问答》的序言里，就有说明其缘由的一段记载："天君先觉之老翁，某次操几杖以访友……暇日常无傍侍。门下体充，俊秀之人，平日勤疑问诘难。……遂书之倭语，以防遗忘。……题号《翁问答》而藏于文库。"说明《翁问答》之体裁，乃是师即老翁天君与门人体充之间的问答之笔录。所谓《天君》，出自于《荀子·天论篇》中"心居中虚，以治五官，夫是之谓天君"一段话，这是把心作为人格之表现。而所谓"体充"，则出自《孟子·公孙丑上》中"夫志，气之帅也；气，体之充也"一段话，即把气作为人格之表现。于是就形成了体充（气）向其师（即天君、即心）提出疑问而后遵从其说教的问答模式。这种模式类同于朱熹在注解孟子"心之官则思"一语时所引用的范浚《心箴》之语："天君泰然，百体从令。"

儒教者专将信神明之事存于心，此乃尊外神之大法、祭先祖之鬼神在外矣。日本神道之礼法，与儒道祭祀之礼有共同之处。……然敬奉神明之礼，要各按其位而行，以其国之风俗为本，而考其天秩[1]祭祀之礼，故当以斋戒信仰之事为第一矣。[2]

儒书所定之礼法，并非由处于具体"时处位"上的人按部就班地照搬过来。儒书所定之礼法，大抵为周代所作。此礼法很难完整地在当今日本被无位者行使。假使让有位者来行使，也不可能原样进行。即使在大唐，若不加损益，亦不能行得通，这是一般之道理。从伏羲到周代，凡由圣人代代所作之礼法，皆适时而用而成中庸之礼法矣。然随时代之变，礼法亦生过与不及之弊，不加损益则不能与时相适。故少有万世通用之定法矣。如上所言之礼法，应据时、处、人而变。只拘于同一礼法，即为"欣真落法"，是为大忌。殷修夏礼而损益之，周亦改殷礼而损益之，此须铭记于心矣。初学时不应以权道为目标，而应疑其对错。原封不动地照搬儒经典籍所载之礼法行事，以

---

[1] 按："天秩"即天之秩序，意指由上天决定的尊卑贵贱之等级。
[2] "儒教に專神明を信仰する事を心得すべし　これは外神につかふまつる大法なり　先祖の鬼神を祭は此外なり　日本の神道の禮法に　儒道祭祀の禮にあひかなひたることあり……さて神明につかふまつるには　その位々のおきて作法あれば　その国の風俗を本とし天秩の祭祀の禮に考あはせて　よく斎戒して信仰すべき事誠に第一なり。"(《翁问答》下卷之末)

为此即为实行儒道,此念差矣!按部就班地行使儒教典籍所载之"礼法",而其行若不符合时处位之理,则不为行儒道,而为异端也。即使所行礼法与时相应相符,若其心存追名逐利之私,亦可称为假儒者、小人,而非君子之儒矣。即使其所行之礼法与儒学典籍所载相异,但其所为与中庸之天理相符,其心无私欲又与圣贤之心法相合,则此人亦为行儒道之君子矣。若如此而不拘于理法,以推行真儒之道,则真儒之道可畅行于任何国家矣。[1]

---

[1] "儒書にのする所の禮儀作法は時により所により人によりて、そのままはおこなはれぬものにて候.儒書にのする所の禮儀作法は大方周の代の制作なり.此禮儀作法をすこしもちがへず、只今日本にて位なきものが取りおこなふ事は成りがたし.たとひ位有人の取おとなひたまふとても、ありのままに少もたがはず、取おこなひたまふことはならざるなり.大唐にて取おこなふとても、すこしづつ損益せずしてはおこなはれぬ道理なり.伏犧より周の代まで代々の聖人制作したまふ禮儀作法、その時代にはよく相應して中庸の禮法なれ共、代かはり時うつりては大過不及の弊ありて損益なくてはかなはぬ事なり.しかる故に、萬世通用の定法はすくなし.前かどにも論ずるごとく、禮儀作法は時により処によりて人によりてかはるものなれば、一しなの禮法になづむをば、欣真落法とて大にきらふ事なり.殷の代には夏の代の禮儀作法をあらため損益し、周の代にはまた殷の代の禮儀作法をあらため損益したまふにて心得あるべし.初学より權の道を目あてにせざれば、此あやまりうたがひあるものなり.儒書にのする所の禮儀作法をすこしもちがへず、残所なく取おこなふを、儒道をおこなふとおもへるは大なるあやまりなり.たとひ儒書にのする所の禮儀をすこしもちがはず、皆とりおこなふといふとも、其おこなふ所、時と処と位とに相應適當恰好の道理なくば、儒道をおこなふにはあらず、異端なり.そのおこなふ所、時に相應適當しても、その心に名利の私あるはにせものの小人と云ものにて、君子の儒にあらず.(转下页)

正如没有棱角就无法映入眼帘一样,天下无法制作既能以其国其地之风俗为本,又能适用并通用于人世之礼法。所谓恭敬执行礼法,持守谦德,使片刻无一毫胜人之邪心等……在世界任何一处也找不到可行使的地方。[1]

然而,藤树起初是固守儒教的礼仪作法(格法)的。据《年谱》记载:二十岁时,他"专崇朱学,受用以格套";三十岁时,"娶高桥氏之女。盖此时先生尚拘泥于格法,故执'三十而有室'[2]之法矣"。《年谱》又说:藤树在三十一岁之前尚"专读《四书》,坚守格法,其意专于圣人之典要格式,遂欲受持矣";[3]直到三十三岁那年秋天,始"求依予阳之同志而

(接上页)たとひまたその行ところ、儒書にのする所の禮儀作法にちがひても、その事中庸の天理にあたり、その心私なく、聖賢の心法にかなひぬれば、儒道を行ふ君子なり．かくのごとく禮儀作法になづまず真実の儒道をおこなふには、何国にてもおこなひがたき事はなきものなり。"(《翁问答》下卷之末)

[1] "さて世間にまじはる禮儀作法は其国其処の風俗を本とし 何事も圭角なく目にたたぬ樣に取なし いかにも作法うやうやしく謙徳を守りかりすめにも人にもさらんそあらすふ魔心らなく……か様におこなひてさはりある所は世界のうちにはあるまじく候。"(《翁问答》下卷之末)
[2] "是年 高橋氏ノ女ヲ娶ル 先生イマダ格法ニ泥ム 故ニ三十而育室ノ法ヲ執レリ。"(《藤树先生年谱》,三十岁条)
[3] "此ヨリ前、専ラ四書ヲ読テ 堅ク格法ヲ守ル 其意 専ラ聖人ノ典要格式等 遂一ニ受持セント欲ス。"(《藤树先生年谱》,三十一岁条)

著《翁问答》",[1] 从而引人注目地展开了自己的权论思想,并且以此为基础,三十四岁时又自觉地意识到固守礼法之非,进而把注意力转移到了本心(真性活泼之体)上:

> 是年,始觉专守格套之非。……一日,谓门人曰:"吾久来受用格套,近来,渐觉其非。受用格套之志与求名利之志之时期,虽不可谓相同,但二者均失真性活泼之体矣。吾人只有放弃拘挛之意,信奉本心,而不拘泥其迹方可。"[2]

这意味着,藤树已把思索的中心从格法(迹)转移到了本心(真心活泼之体)上。这里的"从……到……"之连接词,其实是一种否定式。具体地说,就是藤树从否定格法而转移到了本心追求上。而藤树的思维重点能从否定格法转移到本心的重要契机,就是其三十三岁那年冬天获得了《王龙溪语录》,并从中引发出一系列思考:"冬,得《王龙溪语录》,始读之,受其触发而多悦之"[3] 王畿是一位彻底否定格法、强调真心活泼泼的思想家。而藤树在受容王畿思想的四年后(三十七岁),又

---

[1] "秋 預陽ノ同志ノ求ニ依テ翁問答ヲ著。"(《藤树先生年谱》,三十三岁条)
[2] "是年 始テ専格套ヲ守ルノ非ナルコトヲ覚 …… 格套ヲ受用スルノ志ハ名利ヲ求ルノ志ト 日ヲ同シテモ語ルベカラズトイヘドモ 真性活潑ノ體ヲ失フコトハ均シ 只吾人 拘攣ノ意ヲ放去シ ミヅカラ本心ヲ信ジテ 其跡ニ泥ムコトナカレ。"(《藤树先生年谱》,三十四岁条)
[3] "冬 王竜溪語録ヲ得タリ 始コレヲ読トキ 其触発スルコトノ多キコトヲ悦ブ。"(《藤树先生年谱》,三十三岁条)

读到了《阳明全书》，从而使自己的学问又有了进一步长进：
"是年，始得《阳明全集》，读之，甚悦，多触发印证，其学弥进。"[1] 不过需要强调的是，藤树对王阳明思想的受容，严格来说，是沿着或者说是以王畿思想为切入点的。也就是说，藤树思想是在受容、消化王畿思想（特别是现成良知思想）的基础上形成的，并且是在这一思维方式的基点上受容王阳明思想的。因此，藤树所受容的思想内容是有其局限性的，而致良知论则可以说是其受容的核心。毫无疑问，王畿思想亦属于阳明学之展开的重要组成部分。然而藤树如果首先得到的是《阳明全书》，那么他所思索的内容也许就会与现在的思想形态有很大差异了。因此，在讨论藤树之阳明学性格的时候，必须以王畿思想的先行受容为其重要前提。

藤树真正接触王阳明思想的年龄是在三十七岁那年，当时他已自觉意识到了"心事一体"的基本论旨，所谓"心、事原是一也。故无事善而心不善者，亦无心善而事不善者也"，[2] 即反映了这种思想意识。

藤树把思索中心从格法转移到本心上，认为比格法（迹）更重要的是本心（心），这意味着他已把重点放在了本心上。这种思考模式可以说是对心体的肯定和对行为的否定。而所谓

---

[1] "是年 始テ陽明全集ヲ要求アリ コレヲ読デ 甚ダ觸發印證スルコトノ多キコトノ悅ブ 其學彌進ム。"（《藤树先生年谱》，三十七岁条）
[2] "先生曰 心事元是一也 故ニ 事善ニシテ 心善ナラザル者ハ イマダコレアラズ 心善ニシテ 事善ナラザル者モ 亦イマダコレアラズ。"（《藤树先生年谱》，三十七岁条）

"心、事原是一也"，即事（行为、行迹）与心为一体。在这种思考模式中，事与心都成了重点，强调心之思原本就是行为，乃意味着心即行、行即心。也就是说，行与心在藤树那里是同时得到肯定的。而作为藤树的思考结果——心即行论，其礼法（礼仪作法）、格法、事若被替换并理解为经，而心若被替换并理解为权，则其基本模式除了前面所引用的已展开于《翁问答》中的"权即经，经即权"之论旨外，实质是别无所指的。从这一意义上可以说，藤树的权论思想是在相当巧妙的思考模式中展开的。

二、熊泽蕃山对权论的深化
   ——人情事（时）变论和水土论

藤树认为，载于儒书的礼仪作法（礼法），是以中国历史这一特殊条件为前提而形成的，若任由无视具体"时处位"的人去原封不动地施行于现在的日本，那显然是行不通的。所以要将其施行于日本，就必须以日本的风俗为出发点（基础）。这便是藤树的"时处位"论。这一思想后来被蕃山所继承，并以"人情事（时）变"论、"水土"论的形式而展开。[1]

---

[1] 对于蕃山来说，"通人情事变（人情事變に通じて）"（《中庸小解》下）的"事变"，就如同"观变以通人情时变，以时处位而行也（觀變ハ人情時變ニ通ジ、時處位ニ叶テ行也）"（《系辞上》）、"悖人情时势事多，则辱下上而不用法（人情時勢にもとる事多ければ、下上をあなどりて法を不用）"（《中庸小解》下）那样，在使用上与时变、时势同意。

蕃山的学问态度是与拘泥论相对的，并且把继承和发展藤树的"时处位"论作为自己的思想基础。蕃山尝针对其门下所谓"先生之论与阳明子所传之语相似"[1]的质疑，作了如下回答：

> 愚悖朱子，亦不取阳明，唯取古之圣人而侍用矣。道统之传来，朱、王共同。其言据时而发，用其真而若合符节矣。朱、王并无根本差别。朱子忧于时弊，故以穷理辨惑为上，而不无自反慎独之功。王子亦因时弊而重自反慎独之功，而不无穷理之学。愚拙，向内而成自反慎独之功，而取于阳明良知之发。然辨惑之事，则侍于朱子穷理之学矣。[2]

可见，蕃山对朱、王二人都未采取绝对化的立场，而是明显表现出相对化的学问之思，这与其师藤树的立场基本是一致的。为此，笔者暂且先介绍一下藤树的学问之思。当时曾有人就如何理解《大学》的问题询问藤树，藤树的回答是："有人

---

[1] "先生の論は陽明子の傳に似たり。"（《集义和书》卷八《义论之一》）
[2] "愚は朱子にもとらず 陽明にもとらず、ただ古の聖人に取て用ひ侍るなり 道統の傳のより來ること 朱王共に同じ 其言は時によつて發する成べし 其真にをいては符節を合せたるがごとし 又朱王とても各別にあらず 朱子は時の弊をたむべきがために 理を窮め惑を辨るの上に重し 自反慎獨の功なきにあらず 王子も時の弊によつて自反慎獨の功に重し 窮理の學なきにあらず 愚拙 自反慎獨の功 内に向て受用と成事は 陽明の良知の發起に取 惑を辨る事は 朱子窮理の學により侍り。"（《集义和书》卷八《义论之一》）

说：如吾子之说，则似背程朱而信阳明矣。"[1] 这与前述蕃山弟子对蕃山的质疑（即"先生之论与阳明子所传相似"）显然是属于同一性质的问题。藤树对于自己的《大学》观曾有过如下论述：

> 盖程朱、阳明同为吾道之先觉，其绪论虽若异，然其道惟同矣。故后觉以先觉为宗师，是以尊信《中庸》之至道，信从极真。不择是非，妄从其说，似信从而非真信从矣。……故虽不用程朱之说，若为至当，则程朱亦喜，虽违程朱之说，亦为信从程朱之心矣。虽妄用程朱之说，若非至当，则以是程朱之所恶，违程朱之心，此非信从程朱矣。盖程朱、阳明皆先觉矣，吾何所偏袒耶？今吾是古本而从阳明，经传之差别则从于朱子，观此可知吾无党同之私。吾唯希其至当欤！[2]

---

[1] "或曰 吾子ノ説ノ如キハ 程朱ニ背テ 陽明ニ信従スルニ似タリ。"（《藤树先生全集》卷一二《大学考》）

[2] "蓋程朱陽明同ジク吾道ノ先覚ナレバ 其緒論雖如異 其道ハ惟同ジ 故ニ后覚ノ先覚ヲ宗師トスルニハ 中庸ノ至道ヲ尊信スルヲ以至極真実ノ信従トス 是非ヲ不択 妄ニ其説話ノミニ従フハ 信従ニ似テ信従ニアラズ …… 故ニ程朱ノ説話ヲ雖不用 モシ至當ナラバ 程朱ノ喜ブ所ナレバ 程朱ノ説話ニ違フト雖 程朱ノ心ニ信従スルナリ 妄リニ程朱ノ説話ヲ用フトイフトモ 若至當ニ非ズンバ 程朱ノ悪ム所ナレバ 程朱ノ心ニ背クナリ 程朱ヲ信従スルニアラズ 蓋程朱陽明皆先覚ナリ 吾何ゾ偏ムキニ袒ヌグ所アランヤ 今吾古本ヲハトスル所ハ陽明ニ従ヒ 經傳ノ差別ハ朱子ニ従フヲ見テ 党同ノ私ナキコト可知 吾ハ唯其至當ニ与セント希フノミ。"（《藤树先生全集》卷一二《大学考》）

正如蕃山所言，不能无条件地依赖朱熹和王阳明，而要"唯取古圣人而侍用"。说明藤树不偏袒程朱、王阳明任何一方，故而他自称"信《中庸》之至道"，"希其至当"。这种态度，如同前面已指出的那样，是与基于王阳明之旨的王畿及韩国的崔鸣吉、郑齐斗共通的。因此可以说，这种现象并不限于蕃山、藤树，而是在东亚阳明学的展开过程中共同具有的。

接着我们再把话语转到蕃山的"人情事（时）变"论和"水土"论上。

"人情事（时）变"的人情，指的是人之喜怒哀乐，事（时）变，则指的是视听言动和富贵、贫贱、患难、生死。"时处位"的"时"即事（时）变，"位"即人情的"人"，而处于事（时）之变和人之情（即风俗）产生效力的场合，即相当于"水土"。这个时候，"人情事（时）变"与"时处位"的意义相同，而"水土"则相当于"时处位"中的"处"。故此可以说，蕃山的"人情事（时）变"论和"水土"论并不是他的独创，而是对藤树之"时处位"论的继承和发展。实际上，藤树在论述"权"的过程中，也直接或间接地言及过"人情事（时）变"论和"水土"论。有见于此，我们不妨再引用一段与此相关联的文字来揭示藤树的相关思想：

礼法随处"时处位"之人而变……其所施行之礼法，若不与"时处位"相对应而行适当恰好之礼，那就不是施行儒道，而成为异端矣。[1]

这说明，藤树所说的"时处位"，其中位与人同义，而时和处，则可以藤树的如下论述为据："儒者之道所示者，乃不落于法，不拘泥迹，上律天时，下袭水土，而以止至善为本矣。"[2] 所谓"上律天时，下袭水土"，语出《中庸》第三十章。实质上，藤树曾说："时，即天之时，春夏秋冬也，非言命运之否泰矣。……学问当知水土地利之重要……政治当知人位职分之重要，而体认之也"。[3] 于是，"时处位"又可分别表述为："时"者，天时也；"处"（或曰"所"）者，水土地利也；"位"者，人位也。而上之天时相当于时，下之水土相当于处。也就是说，时、处、位是与天、水土（地）、人即所谓"三才"相对应的。所以藤树又有"时所位三才，相应之至善也"[4]、"天时、地利、人情之至善"[5]、"天时、地利、人位皆恰当"[6]等提法。其中"水土"处于主导地位，所以必须对"水土"有更深

---

[1] "禮儀作法は時により処によりて人によりてかはるものなれば……其おこなふ所 時と処と位とに相應適當恰好の道理なくば 儒道をおこなふにはあらず 異端なり。"（《翁问答》下卷之末）
[2] "儒者の道は法におちずあとになづまず 上天時に律り下水土に襲て至善に止を本とすることを開示するものなり。"（《翁问答》下卷之末）
[3] "時とは天の時 春夏秋冬 命運の否泰をいふなり……がくもんもしをきも水土の之地利をしるが肝要なることあきらむべし…… がくもんも政も人位のぶんを知るが大事なることを體認すべし。"（《翁问答》上卷之末）
[4] "時と所と位と三才相應の至善。"（《翁问答》上卷之末）
[5] "天時地利人情の至善。"（《翁问答》上卷之末）
[6] "天時地利人位みなよくかなひ。"（《翁问答》上卷之末）

刻的把握。

> 敬奉神明之礼，要各按其位而行，故以国之风俗为本，而考顺天秩祭祀之礼也。[1]
>
> 往来世间之礼法，以其国其处之风俗为基本。[2]

诚同藤树所言，"其国其处之风俗"（或日本之风俗），可以说是最具效用的存在。

蕃山的"时处位"（人情事变）论，尽管沿袭了藤树的思想，但也有超越藤树的地方。比如其有关"水土"（处）之特殊性等的论述，就是相当深刻而引人注目的观点。而且蕃山还认为："知人情者，根于水土也。"[3] "水土，合人情风俗者也。"[4] 进而将"水土"视为人情风俗的决定因素。因此可以说，蕃山的"时处位"（人情事变）论是集中体现在"水土"论中的。蕃山曾对《中庸》第三十章的"上律天时，下袭水土"作过如下解释：

---

[1] "さて神明につかまふるには その位位のおきて作法あれば その國の風俗を本とし天秩の祭祀の禮に考あはせて……。"（《翁问答》下卷之末）

[2] "さて世間にまじはる禮儀作法は其國其處の風俗を基とし……"（《翁问答》下卷之末）

[3] "人情を知は水土にとる也。"（《中庸小解》下）

[4] "水土は人情風俗にあらはるゝ者也。"（《中庸小解》下）

> 通事变者，本于天时也；知人情者，基于水土也。水土，合人情风俗者也。比如日本人多喜悦，而西戎人多悲哀。[1]

也就是说，时活用于事（时）变，位活用于人情之"人"，而处则活用于事（时）之变和人之"情"（即风俗），正是在这样的场合，"时处位"才等同于"水土"。这样的"时处位"，又被对应于天、水土（地）、人。蕃山认为，"水土"是合于人情风俗的。就是说，只要"水土"被活用于风俗（人情风俗）即事（时）之"变"和人之"情"，它就不是独立于风俗（人情风俗）之外的存在，而只是把自己的形象常显现于风俗当中罢了。有见于此，蕃山认为，知人情者即扎根于"水土"。事之"变"和人之"情"是风俗，而"水土"则只是经常显现于风俗中的固定形象。于是对蕃山而言，为知人情，则必知"水土"。

至于蕃山的文化论，则不过是把"水土"视为人情风俗的决定因素罢了。所以他尝比较说："日本人多喜悦，西戎人多悲哀。"蕃山所作的《水土解》[2]，就是以这种文化论作为基础的"水土"论。《水土解》文字略长，概而言之，其主要内容是：神、儒、佛三教的立教理念，在于分别以日本、唐国（指中

---

[1] "事變に通ずは天時にのつとる也 人情を知は水土にとる也 水土は人情風俗にあらはるゝ者也 日本の人は喜悦多く 西戎の人悲哀多きが如し。"（《中庸小解》下）
[2] 《集义外书》卷一六。

国)、天竺(指印度)之水土为出发点,并且是对应于"时处位"而进行说教。若以祭葬为例,则火葬虽适合于天竺之"水土",但同时亦适合于日本之"水土"。在简古时代,日本之神道是用三种神器来象征知、仁、勇三德,而儒教经典之旨趣则可以用《中庸》来诠释之。故日本的祭葬仪式虽来自天竺,然其文字、器物、理学则借用于唐国。值得注意的是,这里仅仅是借用,而绝非买卖!也就是说,日本人所崇信的是适合于日本之水土的神道,唐国人所崇信的是适合唐国之水土的儒教,天竺人所崇信的是适合天竺之水土的佛教。[1] 很显然,蕃山所著的《水土解》,归根结底还是围绕道与礼(法)的关系问题而展开的。据《水土解》记载:

> 云儒法者,迹也。迹者,依其国以据时变而不行者多矣,况日本乎?儒道、神道、佛道,皆明知之人应其时所位而行之迹,非道之真矣。……不唯佛法有害此国,儒法亦有害矣。[2]
>
> 有知、仁、勇之德而后有名乎?有名而后有德乎?有耳目而后有名乎?有名而后有耳目乎?夫人之生而后有人

---

[1] 关于《水土解》之概要,可参照伊东多三郎:《藤樹、蕃山の学問和と思想》,收入氏著:《中江藤樹・熊沢蕃山》,第39页。
[2] "儒法と云は跡なり 跡は其国にをひても 時うつるときは不行こと多し 況や日本にをひてをや 儒道神道佛道 みな明知の人の其の時所位に應じて行ひし跡なり 道の真にあらず …… 佛法の此国に害あるのみならず 儒法も又害あり。"(《集义外书》卷一六《水土解》)

之名，有耳目而后有耳目之名。在中国云耳目，在日本云みみめ。虽言语不同，而所指则一。夫具此三极，而后方显知、仁、勇之德矣。[1]

夫道者如大路，众所共有，是五伦之五典[2]十义[3]矣。尚无道学之名而行于前，盖因天之故，万古不易之道也。礼法者，圣人依时所位而作，是故难通古今矣。常合于时则配道，不合于时则害道。然今之学者，皆以法为道也。若不应于时处，则亦非可行也。今日本之时处位，反于理而驯于情，专于道而略于法之势矣。[4]

---

[1] "知仁勇の德ありて後名有か 名ありて後德あるか 耳目有て後名あるか 名ありて後耳目あるか 夫人生て後人の名あり 耳目有て後耳目の名あり 中国にては耳目と云 日本においてはみみめと云 言葉はかはりぬれども 指すものは一なり 夫三極そなはりて後 知仁勇の德あらはる。"（《集义外书》卷一六《水土解》）

[2] 按："五典"与五伦、五常同，是指人类必须遵守的父义、母慈、子孝、兄友、弟恭五种人伦关系。

[3] 按："十义"出自《礼记·礼运》中的"何谓人义？父慈、子孝、兄良、弟弟、夫义、妇听、长惠、幼顺、君仁、臣忠十者谓之人义"，是人类要持守的十种道理。

[4] "それ道は大路のごとしといへり 衆の共によるべき所なり 五倫の五典十義是なり いまだ道学の名なかりし前より行はる 天にうくるが故なり 萬古不易の道也 禮法は聖人時所位によりて制作し給ふものなれば古今に通じがたし よく時にかなへば道に配す 時にかなはざれば道に害あり しかるに今の学者には 法をとめて道なりといへる者あり 故に時処に應ぜざるをも 是非かくのごとくせずしては不叶事と思へり 今日本の時処位 理にかへりて情をやはらげ 道を専にして法を略すべき勢なり。"（《集义外书》卷一六《水土解》）

从"礼法者,圣人依时处位而作,是故难通古今矣"[1]中不难看出,蕃山并未改变自己的基本立场。依此观点,我们可以认为他的"水土论"是对权论的继承和深化。

---

[1] 对此,蕃山还有与之旨趣略同的论述:"若谓中国之圣人,则代代可更替也,况移至日本而多施行于事乎?道即三纲五常,配天、地、人,配五行。无道德之名,则圣人之教不充分。然此道之施行,人不充分则行于天地,天地不充分则行于太虚。人绝则归天地,然非亡,况后世乎?法者,合于圣人时、处、位,依事宜而作也。是故代代而配于道也。非时去人位,则虽圣法亦难用。行时不合者,害于道矣。今学者之道多行法,若不合时、处、位之至善,则无道矣!"(中國の聖人といへども代代に替り候．況や日本へ移しては行ふがたき事多候 道は三綱五常なり 天地人に配し、五行に配す．いまだ道德の名なく聖人の教なかりし時も 此道は既に行はらたり いまだ人ながりし時も天地に行はれ いまだ天地かりし時も太虚に行はる 人絕天地無に歸すといへども亡ることなし 況や後世をや 法は聖人時處位に應じて 事の宜しきを制作したまへり 故に其代にありては道に配す 時去 人位かはぬれば 聖法といへどものあり 不合を行時は却て道に害あり 今の學者の道とし行ふは 多は法はり 時處位の至善に叶はざれば道にあらず。)(《集义外书・补》)

第四章　比较论的考察

其实，在王阳明的思想里，其权论原本就具有并且也表现为致良知论的思想特质，甚至与致良知论有着密不可分的关系。因此可以说，阳明学之权论的展开过程，亦必然带有在王阳明的致良知论中所呈现出来的两大思想侧面的形式和内容。

对于中国来说，继承了王阳明思想之积极侧面的思想家们，其权论思想也是朝着积极方面演进和深化的，其代表人物就是王畿和李贽。王、李二人视经为法，以经为史，从而彻底否定了经的权威性，并以相对化的方式展开了自己的权论之思。具体地说，王畿不仅严厉批判了格法（格套），而且还把圣人立教视为助道之法，把《六经》作为吾心之注脚（即法）。至于李贽，则认为圣人所说的是非并非定质、定论，经史合一，即经其实只是各个时代的历史（史）。不过这种以经为史的观点，并非王畿、李贽所独创，实际上在王阳明那里已有类似之主张。因此可以说，王畿、李贽的经则史观，乃是对王阳明的继承和发展。

经之权威的相对化过程，在韩国阳明学那里有了退缩。在韩国，对权的关注，乃是作为对经的补充而出现的，所以经之权威并不像在中国那样被彻底相对化和对象化。拿经文与今之事实作比较，郑齐斗、张维原本就更重视后者，所以强调知时、识势、达变和通权。就连同样被视为权道论者而经常受到严厉指责的崔鸣吉，也不赞成经的相对化和对象化，对他们来说经的地位仍具有绝对性。比如崔鸣吉虽批判了守经论者，而坚持彻底的既"知经"又"达权"之立场，但却并未坚决地批判和否定经。所以他强调"心宁道与归"，明确主张达权必归道。正因为有了这样的思想预设，才使崔鸣吉在"丙子胡乱"时，尽管赞成求实利的媾和论，但却对坚持名分论的守经论者金相宪说："尔心如石终难解，吾心如环信所随。"[1] 表明了其环绕时势而不停地改变自己立场的处世理念。然而，当李氏王朝在山城（南汉山城）被清政府逼迫缔结屈辱性的媾和条约后，崔鸣吉却又说："山城不死皆臣罪，泣向春风揖杜鹃。"[2] 主张抛弃名分，以近乎耻辱的方式接受媾和协议。尽管如此，崔鸣吉从根本上说仍然属于温和的维护经之权威的士大夫，所以他反对经的相对化和对象化。这样的态度，后来几乎原封不动地被郑齐斗所继承。于是郑氏亦以强化经之绝对权威的姿态而受到关注。郑齐斗认为，必须对经、权两个方面都要有把握，所以他主张经、权"补完"论。不过据他所说，注重权，是为了彻

---

[1] 引自尹南汉：《韩国外交官传记》之十，崔鸣吉篇，见《国会图书馆报》1973年第10卷第2号，第121页。

[2] 引自尹南汉：《韩国外交官传记》之十，崔鸣吉篇，《国会图书馆报》1973年第10卷第2号，第126页。

底"补完"经，而并不意味着使经相对化。学问无他，无非彝伦、名教、礼法者也。所以经书之权威在郑齐斗那里也是受到进一步强化的。

直到日本阳明学阶段，经的问题才有可能被彻底相对化和对象化，从而形成了权即道（"权则道"）之理念。在日本，"权则道"论的确立，是以对本国风土的特殊性和固有性有强烈自觉的"时处位"论为背景的。日本阳明学的鼻祖中江藤树提出了独特的"权外无道，道外无权"的权论思想，而这是建立在所谓"儒书所定之礼法，非由处于具体'时处位'上的人原封不动地照搬过来"这一前提之上的。作为一个日本人，藤树的这种权论思想，可以说是在接触到了王畿的格法否定论后形成的。而王畿的格法否定论，又是在究心于儒教（即朱子学）的格法困惑并力图解决它的过程中产生的。藤树的权论思想，从形迹出发，而转化为活泼泼的心，从而使自己的明德之学得到深化。换言之，藤树的权论思想是在受容和深化现成良知（本体工夫）论的过程中实现的，或者说是受容和深化现成良知论的必然结果。而以藤树的"时处位"论为背景的权则道论，后来又被熊泽蕃山所继承，进而演化为"人情事（时）变"论和"水土"论。"人情事（时）变"同义于"时处位"，而"水土"论本来就渊源于藤树，它相当于"时处位"中的"处"（场所）。因此，"人情事（时）变"论也好，"水土"论也罢，归根结底都是建立在日本风土的特殊性和固有性的基础之上的。于是便可以获得如下结论：中国礼法究竟是否适合于日本，乃是一个根本性的问题。所谓礼法，实为圣人据时、处、位而作，所以它是难以贯通古今的。能够施行于中国的儒教之礼法，未必适用于日本的风土、土壤。这就意味着，蕃山的"人情事（时）变"论和"水土"论，可以理解为是对藤树权论思想的进一步深化。

第六部

三教一致论的展开

日本阳明学鼻祖中江藤树肖像：中江藤树出身武士，为赡养母亲，脱藩后回到家乡近江小川村（今属滋贺县高岛郡安昙川町）建私塾，以讲学为生。因其出生地植有藤树，后在大洲藩为官亦不离藤树，就连回乡讲学都是在藤树下进行，故而其门生称其"藤树先生"。

中江藤树墓：除被称为"藤树先生"，中江藤树还被称作"近江圣人"。其思想充分体现在《翁问答》上下卷中。该书上卷论述了孝、文、武等内容，下卷则阐述了实学与儒、佛一致论的思想。《翁问答》表面上看似乎采取了门人"体充"与老师"翁"之间的问答形式，而实为中江藤树的自问自答。

第一章　中国良知虚无性格的深化与三教一致论的展开

中国的儒佛道三教关系，从佛教传入之初就成为中国宗教史的重要问题。其中既有各宗教间的会通问题，也有作为信奉者的中国人的独特接受方式问题。从当初翻译佛教经典时开始，中国就借用了民众原有的思想信仰并以此为基础，而后出现了老子化胡说[1]、三教合流论等。特别是作为信奉者的民众的接受方式，就如同在全真教等新道教那里所能看到的那样，显示出三教混合、三教合一的倾向。后来学者当中也产生过奉行三教兼修的思潮。儒家学者对佛、道采取批判式汲取的立场，从而使宋学受到了佛教和道教的影响（表面上）。之后的明代儒学受佛、道思想的影响更深。明代儒者中明显持三教兼修立场的是王守仁，在他之前还有陈献章（白沙）。[2]

如前所述，王阳明所谓的"龙场大悟"，乃是对"心即理"的自觉，并使之成为阳明学的起点（参照第一部第一章

---

[1] 按："老子化胡"是指道家为宣扬其优越性，针对佛教而提出的老子转世为悉达多（释迦牟尼出家前的名字）或曾点化过修行中的释迦之说。

[2] 参照酒井忠夫：《陽明学と明代の善書》，收入安冈正笃等监修：《陽明学入門》，东京：明德出版社，1973年，第341—342页。

第一、二节）。而"龙场大悟"其实可以说是经历了"出入二氏（佛、道）之学"[1]的思想性和精神性的心灵之旅后才出现的。诚如湛甘泉对早年王阳明所作的评价："初溺于任侠之习，再溺于骑射之习，三溺于辞章之习，四溺于神仙之习，五溺于佛氏之习。正德丙寅，始归正于圣贤之学。"[2] 王阳明的高第钱德洪在《刻文录叙说》中将先生王阳明的"教三变"即"教说theory"的变迁过程归纳为："心即理（37岁）"→"知行合一（38岁）"→"致良知（49—50岁）"；并且他又将王阳明在"学问领域"的变迁过程归结为"学三变"，即"辞章"→"老佛二氏"→"圣学（＝儒学）"。具体的变迁过程可参照下表：

王阳明学问及思想的变迁过程

五　溺	任侠→骑射→辞章→道教→佛教	➡ 儒学
学三变	辞章→道教→佛教	
教三变	心即理→知行合一→致良知	

---

[1] 按：关于王阳明出入二氏之学的问题，参照《王阳明全集》卷三四《年谱》二十六岁及三十岁条。徐爱《传习录引言》尝曰："先生明睿天授，然和乐坦易，不事边幅。人见其少时豪迈不羁，又尝泛滥于词章，出入二氏之学。"（《传习录》上卷）钱德洪《刻文录叙说》亦曰："先生之学凡三变，其为教也亦三变：少之时，驰骋于辞章；已而出入二氏；继乃居夷处困，豁然有得于圣贤之旨：是三变而至道也。居贵阳时，首与学者为'知行合一'之说；自滁阳后，多教学者静坐；江右以来，始单提'致良知'三字，直指本体，令学者言下有悟：是教亦三变也。"（钱明编校：《徐爱·钱德洪·董沄集》，第185页）说明王阳明曾经历过"学三变"和"教三变"，而"学三变"中就包括了出入二氏之学。
[2]《王阳明全集》卷三七《阳明先生墓志铭》。

王阳明经历了任侠、骑射、辞章、神仙、佛氏"五溺"之后，才于正德元年（1506年，35岁）开始回归于圣贤之学（儒学）的。本来，王阳明沉溺于神仙、佛氏的直接动机，是因为他在实践朱子学格物穷理说的过程中遭受了重大挫折，然而正德元年他再次回归儒学的事实则说明，他已把道、佛包容进了儒教中，并使之成为自己的思想基础。所以他非常强调儒教原本就承认二氏（佛、老）之学皆为"吾用"的观点：

> 二氏之用，皆我之用：即吾尽性至命中完养此身谓之仙；即吾尽性至命中不染世累谓之佛。但后世儒者不见圣学之全（即真实形态），故与二氏成二见耳。[1] 譬之厅堂三间共为一厅，儒者不知皆吾所用，见佛氏，则割左边一间与之；见老氏，则割右边一间与之；而己则自处中间，皆举一而废百也。圣人与天地民物同体，儒、佛、老、庄皆吾之用，是之谓大道。二氏自私其身，是之谓小道。[2]

---

[1] 比如几乎是同一时期（五十四岁时），王阳明说："夫禅之学与圣人之学，皆求尽其心也，亦相去毫厘耳。圣人之求尽其心也，以天地万物为一体也。……盖圣人之学无人己，无内外，一天地万物以为心。而禅之学起于自私自利，而未免于内外之分，斯其所以为异也。"（《王阳明全集》卷七《重修山阴县学记》）他还在《象山文集序》里说："世儒之支离，外索于刑名器数之末，以求明其所谓物理者。而不知吾心即物理，初无假于外也。佛、老之空虚，遗弃其人伦事物之常，以求明其所谓吾心者。而不知物理即吾心，不可得而遗也。"接着又说："夫禅之说，弃人伦，遗物理，而要其归极，不可以为天下国家。"（《王阳明全集》卷七）
[2] 《阳明年谱》，嘉靖二年癸未五十二岁条。

在王阳明看来,从与天地民物同体(一体)的圣人之学(儒学)的观点上说,佛、道在其根底上是可以与儒学相一致的。因此,他所倡导的三教一致论归根结底是从儒教立场出发的。所以他又说:

> 仙家说到虚,圣人岂能虚上加得一毫?佛氏说到无,圣人岂能无上加得一毫有?但仙家说虚,从养生上来;佛氏说无,从出离生死苦海上来。却于本体上加却这些子意思在,便不是他虚无的本色了,便于本体有障碍。圣人只是还他良知的本色,更不着些子意在。良知之虚便是天之太虚,良知之无便是太虚之无形。日、月、风、雷、山、川、民、物,凡有貌象形色,皆在太虚无形中发用流行,未尝作得天的障碍。圣人只是顺其良知之发用,天地万物俱在我良知的发用流行中,何尝又有一物超于良知之外,能作得障碍?[1]

他主张用仙家之虚和佛家之无来把握良知之虚无。从这点来看,王阳明的三教一致论可以说是以其思想核心即良知论为基本理念的,而且是建立在统合道、佛的思想形态之上的。

正因为三教一致论是建立在良知论的基础之上的,故而就如同"四无说"和"四有说"一样,究竟是把良知放在虚无的

---

[1]《传习录》下卷,第69条。

层面（老、佛）上把握，还是放在有的层面（儒）上把握，便成了必须选择的问题。在此基础上，又出现了两种可能性：是在扩大儒教范式的形态下，使三教一致论得到深化，还是在固守儒教纯粹性的基础上，出于对虚、无（老、佛）面向的排除，而使三教一致论得以消弭。可以说，对上述两种不同思想形态加以展开的可能性是同时存在的。

对中国来说，将以良知论为基础产生的王阳明的三教一致论之倾向，在突显良知之虚无性格的形态下，朝着积极的方向继承和展开的思想家，有王畿和李贽。不过，出现阳明学的"三教一致论倾向"[1]绝非偶然，它实际上是以明代三教一致的风潮为背景的。作为形成明代三教一致风潮的一个大前提，明朝的宗教政策是必须要加以考虑的。明太祖即位后不久，由于大量人物隐而不出，于是便下诏求才纳贤于天下，同时还在僧侣、道士中搜罗人才。为加强管理，朱元璋特地设立善世院、玄教院，以统管佛、道两教。洪武十四年（1381），在整顿其他政治制度的同时，他又为善世、玄教两院设立了僧录司[2]、道录司[3]两司制度，并于第二年开始实施。与此同时，寺观、度僧[4]、

---

[1] 关于这个问题，可参照酒井忠夫：《中国善書の研究》，东京：国书刊行会，1972年，第227—228页。

[2] 按：僧录司始于宋，是掌管僧侣名籍账簿及补授等有关佛教各种事务的机构。

[3] 按：道录司是担当有关道教事务的机构。宋朝为道录院，明朝（1382年）改为道录司，归属礼部。

[4] 按：指从官府中获得度牒的僧侣。

教团等制度也得到了整顿，对僧、道的管理则日趋严格。《明律》中关于僧、道的法律，有从洪武十八年（1385）十月御制大诰中对僧、道的取缔，到洪武二十四年（1391）六月颁发的《申明佛教榜册》。而明太祖的三教观就是从上述洪武初政时的宗教政策中产生的。受此影响，三教的存在方式也得到了规范，而明代三教融合的性格就是在这样的背景下形成的。可以说，阳明学中三教一致论倾向的展开过程，亦与这种风潮有着非常密切的关系。

关于王阳明所主张的三教一致论之倾向的继承和展开，用黄宗羲的话说，即"阳明先生之学，有泰州、龙溪而风行天下，亦因泰州、龙溪而渐失其传。泰州、龙溪时时不满其师说，益启瞿昙之秘而归之师，盖跻阳明而为禅矣"。[1] 黄宗羲对歪曲阳明学本旨，私自受容佛教（瞿昙）教义，以至成为狂禅的泰州（王艮）和龙溪（王畿）进行了批判。起初，相比王艮，受容佛教程度更深的王畿受到了更大的瞩目，而之后，王艮的后学泰州学派则在对阳明学的继承和展开上起到了更大的作用。[2] 后来，泰州学统又由李贽的继承和发展得以开花结果。因此，下面我们就来考察一下将中国阳明学派的三教一致论作积极之展开的中心人物王畿和李贽。

---

[1]《明儒学案》卷三二《泰州学案一》。
[2] 关于继承了王阳明思想之积极侧面的思想家以及泰州学派的三教一致论，请参照酒井忠夫：《中国善書の研究》第三章第三节《泰州学派の三教思想》。

一、王畿以良知学为核心的三教一致论

黄宗羲所说的"泰州、龙溪时时不满其师说,益启瞿昙之秘而归之师,盖跻阳明而为禅"的意思,是说王阳明本身并不带有"瞿昙(佛教)"或"禅"的色彩(却被世人误认为带有该色彩),只不过是泰州、龙溪开启了瞿昙之秘,又将其归于师,而有意让阳明跻身(即踏入)于禅。其中,所谓的"盖跻阳明而为禅",就如同王畿在《悟说》中所言,[1] 是以"得于言者"为解悟,"得于静坐者"为证悟,"得于练习者"为彻悟,用王畿的话说,即"先师之学,其始亦从言而入,已而从静中取证,及居夷处困,动忍增益,其悟始彻。一切经纶变化,皆悟后之绪余也。"[2] 因为在王畿看来,其师王阳明之学在"悟"的方面,便经过了解悟→证悟→彻悟这么几个阶段。后来黄宗羲尽管极力替王阳明辩护,但就像"五溺"所显露的那样,在王阳明身上有佛教色彩(要素)乃是无可否认的事实。

王阳明尝曰:"圣人与天地民物同体,儒、佛、老庄皆吾之用,是之谓大道。"意即"三教"(儒、佛、老庄)皆为"吾之用"。这是以"三教"为用,"吾"为体。那么这里的"吾"具体指的什么呢?毋庸多言,指的就是"良知(致良知)之

---

[1] 详参第二部第一章第一节之二。
[2] 《王畿集》卷一七《悟说》。

学（教）"，"良知之学"即相对于三教（用）的"体"。王阳明本人对此亦有明言："近来信得致良知三字，真圣门正法眼藏。……我此良知二字，实千古圣贤相传一点滴骨血也。"[1] 并说："仙家说到虚……佛家说到无……圣人只是还他良知的本色（本来相），更不着些子意在。良知之虚便是天之太虚，良知之无便是太虚之无形……圣人只是顺其良知之发用，天地万物俱在我良知的发用流行中。"[2] 把良知学视为"真圣门正法眼藏""千古圣贤相传一点滴骨血"，认为良知学包含了仙家之虚和佛家之无，并以此作为三教的核心或基础。

王畿站在王阳明以良知为基础的三教一致论的立场上，强调"先师良知之学，乃三教之灵枢"。[3] 所谓"灵枢"，是指三教之间不对立，相互灵应，彼此互动，而打造和谐之音符。也就是说，三教在良知这一点上（把良知作为"场"）没有矛盾和对立地制造着灵之动。基于此，王畿批判二氏之学道："以未生时看心，是佛氏顿超还虚之学；以出胎时看心，是道家炼精气神以求还虚之学。"在他看来，若以不学不虑、知爱知敬的孩提之时看心，则良知之学便可以"范围三教之宗"。这是因为，良知与佛、道不同，它原本就是虚，其凝聚、流行、妙用即分别代表精、气、神。所以他说：

---

[1]《阳明年谱》，正德十六年辛巳五十岁条。
[2]《传习录》下卷，第69条。
[3]《王畿集》卷一《三山丽泽录》。

二氏之学与吾儒异，然与吾儒并传而不废，盖亦有道在焉。均是心也，佛氏从父母交媾时提出，故曰"父母未生前"[1]，曰"一丝不挂"，而其事曰"明心见性"；道家从出胎时提出，故曰"囫地一声，泰山失足"，"一灵真性既立，而胎息[2]已忘"，而其事曰"修心炼性"；吾儒却从孩提时提出，故曰"孩提知爱知敬"，"不学不虑"，曰"大人不失其赤子之心"，而其事曰"存心养性"。夫以未生时看心，是佛氏顿超还虚之学；以出胎时看心，是道家炼精气神以求还虚之学。良知两字，范围三教之宗[3]。良知之凝聚为精，流行为气，妙用为神，无三可住，良知即虚，无一可还。此所以为圣人之学。若以未生时兼不得出胎，以出胎时兼不得孩提。孩提举其全，天地万物，经纶参赞，举而措之，而二氏之所拈出者，未尝不兼焉，皆未免于臆说。或强合而同，或排斥而异，皆非所以论于三教也。[4]

那么，所谓"范围三教之宗"究竟是什么意思呢？简单地说，即三教之宗旨皆统属于良知（或良知之学），它既未超出良知的范围，也未跨越良知的边界。王畿还把良知统合并保持

---

[1] 按：即佛教中"父母未生前本来面目"之话头。
[2] 按："胎息"是指胎儿在母腹中用脐呼吸的方式。语出《抱朴子·释滞》："得胎息者，能不以口鼻嘘吸，如在胞胎之中。"
[3] 按：这里的"宗"，即指"事物之基准或万物之始"。
[4]《王畿集》卷七《南游会纪》。

三教表述为"三教中大总持"[1]。而且他认为，关于良知，佛教称觉，老氏称玄，只是立意各有侧重而作用不同罢了。他说：

> 先师提良知二字，乃三教中大总持。吾儒所谓良知，即佛所谓觉、老所谓玄，但立意各有所重，而作用不同。大抵吾儒主于经世，二氏主于出世。[2]
>
> 良知者，千圣之绝学，道德性命之灵枢也。致知之学，原本虚寂，而未尝离于伦物之感应。外者有节，内者不诱，则固圣学之宗也。[3]

他把良知之学视为"道德性命之灵枢"。因为在他看来，道德性命不仅意味着儒学，更是儒学之灵枢。也就是说，良知之学虽为千圣之绝学，为圣学之宗，但其前提却是良知之学原本虚寂，而未尝离于伦物之感应，外者有节度，而内者不被外物所诱惑。只有确立了这个前提，良知之学才能成为"圣学之宗"。而仅从这几点即能看出，王畿是坚守以经世为主的儒学立场，而对以出世为主的二氏之学持批评态度的。

而从王畿的立场来看，无论"总持"还是"范围"，并不意味着对三教的无条件暗示。不仅如此，他还认为良知或良知之学即"灵枢"，从而把三教一致作为自己的理想。而仅从王

---

[1] 按："大总持"系佛教用语，即梵语陀罗尼（dhāraṇī）。
[2] 《王畿集》卷一〇《与李中溪》。
[3] 《王畿集》卷一《三山丽泽录》。

畿把良知或良知之学当作中核而强调三教一致这点就能看出，他并未脱离王阳明之学或溢出儒教之范围。这就如同把良知视为佛教之"觉"、道家之"玄"那样，王畿学说可以理解为是对王阳明思想（良知之学）内在的良知之虚无性格的继承和积极发展（即具体化）。如果从王阳明的立场看，则可以说是对良知之虚无性格的具体化。

于是，王畿在他的《三教堂记》里回避了以正统、异端来区分三教的通常看法，而提出了三教在根本上是一致的论点。他说：

> 三教之说，其来尚矣。老氏曰虚，圣人之学亦曰虚；佛氏曰寂，圣人之学亦曰寂。孰从而辨之？世之儒者不揣其本，类以二氏为异端，亦未为通论也。春秋之时，佛氏未入中国，老氏见周末文胜，思反其本，以礼为忠信之薄，亦孔子从先进之意[1]。孔子且适周而问之[2]，曰"吾闻诸老聃云"，未尝以为异也。象山云："吾儒自有异端，凡

---

[1] "子曰：'先进于礼乐，野人也；后进于礼乐，君子也。如用之，则吾从先进。'"（《论语·先进》）
[2] "孔子适周，将问礼于老子。老子曰：'子所言者，其人与骨皆已朽矣，独其言在耳。且君子得其时则驾，不得其时则蓬累而行。吾闻之，良贾深藏若虚，君子盛德容貌若愚。去子之骄气与多欲，态色与淫志，是皆无益于子之身。吾所以告子，若是而已。'孔子去，谓弟子曰：'鸟，吾知其能飞；鱼，吾知其能游；兽，吾知其能走。走者可以为罔，游者可以为纶，飞者可以为矰。至于龙，吾不能知其乘风云而上天。吾今日见老子，其犹龙邪！'"（《史记·老子韩非列传》）

不循本绪，欲求藉于外者，皆异端也。"孔子曰："吾有知乎哉？无知也。"言良知本无知也。"鄙夫问于我，空空如也"[1]，空空即虚寂之谓。颜子善学孔子，其曰"庶乎屡空"，盖深许之也。汉之儒者，以仪文度数为学，昧其所谓空空之旨。佛氏始入中国，主持世教，思易五浊[2]而还之淳，圆修三德[3]六度[4]，万行摄归一念，空性[5]常显，一切圣凡差别，特其权乘[6]耳。洎其末也，尽欲弃去，礼法荡然，沦于虚无寂灭，谓之沉空，乃不善学者之过，非其始教使然也。人受天地之中以生，均有恒性，初未尝以某为儒、某为老、某为佛，而分授之也。良知者，性之灵，以天地万物为一体，范围三教之枢。不徇典要，不涉思

---

[1] 按：此句与上文提到的"孔子曰：吾有知乎哉？无知也"（《论语·子罕》）有关。孔子虽然谦虚地说自己无知，但这并不表示其消极。孔子曾说过："有鄙夫问于我，空空如也，我叩其两端而竭焉。"（《论语·子罕》）其实就反映了他在教育上的积极性。

[2] 按：佛教所说的世界五大污浊，即命浊、众生浊、烦恼浊、见浊、劫浊。

[3] 按：佛教用语，三德指智德、断德、恩德。智德是佛陀以平等智慧去觉悟一切事物之德；断德是断除一切烦恼之德；恩德是佛陀以度一切众生之誓愿来让众生得以解脱之德。

[4] 按：指菩萨修行的六种德目，若以波罗蜜表示，即布施——檀那波罗蜜、持戒——尸罗波罗蜜、忍辱——羼提波罗蜜、精进——毗梨耶波罗蜜、禅定——禅那波罗蜜、智慧——般若波罗蜜。

[5] 按：佛教用语，指根据缘起规律而形成的空虚本质。

[6] 按：权与实相对。权是根据各自根机而提出的种种相应的权宜方便。与此相反，不变的真理即为实。权乘作为与真乘和实乘对立的概念，是指根据各自根机而进行的必要的阶段性教法。

为，虚实相生，而非无也，寂感相乘，而非感也。与百姓同其好恶，不离伦物感应，而圣功征焉。学老、佛者，苟能以复性为宗，不沦于幻妄，是即道、释之儒也。为吾儒者，自私用智，不能普物而明宗，则亦儒之异端而已。毫厘之辨，其机甚微。吾儒之学明，二氏始有所证，须得其髓，非言思可得而测也。吾党不能反本自明其所学，徒欲以虚声吓之，祇为二氏之所咦[1]，亦见其不知量也已！[2]

在这里，他强调"良知者，性之灵，以天地万物为一体，范围三教之枢"，从而显示了自己所坚持的在良知或良知之学上三教一致的基本立场。可以认为这与他前面提到过的"良知之学，乃三教之灵枢"以及"良知两字，范围三教之宗"的主张一样，都是"以良知为核心的三教一致论"的表现。可见"以良知为核心的三教一致论"是始终贯穿于王畿三教理论之中的。

二、李贽的三教归儒论

把良知作为思想核心的王畿的三教一致论，后来被李贽所

---

[1] 按："咦"，语气词，亦指笑声或大喊声。在佛教中，师父向弟子传法时，一般会在意思表达穷尽或一句话末尾发出此声。后借以表示师父传授教法及其结论之意。
[2]《王畿集》卷一七《三教堂记》。

继承,并被其表述为"三教归儒说"。对此,李贽解释道:

> 儒、道、释之学,一也,以其初皆期于闻道也。必闻道然后可以死,故曰:"朝闻道,夕死可矣。"[1]非闻道则未可以死,故又曰:"吾以女为死矣。"[2]唯志在闻道,故其视富贵若浮云,弃天下如敝屣然也。然曰浮云,直轻之耳;曰敝屣,直贱之耳:未以为害也。若夫道人则视富贵如粪秽,视有天下若枷锁,唯恐其去之不速矣。然粪秽臭也,枷锁累也,犹未甚害也。乃释子则又甚矣。彼其视富贵若虎豹之在陷阱,鱼鸟之入网罗,活人之赴汤火然,求死不得,求生不得,一如是甚也。此儒、道、释之所以异也,然其期于闻道以出世一也。盖必出世,然后可以免富贵之苦也。尧之让舜也,唯恐舜之复洗耳也[3],苟得摄位,即为幸事,盖推而远之,唯恐其不可得也,非以舜之治天下有过于尧,而故让之位以为生民计也。此其至著者也。孔之疏食,颜之陋巷,非尧心欤!自颜氏没,微言绝,圣学亡,则儒不传矣。故曰:"天丧予。"[4]何也?以诸子虽学,夫尝以闻道为心也。则亦不免仕大夫之家为富贵所移

---

[1] 语出《论语·里仁》。
[2] 语出《论语·先进》。
[3] 按:出自许由洗耳之典故:"相传尧时,高士许由闻尧欲以天下相让,以为污言,乃临池洗耳。"(晋皇甫谧:《高士传·许由》)比喻不想做官。
[4] 语出《论语·先进》。

尔矣,况继此而为汉儒之附会,宋儒之穿凿乎?又况继此而以宋儒为目标,穿凿为指归乎?人益鄙而风益下矣!无怪其流弊至于今日,阳为道学,阴为富贵,被服儒雅,行若狗彘然也。夫世之不讲道学而致荣华富贵者不少也,何必讲道学而后为富贵之资也?此无他,不待讲道学而自富贵者,其人盖有学有才,有为有守,虽欲不与之富贵,不可得也。夫唯无才无学,若不以讲圣人道学之名要之,则终身贫且贱焉,耻矣,此所以必讲道学以为取富贵之资也。然则今之无才无学,无为无识,而欲致大富贵者,断断乎不可以不讲道学矣。今之欲真实讲道学以求儒、道、释出世之旨,免富贵之苦者,断断乎不可以不剃头做和尚矣。[1]

在李贽看来,儒、道、佛之学对于富贵的思考各有不同,而且三教各有为免去富贵之苦而出世的说法,但是三教在希望闻道这一点上却是一致的。故此可以说,李贽之论乃是在"儒、道、佛之学为一"这个旨趣上展开的。不过李贽认为,只有出世才能免于富贵之苦,所以最后他又总结道:"然则今之无才无学,无为无识,而欲致大富贵者,断断乎不可以不讲道学矣。今之欲真实讲道学以求儒、道、释出世之旨,免富贵之苦者,断断乎不可以不剃头做和尚矣。"即认为要免于富贵

---

[1]《续焚书》卷二《三教归儒说》。

之苦,就必须出世。这与王畿的主张略有不同。然而李贽所说的道,乃是《论语·里仁》里的"朝闻道,夕死可矣"之道。在他眼里,道学即为其自己所感叹的"自颜氏没,(孔子)微言绝,圣学亡,则儒不传矣"的儒学。李贽的"三教归儒说"亦是以儒教为基础对三教一致的说明。因此,从李贽的"三教归儒说"亦以儒教为基础这点而言,可以说与王畿的三教一致论并无多大差别。

第二章 韩国名教对虚无的排除和对三教一致论的拒受

韩国阳明学有固守名教的倾向，所以没有受容三教一致论。惟有许筠沉湎于老、佛，并对老、佛表现出极大的兴趣，但这种倾向并未与三教一致论结合而形成为一种思潮。具体地说，许筠的这种倾向，经过崔鸣吉和张维而传到郑齐斗时，就已荡然无存了，取而代之的反倒是愈加强烈的固守儒教纯粹性的取向。

一般来说，这种对三教一致论的拒受，乃是由朝鲜王朝以朱子学为建国理念，并采取彻底的崇儒排佛政策的历史的和思想的状况所导致的。自从高丽末期朱子学传入朝鲜以后，主张排佛论的朱子学者，通过推戴武臣李成桂而成功实现了王朝更替，完成了易姓革命，从而使这种王朝变更成为从佛教到儒教的建国理念之转变的象征。[1] 在这种儒教至上的社会里，佛教不可能不走向式微。太祖（李成桂）实施度牒制，为防止僧

---

[1] 参照姜在彦:《朝鮮の歷史と文化》，大阪：大阪书籍，1987年，第157—158页。

侣增多而禁止兴建寺院。也就是说，当时的政策是承认既存的佛教势力，但禁止扩大规模。到太宗六年（1406），朝廷开始实行更加严厉的镇压政策，大量寺院都被强行废止，全国只剩242座，同时原属寺院的土地和奴婢也被官府没收。这些措施对佛教界来说无疑是灭顶之灾。自太宗实施镇压政策以后，佛教就再没有获得发展的机会。但后来的世宗和世祖个人还是信仰佛教的，比如世宗不顾儒臣的反对，在宫内设立佛堂；又比如世祖兴建圆觉寺（今浮屠公园），设立刊经都监，发行《佛典谚解》等。这些措施都使佛教获得了再度复活的机会，于是寺刹再度兴盛，僧侣人数大幅增加。然而到成宗时，又重新开始推行针对佛教的镇压政策，并全面废除度牒制，严厉禁止出家。直到中宗二年（1507）最终废除了僧科，这意味着佛教与国家之间的公开关系被完全切断。然而到代替明宗摄政的文定王后时，因重用名僧普雨，推行奖励佛教之政策，从而使佛教界又恢复了一线生机。当时，奉恩寺被作为禅宗本山，奉先寺被作为教宗本山，使禅、教两宗形成并立态势。于是到明宗七年（1551），僧科被重新设置。然而文定王死后，佛教又遭镇压，致使佛教最终成为只有妇女儿童信奉的宗教。[1]

朝鲜王朝所推行的上述崇儒排佛政策，一方面是儒学本身

---

[1] 参照李基白著，竹田幸男他译：《韩国史新论》改订新版，首尔：学生社，1979年，第239—240页。

在思想上、理论上的深化所致，另一方面也造成了朱子学一统天下的局面，从而使学术界变得日趋僵化保守，丧失了对其他思想的包容力。这就如同张维在"我国学术硬直"条下所作的分析：

> 中国学术多歧，有正学焉，有禅学焉，有丹学焉，有学程朱者，学陆氏者，门径不一。而我国则无论有识无识，挟筴读书者，皆称诵程朱，未闻有他学焉。岂我国士习果贤于中国耶？曰：非然也。中国有学者，我国无学者。盖中国人材志趣，颇不碌碌，时有有志之士，以实心向学，故随其所好而所学不同，然往往各有实得。我国则不然，龌龊拘束，都无志气，但闻程朱之学，世所贵重，口道而貌尊之而已。不唯无所谓杂学者，亦何尝有得于正学也。譬犹垦土播种，有秀有实，而后五谷与稊稗可别也。茫然赤地之上，孰为五谷，孰为稊稗者哉？[1]

一、许筠对老、佛的倾心及其批判

许筠年少时就沉迷于佛典，认为不读佛经就会虚度人生。据传他在一年之内曾阅尽百函佛经。其中苏轼读过的《楞严经》、"皆因内典（佛典），有所觉悟"的王阳明以及与阳明学有关联的

---

[1]《溪谷集·溪谷漫笔》卷一。

唐顺之[1]的文字，乃是把他引进佛典的重要契机。可以说，追随这些文学巨匠是导致许筠醉心老、佛的原因之一。据他说：

> 余少日尝慕古之为文章者，于书无所不窥，其瑰玮钜丽之观，亦已富矣。及闻东坡读《楞严》，而海外文尤极高妙。近世阳明（王阳明）、荆川（唐顺之）之文，皆因内典，有所觉悟，心窃艳之。亟从桑门士求所为佛说契经者读之，其达见果若峡决而河溃，其措意命辞若飞龙乘云，杳冥莫可形象，真鬼神于文者哉？愁读之而喜，倦读之而醒。自谓不读此，则几虚度此生也。未逾年，阅尽百函。其明心定性处，朗然若有悟解，而俗事世累之絓于念者，脱然若去其系。文又从而沛然滔滔，若不可涯者。窃自负有得于心，爱观之不释焉。[2]

---

[1] 关于唐顺之（1507—1560，号荆川），《明儒学案》中有所谓"先生之学，得之龙溪者为多，故言于龙溪，只少一拜"的记载（卷二六《南中王门学案二》，第599页），《续藏书》中有所谓"唐荆川……尝语人曰：吾学问得之龙溪，文字得之遵岩"（卷二六《文学名臣·参政王公》）的记载，说明他是一位受王畿影响极大的人。而所谓"文字（文章）得之遵岩"者，遵岩乃王慎中之号，《续藏书》称其"尝与龙溪王畿讨论阳明先生之遗说，而精心求之……与双江聂司马、东廓邹司成、念庵罗修撰（译者注：原文作展撰）、南野欧阳宗伯交游讲习，学益进"（卷二六《文学名臣·参政王公》）。很显然，能与王畿一起讨论王阳明学说，并与聂豹（双江）、邹守益（东廓）、罗洪先（念庵）、欧阳德（南野）交游、讲习的人，肯定与阳明学有关联。

[2]《惺所覆瓿稿》卷四，文部一，《送李懒翁还枳祖山序》。译者按：原文中有多处断句及多字错误，据原典改。下同。

此外，许筠对道教也表现出兴趣，比如他在饮食起居过程中就很重视保颐摄养的摄生法。不过他对谈仙者所称的"修炼火候之法"[1]，以及能够飞升、成胎和长生不死的说法却持怀疑态度。他说：

> 世之谈仙者，动必称修炼火候之法，辄曰吾可以飞升，吾可以成胎，吾可以长生不死。寥寥数百年，睹者无几，言兹卫足也。曾见南宫斗于湖南，九十而貌不衰，询之，乃顺时节食而已。岂炼丹功夫下手未易？而饮食起居之际，保颐摄养者，切近于日用，故收效最速耶，是未可知也。吾友天翁深于丹学，默契伯阳遗旨，使其摆脱俗臼，一志修真，则其于飞升不死也，何难哉？第以向平之累，还丹渐迟。呜呼！孰使其然！是编之作，非为道也，而为摄身也。是身能摄，则可与存神，可与炼魄，可与飞升不死。初若浅近，而终则偕入于至道。其功用不亦巨哉？[2]

以上所述之许筠对于老、佛的兴趣，我们似乎可以理解为是对异学的一种纯粹的学问上的好奇。然而，他的具体动机显然是为了消解其自由奔放的天赋个性与现实间的纠葛。至于为

---

[1] 按：修炼为道教用语。修是端正，调理身体；炼是火中煅烧锤炼。火候在丹田呼吸法上表示呼吸过程中从丹田上升的热气。
[2] 《惺所覆瓿稿》卷四，文部一，《摄生月纂序》。

什么会对老、佛产生兴趣，他在《闲情录序》[1]中是这样描述的：

> 惺惺翁少跅弛，乏父师训，长为无町畦之行[2]，小技不足裨世，而束发登朝。以疏隽忤于时贵，遂自逃于老、佛者流，以外形骸，齐得丧为可尚，浮沉俯仰，以通狂惑。[3]

其中的"浮沉俯仰，以通狂惑"，意指逃入老、佛之流的疯狂举动，全都是不适合当时规范即伦常（礼法）的狂乱之举，这就像"无町畦之行"。

欲逃入老、佛的许筠向往的是能够像轻视世间之事而不拘礼法（玩世）的僧侣和道士（缁黄）一样，毫无顾忌地隐居蓬莱（即蓬莱山，传说为神仙所居之地），这些想法明显地流露在他的诗中：

> 陷入帷箔非吾事，玩世缁黄寔自谋。独对山寒成一笑，蓬莱归隐敢夷犹。[4]

然而，许筠对老、佛的兴趣，与在中国阳明学那里所能

---

[1] 译者按：原文"情"作"静"，据原典改。
[2] 意指没有田界，比喻人的言行没有约束。唐韩愈《南内朝贺归呈同官》诗："文才不如人，行又无町畦。"
[3] 《惺所覆瓿稿》卷五，文部二。
[4] 《惺所覆瓿稿》卷二，诗部二，《病闲杂述·除罗州旋递有感》。

看到的三教一致论在旨趣上多少还是有所区别的。三教一致论是以儒教为根本，而把老、佛包含其中，从而使儒教本身的思想内容得以扩大，表现出的是一种积极的姿态。而许筠的态度则相对消极，他在把握上是把儒与老、佛相对立，而其沉迷于老、佛，亦仅意味着将其作为批判儒教或逃避现实的一种消极的手段或方法。

如上所述，郭再佑崇尚道教，许筠推崇佛教，所以他们都被视为异端，并遭到罢官免职的处分。诚如许筠本人所言："时宪府以郭公再佑尚道教，以仆崇佛教，并劾之。为辟异端启罢，故结句及之。"[1] 许筠当时还写下了这样的诗句：

> 夕读修多教，因无所住心。周妻犹未遣，何肉更难禁。
> 已分青云隔，宁愁白简侵。人生且安命，归梦尚祇林。礼
> 教宁拘放，浮沉只任情。君须用君法，吾自达吾生。亲友
> 来相慰，妻孥意不平。欢然若有得，李杜幸齐名。[2]

这首诗不仅说明了许筠醉心于佛教的原因，而且反映了其对儒教所持的批判态度。

许筠虽然倾心于佛教，但结果亦只是将其作为与礼教[3]（儒

---

[1]《惺所覆瓿稿》卷二，诗部二，《真珠稿·闻罢官作·小序》。
[2]《惺所覆瓿稿》卷二，诗部二，《真珠稿·闻罢官作》。译者按："夕读"原文作"久读"。
[3]"礼教"是指礼乐和名教，即儒教。

教）对抗并逃避现实的一种手段。也就是说，他并不是从儒、佛在根本内容上是一致的观点出发的，而是一开始就认定两者是相互对立的。

然而，许筠虽然对老、佛感兴趣而对儒教持批判态度，但他终究是个儒者，而且并非一开始就打算完全逸脱儒教。在前面提到过的《闲情录序》里，许筠就在开头的叙述里记录下了自己倾心于老、佛的真实动机："呜呼！士（即儒者）之生斯世也，岂欲蔑弃轩冕（意指官位爵禄）、长往山林者哉？唯其道与俗乖，命与时舛，则或有托于高尚而逃焉之（山林）者，其志亦可悲也。"[1] 说到底，立志为士的许筠因与现实格格不入，才不得不选择逃避现世而隐居山林。从中似可看出一个朝鲜儒士的悲愿。

可见，许筠并非是想要抛弃官位爵禄而长住山林。他虽然逃入老、佛，并被佛经所吸引，在一年内阅尽百函经典，但他还是认为佛教是"由诸己"之学，而儒教才是"本诸天"之天理之学。他说：

> 取少所读四子濂洛[2]书谛看之，则所谓佛子书论性论

---

[1] 《惺所覆瓿稿》卷五，文部二，《闲情录序》。
[2] 译者按："四子"指《论语》《孟子》《大学》《中庸》"四书"。此用法很特别，在朱熹之前似乎无人用过。"四子"即先秦儒家最重要的四家——孔子、曾子、子思子和孟子，朱熹是以"四书"的主人公、作者或传述者即"四子"来命名称呼"四书"。"濂洛"分别指周敦颐和程颢、程颐所生活的地域——濂溪和洛阳，后人遂以此代指他们本人。

心，虽曰近理，而寔与吾教每每相反。其幻见空说，种种背于天理，假以明珠言之，均是蚌生。而儒谓珠由胎出，佛谓珠入寄胎，盖以儒本诸天，佛由诸己。是故七情发于中心云者，吾儒之说，而彼乃曰六入（六根）[1]也，五阴（五蕴）[2]也，即此可辨其真伪哉！其曰万法归一，其曰不舍一法者，稍近于道，然徒有其意，终无其理，虽能言之，而实效则蔑如。其果谓知道也耶？[3]

许筠在《送李懒翁还枳柤山序》中从儒教的角度对佛教进行了彻底的批判。许筠认为"所谓佛子书论性论心，虽曰近理，而寔与吾教（即儒教）每每相反，其幻见空说，种种背于天理"，佛教中虽说"万法归一""不舍一法"，但最终不过是"徒有其意，终无其理"之谈。

通过以上论述不难看出，即使被认为对老、佛抱有浓厚兴趣的许筠，似乎亦并未得出三教一致论的观点。

---

[1] 按："六入"是六根的别名，是 sadayatana-sparsa 的汉译语，表示认识外界对象的六种感觉器官及器官具有的能力。具体为（1）眼根，指视觉器官和视觉能力；（2）耳根，指听觉器官和听觉能力；（3）鼻根，指嗅觉器官和嗅觉能力；（4）舌根，指味觉器官和味觉能力；（5）身根，指触角器官和触觉能力；（6）意根，指思维器官和思维能力。

[2] 按："五阴"为五蕴之旧译，是 panca khandha 的汉译语，指构成人身的五大要素。此五蕴是由物质要素色蕴，以及属于精神要素的其余四蕴所构成，具体是指色、受、想、行、识，它们分别代表形相、嗜欲、意念、业缘、心灵。

[3]《惺所覆瓿稿》卷四，文部一，《送李懒翁还枳柤山序》。

二、郑齐斗对名教的固守和对老、佛的批判

我们所看到的许筠对老、佛的倾心，经过崔鸣吉、张维而到郑齐斗时就已经基本看不到了。[1]也就是说，郑齐斗完全是从固守名教的立场出发而对佛、老进行批判的。所以他说：

> 圣人之学，心学也。心者，人皆有之，何为则为圣人？曰：圣人之学，性学也；性者，心之本体也，所谓天理也。圣人之学，存其心之天理者也。本体天理，人皆有之。圣人之学，以道理为主，故曰"道心惟微"。道心者，为人之心之本体者，所谓天理也。……佛氏亦有明心之法，然徒守其明明昭昭之灵觉不昧者，而遏绝其天理之全体，则是虽有其

---

[1] 例如，就像崔鸣吉所说的："往往静坐默观"（《迟川集》卷一七，杂著，《寄后亮书》）、"相对塔然无一语，禅心已悟鸟吟余"（前揭书，卷二，诗部二，《再赠海师》），从中可以看出他对佛教（禅）的兴趣。然而，张维则谓："阳明、白沙论者，并称以禅学。白沙之学，诚有偏于静而流于寂者，若阳明良知之训，其用功实地，专在于省察扩充，每以喜静厌动为学者之戒，与白沙之学绝不同。但所论穷理格物，与程、朱顿异。此其所以别立门径也。"（《溪谷漫笔》卷一，"阳明与白沙"条）从而把王阳明从禅学的纠结中拉了出来。这点与许筠所说的"近世阳明、荆川（唐顺之）之文，皆因内典，有所觉悟"，即把王阳明放在与佛教的关系当中予以思考的方式稍有不同。而从张维所谓王阳明"每以喜静厌动为学者之戒"（《传习录》下卷，第62条）的叙述中，似乎可以感觉到他对佛教的厌恶之心。

心体之空寂，而亡于性道之统体。老氏亦有养神之功，然徒事玄玄默默之恬澹虚无，而遗废其天理之大全，则是虽有其气之清虚，而离乎义理之主帅。毫厘之差而其谬至于千里，盖其源起于着了一自私之念，以蔽其大公之全体，亏其至中之本体，以失此理之本源故也。失此理之本源故，又反以亏蔽大公至中之体，而终归于偏僻之徒矣。今圣人之心学，有是道义而为之主，则是出于天命之性，而为人心之衷者耳。圣人之道无他，惟是彝伦名教礼法之事也。故学问之事无他，亦惟在于日用人情事物之间而已。[1]

郑齐斗先说圣人之学即心学，但又认为若要成圣，则必以性学，即存性之学。性者，心之本体也，天理也，亦即道心也，故而圣人之学必以道理为主。在阐明了自己的以上观点后，他又接着批判佛、老，并认为，形成老、佛此类性格的根本原因，在于他们"着了一自私自利之念，以蔽其大公之全体，亏其至中之本体，以失此理之本源故也。失此理之本源故，又反以亏蔽大公至中之体，而终归于偏僻之徒矣"。所以郑齐斗明言：今圣人之心学，以"道义"为之主，然此"道"无他，而只能是"彝伦、名教、礼法之事"。因此，对于固守儒教而批判老、佛反儒教之本质的郑齐斗来说，不仅看不到三教一致论，而且就连原本在许筠身上所能看到的对老、佛的兴趣和倾心也消失殆尽了。

---

[1]《霞谷集》卷九《存言下》。

第三章　基于人伦日用的日本三教一致论之展开

与韩国阳明学不同，日本阳明学受容并深化了三教一致论。下面就让我们对以中江藤树为中心展开的三教一致论进行考察。

藤树在三十三岁前后受到了包括阳明学在内的明末思想的影响，从而对三教一致思想产生了共鸣。[1] 其三十一岁时写的

---

[1] 参照山下龙二：《中国思想と藤樹》，收入山井湧等：《中江藤樹》，第356—407页。据《年谱》三十三岁条记载，藤树"读今世《性理会通》，有感于发明，每月一日斋戒祭太乙神。……夏，撰《太乙神经》，及稿半。后以病而终不及成书"。(今世性理會通ヲ讀ミ、發明二感ヅテ、每月一日、齋戒ツ祭太乙ヲ祭ル。……夏、太乙神經ヲ撰ラバソトツテ、稿半ニ及ブ。病ヲ以テ終ニ成書ニ及ズ。)《性理会通》中收录了以三教一致论的主张而闻名的林兆恩、王畿等思想家的著述，藤树显然读了这些人的书。另外，正如《年谱》所记载，藤树倾心于太乙神信仰，他在《大上天尊大乙神经序》（收入《藤树先生全集》卷三）里说："今读唐氏《礼元剩语》，而豁然得证悟灵像之真，而喜不寐。"这说明，他是读了《性理会通》所收的唐枢的《礼元剩语》后才获得灵感的。译者按：《性理会通》七十卷、《续编》四十二卷，明钟人杰编。《续编》录有明儒管志道的《论干龙义》（卷六）、王廷相的《阴阳管见辩》（卷八）、林兆恩的《歌学解》（卷一三）、《酌古文武礼射图说》（卷一五）、《心圣直指》（卷二九）、刘元卿的《大学疏略》（卷一六）、（转下页）

《持敬图说》《原人》等文，便是以被具体化的太虚皇上帝的敬畏之心，及其体系化之"畏天命、尊德性"之学（明德之学）所特有的宗教性为基础的（参考第二部第三章第一节）。而且在他的《翁问答》（三十三岁作）里还表现出儒佛一致论的雏形。该文稍长，特摘录于下：

> 体充曰："窃知先生之教，知佛为圣人第二级之见性成道。而佛弟子所谓'我遣三圣而化彼之真丹'之经文所言即为此。佛经中的这一内容，意指释尊派遣具有佛力的佛弟子三人赴大唐，并化为老子、孔子、颜子三圣人，使之教化济渡大唐之众生。据此可知，孔子、颜子皆为释尊弟子矣。孔门儒者由于不理解这种因缘，所以荒谬而消极地诽谤佛法。这其实是理屈道断之言，对儒教采取的是狂妄自大之态度。那么，为什么会有这样的因缘（由来、关系）呢？"
>
> 师曰："沙门这种出于自身利益考虑的狭隘固执歪曲之思考方法，是只研究佛法并视之为最高存在，就像'井底之蛙，焉知大海'的谚语所形容的，是极端自负地以为

（接上页）湛若水的《新论》（卷二一）、王阳明的《阳明语录》（卷二二）、陈献章的《白沙要语》（卷二三）、王畿的《南游会纪》（卷三〇）、《三山丽泽录》（卷三四）、唐枢的《礼元剩语》（卷三一）、杨起元的《秾陵纪闻》（卷三三）、周汝登的《九解》（卷三七）、郑晓的《古言》（卷三六）、王文禄的《求志录》（卷四〇）、罗钦顺的《困知记》（卷四一）等著述。

佛道之上无他道之存在，于是对儒者排斥佛法的做法怒不可遏。这不止是极端傲慢之邪心，还是无法以合理行为战胜儒教的沙门，因无必胜之信念，而竭力想依附释迦，以防遭儒者拒斥之心理。要知道，真正的释尊是杰出的狂人。狂人是没有卑鄙之争斗及嫉妒之心的。后世比丘因肤浅的虚构，而认为好像释尊就是比丘。此实有罪于释尊也。虚构如此无情结的原因，乃是人之生虽为父母之所业，实际上却并非父母之所业，而是受命于太虚皇上帝矣。这就如同天神地祇之化育者也。若不明辨此神理，那就会可笑地制造出依靠释尊之佛力，派遣佛弟子至大唐，化身为孔子等言论。这就如同以往佛者中不少制造佛像的高超工匠，却嘲笑用释尊之手制造儒之木像的人；用释尊佛力生出活生生之人身者，被嘲笑为用水烧物。因此可以说，释尊妙觉[1]之位即大唐狂者之位，是远比孔子还要低劣的见性成道说。由此看来，孔子很难说是释迦弟子之化身。概而言之，佛书都是根据寓言而写成的。它模仿的是为欺骗愚民而作的寓言之笔法。其欲击退儒道的沙门之心根，乃是极为浅见而愚蠢的。不仅如此，那些具有很深的傲慢邪恶之心的人，居然发出了种种嘘声。他们只留心表面的儒书文义，而对表现其真髓深意之妙意却全然不悟，

---

[1] 按：指觉行圆满之究竟佛果，即菩萨修行五十二阶位中最后的微妙深奥的觉悟阶位，亦指断尽所有烦恼、智慧圆妙之位。

甚而在内心树立起儒佛之间的浅深、高下、虚实、内外之差别，以尊信佛氏而诽谤儒者。而这些具有傲慢邪恶之浅见的沙门，自古以来就层出不穷。而且这些人的傲慢邪恶之心，居然被批评为珍爱他人而鄙视嫌弃自己父母的凡心之乱。这是自取侮辱。天神地祇乃万物之父母，太虚皇上帝乃人类之太祖。据此神道之理而言，则圣人、贤人、释迦、达磨、儒者、自我、他人，即凡是世上所存的所有有形体之人，皆为皇上帝、天神地祇之子孙也。而儒道即为皇上帝、天神地祇之道。故此，那种既具人形又诽谤儒道的作法，其实是在诽谤自己的先祖和父母，而违背皇上帝之命令也。正如前述，自我也好，他人也罢，都得敬畏大始祖皇上帝、大父母天神地祇之命令，而将慎重地尊奉受用其神之道的行为称为孝行，即称作至德要道，又称作儒道。而其所教则谓之儒教，其所学则谓之儒学，勤学之而存于心、践于行者，则谓之儒者。总之，释尊是领悟了道之大意的狂者，在其父净饭王去世之时，他亲自扛棺。此即《梵网经》所载之'孝顺至道之法'也。因此，即便明孝行之人，也会因不能悟得孝德之全及精微之密而不能升至中行之位。若能遵从儒道，则必可尊信受用孝德之全。所以说'孝顺者至道之法也'。这从其为己父扛棺的行为中即可推量出来。然而，承此形势的末世之流的比丘们，却有着极强的高傲邪恶之心。比他们诽谤父母更甚的是，因辨别不出无形之理，以至出现对儒道的诽谤之语。这是何其浅薄迷妄啊！"[1]

---

[1] "體充曰 先生の教を承候へば佛は聖人より二位ほどしたなる見性成道なり しかるに佛者曰 我遣三聖化彼真丹と云經文あり 此文の意は釈尊の佛力をもて佛弟子三人を大唐へつかはし 老子・孔子・顔子三聖人と化身させて大唐の衆生を化度したまふと云儀なり 此經文にて見れば孔子・顔子も皆釈尊の御弟子なり か様の因縁をわきまへずして孔門の儒者みだりに佛法をしりぞくるは さたのかぎりなりと高ぶりてあざけり候 何とぞか様なる因縁もあることにて候や 師の曰 それはかたいぢにひがみたる沙門 佛学ばかりをきはめて 井のうちの蛙大海をしらずといへる諺のごとく 佛道より上なる道なしと自満十分なるによって 儒者の佛法を斥るをいかりて我慢の邪心甚しけれ共 道理のさたにて云かつべき覚悟なきによって つくりごとをして釈迦におふせて儒者の斥るをふせぐものなり 釈尊はすぐれたる狂者なれば かようにきたなびれてあらそひそねむ心は中中あるまじきに 浅ましきつくりごとをして釈尊をへをい比丘とすること 誠に釈尊の罪人なるべし さてそのつくり言のすじなき子細は 人間の出生こと父母のわざのごとくなれども父母のわざになることにあらず 太虚皇上帝の命をうけて 天神地示の化育したまふところあり しかるに此神理をわきまへずして 釈尊の佛力をもて佛弟子を大唐へ遣し孔子と化身させめされたるなどといへるは 片腹いたきつくりごとなるべし 佛者のうちに佛像をつくる細工のたくみなる人古来多ければ 釈尊の御作の木像ありなど云はさもありなんとも云べきか 釈尊の佛力にて生身の人をうみいだせるなどいへるは 水にて物をやくと云にことならず その上 釈尊妙覚の位は大唐の狂者の位にて 孔子よりはるかにをとりたる見性成道なれば 釈迦の弟子の化身とは云がたし 惣じて佛書は皆寓言にてかきたるものなり その愚民をたぶらかす寓言の筆法をならひて儒道をしりぞけんとおもへる沙門の心根おろかにいと浅まし これのみあらず 我慢の邪心ふかくて種々のつくりごとをなし 或は儒書の文義の皮膚ばかりをまなび 骨髄の理味をば露もさとせずして妄に儒佛の浅深・高下・権実・内外の差別を立 佛を尊信し儒をそしりいやしむ沙門 古来そのかずをしらず これ皆他人を貴び愛してその親をいやしみにくむにひとしき凡心のまよひにて 天に唾はくよりもおろかに浅ましきことなり その子細は 天神地示は万物の父母なれば（转下页）

可见，藤树是把释尊（佛陀之尊称）视为比儒教圣人低一级的见性成道者。他对儒、佛二教所进行的有差别的评价，就是建立在这种重视儒教的立场之上的。他认为，如果基于作为人伦太祖的太虚皇上帝的神理之立场，那么无论是圣人还是贤人、释迦还是达摩、儒者还是佛者、自我还是他人，世上所有以人形出现的存在，皆为皇上帝、天神地祇的子孙。然而说到底，藤树的主张是在重视儒教的立场上，将佛教差别化作为前提的。因此，似乎可以将藤树的学说视为儒佛一致论的初期形态。

不过，这种把儒、佛二教区别对待的立场后来便逐渐消失了，取而代之的，是认为儒学与老、佛之学只有粗细、大小之

（接上页）太虚の皇上帝は人倫の太祖にてましまず 此神理にて観ば 聖人も釈迦も達磨も儒者も我も人も 世界のうちにあるとあらゆるほどの人の形有ものは 皆皇上帝・天神地祇の子孫なり さてまた儒道はすなはち皇上帝・天神地示なれば 人間の形有て儒道をそしりむくは 其先祖父母の道をそしりて其命をそむくなり まへにも論ずるごとく 我人の大始祖の皇上帝 大父母の天神地示の命をおそれうやまひ 其神道を欽崇して受用するを孝行と名づけ 又至徳要道と名づけ また儒道と名く これを教を儒教と云 これを学を儒学と云 これをよく学て心にまもり身におこなふを儒者と云なり もとより釈尊は道の大意をさとりたる狂者にて すでにみづから其父淨飯の棺をになひ 梵網經には孝順至道之法と説めされて孝行にくらき人にあらざれ共 孝徳の全體 精微の密には悟入なきによって 中行の位にのぼりめさるめさることあたはず もし儒道を聞めされたらばかならず尊信受用有べきこと孝順至道之法と説 その父の棺をになひめされたるにておしはかるべし しかるにその流をくむ末代の比丘 我慢の邪心たくましくて その親をそしるよりも物體なき理をわきまへず くちにまかせて儒道をそしりぬるは無下にあさましきまよひなるへし。"（《藤树先生全集》下卷之末）

不同，而没有根本之差别的见解。藤树说：

> 冬，得《王龙溪语录》，始读之，受其触发而多悦之。然其间杂佛语，恐近禅学。后得《阳明全集》，至读此，始知龙溪不近禅学。其间杂佛语，可见悯世之深。问其故，则圣人一贯之学，以本太虚为准则，老、佛之学，皆不离一贯之中，唯有精粗、大小之分也。达人何忌其言语耶？且当时学佛之徒多也，是以间杂其语，体现无出其外，皆欲悟太虚、一贯之道矣。[1]

也就是说，藤树三十三岁那年冬天得到《王龙溪语录》时，曾担心龙溪之学近于禅学。后来（三十七岁时）读了《阳明全集》，方知龙溪并非近禅学者。与此同时，他还认识到"圣人一贯之学，以本太虚为准则，老、佛之学，皆不离一贯之中，唯有精粗、大小之分"（"一贯之学"的"一贯"，出自《论语·里仁》"吾道一以贯之"），即三教从根本上说是一致的。

---

[1] "冬 王竜溪語録ヲ得タリ 始コレヲ読トキ 其触発スルコトノ多キコトヲ悦ブ 然レドモ其佛語ヲ間雑シ 禅学ニ近コトヲ恐ル 後 陽明全集ヲ得テ コレヲ読ニ至テ 竜溪ノ禅学ニ近カラザルコトヲ知ル 且 佛語ヲ間雑スルノ 世ヲ憫ムノ深コトヲ見ル 如何トナレバ 聖人一貫ノ学 本太虚ヲ以テ準則トス 老佛ノ学 皆一貫ノ中ヲ離ズ 唯精粗大小アルノミ 達人何ゾ其言語ヲ忌ンヤ 且 當時 佛ヲ学ノ徒多シ 是ヲ以テ其語ヲ間雑シテ 其外ニセザルコトヲ示シ 皆 太虚 一貫ノ道ヲ悟ラシメンコトヲ欲スルモノナリ。"（《藤树先生年谱》，三十三岁条）

果真如此，则藤树与《阳明全集》的邂逅，可谓影响了他对三教一致论的自觉及其形成方式。[1]

藤树的这种三教一致论，后又通过其晚年的著作如《鉴草》等而得到了进一步的深化和完善。藤树在《鉴草》序文的开篇，提出了"明德佛性"的概念，并以此作为"福之种"。他说：

> 夫思世间之福，安身乐心、多子多孙为最上，而长寿为其次，高官厚禄为最下。此福之种，明德佛性矣。种此种、造此福之田地，人伦日用之交矣。[2]

与此同时，藤树还将"明德佛性"称作人之根本的"本心"。他说：

---

[1] 按：如上所述，藤树受到了《性理会通》所收的王畿等人著述的影响，因而一直有人以为："藤树起初是受到了明末思想和明末阳明学的影响，对于三教一致的宗教性以及求得安心立命的静之倾向多有认同。"（山下龙二：《中国思想と藤樹》，收入山井涌等：《中江藤树》，第 399 页）即通常所认定的是从阳明学者那里受到了三教一致思想的影响。但也有人持否定意见，比如木村光德说："藤树的三教一致的思想，与其说是从儒者那里获得的，倒不如说是从道教的善书那里获得的。""藤树爱读的善书，除了南宋初期李昌龄著的《太上感应篇》，还有明代的《迪吉录》《劝戒全集》《孝顺事实》《三纲行实》等。"（木村光德：《藤樹学の成立に関する研究》，第 599 页）
[2] "倩世間の福ひを思ひくらぶるに、身やすく心たのしび 子孫のさかふるを上とす 命のながきを次とす 位たかく富るを下とす 此福ひの種は明徳佛性なり 此種をまきて此福ひを造る田地は 人倫日用の交なり。"（《藤树先生全集》卷二七，《鉴草》卷一《序》）

孝者，行孝也；逆者，不孝也。孝行之人，天道祈福，不孝之人，报应天罚。此为因果报应也。……又，孝行者，作仙成佛之修行；不孝者，可同于地狱之业。而外之人间，若以明德佛性为根本而生物，则谁无此性者耶？此性，人之根本也，据此而又名之心矣。[1]

"明德佛性"为藤树习合儒教之"明德"与佛教之"佛性"的独创概念。此造语贯穿《鉴草》全篇，出现次数甚多，可见他对儒、佛的巧妙组合并非出于偶然，而是有意为之。同时也说明了他对三教一致论思考的进一步深化。另外他还认为："慈悲清净之心在儒家那里被称为仁德，而在佛法那里则被称作佛性。……此慈悲清净的仁德佛性乃百福之根本也。"[2] 这就消解了儒、佛之间的根本差异，而且是以"慈悲清净之仁德佛性"的形式表现出来的。"仁德佛性"和"明德佛性"可谓同义语，皆是儒教与佛教的巧妙组合。

就像在《翁问答》里所能见到的那样，儒佛差别论在《鉴

---

[1] "孝は孝行なり 逆は不孝なり 孝行なる人には天道福をあたへ 不孝なる人には天罰をくだし給ふを報といふなる …… 又孝行は作仙成佛の修行 不孝は地獄の業ともいへり その上人間は明德佛性をもて根本として生まれたる物なれば 誰も此性なきものはなし この性は人の根本なるによって又心ともなづけたり。"（《藤树先生全集》卷二七，《鉴草》卷一《孝逆之报》）

[2] "それ慈悲清淨の心を儒家には仁德と名づけ 佛法には佛性と號す …… 此慈悲清淨の仁德佛性は百福の根本なれば。"（《藤树先生全集》卷二八，《鉴草》卷一《守节背夫报》）

草》里也基本不再出现了。所以藤树最后说："三教原本一致，皆为明明德矣。"[1] 从而到达了三教一致论的高度。不过值得注意的是，他毕竟是在"明明德"的基础上求得三教合一的，仅此而言，亦可看出藤树是以儒教为中心而主张三教一致论的。他说：

> 成人之教，求以成明明德之君子。师匠以儒道之心学为教，须励明明德之工夫。才智艺能，须随生得器用而成之。或人曰："三教皆明明德之教，若承儒道之心学，则出现偏颇该如何耶？"曰："三教者，原为明明德之教矣。然则，仙、佛二教，其法难立于世间，其工夫亦难以受用矣。儒教因易立于世间日用，其工夫易于摄取，而为世间通用。是只论儒道之心学，而非为其私言矣。"[2]

---

[1] "もとより三教ともに 明徳を明らかにするをあしる。"(《藤树先生全集》卷三〇，《鉴草》卷一《教子报》)
[2] "成人としての教には明徳明らかなる君子をもとめ　師匠として儒道の心学をしへ　ひらすらに　明徳を明らかにする工夫を励まし　才智芸能などは　その生得の器用にしたがつをしへ成べし　或人の曰　三教皆明徳を明らかにする教なるに　儒道の心学とのみ承なれば、かたむきなるようにきこえ候は如何　曰　もとより三教ともに　明徳を正明らかにするをしへなれども　仙佛の二教はその法世間に便り悪く　その上工夫取入がたき所あり　儒教は世間の日用にたよりやす　その工夫取入きはめてやすきゆへに　世間通用のためなれば　儒道の心学とのみ論ずるなり　ひがめる私言にはあらず。"(《藤树先生全集》卷三〇，《鉴草》卷一《教子报》)

这说明，藤树并不是无条件地向仙、佛倾斜。可以这么说：他是以"因立于世间日用，而工夫易于取入"之儒教根本立场包容仙、佛的。这一点，其实他在《鉴草序》里就已明确提及："此福之种，明德佛性矣。种此种、造此福之田地，人伦日用往来之所矣。"这是因为，那时的藤树对"人伦日用往来之所"的儒教人伦关系，即为播下明德佛性之种子而造福人类之田地（即场所）的理念，已有了明确的自觉。

第四章 比较论的考察

王阳明思想被确立的起点是对"心即理"的自觉，它原本就是以倾心于老、佛的精神遍历为基础而形成的。而继承和发展"心即理"说的即为"致良知"说。"致良知"说是王阳明思想的完成形态及核心，只是它在"心即理"的阶段尚未具体化、表面化罢了。在王阳明的精神遍历中体验到的虚、无等佛、道要素，在"致良知"阶段被浮现出来。也就是说，王阳明的"良知"就是道家的"虚"、佛家的"无"。不过良知终究未离开儒家"有"的立场。缘何如此？因为良知本身就是对儒家之真髓（即圣门正法眼藏、千古圣圣相传一点滴骨血）的受容和继承。

王阳明就是以其思想核心即良知之学为基本原理，又以道、佛、儒三教统合的形式，确立了三教一致论。换言之，虚（道）、无（佛）、有（儒）也就是良知的虚、无、有，此即以良知（良知之学）为基本原理的三教一致论。而另一方面，三教一致论以良知论为基础被确立时，怎样去把握良知，便成了问题。具体地说，良知论很可能会朝着完全不同的方向出现裂变并加以展开。亦即不能保证，在良知的把握上，是把重点放在虚（道）、无（佛）的倾向上，还有放在有（儒）的倾向上，以及阳明学究竟是深化良知之虚、无（道、佛）的性格，还是以排除良知之虚、无性格为前提，而强调或展开良知之有（儒）的性格。从这两种倾向具体展开的过程来看，前者虽有可能脱离儒教之藩篱，但三教一致论本身的深化却是可以期待的；而后者则可能因为固守儒教的纯粹性而与三教一致论渐行渐远。这两种倾向在王阳明之后都是有可能出现的。这些便是以王阳明的良知说为基本原理的三教一致论。

中国阳明学的三教一致论，是通过王畿、李贽等人对良知之虚无性格的提升和深化而展开的，而王畿、李贽等人的思想性格则是以继承和发展王阳明之积极思想为主导的。其中王畿以良知之学为核心来说明三教一致，而李贽则一方面说"儒、道、释之学一也"，另一方面又以三教归儒的理论为终结。这说明他们都是以儒教为基准来展开三教一致论的。

韩国阳明学与中国阳明学的三教一致论虽有一定关联，故而早期大致表现出像许筠那样的对老、佛的倾心和关注，但这种关注只不过是由于其自身之性格及其与礼教的对立而发生的暂时的精神之遍历或者对现实之逃避，所以并未导致三教一致论的产生。其实，原本就是儒者的许筠，如果不与礼教发生冲突，其复归儒教乃是意料之中的事。而到后来，许筠也的确从批判老、佛的立场而回归到了儒者的立场上。其后，崔鸣吉、张维以至郑齐斗，都进一步强化了固守儒教之纯粹性的倾向，而对老、佛展开了批判。所以在他们身上，再也看不到像许筠那样的对老、佛的痴迷和关心了。

　　日本阳明学因受到包括中国阳明学在内的明末思想的影响，而受容了三教一致论，它的中心人物便是中江藤树。藤树的思想原本就是以其特有的宗教心为基石。起初他以作为人伦之太祖的太虚皇上帝的神理说为基点，而主张儒、佛皆为其子孙的儒佛一致论。不过他并没有放弃重视儒教的儒佛差别论之立场。后来当他意识到老、佛之学乃是以本来太虚为准则，而并未超脱儒教的时候，便克服并进一步深化了儒佛差别论，而最终回归于三教皆为"明明德"之教的三教一致论。如果从以"明明德"为基础的三教一致论的立场看，藤树其实并没有超出与中、韩两国阳明学相同的儒教之范围。尽管如此，在日本阳明学那里被突显的太虚理念，却赋予了良知以虚、无的性格。而在将太虚与万物主宰者（即皇上帝）结合在一起，并把虚、无变容为"有"这点上，日本的三教一致论具有与中国和韩国阳明学不同的性质。

结论与附录

结　论

　　以上我们对明代思想学术界中最具代表性的王阳明思想（阳明学）在东亚三地即中国、韩国、日本的展开过程作了考察，并对在阳明学的确立和展开过程中最具代表性的思想形态，即致良知论、万物一体论、人欲论、权道论和三教一致论这五个论题进行了讨论。全书内容可归纳如下。

　　致良知是王阳明的终极思想，也是其学术的核心概念。致良知论原本就是消极侧面与积极侧面这两大倾向的共存体。其消极侧面是在"重视工夫倾向"下所表现出来的内向的、静态的、反省（省察）的性格，而其积极侧面则是在"重视本体的倾向"下所表现出来的外向的、动态的、行为（实践）的性格。因此可以认为，王阳明的思想体系整体上表现为这两大倾向。不仅如此，在阳明学的确立及展开过程中表现出来的最具特色的五种思想形态（致良知论、万物一体论、人欲论、权道论、三教一致论）亦是以这两种倾向为基础而形成并展开的。

　　成为阳明学五种思想形态基石的致良知论的两个侧面（倾向），后来因阳明后学从各自不同的角度上的受容，显示出既相异又共存的状态。而相对固守之定法，王阳明的学问形态更倾向于重视个人自身体得（自得）的一面。正因如此，王阳明在世时阳明学就出现了各种分裂的迹象。此外，致良知的这两个侧面在受容和继承的过程中，随地域、时代、历史状况的不同，又呈现出种种变容、曲折的状态。概括地说，东亚各地域的阳明学大体上是按照如下方式展开的。

首先，在中国，阳明学从王阳明在世时始，基本上就已经以消极和积极这两个侧面为核心，表现出了各种分裂形态，但结果却是后者（即积极侧面）占据了主导而得以展开。因此，产生了（1）以积极侧面为主干的现成良知论；（2）以经世为中心的实践的万物一体论；（3）私欲肯定论；（4）使"经"彻底相对化的"经则法（史）论"；（5）以及深化了良知之虚无性的三教一致论等思想形态。其中的主要人物，有王畿、罗汝芳、王艮、李贽等。这些核心人物把本体（心）直接向外发散，以达到本体之实现。因此，他们的思想遂呈现出向外的、动态的、行为（实践）的品格。中国阳明学之展开过程中最显著的思想形态主要表现在现成良知论中。在中国，现成良知论中的"既有良知"意味着活泼泼作用的内在之"场"。它深化了虚无（又称太虚、自然、混沌）性，并企图在每个人的内面建立起被无限扩大的形而上之"场"。然而，从虚无性只是在内面被深化扩大的一点上看，虚无不但没有被实现于现实且具体之"场"中，结果虚无属性还使良知表现出要靠彻底的在每个人的内面自觉体得的特征。

其次，韩国在阳明学受容的初期，受中国当时作为主流思想展开的阳明左派思想的影响，也曾出现过继承王阳明思想积极侧面的人物。作为其中的代表许筠就主张人欲肯定论，表现出对老、佛的极度倾心。不过这种倾向，经崔鸣吉、张维之后便逐渐褪色，到了郑齐斗时，又进一步形成了反批判的态势，从而使许筠的思想走到了尽头。总的来说，韩国阳明学是以深化阳明学消极侧面的方式得以展开的。因此，韩国阳明学中占据主导地位的思想是：(1) 以消极侧面为主的良知体用论；(2) 一身修养论；(3) 以反省（省察）为中心的静态的万物一体论；(4) 无私无欲论；(5) 随固守名教而产生的权论补完论；(6) 拒绝受容三教一致论。结果使得韩国阳明学产生了向内的、静态的、反省的性格。

而日本的阳明学从一开始就受容了继承阳明学积极侧面的王畿之思想。日本通过王畿的思想受容了阳明学，之后又出现了深化其思想的倾向。其中的核心人物为日本阳明学的鼻祖中江藤树。藤树的思想特征主要体现在他的以下思想形态中：(1) 现成良知论；(2) 以外在的现实具体之"场"（太虚）为前提的经世的万物一体论；(3) 自觉认识到日本国情之特殊性和固有性的"时处位"论；(4) "权则道"论；(5) 三教一致论。尽管藤树受容并深化了王畿思想，但这并不同于中国阳明学，而是一种在某种程度上与中国阳明学旨趣不同的曲折形态。具体地说，藤树在其修学期间，作为一名日本人却固守着作为异国文化的中国朱子学之格法。在此过程中，他感觉到中国朱子学的限度，为解决这个问题，他独创并设置了可随时守护"我"并向"我"提供兄弟般的、符合衣食之本性的、充满慈爱的人格神——天，同时又具有能够创造和主宰天地万物之能力的、严厉的、外在的命令者——皇上帝的构想。而创设这种人格神的天（皇上帝）之动机，乃是出于对"因人类有向恶之属性，故不可能自我制御（自律）"的反省。

藤树对皇上帝的设定，成为日本变容和发展中国阳明学，形成日本式阳明学思想（阳明学日本化）的极其重要的契机。这是因为对人格神的天（皇上帝）的设定，阻止了中国阳明学所执拗追求的"欲确立个人自由的内面世界（心）及其绝对性和固有性倾向"。这显然是对个人绝对化和固有化的否定，按其逻辑，我们同时还可以将个人的身体理解为皇上帝之分身，并以此将学问的目的规定为归依皇上帝。这里的皇上帝，即可被认作是使天地万物活泼泼运作的、现实的具体之"场"太虚。因此太虚遂与皇上帝结合，成为太虚皇上帝。而因身体（形体）是皇上帝的分身之故，所以学问的目的便完全转换为太虚。后来的日本阳明学，就是以藤树这样的问题意识为基础而展开的。具言之，就是作为皇上帝之分身的个体，在绝对的他者面前被相对化（个别化、具体化、对象化），从而使个人的内面世界（心）并未体现出中国阳明学所具有的那种绝对性和固有性。他们虽对个体之身（不是心）做了强调，但其强调的个体之身只不过是依存皇上帝的分身而已。于是，回归于太虚之绝对的固有之"场"被视为善，而内在之"场"即私（私心、私欲）却遭到了否定。如此一来，遂使超克私欲而到达无私无欲之境界的人欲观被建立起来，而"私欲肯定论"却在此过程中遭到排拒。正因为此，在日本，王阳明思想中的积极侧面虽得以展开，但私欲肯定论却并未得到受容。与此同时，日本的阳明学者还将中国阳明学中被深化的内在之"场"（无限的虚无）与人格神（太虚皇上帝）结合起来，具体化为可以看得见的存在，其结果，遂使日本阳明学表现出内在之"场"并未像中国阳明学那样只在内部被无限扩大，而是被彻底外在化后设定为特殊有限的思想特质。故此，藤树的思想便显示出极端静态的、观照的品格。

然而，到了藤树思想的继承者大盐中斋那里，藤树所提出的"场"的问题，就像其"归太虚"论所显示的那样，又被进一步内面化（主体化）了，从而使藤树静态的、观照的思想结构被变容为动态的、行为（实践）的思想结构。而藤树的另一继承者熊泽蕃山，则对外在之"场"有较为明确的自觉。蕃山接受并继承了藤树的"权"论，在自觉认知日本的特殊性和固有性的基础上，展开了自己的"时处位"（人情事变）论，尤其是深化了"处"（场）论即"水土"论思想。

由此可见，日本阳明学的展开表现出这样一种形态，即将外在的、现实的、具体的"场"向绝对的、固有的方向发展的形态。但日本阳明学的"场"又不同于中国阳明学之"场"。中国阳明学之"场"是一种隐藏在内部，却同时具有吸收所有外在事物的虚无性的无限的"场"。总的来说，日本阳明学的思想特质是以"将虚无（太虚）直接与眼前的皇上帝连接起来,并将之理解为外界实有而现实的具体之场"的思维结构为基础的。

可以认为,日本阳明学的形态正是在构成这样思维结构的藤树的思想脉络上展开的。同样,日本阳明学的外向的、动态的、行为(实践)的品格,亦正是在藤树思想中出现的,并逐渐形成为日本固有的思想形态。同样的,日本阳明学正是要依据对隐藏于个体中的内在之"场"做彻底的否定和克服后,使个体之身(形体)完全归于外在之"场"的日本固有之思想,才获得了这样的特征。

而在韩国阳明学那里,不仅只是未将虚无深化为内在之"场",而且还未能使虚无成为主要关心的对象。这是因为,韩国阳明学,就像郑齐斗的良知体用论所揭示的那样,是"以体用论来理解良知"(犹如现成良知论所深刻阐释的那样),并明确地以将良知的"虚无侧面(乃至混沌)体系化的方式"来加以展开的。故而在韩国阳明学那里,虚无遭到排拒,而原原本本展现在眼前的广泛事物(外在的东西)则作为"场"得到了认可。

这正如郑齐斗的《良知(体用)图》所明确表现的那样,因天地万物是"一体无间"的,故而形成了展现于眼前的、外在所有事物皆为"场"的理论。也就是说,"场"是无所不在的,因而也就没有必要再设定一个作为内面之场的"虚无"。然而,郑齐斗在"物"的领域与"人之性情"的领域之间划了一条界限分明的线,并将之区分为截然不同的两个方面。但这绝不是要在物与人之间设定一个间隔。作为具有性情的人,其在天地万物之中的停留所在之处，就是人之固有领域。因为在作为人与物共有的、连续的、广大的空间（称作天地万物）里设立特定有限的场，就会导致自我存在空间的完全丧失。因此可以说，为了使自己与无限展现在眼前的天地万物一体无间，就要不断地去修炼涵养自己的性情。这就是在人与物共有的广大空间（天地万物）里构筑自己固有之领域的唯一方法。韩国阳明学的展开过程中即呈现了这种向内的、静态的、反省（省察）的性格，而这种性格也是通过与此相同的韩国固有之思想形态表现出来的。

综上所述，可以说东亚三地（中、韩、日）的阳明学是以各自重新拥有并突出关于最初阳明学中已明确自觉了的、具有生命力的、活泼泼的"场"的问题而展开的。中国阳明学所形成和确立的形而上的内在之"场"，即所谓虚无，到了韩国阳明学那里却遭到了否定和克服。可以认为，在韩国阳明学那里，将原原本本广泛地展现在眼前的天地万物自觉成外在现实的、具体的"场"，就是中国阳明学中所揭示的内在之"场"（以朴素的方式）向外在之"场"的变容。而在韩国阳明学中形成和建立起来的这种现实的、具体的"场"，要被明确自觉为更加固有而特殊的"场"，则要待日本阳明学展开之时。如上所述，东亚阳明学的展开，是建立在各地域的主体所形成并建构起来的活生生的"场"的元素之上的。阳明学不仅可以向各地的人们介绍各自不同的"生活之场"的形成和建立，也可以激发东亚诸地域的人们重新建构自己的"新生活"和"新文化"思想。

附　录
东亚近世近代阳明心学述评

一、前　言

本文将对近世近代东亚地区尤其是中、韩、日三国王阳明心学的发展进行简略介绍，包括基本学说、术语、相关人物等。

本文中的"心学"即指"阳明学"。钱明教授认为：阳明学之术语含有两层意思。一是指王阳明本人的学说，又称"阳明之学""王氏之学"或"王阳明学"；二是指王阳明及其学派的学说，又称"王学"或"阳明学"。"阳明学"一词早在《明史·王守仁传》、朝鲜思想家朴世采（号南溪）《南溪先生朴文纯公文正集》卷五五《记少时所闻》中就已出现，这表明"阳明学"作为一个术语早在前近代就已被中、朝两国学者提出并使用。作为近代意义上的阳明学概念，钱明教授有其独特的见解。他认为：与朱子学相对的，具有强大实践功能的，在行动主义、道德主义以及革新诉求意义上使用的"阳明学"概念或者说价值判断，则应该是由近代日本学者首先提出的。[1]

与前近代不同，近代"阳明学"术语始于日本明治时期。吉田松阴的相关著作、高濑武次郎《日本之阳明学》、井上哲次郎《日本阳明学派之哲学》等，都明确表明"阳明学"一词是从明治时期开始使用的术语。在此之前，阳明学常被称为良知学、姚江学、王学、王氏之学等，近代韩国也常沿用此类术语。除此之外，有些朝鲜学者还将阳明学称为"稽山之学"。江华学派的李匡臣和李令翊都在其著作中提及"稽山"[2]"稽山之学"。这里的"稽山"一词可做两种解释：首先是指绍兴城郊的会稽山，它曾为阳明的寄居、讲学之地，因此可视为王阳明、阳明学的代称。其次是指"稽山书院"[3]。"稽山书院"位于绍兴城内，由北宋范仲淹创建，后因朱熹、王阳明先后在此讲学而闻名。因思想立场不同，可以认为江华学派将"稽山之学"的"稽山"解释为"稽山书院"的"稽山"，是包含朱子学与阳明学的称谓。韩国阳明学家郑寅普把江华学派的二李（李匡臣、李令翊）将阳明学称作"稽山之学"这一现象视为"诡辩"。钱明教授据此对以"稽山之学"代指阳明学的意图做

---

[1] 参见钱明：《东亚三国的阳明学观》，《东亚三国阳明学的展开：2017年成均馆大学校东洋哲学系 BK21PLUS 事业团国际学术会议论文集》，2017 年，第 129—131 页。
[2] 有别于会稽山，明代文人又称稽山为府山、种山、卧龙山。
[3] 万历《绍兴府志》卷一八《学校志》载："府城内稽山书院，在卧龙山西冈，山阴地。宋朱晦庵氏尝司本郡常平事，讲学倡多士，三衢马天骥建祠祀之。"

了以下推论:"二李用'稽山'代指阳明,其实是想把自己同情阳明学的真实立场隐藏起来,并且把自己装扮成朱子学的信徒,至少是主张朱、王并举的'中性'之人。"[1] 可以认为,与朱子学相对的,具有实践性、革新革命意义的明治时期的"阳明学",不同于之前所使用的"王氏之学"等术语。而主张以这种不同于近世的、独立的研究方式来促进东亚"近代阳明学"建构的是荻生茂博。[2]

遗憾的是,荻生茂博关于东亚近代阳明学的构想因其突然离世而没有得到实现,但他关于日、韩近代阳明学的研究方法和成果,仍然获得了学界的高度评价。笔者曾指出:"对韩、中而言,'阳明学'这一概念乃是根据明治时期的'近代阳明学'之构想而产生的术语。"但这一观点并未引起中、韩两国学术界的过多关注。正如钱明教授所说,明治时期的"阳明学"与前近代的"阳明学"在性质上是不同的,这也就是"一般用语"(term)与"新造概念"(invention concept)的差异。可以说,王阳明的学问是被近代学者重新"拿来"并得到发展的学问。

本文将以广义的"阳明学"作为主要研究对象,对王阳明的思想——"阳明学"在东亚各地的展开样貌进行简述。本文

---

[1] 参见《东亚三国的阳明学观》,《东亚三国阳明学的展开:2017年成均馆大学校东洋哲学系BK21PLUS事业团国际学术会议论文集》,第128页。
[2] 参见荻生茂博:《日本近代阳明学的成立》,《季刊日本思想史》第59号,东京:鹈鹕社,2011年。

将分四个部分：一、"心学"的概念；二、王阳明的思想及其意义；三、阳明学在东亚的发展及其特征；四、日本近代阳明学的阴影。

二、"心学"的概念

1. 中国、韩国、日本的"心学"概念

"心学"由"心"（人之心）与"学"（知识体系）组合而成，也就是说它是与心有关的一类知识体系。

在中国，"心学"一词曾被广泛使用，特别是到了南宋时期，心学常作为思想和修养的代称。比如宋代范成大《奇题筠州钱有文明府新昌小道院》一诗中的"忠厚平生心学"、元代程复心《心学图》、明代陈真晟《心学图》即为此类。心学被视为宋明儒学的一个流派。我们从明代宋濂在《六经论》中提出的"六经皆为心学"、明代王阳明在《象山文集叙》中提出的"圣人之学，心学也"，都可以看到他们是在"心学"的概念下，对基本的儒家学说及其文本进行了重新探讨和解释。到了清代，著名学者顾炎武在《日知录》中也对心学进行了阐述。

对于心学，日本的吉田公平教授有着独特见解。他认为，朱子学和阳明学都称自己的学问为"心学"，但朱子学与阳明学对心学有着不同的理解。大体上，最早称自己的学问为"心学"的朱子学者是南宋的真德秀（号西山）。后人遂认为，朱子心学之成就可与阳明的良知心学相抗衡，也唯有朱子学才可

称得上是真正的心学。这种主张产生于朱陆之争最激烈之时，其中已渗透了浓厚的流派意识。[1]

尽管"心学"被朱子学、阳明学同时使用，但王阳明之后，将自己的学问称作"心学"的朱子学者，大都是为了与阳明心学相抗衡，虽皆自称"心学"，内涵却不尽相同。不仅如此，最近东亚出现了在"心学"之前冠以限定语的现象，产生了朱子心学、象山心学、阳明心学、退溪心学、良知心学、敬的心学等，这种现象还有逐渐增多之势。[2]

在中国思想史上，通常认为"心学"是将人类内心的自律性作为核心的一个儒学流派。在中国思想史的发展脉络中，理学是由北宋程伊川开始到南宋朱晦庵而集大成的一大思潮，又称程朱理学。程朱理学主张内在的、固有的、普遍的"理"外在于事物；而心学则被认为始于孟子，经北宋程明道、南宋陆象山后至王阳明而集大成，一般又称"陆王学"。这样的"心学"呈现出与"理学"即"程朱理学"相抗衡的局面。

"程朱理学"与"陆王心学"[3]虽同源于孟子，但它具有重

---

[1] 参见吉田公平：《阳明学的问题》，东京：研文出版，2000年，第142页。
[2] 此部分内容可参见井上厚史：《李退溪的"诚"和王阳明的"诚"》，《第七回江华阳明学国际学术大会论文集：阳明学与地球、生命、共生》，韩国阳明学会，2010年，第335—340页。
[3] 为了区分理学与汉唐训诂学、清代考证学，理学之前常被加上"宋明"这样的时代名称。为了区分理学，则将之分称为宋学（朱子学）和明学（阳明学）。在外国学界（英语圈），常将程朱理学和陆王心学称为"新儒学"（Neo-Confucianism），而将"新儒家"称作"Neo-Confucian"。

视外部之理的倾向，可以说更接近于强调外在之礼（他律）的荀子之学。而在中国思想史传统中，尊崇孟子的正是陆王心学。比如，现代新儒家（Modern Neo-Confucian）[1]牟宗三在其所著《心体与性体》中指出："宋明儒之大宗实以《论语》《孟子》《中庸》《易传》为中心。"[2]他认为，将孟子等人的尊德性作为儒学传统而传承的正是程颢（明道）—陆九渊（象山）—王守仁（阳明），而"程颐、朱熹、朱子后学并非儒教之正宗"。当然，在东亚各地，"心学"的概念会因各自思想状况的不同而出现名同实异的现象。

《哲学大辞典》指出："（心学）即陆王学派。南宋的陆九渊、明代的王守仁都将心看作是宇宙万物的本原，提出'圣人之学，心学也'，尧舜禹相授受于天下，故后人称此派为心学。"[3]也就是说，"心学"即"陆王学"。

《汉语大词典》认为："（心学是）以陆九渊、王守仁为代表的宋明理学的一个流派，即所谓良知之学。为学主'明本心''致良知'，认为心为宇宙之本原。"这里虽将陆九渊、王

---

[1] 新儒学（Neo-Confucianism）、新儒家（Neo-Confucian），始于张君劢向西方介绍宋明理学之时。现代新儒家（Modern Neo-Confucian）是指熊十力、梁漱溟、钱穆、冯友兰、方东美、陈荣捷、徐复观、唐君毅、牟宗三等主要活动在中国香港、台湾地区的学者。另外，也将继承现代新儒家却在美国活动的杜维明等人称为"当代新儒家"（Contemporary New Confucian）。
[2] 牟宗三：《心体与性体》第1册，台北：正中书局，1968年，第19页。
[3] 《哲学大辞典·中国哲学史卷》，上海：上海辞书出版社，1985年，第143页。

守仁的心学视为宋明理学的一个流派，但认为其学问的核心在"明本心""致良知"。由此可以看到这样一个事实，即心学为继承宋学（程朱理学）之学问与心学为抗衡程朱理学之产物这两种见解是共存的。

在韩国，《儒教大事典》认为，心学是"始于孟子，经北宋的程颢与南宋的陆九渊到王守仁而集大成的儒学思想"。[1] 而在韩国学者那里，心学亦主要是指陆象山、王阳明之学，基本上与中国对心学的看法一致。但是在继承程朱理学、与程朱理学相抗衡这两种对立的见解中，韩国学者似乎更倾向于后者。另外，韩国最近出现了将一直以来被称作"理学"的退溪学改称为"退溪心学"的现象。在此影响下，其他流派也陆续开始被称作"心学"。由此可见，在韩国不仅出现了各种"心学"流派，而且历来被认为属于理学范畴的学者，也随之被划入到心学学者的序列之中。这也从一个侧面证明了朱子学与阳明学界限模糊的事实。

在日本，学界对"心学"也有不同的解释。在《中国思想辞典》中，"心学"被认为是"性理学的一个形态"，并且将"以宋明性理学（又称理学）中的'理'作为最高原理的程朱哲学特指为理学（狭义的理学），将陆九渊、王守仁系列的哲学称为心学"。[2] 这里的"心学"显然是指"陆王心学"。而

---

[1]《儒教大事典》，首尔：博英社，1990年，第866—867页。
[2] 日原利国编：《中国思想辞典》，东京：研文出版，1983年，第225页。

《岩波佛教辞典》认为:"在单纯论心学时,除朱子学之外,更多的是指陆象山、王阳明的学问。而狭义的心学则是指石门心学。石门心学是由石门梅岩创始并为其门人所继承、后形成学派的思想及其讲学运动。"[1] 可以看出,在这里"心学"指的就是朱子学、陆象山和王阳明之学以及石门心学。

2. 心与脑、头脑

甲骨文的"心"字是"心脏"的象形。因胸的鼓动与心跳密切相关,所以可以联想到胸部即为"心"之所在。"心之所在"也就是《蜀志·诸葛亮传》中首先提出的"方寸"[2] 之地。"方寸"通常指一寸四方之地,面积极小。[3] 因古人认为心脏只有一寸见方那么大,故而以方寸代指心。道教曾将身体中枢三分为上丹田(脑)、中丹田(心脏)和下丹田(下腹),而且特别重视脑(泥丸宫)。我们从儒释道三家推崇的《内经图》中可以看到,脑虽被重视,成为中枢,但中枢的传递方向基本上是由"下(下腹)""中(心脏)"而"上(脑)"。古人认为,肾、肝、胆、肠等处也是精神的停留之所,因此也将它们视作精神。[4] 中国传统医学认为,人的全部内脏,即"五脏"(肝、心、脾、肺、肾)、"六腑"(胆、胃、小肠、大肠、膀胱、三

---

[1] 中村元等编:《岩波佛教辞典》,东京:岩波书店,2002年,第564页。
[2] 高明编:《古文字类编》,北京:中华书局,1980年,第147页。
[3] 参见新村出主编:《广辞苑》,东京:岩波书店,1969年,第2018页。
[4] 参见加纳喜光:《风水的身体》,东京:大修馆书店,2001年,第124—126页;山下龙二:《心的哲学》,《朱子学与反朱子学》,东京:研文出版,1991年。

焦)各处,也都是心活动的场所。

在认识到作为身体中枢的脑才是人之精神或主观意识的主导之前,人们一直以为这一主导是心脏。正如荀子所说"心者,形之君也,而神明之主也"(《荀子·解蔽篇》),心才是发出指令、支配身体的主体。

如上所述,受佛、道之影响,同时从各种具体的哲学思想看,心已脱离了身体范畴,被扩大到更加抽象化、观念化的事物之心(核心、中枢)。另外,宋明理学常在"心"之外,将"头脑""脑"作为主宰事物的核心或中枢。比如王阳明《传习录》上卷"为学头脑处"。在某种意义上,这种可称得上"心"与"脑"结合的"心",在内涵、功能上已被扩大和深化了。

三、王阳明的思想及其意义

正如王阳明本人所说,他是在"百死千难"的生活中提出并发展其良知说等理论的。[1] 王阳明不仅对近世思想的发展做出了贡献,在近代东亚地区也具有重大意义。

正如山井湧指出的那样,陆象山和王阳明之学首先体现的是"信念"和"觉悟",然后是理论,最后是实践学问的态度。安田二郎与山井湧在表述上虽有差异,但所论实质相同。他

---

[1]《阳明年谱》五十岁条:"某于此良知之说,从百死千难中得来,不得已与人一口说尽,只恐学者得之容易,把作一种光景玩弄,不实落用功,负此知耳。"

认为"朱熹是通过直达体验的过程（即从'学问的事实分析'出发）来建构其理论"，王阳明则与之相反，是"根据体验本身（即从'德行的实体分析'出发）来建构其理论"。[1] 因此，他把前者称为"从下开始的理论"，后者称为"从上开始的理论"。[2]

朝鲜阳明学的集大成者郑齐斗也从方法论角度提出过这样的观点：在形式上，朱子学是从"万殊处"到"一体处"，而阳明学则是从"一体处"到"万殊处"，所以朱熹之学与王阳明之学分别具有"从道问学到尊德性""从尊德性到道问学"的特点。[3]

这正是明代思想所具有的特征，这种特征与明代美术史的发展相似。明朝初期，兴起了以复兴传统文化为目标的复古运动。具体到绘画艺术，则表现出以宫廷画院派的职业画家作品为主的特征，代表性画派便是继承了南宋画院派技巧的浙派。浙派在南宋画院派技巧的基础上融合了浙江地方粗放的水墨画

---

[1] 参见山井湧：《宋明儒学中的"性即理"与"心即理"》，《明清思想史研究》，东京：东京大学出版会，1980年，第100页。
[2] 参见安田二郎：《阳明学的性格》，《中国近世思想研究》，东京：筑摩书房，1976年，第191页。
[3] 郑齐斗说："盖朱子自其众人之不能一体处为道，故其说先从万殊处入；阳明自其圣人之本自一体处为道，故其学自其一本处入。其或自末而之本，或自本而之末，此其所由分耳。其非有所主一而废一，则俱是同然耳。使其不善学之，则斯二者之弊，正亦俱不能无者。而如其善用二家，亦自有同归之理，终无大相远者矣。"《霞谷集》卷一《答闵彦晖书》，首尔：民族文化推进会，1995年。

传统，进而开创了一代画风。

明代后期，浙派画风因过分夸大技巧之弊而逐渐衰退，以苏州为中心的吴派逐渐兴起，并且使在野庶民的文人画在吴派中成为主流。[1] 与书画史上"复古意识—宫廷画院派—技巧（形式）—在野庶民"的发展方向相呼应，思想史也是朝着"复古意识（沿袭传统）—官学（朱子学）—形式化—在野庶民／内面／自然"的方向发展。

1483年，十一岁的王阳明开始对学圣人之事产生兴趣。据《传习录》记载："尝问塾师曰：'何为第一等事？'塾师曰：'惟读书登第耳。'先生疑曰：'登第恐未为第一等事，或读书学圣贤耳。'"也就是说，王阳明一开始所追求的并非"器"型人生（特殊领域的专家、学者），而是"不器"型人生（以追求生活自身为目的的人生，拥有自由职业的学者）。

1508年，王阳明在谪居地贵州龙场，忽得一梦，梦中"大悟"到"格物致知之旨"。正是这一神秘体验（一般称为"龙场大悟"），使他"始知圣人之道，吾性自足，向之求理于事物者误也"。[2] "龙场大悟"成了其思想的出发点，亦即"心即理"说的原型。所有理皆"吾性自足"的认识，解开了王阳明"为圣"过程中的苦恼。后来他以"心即理"为基础，提出并发展

---

[1] 参见前田耕作：《东洋美术史》，东京：美术出版社，2000年，第168页。
[2] 王阳明《年谱》三十七岁条："忽中夜大悟格物致知之旨，寤寐中若有人语之者，不觉呼跃，从者皆惊。始知圣人之道，吾性自足，向之求理于事物者误也。乃以默记《五经》之言证之，莫不吻合，因著《五经臆说》。"

了"知行合一"、"致良知"等学说。

东亚阳明学者的学说形成过程，几乎都有一个现象：先有梦，之后才有"觉"或"悟"，然后是形成新理论。从王阳明开始，到通过梦而体悟到"心体洞彻，万物一体、宇宙在我之念"的王艮，[1] 再到二十三岁（1671年）因夜宿首尔东湖（今韩国东湖大学附近的汉江）而在梦中体悟到阳明致良知说有"任情纵欲之患"，继而提出良知体用说的郑齐斗，[2] 他们都经历了这样的过程。日本学者佐藤一斋也说过："梦中之我，我也；醒后之我，我也。"[3] 这些都说明了梦与"觉""悟"的关系。阳明学者所具有的自由、热情的根源性能量，在梦中释放出来，继而形成自己的理论。而这种"梦—觉悟/顿觉—理论（学说）形成"的过程，在朱子学者中几乎是看不到的。[4]

实际上，"为圣"的苦恼对王阳明来说，意味着他对"圣可学"这样的宋学命题的接受，而这又是从对朱熹"格物致

---

[1]《心斋年谱》二十九岁条："先生一夕梦天坠压身，万人奔号求救，先生独奋臂托天而起，见日月列宿失序，又手自整布如故，万人欢舞拜谢。醒则汗溢如雨，顿觉心体洞彻，万物一体、宇宙在我之念益真切不容已。"

[2]《霞谷集》卷九《存言》下四十三岁条："余观《阳明集》，其道有简要而甚精者，心深欣会而好之。辛亥六月，适往东湖宿焉，梦中忽思得王氏致良知之学甚精，抑其弊或有任情纵欲之患（此四字真得王学之病）。"

[3] 佐藤一斋：《言志四录·言志晚录》，东京：讲谈社，1994年，第668页。

[4] 参见崔在穆：《东亚阳明学者的"梦"与哲学的觉悟问题》，《阳明学》第29号，韩国阳明学会，2011年8月。

知"说的挑战开始的。"格物致知"是《大学》八条目之一。可以认为，从这里出发直到提出"致良知"说及思想成熟期的代表性理论"万物一体"论为止，王阳明实际上都没有超出《大学》文本的框架。《大学》原本是《礼记》中的一篇（《中庸》也是其中一篇），但其内容并不被一般人（除了注疏《礼记》之学者）所关注。随着唐代韩愈对《大学》八条目的引用，《大学》受到学者的重视，并逐渐在儒学的发展过程中占据重要地位。到了宋代，司马光刊行《大学广义》单行本，接着二程对《大学》进行了改定，后朱熹又以《大学章句》对《大学》作了进一步改定，并将之编入"四书"，使之在儒学中获得了稳固而又重要的地位。正如竹内义雄所言："《大学》是古代儒学的真髓和总结，是近世儒教的出发点。朱子学与阳明学也是从《大学》出发的。今后要对儒教进行重新改造，或许不从《大学》出发也是不行的。"[1] 由此可见，在中国思想史上，《大学》占据重要位置。可以认为，在中国思想史上，《大学》正是通过若干次改动，才最终成为儒家经典的。为探究《大学》，学者们"倾注了毕生的精力和热情"。[2]

在实现"为圣"工夫的过程中，王阳明直指朱子在《大学章句》《大学或问》中围绕《大学》文本而提出的"格物致知"

---

[1] 竹内义雄译注：《〈学记〉〈大学〉序》，《学记·大学》，东京：岩波书店，1943年。
[2] 间野潜龙：《朱子和王阳明：新儒学和〈大学〉的理念》，东京：清水书院，1984年。

论，使自己真正投入到对"众物必有表里精粗，一草一木皆涵至理"[1]、"一草一木，亦皆有理"（《朱子语类》卷一八《大学五或问下》）、"事事物物，皆有定理"（《朱子语类》卷一七《大学四或问上》）、"天地之间，自有一定不易之理"（《朱子文集》卷三八《答黄叔张》）的省思探索之中，在历经反复挑战、挫折和疾病[2]的折磨后，王阳明最终获得了"龙场大悟"，亦即对《大学》"格物致知"论的大悟，得出朱学为"析心与理而为二"（《传习录》上卷）的结论。在王阳明看来，"物理吾心终若判而为二"的关键正在于分离心与理的那个"与"字。王阳明针对朱熹《大学或问》"人之所以为学，心与理而已矣"的论点，指出："心即性，性即理，下一'与'字，恐未免为二。"（《传习录》上卷）

　　朱熹和王阳明对《大学》三纲领、八条目诠释的差异，主要表现在以下几个方面：第一，在《大学》文本方面，朱熹曾以《大学章句》（相当于新本《大学》）改定《大学》；而王阳明则十分重视《礼记》中的旧本《大学》（相当于古本《大学》），并著有《大学古本旁释》一卷。第二，对三纲领中"亲

---

[1]《阳明年谱》二十一岁条："是年为宋儒格物之学，先生始侍龙山公于京师，遍求考亭遗书读之。一日思先儒谓'众物必有表里精粗，一草一木皆涵至理'，官署中多竹，即取竹格之。沉思其理不得，遂遇疾。"《传习录》下卷也有类似内容。
[2] 据《阳明年谱》二十七岁条，王阳明二十七岁时，虽曾努力地忠实于朱熹的读书法，却没有获得任何成果，认为"物理吾心终若判而为二也"。

民"的理解，朱熹视"亲民"为"新民"，即要教化民众摒弃旧习而从"新"，故改"亲民"为"新民"，这种具有启蒙意义的思想体现出严格主义倾向；王阳明则秉持亲近、爱民（包括天地万物）理念，坚持"亲民"，这种带有大众参与性质的思想体现出温情主义的一面。第三，对八条目中"格物致知"的理解，朱熹认为"致，推极也。知，犹识也。推极吾之知识，欲其所知无不尽也。格，至也。物，犹事也。穷至事物之理，欲其极处无不到也"（《大学章句集注》），体现出主知的、静的（知识探求型）、从道问学（下学或万殊）到尊德性（上达或一本）的特征；而王阳明则主张"'致知'云者，非若后儒所谓扩充其知识之谓也，致吾心之良知焉耳。……物者，事也，凡意之所发必有其事，意所在之事谓之物。格者，正也，正其不正以归于正之谓也"（《大学问》），体现出主情意的、动的（实践型）、从尊德性（上达或一本）到道问学（下学或万殊）的特点。

朱熹的"格物致知"（"格物穷理""即物穷理"），也就是即物（格）而穷其深处之"理"，扩大（致）我所具有的"认识"活动——"知"的量，简称"穷理"（相当于佛教的观慧、西方的 theoria），并使之成为一种外部工夫法。与之对应，朱熹将"居敬"（相当于佛教的止定）视为内面工夫法。在朱熹看来，物与事中有"先验"（transzendental）之"理"[其核心为朱熹所说的"所以然之故"（"物之理"）和"所当然之则"（"事之理"）]，而王阳明认为，理不是先于物与事而存在，而是从心（主体）中产生的。

四、阳明学在东亚的发展及其特征

1. 中国的阳明学

中国阳明学的形成发展受到了佛教、老庄思想的影响，表现出突出性情、自然和肯定人欲的一面。基于这种思想，现成良知一度成为当时的主流思潮。"现成"即为当下呈现。

因良知超越既成的善恶，自主地进行正确判断，故对良知来说，有意的工夫、修养皆为多余和无用。良知说不仅到达了中国传统性善论的顶点，并通过王畿、王艮、李贽而得到了彰显。后来，李贽又将良知说发展为童心说。所谓童心，就是在学习经书等外在权威或道德之前的"天真烂漫的、纯真的真心"。在李贽看来，读书反而会使童心受损。另外，他认为"酒色财气，一切不碍"，[1]"穿衣吃饭，即是人伦物理；除却穿衣吃饭，无伦物矣"，[2] 不仅不能排斥对"食""色"的需求，而

---

[1]《明儒学案》卷一六《江右王门学案一·颖泉先生语录》："酒色财气，一切不碍，菩提路有此便宜事，谁不从之？"
[2]《焚书》卷一《答邓石阳》："穿衣吃饭，即是人伦物理；除却穿衣吃饭，无伦物矣。世间种种皆衣与饭类耳，故举衣与饭而世间种种自然在其中，非衣饭之外更有所谓种种绝与百姓不相同者也。学者只宜于伦物上识真空，不当于伦物上辨伦物。故曰：'明于庶物，察于人伦。'于伦物上加明察，则可以达本而识真源；否则只在伦物上计较忖度，终无自得之日矣。支离、简易之辨，正在于此。明察得真空，则为由仁义行；不明察，则为行仁义，入于支离而不自觉矣。可不慎乎！"

且要将此作为根本出发点。[1] 阳明学右派和东林党对阳明学左派的过激思想和行为进行了批评，但他们并没有完全否定人欲，而是在认识到调节人欲之"理"的重要性之后，以此为基础建构了一套思想体系。其代表人物便是阳明学右派刘宗周的弟子黄宗羲，《明儒学案》一书则是其学说的主要代表。

与明朝一起衰落的阳明学，到了清朝呈现出停滞不前的状态。这种状况一直持续到1840年鸦片战争以后。到了晚清，阳明学经康有为及其弟子梁启超的努力得到了积极的评价。康有为曾研究过包括吉田松阴《幽室文稿》在内的阳明学著作。梁启超在戊戌政变后逃亡日本，之后受吉田松阴《松阴文钞》、井上哲次郎《日本阳明学派之哲学》的影响，于1905年撰写了《德育鉴》等有关阳明学的著作。韩国近代阳明学也受到梁启超《德育鉴》的影响。在此书刊行五年后，韩国的朴殷植就在其撰写的《王阳明先生实纪》[2]中引用了该书内容。

2. 韩国的阳明学

通常认为，阳明学（特别是《传习录》）是在1521年左右传入朝鲜的。[3] 而最近又有学者明确指出：阳明学是由金世弼

---

[1] 参见崔在穆著，钱明译：《东亚阳明学的展开》，台北：台湾大学出版中心，2011年，第237—238页。

[2] 载于崔南善1908年11月创刊、韩国最早的月刊杂志《少年》终刊号，1911年5月。

[3] 吴钟逸：《阳明〈传习录〉传来考》，《哲学研究》第5号，高丽大学，1978年。

于 1520 年传入朝鲜的。[1] 不管怎样，以《传习录》为标志的中国阳明学早在王阳明生前就已传入朝鲜，这一点是可以确定的。

由于朝鲜一向都以儒学（朱子学）为国教，所以对具有反朱子学倾向和佛教（禅）色彩的学说一律采取排斥的态度。以朱子学为宗的李滉，将阳明学归为禅学（佛教）并对其进行批判。[2]

---

[1] 辛香林以吴性钟《朝鲜中期阳明学的辨斥与受容》(《历史教育》第 46 集，历史教育研究会，1989 年，第 90—91 页）为据，主张阳明学是在金世弼作为谢恩使访问明朝的第二年（1520 年）传入朝鲜（参见辛香林：《十六世纪前半期阳明学的传来与受容考——以金世弼、洪仁佑、卢守慎的阳明学受容为中心》，《退溪学报》第 24 辑，退溪学研究院，2005 年）。

[2] 李滉通过《白沙诗教辨》《传习录论辨》《白沙诗教传习录抄传因书其后》《抄医闾先生集附白沙阳明抄后复书其末》(此为《退溪集》卷四〇《杂著》之顺序）等文，以及写给李湛、南彦经、郑惟一、金就励、李珥等的书信，而"直接或间接地批判了陆王学，并劝告学者们不要受此感染"（参见申龟铉：《〈传习录论辨〉和陆王学批判》，《退溪李滉》，首尔：艺文书院，2002 年，第 137 页）。其中，李滉对阳明学的正式批判开始于《传习录论辨》《白沙诗教传习录抄传因书其后》。五十三岁（1553 年）时，李滉作《抄医闾先生集附白沙阳明抄后复书其末》。六十六岁（1566 年）时，作《传习录论辨》《心经后论》。虽无法确定具体时间，但可以认为《白沙诗教辨》《白沙诗教传习录抄传因书其后》的著述时间与《抄医闾先生集附白沙阳明抄后复书其末》相距不远。李滉正式批判阳明学是在 1553 年至 1566 年，这也是朝鲜官方刊行明朝批判阳明学著作的时期。1522 年、1529 年和 1537 年是明朝禁止阳明学和《传习录》的时期。这一时期，刊行了批判阳明学的著作，如詹陵的《异端辨正》(1525 年刊）、罗钦顺的《困知记》(1534 年初刊，1535 年重刊，1537 年三刊，1549 年刊行续四卷）、陈建的《学蔀通辨》(1548 年刊）等。1528 年王阳明去世后的阳明学失势时期，这些著作广泛传播于中国各地，并传入朝鲜。《学蔀通辨》传入朝鲜并被刊行的时间不能确定（参见崔在穆：《关于李退溪的阳明学观》，《退溪心学和王阳明》，首尔：新论社，2009 年，第 79—80 页）。1551 年传入的《异端辨正》、1552 年和 1553 年传入的《困知记》，皆重刊于 1560 年（参见郑德熙：《阳明学的性格和在朝鲜的展开》，《大东汉文学会》第 40 号，大邱：大东汉文学会，第 12—13 页）。

之后，柳希春、柳成龙、朴世采、韩元震等学者也相继对阳明学进行了批判。在这样的氛围下，具有阳明学倾向的卢守慎在1583年撰写了介绍朱王思想的《大学集录》。《大学集录》介绍了王阳明《大学》古本、《大学问》和《大学古本序》等，在朱熹《大学章句》一统朝鲜学术的氛围中发出了不同的声音。这种行为不仅在当时受到了强烈批判，此后也常被世人质疑。[1] 当代学者将《大学集录》归为阳明学的做法，尚且不论其中所反映出来的"从朱子理学到阳明心学转换"的问题，其本身亦有将卢守慎划为"韩国最早的阳明学者"之嫌。[2] 但是，阳明学在朝鲜学界并非主流，而且始终没能摆脱冷门学问的地位。经许筠、南彦经、李瑶、张维、崔鸣吉等人的努力，朝鲜阳明学得到了延续，最终由郑齐斗集其大成。六十一岁（1709年）时，郑齐斗从京畿道安山移居江华岛。他在当地开始培养后学，并创建了江华学派。韩国阳明学至今仍无统一的称呼，一般以郑齐斗之号"霞谷"来称其学问为"霞谷学"，以地名来称郑齐斗所开创的学派为"江华学派"，因其以阳明学为宗，故亦有学者称其学派为"江华阳明学派"。

郑齐斗在与占主导地位的朱子学理论相抗衡的过程中，创

---

[1] 参见崔在穆：《朝鲜时期对于朱子〈大学章句〉的挑战——以〈大学集录〉为中心》，《阳明学》第27号，韩国阳明学会，2010年。
[2] 主导此说的学者主要有辛香林和李东欢（参见辛香林：《朝鲜朱子学与阳明学的碰撞——苏斋卢守慎的思想和文学》，首尔：心山，2015年；李东欢：《十六世纪朝鲜思想界的动向与卢守慎》，《卢守慎先生思想政治的新纪元》，首尔：学资苑，2016年）。

作了《良知体用图》，拉开了协调朱王、修正阳明学的序幕。之后，郑齐斗的门下出现了李匡师、李忠翊、郑东愈、李建昌、李建芳等许多有个性的人物，他们将朝鲜阳明学一直延续到了近代。近代的郑寅普也是促进韩国阳明学发展的关键性人物，可以认为韩国阳明学正是通过他才得以延续至今的。继郑寅普之后，韩国还出现了撰述《王阳明先生实纪》的朴殷植、受容日本明治阳明学的崔南善等。

近代韩国阳明学可以归纳为以下几个流派：作为韩国传统阳明学的"江华阳明学派"，日本明治阳明学（以井上哲次郎、高濑武次郎、东敬治等学者为代表），以梁启超为代表的中国阳明学（受吉田松阴、井上哲次郎等影响），从王阳明开始、由黄宗羲继承的传统中国阳明学。今后有必要在梳理和思考近代东亚阳明学的展开过程中，对近代韩国阳明学进行重新定位和深入研究。

3. 日本的阳明学

日本最先积极受容并研究阳明学的学者是"近江圣人"中江藤树。虽然早在室町时代，五山的先师了庵桂悟就曾奉幕府之命，去明朝的宁波拜访过王阳明，但他并不是日本最早受容阳明学的学者。王阳明曾为当时即将归国的了庵桂悟作过一篇《送日本正使了庵和尚归国序》（此文并未收入《王文成公全书》，而只存在于日本的文献中）。无论是从此序文的内容，还是了庵桂悟的行迹中，我们都无法找到其受容阳明学的证据。

中江藤树在受容王阳明学说之前，首先接触的是《王龙溪语录》，接受的是王畿的思想。中江藤树三十三岁（1640年）开始阅读《性理会通》《王龙溪语录》，正是在这期间他接触到王阳明的思想。三十七岁（1644年）时藤树第一次读到《阳明全集》，并完全被王阳明的学问所折服。藤树正是经历了这样一系列的过程，最后通过王阳明的著作，才正式受容并阐释了阳明学说。但他并没有接受王阳明的心即理说，而主要关注于知行合一说和致良知说。他将"致良知"解读为"至良知"。另外，其天人分离观也与中、韩两国学者的理解有所不同。他将天看作是"皇上帝（天皇）"，并将之与内心的良知联系起来，认为"皇上帝"可以严格制约人们的内外两面。

在这样的思想体系中，超越自我遏制的"自力"界限，"他力"便被自然地引入进来。由此，藤树经常以"理""圣贤言说"为"镜鉴"，来对照"自己"（的身心），并批判宋学的"持敬说"（以理性引导自我，具有乐观的、肯定的、自力的特点），从而建构起自己的"持敬说"与悲观的、他力的"诚意论"。[1] 藤树认为，"意"与恶魔（"意魔"）一样，是必须要"消灭"的对象，而且只有依靠"皇上帝"这样的绝对权威，否则就易趋于恶的一面。在这里，"良知（皇上帝）"信仰经渊冈山，由木村难波发展为"戴祈说"。[2]

1940年日本刊行的《中江藤树先生全集》收录有李滉《圣

---

[1] 参见《东亚阳明学的展开》，第140—142页。
[2] 参见《东亚阳明学的展开》，第160页。

学十图》第十图《夙兴夜寐箴图》。这幅图归藤树的一个弟子所有，为其后人所收藏。这幅图的最上端标有"（陈茂卿）夙兴夜寐箴图，笔者未详"，下端有一行说明："此图遗有藤树先生门人岩佐太郎右卫门的直系嫡流之字，或为先生向门人教示的资料。近江岩佐定一氏收藏。"[1] 此一说明可作为中江藤树及其门下弟子读过《圣学十图》的证据。

《夙兴夜寐箴》为陈茂卿（名栢）所作之箴言，李滉将之绘成《夙兴夜寐箴图》，并附以图说。《夙兴夜寐箴图》具体说明了在日常生活中实践圣学的方法，明确体现出李滉以敬为核心的圣学原理。虽然强烈反对宋学的"敬"而强调"诚"的中江藤树收藏此图的目的不得而知，但这也说明藤树思想的形成和内涵是复杂而多面的。藤树对良知的解释，不仅启发了藤树学派的良知"戴祈"说，还影响了近代内村鉴三的无教会主义，由此可以看出藤树重释"良知"概念的价值与意义。中江藤树的阳明学后经熊泽蕃山、三轮执斋、佐藤一斋、大盐中斋等人的承续，而得到了极大的发展。

在论及日本心学时，我们还会想到"石门心学"。石门心学是近世日本本土特有的人生哲学或庶民教化之学，与中江藤树以来的日本阳明学没有直接关系。石门心学的创始人石田梅岩生于日本丹波国，是中农家的次子。他是一个自学成才的哲学家，在

---

[1] 中江藤树：《中江藤树先生全集》第5册，东京：岩波书店，1940年，第69页。

融合了神、儒、佛（禅）的基础上而形成了自己的哲学思想，并积极肯定了被当时社会所轻视的商人追求利润的商业活动。

石田梅岩说过："获取利润是商人之道，商人获取利润跟士大夫获取利禄是一样的。"（《都鄙问答》）这种肯定商人活动的主张，闪烁着否定身份等级、追求平等的思想光芒。石田梅岩认为：神、儒、佛（禅）只是提升内面之心的手段，人不能被这种手段所束缚。他还主张，人的处世之道在于"知性""知心"，以尽自我本分，从而自立自强地生活。梅岩在京都开设讲席，培养了许多优秀的弟子。后来这些门人又以讲释"道话"的方式，将其学说推广到全国。

虽然本文所说的东亚心学主要是指阳明心学，但石门心学与东亚心学特别是阳明心学有着很强的共通性。经过一定阶段的演化，阳明学也产生了唤起一般民众之灵性、追求现实生活中的自我个性之倾向，而石门心学恰恰正是这样一种心学。石门心学是一种超越等级身份、追求平等的思想，这也与阳明学的精神若合符节；而其以直感唤起内在灵性、道德觉醒的说教方式，也与阳明学有相通之处。石门心学在思想史上可能不如阳明学引人注目，但在当时已具备了应势而起的东亚心学的许多特征。

五、近代日本阳明学的阴影

雅斯贝尔斯曾对日本近代哲学家野田又夫说过："王阳明

是中国最后的一位形而上学者。……王阳明之后的哲学走向中国的实证主义，王阳明学派是儒家中最具革命活力的学派。"此一评价体现出阳明学派具有实践的思想倾向和特征。[1]

雅斯贝尔斯这段话中最值得注意的是"革命活力"一词。雅斯贝尔斯所理解的"阳明学"的"革命活力"，简单地说，就是特指日本近代阳明学体现出的一种倾向性。我们可以从当时的阳明学者的实践活动中看到这种倾向性。比如1837年因掀起"大盐平八郎之乱"而著称的大盐平八郎（号中斋，通称平八郎），1877年发动西南战争、失败后自杀的西乡隆盛，参与1859年暗杀老中计划、二十九岁时被处死的明治维新的精神导师和理论家吉田松阴，《作为革命哲学的阳明学》的作者、1970年在自卫队驻地发动政变失败、剖腹自尽的盾会会长三岛由纪夫（本名平冈公威）等。从他们都是阳明学者这一点来看，日本阳明学确实具有"行动的""革命的"倾向。

在《近代日本的阳明学》中，小岛毅认为支撑日本近代明治帝国的三大支柱是德国哲学家伊曼纽尔·康德思想、阳明学、武士道。[2] 而他对日本近代阳明学的评价中最为重要的观

---

[1] 转引自野田又夫：《自由思想的历史》，东京：河出书房，1957年，第176页。
[2] 参见小岛毅：《近代日本的阳明学》，东京：讲谈社，2006年，第93—132页。这也与韩国近代重视李滉、花郎、李舜臣以及实学等相似。关于这一点，可参见崔在穆：《郑寅普阳明学形式的地形图——与世界的呼吸及其多重性相联系》(《东方学志》第143期，延世大学国学研究院，2008年)。

点即是阳明学具有"实践性"。他认为，正是这一点决定了王阳明的学问能成为"阳明学"，"阳明学"是经过近代阳明学者的不断发展才最终形成的。

"实践性""行动性""革命性"是明治时期"阳明学"所具有的特征，若将之作为中、韩阳明学的一般倾向，或者将之解释、扩大为东亚近代阳明学的普遍倾向，则是不合理的。

在探讨与日本近代阳明学"行动的""革命的"特质相关联的思想倾向时，还会发现武士道与佛教、神道、儒教及阳明学相结合的问题。确立日本国家主义的重要人物东京帝国大学教授井上哲次郎及其弟子京都帝国大学教授高濑武次郎，则从国家主义的立场出发，强烈主张国家优越于宗教，为日本确立国家主义的意识形态提供了理论依据。

1900年，井上哲次郎在其所著《日本阳明学之哲学》的序言[1]中，说明其写作的目的，是提出国家主义的构想。他把重点放在彰显阳明学，批判利己主义，培养国民道德上。而其对利己主义的批判，与高濑武次郎的《杨墨哲学》不谋而合。从这个意义上说，高扬阳明学的高濑武次郎可称得上是井上的继承者。与主张以知行一致来把握阳明学基本精神的井上哲次郎一样，梁启超对阳明学的继承也受到了明治阳明学的影响。[2]

高濑武次郎将《杨子哲学》《墨子哲学》合并成为《杨墨

---

[1] 井上哲次郎：《日本阳明学之哲学》，东京：富山房，1900年。
[2] 参见末光宏：《梁启超与日本的中国哲学研究》，狭间直树编：《梁启超：西洋近代思想受容和明治日本》，东京：MISUZU书房，1999年，第180页。

哲学》[1]，其创作意图在《杨墨哲学》的例言和井上氏所作的序言中得到了充分体现。他认为，日本当时的社会风潮与杨墨思想流行的中国周朝末年所面临的危机情形相似。他将"保守伦理"作为日常道德规范加以推崇，将杨子的思想看作是当时的利己主义（功利主义）、快乐主义、本能主义，而将墨子看作是倡导无差别的、博爱的基督教徒加以排斥。

在新渡户稻造以后展开的对武士道的讨论，基本上与建设国家主义、军国主义的理念有关。新渡户稻造的 *Bushido, The Soul of Japan* 一书，于1899年由美国利兹和比德尔公司出版。此书被樱井鸥村译作《武士道》，于1908年由裳华房刊行。此书曾引起世界性反响，先后被译成德语、法语、波兰语、挪威语、匈牙利语、罗马尼亚语、俄语、汉语等多种语言，至今仍吸引着世界各国的读者。相对于其他的儒学思想，阳明学对日本的武士阶层影响更大。对阳明学的这种评价，正是建立在阳明学的"知行合一"的实践主义与近代日本知识阶层的视角有相通之处这一基础之上的。之后，这种思想促进了近代东亚知识阶层对"尚武"精神的追求，也使武士道与阳明学"实践行动主义"的精神相结合成为可能。

今后，我们不仅要继续关注以这样的形态延续到当代的"近代阳明学"，而且还要不断地改进以往的方法论或理论观点，从而将东亚的心学研究进行下去。

---

[1] 高瀬武次郎：《杨墨哲学》，东京：金港堂，1902年。

六、结　语

本文对心学在东亚各国的发展进行了简单概述。"心学"始于孟子，经北宋程明道和南宋陆九渊，到明代王阳明而集其大成。心学作为儒学中以人类的内心自律为主的思想形态，指的是陆王心学或陆王学。当然，东亚各国关于"心学"概念的解释是不尽相同的。

可以认为，近世阳明学的展开形态是"从中国到韩国再到日本"的过程。但在近代的日本明治时期，阳明学被重新定义了。也就是说，中国的阳明学与近代日本的阳明学，其内涵实际上各不相同，但它们都对东亚产生了众多影响。但需要注意的是，近代日本的《阳明学》（吉本襄创刊于1986年）、《王学杂志》（东敬治创刊于1906年，后改名为《阳明学》）才真正是国家主义、右翼阳明学的典型。[1] 石崎东国于1910年创立的大阪阳明学会及其会刊《阳明》（1919年改名为《阳明主义》），虽属于民间阳明学，但也偏向官方立场，也反映出国家主义阳明学的特点。

这一时期的日本阳明学，与其说是"中立的、学术的、客

---

[1] 参见吴震：《论"两种阳明学"——近代日本阳明学的问题省思》，《东亚三国阳明学的展开：2017年成均馆大学校东洋哲学系BK21PLUS事业团国际学术会议数据集》，2017年成均馆大学校东洋哲学系BK21PLUS事业团，2017年，第183—184页。

观的阳明学",不如说是"国家主义的、军国主义的右翼阳明学",他们大都具有为侵略性、政治性野心提供理论支持的不纯动机。可以认为,是属于从明治到终战前形成于近代日本的阳明学之"黑子"。不仅日本,韩国也出现过接纳这种阳明学的现象,这一点亦不可忽视。

无论是左翼阳明学还是右翼阳明学,都有必要对学术与政治相勾结从而使学术沦为政治附庸的问题进行反省,并且对东亚诸国的近代阳明学进行比较。最近吴震教授在《论"两种阳明学"——近代日本阳明学的问题省思》[1]一文中,便对这样的问题做了深入探讨,严肃地提出了阳明学的普遍性和特殊性的问题。从以上讨论中可以看到,以类似于近代一国主义的观点审视现在的东亚阳明学,会忽略很多问题。因为东亚世界内部存在着难以用近代以后诞生的"国民国家"之类的观点加以判断的知识和文化网络及其思想联系。实际上,在具体的历史中,人、物和信息(概念、知识)往往跨越国境,在文化和政治的脉络中——甚至通过战争的手段——进行交流和沟通。因此,代替"国家",以"海域""地域"为单位重建历史思想和文化的所谓"广域史"的视野,在阳明学的研究领域乃是必要的。幸运的是,最近试图以超越一国历史之框架进行研究的学者正在增多,笔者今后也将尽量使用这种方法对阳明学进行深入研究。

---

[1] 《论"两种阳明学"——近代日本阳明学的问题省思》,《东亚三国阳明学的展开:2017年成均馆大学校东洋哲学系BK21PLUS事业团国际学术会议论文集》。

关于石溪金箕东的《弗离十图》研究

一、序　论

顾名思义，李滉的《圣学十图》为成圣成贤必修的参考资料，而同样以圣学为主，制作于朝鲜后期的金箕东的《弗离十图》却有种强烈地区别于李滉《圣学十图》的倾向。《弗离十图》的"弗离"，仅从字面上看可能意为十图环环紧扣不可分离，但从内容上看又或者取自《中庸》"道不可须臾离"。但与其后所附的"常目八图"联系起来看，则可以认为，其目的是要告诫学者在学圣之时万不可离开此"十图"，并要以此"十图"作为一生的学派进学之阶梯。

二、《弗离十图》的相关考察

1. 版本考察

韩国檀国大学图书馆收藏的"后溪编《圣学十图》"为帖装一册（11折），47.2 cm×19.0 cm，刊写地、刊写人、刊写年皆未详的木板本。[1] 第一图的右上端有"弗离十图"的字样，左下角有印章。檀国大学可能根据封面（图1）上的"后溪圣学十图"六个字，推定此"十图"的编者为"后溪"，继而判断【檀国大学藏后溪第一太极阴阳候图】（图2）左下角模糊不清的印章为后溪。

后溪是金范的号。金范（1515—1566）本籍商山（尚州），字德容，本名范，号后溪或桐溪。金范的著作由其后孙金彦庆收集整理，但他所编录的《后溪先生文集》（1694年）中并没有发现任何与《圣学十图》有关的论述。而且此藏本引用了李珥1575年所作《圣学辑要》的内容（此时金范已去世），所以其作者是否为后溪确实是一个疑问。对此笔者已在另篇论文[2]中进行过论述。经与此藏本内容几乎相近的奎章阁版《弗离十图》相比较，可知此印章应为"石溪"（石的印章：［图］[3]）。学术界这样的误记现象屡见不鲜。例如马叙伦：书尧典。击石拊石。释文：石，古作石磬。谓古文石作后（《说文解字六书疏证卷十七》）；高鸿缙：墨子以后代祏，汉人误抄为后耳。殆亦

---

[1] 檀国大学栗谷纪念图书馆古典资料室收藏。登录号码：Y357357。请求号码：고 181.53—성 757。检索参考：http://libc.dankook.ac.kr/。
[2] 崔在穆：《栗谷学派的"圣学"构想：金范的〈圣学十图〉——与李滉〈圣学十图〉的比较研究》，《杭州师范大学学报》2016年第3期。其中对"后溪金范"的《圣学十图》为"石溪金箕东"的《弗离十图》的误记事宜作了郑重声明。
[3] 李圃主编：《古文字诂林》第八册，上海：上海教育出版社，2004年，第322页。

古后或后之通假（《中国字例三篇》）；金祥恒：尧典。击石拊石，释石为后（《释后中国文字》第十期）等。[1] 凭此印章可确定此"十图"与石溪有相当密切的关系。

首尔大学奎章阁版的《弗离十图》，为 51.5 cm×35 cm，一帖（7折），刊写地、刊写人、刊写年亦皆不详的木板本。此"十图"要大一些，显然与檀国大学收藏的不是同一版本。且此版"十图"的题目下，又加入了一套"十一图"。前"十图"为木板本（图间有手写笔记内容），后面的包括"常目八图"的十一图则完全是手写版。奎章阁版的《弗离十图》是一套完整的作品。封面（图3）有题目《弗离十图》，封二（图4）有目录和请愿书，封三（图5）上附有"光山后人石溪金箕东六十三岁"的彩色肖像画，中间为十图，后封页记有"岁在庚寅仲春"。另外在每幅图的上端还记有数字，个别图中还附有字条。

奎章阁版《弗离十图》前十图的目录，从其构成方式上看应是参照了李滉的《圣学十图》。具体如下：

表1　石溪《弗离十图》与后溪《圣学十图》目录、
　　　退溪《圣学十图》目录对照表

石溪《弗离十图》目录（奎章阁藏本）	后溪《圣学十图》目录（檀国大学藏本）	退溪《圣学十图》目录
第一 太极阴阳候图	第一 太极阴阳候图	第一 太极图
第二 理气生物之图	第二 理气生物之图	第二 西铭图

---

[1] 李圃主编：《古文字诂林》第八册，第 322—324 页。

续表

石溪《弗离十图》目录（奎章阁藏本）	后溪《圣学十图》目录（檀国大学藏本）	退溪《圣学十图》目录
第三 心统性情全图	第三 心统性情全图	第三 小学图
第四 心性情善恶图	第四 心性情善恶图	第四 大学图
第五 学庸合一之图	第五 学庸合一之图	第五 白鹿洞规图
第六 心性复初铭图	第六 西铭之图	第六 心统性情图
第七 持敬箴图	第七 小学题辞之图	第七 仁说图
第八 为学箴图	第八 圣贤道统赞图	第八 心学图
第九 学教之图	第九 学教之图	第九 敬斋箴图
第十 教训来裔之图	第十 教训来裔之图	第十 夙兴夜寐箴图

奎章阁版《弗离十图》的实际题目与目录上的标题略有出入，但与十图上端的修改提议相同，也与"后溪"的《圣学十图》相同。即为：【第一 太极阴阳候图】，【第二 理气生物之图】，【第三 心统性情全图】，【第四 心性情善恶图】，【第五 学庸合一之图】，【第六 西铭之图】，【第七 小学题辞之图】，【第八 圣贤道统赞图】，【第九 学教之图】，【第十 教训来裔之图】。

实际上此十图后还附有关于此十图的说明笔记——【弗离十图后解】和【理气流行变化说】。接着后面还有十一图，其中除【心性复初之图】明确为金箕东所作之外，其他大多为描摹他人的作品。具体情况如下：

【第一 太极性理说图】（南冥收入程复心的【论天人心性情

之分图】,今名为【天道天命图】);【白鹿洞书院揭示图】(与《圣学十图》之【第五 白鹿洞规图】相似);【心性复初之图】(金箕东作);【中庸天命图】(韩元震作);【为学箴图】;【戒色箴图】;【持敬箴图】(即为【圣学十图】中的【敬斋箴图】);【夙兴夜寐箴图】(【圣学十图】中的【夙兴夜寐箴图】)。【中原帝王历代图】;【东国历代传统之图】及【中庸之图】(韩元震作)。前八个被标为"常目八图"。不难看出,首尔大学奎章阁藏本是为了对檀国大学藏本进行修改而制作的后备参考资料。

2. 作品的年代、作者及创作目的

关于此"十图"的完成年代,我们可以从资料提供的时间线索来推定:【弗离十图】的封底记有"岁在庚寅仲春","常目八图"后附的【中原帝王历代图】,记有"咸丰(1851—1861年在位)"年,右下角还载有"大韩隆熙元年(自伏羲氏大韩隆熙元年历年合计六千五百七十余年)"的字样。【东国历代传统之图】则记录了从箕子到哲宗的历代朝鲜王朝的情况,左下角且书有"岁在乙未腊月二十五日"(1895年)。而"十图"后所附的"理气流行变化说"的最后落款为"光武十年",即1906年。而从其后十一图中的【心性复初之图】(图6)上的"崇祯五壬辰春三月小望石溪金箕东创图",可知"崇祯五壬辰"为1892年,即朝鲜高宗二十九年。

从以上线索所提供的时间判断,《弗离十图》后封页("常目八图"的前封面)的"弗离十图/岁在庚寅仲春"的"庚寅"为1890年,也就是说《弗离十图》应纂于十九世纪末二十世纪初的1890年前后。从内容上看，其制作并非出自一人一时之手。

承袭中国元代的"图说"之风，朝鲜时代学者也著有大量的图说，其中仅"大学图"就有80幅之多。而此《弗离十图》之【第五 学庸合一之图】（图20）[1]中的"大学图"，除具备金春泽的"大学图"之特征外，其设计思路还与韩元震的《经义记闻录》中的"大学图"[2]相似。韩元震的师承为：李珥——金长生——宋时烈——权尚夏，系栗谷学派的集大成者。[3] 韩元震与金春泽同是老论的积极倡导者。《经义记闻录》著于1715年，1741年正式刊出。据《经义记闻录》中记载的制图原委[4]可以判断，此图为韩元震制作。另外从内容上看，【第九 学教之图】（图29）和【第十 教训来裔之图】（图30）是以李珥（1536—1584）1577年刊出的《击蒙要诀》中的内容为基础而制作的，【第二 理气生物之图】（图9）中作者又采用了利玛窦的"魂三品"概念与十九世纪实学家丁茶山（1762—1836）之"性三品说"的思路。由此可见，此"十图"中各图的原创年

---

[1] 按：基于十图的内在逻辑性，本文图片的编号以《弗离十图》为主。
[2] 韩元震：《经义记闻录》卷一，韩国岭南大学图书馆藏。
[3] 韩元震（1682—1751），字德昭，号南塘，本籍清州。其性理学造诣颇深，是湖西地方老论学脉的继承者，也是主张人性相异论的湖论系列的代表性学者。主要著作有《南塘集》《朱子言论同异考》《近思录注说》《四书讲义》《经义记闻录》等。
[4] 韩元震《经义记闻录》卷一："按《语类》有大学图，大体布得甚好，而间有差谬，似是传写之讹。我东权阳村亦有此图，而尤无可取。今就《语类》旧图，仍其大体，而正讹补阙，定为此图。"

代是不同的，最早的也应该是在十八世纪末以后，由光山金氏后人制作或整理，且采取并参考了包括李滉和韩元震及李珥在内的性理学家的作品，连同后面的"常目八图"，至少最后整理完成于1906年。

此"十图"的作者虽然无法确定，但从封三上附有"光山后人石溪金箕东六十三岁"的彩色肖像画可知，此资料应与金箕东有关。

金箕东（1808—？）本籍光山，字启明，号石溪，七十三岁考中生员三等，官至参奉，无留世之作。[1] 据【白鹿洞书院揭示图】（图31）左下角的"光山金氏八世谱"，即"讳继辉（号黄岗，文大司宪赠吏判书）——讳长生（号沙溪，刑参赠大匡辅国，文元公）——讳集（号慎独斋，逸礼判赠大匡稍国文敬公）——讳益炯（官察访赠工曹参判）——讳万里（文春桂坊左赞成赠大提学）——讳镇宁（统制使赠兵曹参判）——讳兴泽（赠吏曹参判）——讳相渊（号白洲，官教授）——讳箕东（号石溪，官参奉，创十图）"可知，石溪金箕东为金长生的第八世孙。文元公金长生（1548—1631）是朝鲜时期的理学泰斗，其学问继承者为吏曹判书金集和宋时烈。金长生是李珥的弟子，其子金集及其后孙也都为栗谷学派的学者。但金箕东没有传世文集，所以无法证明此"十图"是否为其原

---

[1] 据《崇祯纪元后五庚辰增广别试司马榜目》可知，金箕东生于1808年，并于1880年（高宗十七年）以生员三等入格（http://people.aks.ac.kr/index.aks）。

创（编辑）。金箕东可能是此"十图"的继承者和修改者，亦或为择取、补充并按一定的逻辑关系将十图贯穿起来的最后编纂者。

值得注意的是，在金箕东的家族中确实出现过以图示的方式解释经学，并阐释自己儒学观点的学者。比如前面提到的金春泽（1670—1717），为金长生世谱中记录着的第四世孙，是"讳万里（文春桂坊左赞成赠大提学）"的金万里与金万基之孙，即金长生的第五世孙。金春泽就曾做过【大学三纲领八条目总图】[1]（图21），此图与金箕东《弗离十图》中的【第五学庸合一图】（图20）之"大学图"具有类似的特征，即用重叠的四方框来表示中心概念，将"明明德"与"新民"归于"止于至善"等设计。[2] 因此笔者推断，此《弗离十图》有可能是家传之物，石溪在此基础上做了补充、修改和编辑而已（详见后述）。

另外，进一步通过《弗离十图》封二中的目录和请愿书还可推知，作者是有意对已有的《弗离十图》进行了修改，并试图请愿（按：请愿书有可能是要求准予刊刻）的事实。【第十教训来裔之图】（图30）中有覆加在原文上的手写字条，显然是为了修正下面的内容而作。从后十一图中的【心性复初图】（图6）中记有"石溪金箕东创图"之落款，【白鹿洞书院揭示

---

[1] 金春泽：《北轩集》卷一五，《韩国文集丛刊》第185册，民族文化推进会影印标点，首尔：民族文化推进会，1997年，第213页。
[2] 金春泽：《北轩集》卷一五，《韩国文集丛刊》第185册，第213页。

图】（图31）所记录的金箕东（讳字被划去）——"光山金氏八世谱——箕东（号石溪，官参奉，创十图）"等证据来看，金箕东系此"十图（包括后十图）"的创作（其中的一两幅）、再创（修改补充原图）及编辑者应确定无疑。

通过以上分析可以得出以下结论：《弗离十图》（即前十图，以下皆同）为金长生的后孙石溪在参考了李滉《圣学十图》的模式后，以栗谷学派的思想为核心而进行的再创作，其完成年代应在1890年。从整体上（即首尔大学奎章阁版的《弗离十图》与后附"常目八图"加另三图，共十一图）看，奎章阁藏本是为了对檀国大学藏本进行修改的后备参考本。从奎章阁版的资料中可以看到其修改过程。实际上奎章阁藏本的《弗离十图》是经后人多次修改整理，最终因某种缘由而未被刻版的版本。由于请愿书破损，今已无法判断其制作目的，但从此"十图"之原文、修改内容（实践性、教育性、平民性等细节设计）及所处的社会背景（十九世纪后期），可以推断其不同于李滉《圣学十图》的帝王学之政治用途，特别是【第八 圣贤道统赞图】（图27）、【第九 学教之图】（图29）、【第十 教训来裔之图】（图30）中载入的"祭祀"和"乡约"等内容，透露出其试图用于正学及设立书院以进行民间教育的动机。这实际上属于与李滉《圣学十图》不同的另一种畿湖学派的"圣学构想"。本文将重点对奎章阁版的《弗离十图》的前"十图"进行分析，后十一图只作为参照，而与"后溪的《圣学十图》"的比较将另文论述。

3. 十图的内容考察

此《弗离十图》不仅以图示的方式阐释了《周易》《太极图说》《大学》《中庸》《西铭》《小学》等儒家经传,其内部还存在着严密的逻辑关系。诚如李珥所言:"物必有理,皆须穷格。今所引夫子系词之说,为理学之源本,次引经传诸说,略明在物在身之理,以为求端之资。"[1] 此"十图"基本上就是以此为思路,求本溯源,引经据典,且以太极、理气、心性、道统等理论构成的一系列图示,显示了栗谷学派注重体系连贯性的特征。

(1)【第一 太极阴阳候图】(图7)

【第一 太极阴阳候图】为分析太极、阴阳和气候的关系之图,揭示了天地万象的形成原理(宇宙生成之理),以及理气象数对二十四节气的变化作用。

此图主要以【河图】和伏羲的先天图为基础,以邵雍的象数学和"一分为二"的矛盾演化学说来说明宇宙万象的生成原理。邵雍认为,宇宙间的理气象数都离不开"图书",即【河图】和【洛书】。作者正是以此为基础完成了此图。

此图可分两部分。首先,1—7圈的内容是以韩元震(1682—1751)的【伏羲则河图作易画卦之图】(图8)为基础而成。图的第一圈为太极阳5、阴10(太极数),特点是太极与数共存。

---

[1] 李珥:《栗谷全书》卷二一《圣学辑要》,首尔:成均馆大学,1958年,第446页。

第二圈为数：① 上面的左右为三七和一九（和为20）；② 下面的左右为四六和二八（和为20）。阳即奇数1、9、3、7组成，阴即偶数2、8、4、6组成。第三圈为象：①（上）阳仪动；②（下）阴仪静。第四圈又为数：①（上）一九；②（左）三七；③（右）二八；④（下）四六。第五圈与第四圈的数字相对，出现四象：① 太阳；② 少阳；③ 少阴；④ 太阴。第六圈、第七圈为数与八卦：（逆时针方向）① 九／一乾天☰父；② 四／二兑泽☱少女；③ 七／三离火☲中女；④ 二／四震雷☳长男；⑤ 三／五巽风☴长女；⑥ 八／六坎水☵中男；⑦ 七／艮山☶少男；⑧ 六／八坤地☷母。形成乾9、兑4、离7、震2、巽3、坎8、坤6、艮1的八卦之数。

其次，第八圈为元亨（一阴始生）利贞（一阳始生），第九圈为六十四卦（略）。第十圈为与第九圈相对的二十四节气。

由此可知，此图是以数象交替出现的方式展现万象生成之过程的，其中的象又是以太极（河图）→两仪（阴阳）→四象（太阳、少阳、太阴、少阴）→八卦（乾、兑、离、震、巽、坎、坤、艮）→四德／四季（元亨利贞）→六十四卦→二十四节气的程序展开的，与八卦为画之理，暗合并显示了其合理性。

总体来说，此图展示了《周易·系辞传》"易有太极，是生两仪，两仪生四象，四象生八卦"的内容。此图的中心部分显示了太极是生宇宙万物的本源，一分为二为阴阳两仪，阳动阴静形成四象，以体数（生物）、用数（运行）之作用演化出天地万物；其他部分则展示了六十四卦（第九圈）与元亨利贞四德（第八圈）及二十四节气（第十圈）的相对关系。特别是上半部分的亨、乾、父、太阳、阳仪动（1、9、3、7）与下半部分的贞、坤、母、太阴、阴仪动（2、8、4、6）的相对出现（上阳下阴），体现了"阳而清者，上升而为天，包乎地外；阴而浊者，下降而为地，位乎天中；此阴阳之大界分也"[1]的天地生成论。另外，第八圈从夏至开始的"一阴始生"、冬至开始的"一阳始生"，与先天八卦的季节和气的运行规律相符，体现了阴阳循环、生生不息的宇宙原理。此图的下端附有文字说明：

> 无极而太极。太极之数，阳五阴十，生两仪。两仪之数，阳一九三七，阴二八四六，生四象。四象之数，一九太阳，四六太阴，三七少阳，二八少阴，生八卦。八卦之数，九为乾，四为兑，七为离，二为震，三为巽，八为坎，六为坤，一为艮。《易》为六十四卦，而六十四卦变为三百八十四爻，其道至大至神，四时流行造化无穷焉。故其用远在六合之外，近在一身之中，得之于精神之运，心术之动，与天地日月四时鬼神合其理，然后可以知二五之变化夫。

---

[1] 韩元震：《南塘集》卷二九《杂著·示同志说》，《韩国文集丛刊》第201册，民族文化推进会影印标点，首尔：民族文化推进会，1998年，第136页。

此说明出自程颐的《易序》，且是以"必有数，数立则象生"的象数之体用来阐释《易》及万物之存在。其目的在于"极其数以定天下之象，著其象以定天下之吉凶，顺性命之理，尽变化之道也"。因"道至大至神，四时流行，造化无穷焉，故其用远在六合之外，近在一身之中"，所以要反身以求。为了突出性理学之"理"，作者将《周易》乾卦中的"夫大人者，与天地合其德，与日月合其明，与四时合其序，与鬼神合其吉凶"之"合其德"改成了"合其理"。

由此可知，第一图是以【河图】为基础，用象数原理对程朱的易理（世界观、宇宙观）进行的图示。此图的中心为太极与数共存，即理与气共处，浑沦一体。从第二圈开始，数与理以"一分为二"的矛盾演化方式交替出现，体现了理气象数的体用关系。宇宙的生成原理，则是从太极开始形成阴阳。太极是万物的生成之理，为体，阴阳是气，为用。若将这样的理当作体（本），则其用（末）将无穷无尽。易学中对先、后天象数学做本质性的思考，乃是理解天地原理的出发点。而这正是邵雍在谈理气时句句不离先后天图的原因之所在。朝鲜学者张显光（1554—1673）也将理与数的关系理解为"理为数之根，数是理之现"。[1] 体现了数与理的体用关系。在这样的关系中，随着数的变化而形成万象。此万象之中内含数的特性，而数又为阴阳五行之质与量的标志。此图的说明部分则

---

[1] 张显光：《性理说》卷七《分合篇》，韩国岭南大学图书馆藏。

立足于义理，以天地造化之理暗喻"万物皆备于我"的人伦之理。

第一图的外部附有笔写的"合五百三十六字"的字样。这正好是板图中的字数。这样的数字每一幅都有。记录数字的目的或许与排版有关。第一图采用了体用二元论，用数与理交替出现的象数原理说明在二者作用和运行过程中形成了春夏秋冬及二十四节气的宇宙观。太极为宇宙万物的本源，太极生阴阳，理通过阴阳之气而得以显现，"得之于精神之运、心术之动"，故"原始反终"就可以认识万事万物及人伦之理，从而为反观的工夫论提供理论依据。圣学的本体论正是从宇宙论和理气论开始揭示性善的根源，最后通过心性复初的工夫而达到成圣之目的的。

（2）【第二 理气生物之图】（图9）

【第一 太极阴阳候图】揭示了万象由太极而生的宇宙观，为"十图"的展开确立了理论依据。【第二 理气生物之图】则以此为基础，着重说明理气对万物生成的作用。

此图可以看作是以周敦颐的【太极图】（图10）和李滉修订的【天命新图】（图11）[原为郑之云（1509—1561）所作]为基础，而对天命之理、五行之气、理气之分、生物之源的图示，也是对【太极图】中道生万物的具体说明。首先，此图的上、中、下三个小圆内的中心依次为命——性——道。这三个小圆可以重新整理为表2、表3、表4：

表2		
土	贞/水	土
利/金	**命**	木/元
土	火/亨	土

表3	
善 意 **性** 志 心	
	情	

表4		
	万	
生	**道**	化
	物	

图中心的第一圈由右侧的灵/坤道成女/生魂、左侧的魂/乾道成男/觉魂所构成。第二圈的中心为"人阴阳之中正气而生",在其两侧之阴侧为"草木阴阳偏中之偏或阴中之阴而逆生/性○/草木逆生倒立全塞不通",阳侧为"禽兽阴阳偏中之正或阴中之阳而横生/性◎/禽兽横飞横走或通一路"。第三圈的阳侧为"元为始物之理则木之气承之以生/亨为通物之理则火之气承之以长",阴侧为"贞为成物之理则水之气承之以藏/利为遂物之理则金之气承之以收"。第四圈的阳侧为"大哉乾元万物资始乃统天云行雨施品物流形/清/君子以自强不息",阴侧为"至哉坤元万物资生乃顺承天含弘光大品物咸亨/浊/君子以厚德载物"。图下附有文字说明:"天命理气,化生万物。理者元亨利贞,气者金木火水土。非理则气无根柢,非气则理无依着。理气循环之际,人生于阴阳之中,正气平正直立,通且明。禽兽生于阴阳,偏中之正,横走横飞,或通一路。草木生于阴阳,偏中之偏,逆生倒立,全塞不通。"

此图最大的特点是将周敦颐的《太极图》做了变形处理,即将四个独立的圆连接起来,将第三层的阴动阳静部分具体化。

表2以"命"为中心,其周围为木、火、金、水,其间分别插有一个土,四行与四德相对出现,五行在内,四德在外呈四德包五行的状态。四德与五行的对称关系和土被置于四方的设置体现了土之成始成终的作用。可以看出此表有意体现了四德为理、五行为气、"理气不离不杂"、"非理则气无根柢,非气则理无依着"的理气关系。由此看出万物同出天命,共具四德之理、五行之气。此图正是由此出发,演示了理气流行形成万物的过程。

表3将心置于性、意、志、情的中心,体现了"心之所具性也,心之所发情也,心之所之志也,心之商量计较者意也"[1]之心的统摄地位。韩元震的此一思想遵循了朱熹的"性者心之理也,情者心之用者,心者性情之主也"[2]之心、性、情的逻辑关系。可以认为,此一图示是对心、性、意志、情的概念整理。与李滉不同的是,性占据了心的位置。作者是将心即太极的概念一贯到底(下面关于心性的图皆如此),所有表示心性的图中都将性的位置放在了心的内部或上部,借以表明"性即理""心即气""心包性"的栗谷学派的主张。

此三个小圆(即表2、表3、表4)暗示了此图是以"天命之谓性""率性之谓道""继之者善,成之者性""道化万物"的脉络,阐释天命流行而生成万物的原理。对于万物而言,命

---

[1] 韩元震:《南塘集》卷二九《杂著·示同志说》,第139页。
[2] 尹波等编校:《朱熹集》卷六七《元亨利贞说》,成都:四川教育出版社,1996年,第3512页。

为一元，性为分殊，继善气而成形。在超形气的层面上，"理则合万物而同一性"（此性为本然之性）。

中心的第一圈在周敦颐的《太极图》"乾道成男，坤道成女"的基础上，增添了"三魂"的内容。所谓"三魂"即利玛窦提出的："下品为生魂，草木之魂；……中魂为觉魂，是禽兽之魂；上品为灵魂，是人之魂。"[1]人与动植物不同，秉承三魂，以一气形成男女。此处作者对"魂三品"概念的引用是为了进一步对"人物性异"的根源进行追述。而此处对"性异"的分析则是按照丁茶山的思路进行的，即"草木之性，有生而无觉；禽兽之性，既生而又觉；吾人之性，既生既觉、又灵又善"。[2]这也是作者将"人阴阳之中正气而生"放置在图的中间的位置，紧接上面的小圆将"草木阴阳偏中之偏或阴中之阴而逆生"与"禽兽阴阳偏中之正或阴中之阳而横生"放置两侧，以示乘不正之气将逆生为草木、横生为禽兽，与天命或通一路或"全塞不通"之意。此一设计，为人与动植物性异提供了理论依据，揭示了人所以性善的根源。

而下面又以"天圆地方"喻"头圆足方"，以示人形的"平正直立"，以此来强调宇宙中人的位置，即"人者，天地之

---

[1] 利玛窦（Matteo Ricci S.J.）著，马爱德主编，胡国桢、蓝克宝译注：《天主实义·论人魂不灭大异禽兽》，台北：台湾商务印书馆，1986年，第144页。
[2] 丁若镛：《与犹堂全集》第4册，《中庸讲义》卷一，首尔：骊江出版社，1985年，第329页。

心,阴阳之交,鬼神之会,五行之秀气也"。而"人为象征天地之存在"等设计,则是在权近的【天人心性合一之图】(图12)(此图在《入学图说》之【天人心性分释之图】中)的脉络中进行的,并且是按照天理(即理气流行之中的元、亨、利、贞即为理也,为天之性)乘木、火、水、金四气而成生长收藏之功(生长收藏又为天之情),理乘气出发为情的天道之常(天理也为人物之理)的逻辑推出的。此图在设计上验证了存在论中的共变论原则,但在内容上却带有严重的人类主义倾向。

第二图依图上标记"合三百十三字"。此图是以朱熹的理气人物论的思想和近似李滉的《天命图说》为脉络而展开的。我们可以认为,此图是对《太极图说》中所言的道生万物的具体化。此图特别引用了利玛窦的"魂三品"的概念及丁茶山的"性三品说"来强调人物性异。而人则又因气质之清浊(即为说明区分本然之性与气质之性的程朱学派的人性论的证据),可划分为凡人和君子。用韩元震的话来说,即为"万物既生,则得其气之正且通者,为人;得其偏其塞者,为物。物得其偏塞者。故理之全体,虽莫不得之,而随其气质,性亦偏塞。草木则全无知觉,禽兽则虽有知觉,或有一路之通,终为形气之所局,而不能充其全体之大。人得其气之正且通,故其心最为虚灵,健顺五常之德而无不备焉。充其至而能参天地赞化育者,皆已分事也。此人物之所以殊也"。[1] 韩元震从气的立

---

[1] 韩元震:《南塘集》卷二九《杂著·示同志说》,第137页。

场上揭示了理一分殊的原理，充分反映了栗谷学派的"理气不离""理乘气出"和"理通气局""人物性异"的思想。

总而言之，此图应是对李滉《天命新图》的修正，是以栗谷学派的气质不同、性亦不同的人物性异论来对《太极图》进行具体说明。因为理一气万，所以得清气而生的君子，应法天之生生不息的创生精神而自强不息，法地之实践精神而厚德载物，最后以成参天地、赞化育之功。作者从万物一源的存在论出发，最后又回到人生、道德的价值论上，在揭示天命理气的关系及其对万物的生成作用的同时，将理气的体用关系类比为君子的实践行为，从而揭示了人性之善。这不仅为圣学的成立提供了理论依据，同时还建立了"穷理尽性而至于命"的工夫论。

（3）【第三 心统性情全图】（图13）

【第三 心统性情全图】紧接着第二图，对其中的心、性、情进行了进一步的诠释。围绕着性理学上的重要概念"心统性情"[1]，几乎所有的朝鲜朝时期的性理学学者都曾以图示"四端七情"的方式来表明自己的哲学立场。例如权近的【天人心性分释之图】、【天人心性合一之图】和【心图】，李滉的【第六心统性情图】，李珥的【心性情图】和【人心道心图】，韩元震的【心统性情图】、【性情横看图】、【性情竖看图】、【性情总会

---

[1] 张载《张子全书·性理拾遗》："心统性情者也。有形则有体，有性则有情。发于性则见于情，发于情则见于色，以类而应也。"朱熹《朱子语类》卷五《性情心等名义》："伊川，性即理也，横渠，心统性情，二句，颠扑不破。"

图】、【心性二岐图】、【心性妙合图】、【心性理气图】、【人心道心图】等。事实上这些图中所要说明的，只是一个关于"情"为"理气互发"还是"气发理乘一途"的问题。而此图却在此基础上进一步论述了另一命题——人心道心的修养论。

此图大体上由上端的心圈和下端的"感发为"两部分组成，表明了心的体用关系。另外，此图的心圈部分择取了权近的【天人心性合一之图】中"心"字的结构设计，其他部分则基本上是对李滉的《圣学十图》之【第八 心学图】（原为程复心的【心学图】）的大部分、【第六 心统性情图】（原上图为程复心所做，中下图为李滉所做）的下图之下部进行取舍后完成的。

第三图的心圈对命、理、性、心、情、意、五常（仁、义、礼、智、信）、七情（喜、怒、哀、乐、爱、恶、欲）的关系进行了图示，表明了心之"主一身该万化"的作用。心圈中与李滉的【心统性情图】和【心学图】相似，将"合理气统性情""虚灵""知觉"等心的特性配置在心字的周围。虚灵为心的本体，具众理，所以有仁、义、礼、智之性，且寂然不动；应万事，随事感发为四端七情。性之发不中节，遂有人心、道心之分。这里呈现出与朱熹、李滉的心性论相一致的特征。但此一"心"字的中心空白处的"五常"设置，则体现了李珥的"心包性""心即气"的思想。另外，"心"字下面的"心包是性而居形气之内"，则取自韩元震的【心性妙合图】（图14）。韩元震沿着李珥的"性、情、意一路"的思想脉络，

对心、性、情、意的关系进行了重新整理，并再示了心统性情的过程。此心圈外的左右分别书有"已发之情为心之用／未发之性为心之体""寂然不动为性／感发遂通为情"，而心圈的周围为"良心／赤子心，本心／大人心"。

紧贴圆的下部以感发为统领，将人心和道心分别置于其左右。从"感发为"开始，人心侧以双线连接"＝人心＝求放心，＝正心＝四十不动心"，内部则以单线连接"心在—克复—慎独—唯精（择善）"；道心侧以双线连接"＝存养心，＝尽心＝七十而从心"，内部以单线连接"心思—操存—戒惧—固执—唯一"，汇合于"感发为"之下。"感发为"的下面直接"四端—﹛恻隐、辞让、羞恶、是非﹜七情—喜、怒、哀、乐、爱、恶、欲"。

如此一来，未发和已发的状态便再示了心的动静、体用关系——"已发之情为心之用／未发之性为心之体""寂然不动为性／感发遂通为情"，而心圈的周围为"良心／赤子心，本心／大人心"。不过作者并未停留于此，而是最终指向了"存养"工夫，即（人心侧）"择善唯精—慎独—克复—心在"、（道心侧）"唯一—固执—戒惧—操存—心思"，从而揭示了心圈中的心与人、道的关系，再示了"心统性情包含人心与道心"的栗谷学派的理气论及修养论。但此处所表现的人心和道心的关系与栗谷的"两分相对说"不同，是一种相互连接贯通的分合关系。这虽与李珥的改变气质说一致，但在设置人心、道心的关系上却重点表现了韩元震的"分一为二"与"合二为一"的"分合说",即"人心道心,有分而为二者,有合而为一者。君仁、臣敬、父慈、子孝,即道心之发于君、臣、父、子者,自与人心不干,此人道之分而为二也。食色之当其可者,即道心之发于食色者,而与人心同行,此人道之合而为一也"。[1] 这可以理解为,人心"正当的表现"即为道心,而此"正当的表现"即为克制人欲后的道心之显现。

韩元震还认为:"人乘马而出者,虽有从东(道心发)从西(人心发)之不同,而其人乘马则同也。理乘气出者,虽有为私为公之不同,而其理乘气则同也。人乘马而出门,则从东从西,俱是一样,而固未有人先而马随之,马先而人随之之时也。亦未有马顺人意,人信马足之异也。理乘气而发出,则为私为公,俱是一样,而固未有理发而气随之,气发而理随之之时也。亦未有理或为主,气或为主之别也。如是取喻,则人道之名目,既无紊乱之患,而理气之发用,亦无分歧之嫌矣。"[2] 此一断论不仅表明了韩元震对人心道心论所持的立场,批判了李滉的理气互发说,更重要的是此说还为"感发为"下面的"四端—{恻隐、辞让、羞恶、是非}七情—喜、怒、哀、乐、爱、恶、欲"(七包四)的设计提供了理论依据。韩元震的气发理乘一途说,克服了栗谷学说中的矛盾,将四七论、人心道心说,统一于气发理乘一途说中,表明了韩元震思想的逻辑

---

[1] 韩元震:《南塘集》拾遗卷六《杂著·玄石人心道心说辩》,第455页。
[2] 韩元震:《南塘集》卷三〇《人心道心说》,第143页。

性。这里还要强调的一点是,"求放心/心在"的设置不同于元代的程复心,它肯定并大胆吸取了李珥的"收放心为学问之基址"[1]的主张,表现了圣学的合理进学次序。

第三图与前两图一样,图的上端书有"合一百五十八字"的字样。此图主要以权近的【天人心性合一之图】和李滉的《圣学十图》之【心统性情图】、【心学图】为基础,将心、性、情、意及四端和七情、人心和道心等关系在一幅图中进行了展示说明。通过心对性情之统摄过程的演示,体现了"寂然不动为性/感发遂通为情,已发之情为心之用/未发之性为心之体"的心、性、情的体用、动静关系,以及心统性情的原理机制,即采用了体用二元论来说明心与四端七情及人心道心的因果关系。此图下接"感发为四端七情(七包四)",人心道心"相对立名,两边说下"的结构,带有明显的栗谷学派的特征。正如李珥在批评牛溪的"四七论"时所言:"(人心道心)其源虽一而其流既歧,固不可不两边说下矣。若四端七情,则有不然者。四端是七情之善一边也,七情是四端之总会者也。一边安可与总会者两边对乎?"[2]李珥虽然强调四端七情和人心道心不可分,以及人心道心的终始关系,但他的【人心道心图】并未体现这一点。就此,韩元震提出了自己的理论主张。正如此图所示:人心与道心连于一线,并与四端七情汇总于心的"感发

---

[1] 李珥:《栗谷全书》卷二〇《圣学辑要·收敛篇》,第434页。
[2] 李珥:《栗谷全书》卷一〇,书二,《答成浩原(壬申)》,第198页。

为"之下。

总之，第三图紧接第二图，以李珥的气发理乘一途说为基础，表现了四端七情及性、情、意的关系，即"心包是性而居形气之内，发于知觉"和"七情包四端"之理。需要强调的是，此图下部对人心道心之终始关系的展示，体现了气发理乘的一贯性和韩元震之分合说的合理性，以及栗谷学派的实践理念。

（4）【第四 心性情善恶图】（图15）

【第四 心性情善恶图】是对第三图中"心之感发为"的进一步阐释，展示了经验世界中善与恶的展开过程。

此图的制作，综合了李珥的【人心道心图】（图16）和【心性情图】（图17）及韩元震的【心统性情图】（图18）和【性情竖看图】（图19）。从结构上看，此图大体可分作两部分：上部为两个同心圆构成的心性示意图，下部为紧贴此圆以"发为情"为桥梁的善恶分支图。圆内的中心处为心、性，且性在心之上，其周围为仁、智、义、礼。性的上面为"性即理也，理无不善"，心的下部为"心即气也""气有清浊"。

心圈的外部有两个同心圆，由内向外以顺时针方向分别为"浑然全具底是仁／遇事发出底是仁之用；粲然有条底是礼／行事有文底是礼之用；肃然不乱底是义／处事得宜底是义之用；炯然含藏底是智／辨事记藏底是智之用"，其位置与圆内的"仁、智、义、礼"相对而出。此圆的两侧为"五气虽殊实不相外／五性虽殊亦不相外；单指其理曰本然之性／兼指理气曰气质之性"。紧贴圆下方的"发为情"之两侧添加了"意/志",其下方分为两路:一路斜出的为"理之乘浊气而发遂失其本然之性→恶→{本仁而反害仁/本义而反害义/本礼而反害礼/本智而反害智}—人欲之横出者";一路直出的为"理之乘清气而发直遂其本然之性→善→{仁之端/义之端/礼之端/智之端}—天理之直出者"。最后在图的右下角还贴有手写的"理胜欲兴/欲胜理则亡"的字条。

心圈表现了心的本体状态,即"心之本体虚,故具众理,而仁、义、礼、智之性无不全备,寂然不动者是也;心之本体灵,故应万事,而恻隐、羞恶、辞逊、是非之情,随事发见,感而遂通者是也"。性在心上端,也可看做是心在性的外端或性为心的中心的设计,即为【第二 理气生物之图】(图9)、【第三 心统性情全图】(图13)中所表明的"心包性,心为气,性即理"。而"性即理也,理无不善;心即气也,气有清浊",与左侧的本然之性、气质之性相呼应,这正是栗谷学派的"气发理乘一途说"的前提,也是韩元震之"心体未发有善恶说"的依据。图中仁、义、礼、智所体现的"浑然、粲然、肃然、炯然"的特性及体用关系为:"人心之气,其温厚者,是木之气。而其理则仁也。光盛者,是火之气。而其理则礼也。严肃者,是金之气也,而其理则义也。虚明者,是水之气也。而其理则智也。此岂非因气之殊,而理亦有殊乎。然而温厚光盛严肃虚明者,只是一气而不相外焉,则其理亦不相外,而各为一物可知矣。愚故曰:一心之中五行之气都具,故其理亦都具。"

此即未发状态的五行和五常的理气关系。在此状态下，心已具有遇事（仁之用）、行事（礼之用）、处事（义之用）、辨事（智之用）之作用。只是在未发状态下理是无为的，即寂然不动的，只有具体遇事而感时，理才会有所作用，且因理所乘之气的清浊而有了善恶。可以认为，此图构思的重点，在于从气的运动过程中完成存在到价值的转换，表现了心、理、气之统一的栗谷学派的主张。

值得重视的是，此图还在发为情的两侧添加了意和志，这也正是依据李珥的"心、性、情、意一路说"，对"心发为情，情统意志"的再示，即"心之所发情也，心之所向志也，心之商量计较者意也"，且"知其为善与恶，而欲为善以去恶者，意也"。所以作者在右下角贴入了"理胜欲兴，欲胜理则亡"的结论或者存养工夫的铭文。因为意志有在心发之瞬间即微危之机对情之善恶产生判断的功能，所以正心诚意，理所当然地就成了存天理的工夫论。

第四图合二百十一字，主要对性理学上的重要概念进行了整理，突显了栗谷学派的特征，即"性即理""心即气，气有清浊""气发理乘发为情""情之发有善有恶""情统意志"等。此图从心统性情开始到情统意志终结，都是以"气发理乘一途"的思想贯穿始终，从情出发，动员意志，完成从认识机能到道德机能的转换，从而进一步体现出其现实性和合理性。相对于李珥的抽象理论，此图更加具体地解决了情统意志的问题，进而为改变气质、正心诚意的修养论提供了依据。另外，

从心统性情进一步到善恶之展示，还表现出作者对"情论"的重视。可以说，相对于揭示道德创生的主题，此图更注重表现其具体的实践意义。

（5）【第五 学庸合一之图】（图20）

第一图、第二图揭示了宇宙论和理气生物论。首先是从普遍到个体，层层展开论述，最后落实到心性论，将心的领域设计为圆形，继而将"心为太极"视为此一系列图示的特点。第三图、第四图即承接上两图继续揭示心是如何进一步"发"为善、恶之情的。而【第五 学庸合一之图】则是对达到至善境界的工夫论的展示。

第五图由【大学图】和【中庸图】两部分组成。这是以朱熹《大学章句》为基础，对《大学》经一章和《中庸》中与之相对应的部分内容进行的图示。

"学庸合一"是因为《大学》和《中庸》蕴含着共同的主题，即都是对"道"的揭示。《中庸》不必说，是以传道为目的，而《大学》的首句即为"大学之道，在明明德"。此图省掉了"道"，直入"在明明德"，可以认为【大学图】提出了明明德，而【中庸图】则揭示了为什么要明明德。即道的核心为明明德，而"学庸合一"则辩证地揭示了大学之道与修道之教的内在关系。

右侧的【大学图】分上、中、下三部，又分九行，并对"止至善"为中心的"三纲""八条"及其工夫论进行了图示。第一行是"在"，第二行两侧分为"明德（本）—新民

(末)",中间穿过"三纲",直指第三行的"止至善"。其两侧又分别布置为"明德求止于此,知止知止于此,新民求止于此,能得得止于此"。第四行为"明新之标的"。第五行为"知止(始)——定、静、安,虑——能得(终)"。第六行为"格物、致知、诚意、正心、修身、齐家、治国、平天下"。第七行为知止之事(格物、致知)、能得之事(诚意、正心、修身、齐家、治国、平天下)、明德之事(格物、致知、诚意、正心、修身)、新民之事(齐家、治国、平天下)。第八行为"八条"。第九行为穷理正心、修己治人。

此图与金春泽【大学三纲领八条目总图】(图21)和韩元震的【大学图】(图22)具有相同的特征。与朝鲜的大部分学者将"明德—新民—止至善"设置为并列关系不同,此图的作者将"新民"和"明德"的目的指向了"止至善"。此图的这一特征最早出现于朴仁老的【大学敬图】中,之后由金春泽所继承和完善。金春泽在【大学三纲领八条目总图】《图说》中对这一设计进行了说明:"揭纲领于上,又列条目于下,而其以止至善置之于明德新民之间而稍下者,以其所为皆当止于至善之地者,而所示总之止意。"[1] 而韩元震在《经义记闻录》中则对"止至善"的设计作了进一步解释:"止者,即至善之,即至善之所在。知止则志有定向,得谓得其所止,故止至善置

---

[1] 金春泽:《北轩集》,《韩国文集丛刊》第185册,民族文化推进会影印标点,首尔:民族文化推进会,1997年,第213页。

之一图之中为明新知得之标的,而以明新知得分置四隅,各以小画牵属于止至善。"[1]

总之,作者是以朱熹的《大学章句》为基础,对三纲和八目的逻辑关系进行了诠释,并将上面的"明明德"和"新民"以及下面的明德之事(格物、致知、诚意、正心、修身)和新民之事(齐家、治国、平天下)设计为修己治人的工夫,而将下面的知止和能得以及知止之事(格物、致知)和能得之事(诚意、正心、修身、齐家、治国、平天下)设计为穷理正心的工夫。定、静、安、虑乃是从知止到能得的渐进过程,而明德、新民、知止和能得的目标则分别指向止至善。此图自上而下的设计可以归结为"止至善"之结构,从而一目了然地展示了《大学》的核心内容和"穷理正心,修己治人"的目的诉求。

左边的【中庸图】可分三段来解读。第一段即天命、率性、修道,并通过下面的"之"与性、道、教连接起来。这显然与右边的【大学图】出于同一思维模式。第二段的右边为{不睹戒慎/不闻恐惧/莫见乎隐/莫显乎微}慎独,左边为{中也大本/和也达道/天地位焉/万物育焉}中和。第三段为九经{修身/尊贤/亲亲/敬大臣/体群臣/子庶民/来百工/柔远人/怀诸候}。另外在"三德"的旁边附有手写的"智者不惑,仁者不忧,勇者不惧"之笔记。

---

[1] 韩元震:《经义记闻录》卷一《大学图》。

以上内容皆引自《中庸》第一章，作者是有意想突出"天命之谓性，率性之谓道，修道之谓教"中的性、道、教。但此图中对性、道、教成并列关系的设计，可以认为是受到左边【大学图】影响的结果，而它在形式上的刻意，却影响了命、性、道、教之间逻辑关系的表达。

可以认为，修道必做的工夫是以存养、省察、力行来修己治人。而修己的存养、省察、力行为慎独和三德，治人的存养、省察、力行为九经。唯如此，才可达到"中也大本，和也达道"的中和境界及"天地位焉，万物育焉"之功效。此"三德"左侧的手写字条是作者后加上的，大概是"三德"的好学、力行、知耻的最终功效和最终的人格完成。这里隐藏着"三德"成立的条件——"诚"。

那么，此【中庸图】与旁边的【大学图】又有何关系呢？"慎独"和"三德"是修己之事，相当于【大学图】里出现的"明德之事"，"九经"接着"三德"，为从修己到治人之事，相当于【大学图】中的"新民之事"。朱熹引吕氏曰："天下国家之本在身，故修身为九经之本。"[1] 所以【学庸之图】的目的不是向学者介绍经文，而重点在于提供修身的理由和方法。

第五图合一百八十六字，乃依据朱熹《大学章句》而作。朱熹认为，圣学首先要从《大学》开始，如此方能掌握全体规模。所以作者在实际"学"的部分，首先作了【大学图】。作

---

[1] 朱熹:《中庸章句》，第20章。

者始终本着体用二元论的理念，在强调"用"之重要性的同时，不忘对其"体"的溯源。此【中庸图】即是【大学图】之体，而对"天、命、性"和"道"之关系的揭示，也就是对"教"的强调。此即修道之法。

第三图、第四图引出了正心诚意，第五图则图示了正心诚意的工夫，主要以明德为核心，为达到至善之境界和位育之功，提出了存养、省察、致知和力行的工夫论。这里隐含了"道"为一原、"教"为分殊、学教一体的理念。【第五 学庸合一之图】基本上是以实践工夫为主，以正心诚意为核心，体现了栗谷学派的修身治学的思想。

（6）【第六 西铭之图】（图23）

【第六 西铭之图】在《弗离十图》目录中的题目为【第六心性复初铭图】，是对张载《西铭》的图示。接着第五图，作者从宇宙、社会、国家之构造及相似于宗法家庭的角度出发，进一步提出了修身治人的工夫论。

此图可分为三层。中间将以《易传·说卦》中的"乾，天也，故称乎父；坤，地也，故称乎母"为依据的《西铭》首句"乾称父，坤称母"，直接设计为《太极图》。其阴侧为"坤称母"，阳侧为"乾称父"，中间为"予兹貌焉，乃混然中处"。于是从整体上表现出宇宙中天、地、人的关系。此部分可以看作是"为天地立心"。

围绕此《太极图》扩展开的第一层的左边，为"故天地之塞吾其体，天地之帅吾其性，民吾同胞，物吾与也。大君者，吾父母宗子，其大臣，宗子之家相也"，体现了天地秩序与宗法社会乃至个人的一致性。右边为"尊高年，所以长其长；慈孤弱，所以幼吾幼。圣，其合德；贤，其秀也。凡天下疲癃、残疾、惸独、鳏寡，皆吾兄弟之颠连而无告者也"，体现了"天人一体，四海皆兄弟"的仁爱思想。此部分可以看作是"为生民立命"。

　　第二层的左边为"于时保之，子之翼也。乐且不忧，纯乎孝者也。违曰悖德，害仁曰贼，济恶者不才，其践形惟肖者也。知化则善述其事，穷神则善继其志，不愧屋漏为无忝，存心养性为匪懈"，是人对修身治家应尽的责任。

　　第三层左边为"恶旨酒，崇伯子之顾养；育英才，颍封人之锡类。不弛劳而厎豫，舜其功也；无所逃而待烹，申生其恭也。体其受而归全者，参乎？勇于从而顺令者，伯奇也"，右边为"富贵福泽，将厚吾之生也；贫贱忧戚，庸玉汝于成也。存，吾顺事；没，吾宁也"，是具体举出圣贤的嘉言善行，来说明安身立命的道德标准。

　　以上第二、三层表现了"为往圣继绝学"，修身俟天命，并为万世开太平的社会构想。与李滉《圣学十图》中的【西铭图】不同，全文中间设计为《太极图》，此图并不是将《西铭》的全文完整而简单地罗列在上面，其段落的划分正是以朱熹《中庸章句》为准，即"首明道之本原出于天，而不可易；其实体备于己，而不可离。次言存养省察之要，终言圣神功化之极，盖欲学者于此，反求诸身而自得之，以去夫外诱之私，而充其本然之善"。[1]

第六图上记有"合一百九十五字，后幅心性复初铭图只可"的字样，主要是依据张载《西铭》之内容而作，体现了人类理想的安身立命的宗法社会秩序和"四海皆兄弟，物我一体"的仁爱思想，以及以"为天地立心、为生民立命、为往圣继绝学、为万世开太平"为己任的弘道意识。这里对后面记有"石溪金箕东创图"的【心性复初之图】（图6）一起作了分析。而此图预计设为"常目八图"的第六图，则是为了补充【第六西铭之图】中没有出现的心性修养工夫。此图之设计也体现了注重实践的栗谷学派之思想。

【心性复初之图】的设计很简单，主要是由朱熹的《克己》和《观书有感》组成。《克己》即"宝鉴当年照胆寒／向来埋没太无端／只今垢尽明全见／还得当年宝鉴看"，[2]《观书有感》即"半亩方塘一鉴开／天光云影共徘徊／问渠那得清如许／为有源头活水来"。[3]

程子尝曰："圣人之心，如镜，如止水。"[4]继程子之后，朱熹进一步以诗的形式展开了对圣学的认知。而韩元震则将此进一步深化为"盖镜水则心也。镜水之明止，即心之未发虚明也。潭之大小，铁之精粗，即心之虚明与气秉不齐也。镜水之

---

[1] 朱熹：《中庸章句》，第1章。
[2] 尹波等编校：《朱熹集》卷二，第88页。
[3] 尹波等编校：《朱熹集》卷二，第90页。
[4] 《二程集》，北京：中华书局，2004年，第202页。

明只止与铁潭，决非二物，无界分部伍之可以各寻者，则心之虚明与气秉，亦犹是也"，[1] 进而体现了其人物性异和变化气质的主张。此明镜与止水，即为心之未发状态。而要维持此状态，则须常擦拭，让明镜恢复原来的明亮；须常疏通，让止水不至于成为死水。此即克己复礼，以变化气质的工夫论。

（7）【第七 小学题辞之图】（图24）

【第七 小学题辞之图】是相对于【第六 西铭之图】的人间社会的伦理宏图，是对人间社会中的具体个人修养进行的图示。张载在《西铭》中以仁为核心，强调了人在其中的责任，可谓一篇立志之作。而"志从学来，学以志裕"，[2]【第七 小学题辞之图】［后作者有意将之替换为后十一图中的【戒色箴图】（图25）或【持敬箴图】（图26）］就是以"学"为核心的图示。然此图并没有以《小学》为中心，而是对朱熹的《小学题辞》作了图示。

【第七 小学题辞之图】分四段对朱熹的《小学题辞》进行了图示，其解析思路出自李珥于1612年编辑的《小学诸家集注》。

第一段第一组从右至左为"元亨利贞，天道之常，仁义礼智，人性之纲"，而归于"天道人性"。第二组为"凡此厥初，无有不善，蔼然四端，随感而见"，而归于"性发为情"。第三

---

[1] 韩元震：《南塘集》卷一一《拟答李公举》，第254页。
[2] 黄宗羲：《宋元学案》卷一二《濂溪学案·通书·志学》，台北：河洛图书出版社，1975年，第100页。

组为"爱亲敬兄，忠君弟长，是曰秉彝，有顺无疆"，而归于"见于性行"。第四组为"惟圣性者，浩浩其天，不加毫末，万善足焉"，而归于"圣之尽性。"

第二段第一组为"众人蚩蚩，物欲交蔽，乃颓其纲，安此暴弃"，而归于"众之汩性"。第二组为"惟圣斯恻，建学立师，以培其根，以达其枝"，而归于"兴学设教"。

第三段第一组为"小学之方，洒扫应对，入孝出恭，动罔或悖，行有余力，诵诗读书，咏歌舞蹈，思罔或逾"，而归于"小学之教"。第二组为"穷理修身，斯学之大，明命赫然，罔有内外，德崇业广，乃复其初，昔非不足，今岂有余"，而归于"大学之教"。

第四段第一组为"世远人亡，经残教弛，蒙养弗端，长益浮靡，乡无善俗，世乏良材，利欲纷拏，异言喧豗"，而归于"教学不明"。第二组为"幸兹秉彝，极天罔坠，爰辑旧闻，庶觉来裔，嗟嗟小子，敬受此书，匪我言耄，惟圣之谟"，而归于"开后学意"。《小学》与《朱子家礼》是朝鲜时代重要的礼学依据，是与性理学互为表里的集教育、修养、伦理、效用等实践功能为一体的重要典籍。此图是以栗谷学派对《小学题辞》的分析思路为主而制作。栗谷学派对《小学》极其重视，本图所引用的《小学诸家集注》即是经金长生、金集、宋时烈等学者之手而完成的，故可视为栗谷学派礼学思想的主要来源。此图以元、亨、利、贞的原理分四段进行：

首先，作为与道之本源相关的内容，揭示了自然规律与内在人性的一致性。其次，揭示了小学教育的必要性，并认为人格的完成者圣人与需要教育的众人之间的差异在于"率性"与否。第三，引用了构成《小学》主干的包括《礼记》《论语》《孟子》等儒学基本典籍及《列女传》《管子》《荀子》《说苑》等有关教育的必要内容，提出节仪以修养心性、形成完美人格的要求，体现了《小学》正是以依据人类的当为性——礼的实践形成人格为核心来培育根本的目的。第四，集中表现了道统意识和小学的编辑目的。朱熹因"经残教弛，蒙养弗端"而与弟子合编的《小学》，也是栗谷学派最重要的入德基础和修道节次。

《弗离十图》的目录上虽标为【第七 持敬箴图】，实际上却为【第七 小学题辞之图】。另外，第七图的上端还标有"后幅戒色/持敬箴图，可合二百七十二"的字样。《弗离十图》后的"十一图"中确实有【戒色箴图】和【持敬箴图】，二图与前面的《小学题辞》应为体用之关系。【戒色箴图】以"慎"，【持敬箴图】以"敬"为核心，提出具体的日常践行（洒扫应对等）中明伦和敬身的修身法则。特别是【持敬箴图】，虽与李滉的《圣学十图》之【第九 图敬箴图】类似，但动和静的位置被调换，心的周围增加了性、情、意、志，表现了"心包是性"、"情统意志"的栗谷学派之思想。

（8）【第八 圣贤道统赞图】（图27）

朝鲜末期也同中国儒学界一样，面临着"世远人亡，经残教弛"的局势，对朱子学的理解也是各执其说，以至于产生许多派别。以朱熹规定的学习内容和学习对象为目标，以继承朱子学的道统为责任，是纯洁朱子学的首要条件。【第八 圣贤道统赞图】承【第七 小学题辞之图】之续，对道统做了整理和划定。在这里，所谓道统的"道"，是指以人类必须遵守的所当然之则的当为性，来体认宇宙万物的生成原理所以然之故的天理，并且唯有通过道来解放人欲，才能成为存天理的圣人。"统"则具有作为依靠道来恢复人性的圣人们传承下来的脉络，成为与本体之道的不变性相通的所谓延续性的特征。

此图包括三部分内容，即圣贤之配享、祭祀品之配置及圣学之经传。其中第一部分为圣贤的配享部分，由圣贤的字、封号和赞词所构成。此图首先将孔子的相关内容放置在图的中上方，起到统领的作用。孔子的左右两侧，配有孔子弟子四贤和作为儒学继承者的宋代五贤，并重新整理为：

表5　祭祀人物表

	字、名	谥　号		祭祀日
上	字仲尼名丘	大成至圣文宣王孔夫子		庚戌土月庚子生壬戌四月己丑卒
赞	道具太极/仁行二气	统合群圣/参赞天地	删述垂宪/日月炳明	立我纲常/万世作程

字子渊名回 / 兖国复圣公颜子			
俯仰卓尔/亦几无迹	明哲天纵/粹纯性成	发孔之蕴/护学式程	才优王佐/德济圣域

	郕国宗圣公曾子 / 字子舆名参			
	道悟一贯 / 功密三省	大学一书 / 圣学要领	万实之姿 / 弘毅之德	易箦数言 / 可验学力

	沂国述圣公子思 / 夫子之孙名伋			
	学本心传 / 道原性命	唐虞受禅 / 父师讲论	三十三篇 / 广大精成	继往开来 / 非子谁任

	邹国亚圣公孟子 / 字子舆名轲			
	圣远道塞 / 异端并起	岩岩子舆 / 三圣是承	命世大才 / 平治之具	用宁齐安 / 三代可致

	字茂叔名敦颐 / 道国公周子 / 濂溪			
	风月无边 / 庭草交翠	书不尽言 / 图不尽意	不有先觉 / 孰开我人	道丧千载 / 圣远言灭

	明道 / 豫国公程子 / 字伯淳名颢			
	杨休山立 / 玉色金声	元气之会 / 浑然天成	瑞日祥云 / 和风甘雨	龙德正中 / 厥施斯普

	字正叔名颐 / 洛城公程子 / 伊川			
	知德者稀 / 孰识其贵	布帛之文 / 菽粟之味	允矣君子 / 展也大成	规圆矩方 / 绳直准平

	横渠 / 顾（伯）公张子 / 字子厚名载			
	早悦孙吴 / 晚逃佛老	勇撤皋比 / 一变至道	精思力践 / 妙契疾书	订顽之训 / 亦我广居

字仲晦名熹 / 徽国公朱子 / 晦庵			
景星庆云 / 泰山乔岳	豪杰之才 / 圣贤之学	心胸恢廓 / 海阔天高	义理精微 / 蚕丝牛毛

第二部分为盏盘 / 果脯 / 香案 / 酒壶 / 巾架卓——卓卓 / 盥盆台——火炉 / 阼阶——西阶等祭祀用品的配置图。

第三部分罗列了圣贤们的著作，即《周易》《书传》《诗传》《周礼》《春秋》《礼记》《论语》《大学》《中庸》《孟子》《通书》《二程全书》《朱子大传》《纲目》《近思录》《小学》。

【第八 圣贤道统赞图】首先确立了在文庙祭礼时需要祭祀的儒家圣贤，并据肃宗四十年（1741）对宋代贤人的配享顺序而确定为道国公周敦颐、豫国公程颢、洛国公程颐、郿伯张载、徽国公朱熹。值得注意的是，此图将"郿"记作"顾"，称郿伯张载为"顾伯公"。而"伯"与"公"的身份是不同的，如果不是误记，就应该是对重视"气"的张载的特别敬仰。

图中关于颜子、孟子、曾子、子思的评语皆取自《钦定四库全书·文简集》卷四一中明人孙承恩所作的《古像赞》。对周敦颐、程伊川、程明道、张横渠的评语则出自朱熹的《六先生画像赞》，对朱熹的评语则出自吴澄。虽与原文有所出入，但大体内容相仿。

因为圣贤已经远去，所以对道统的继承应该从读圣贤著作开始。因为圣贤的书籍是性理学的学问基础，所以此图将之与圣贤共列一表。

第八图的顶部附有"合六百八字，后幅为学箴图或可"的字样。主要以树立道统、排斥异端为目的，并列举了道统中的圣贤及儒家为学之论著。正如李珥所言："入道莫先于穷理，穷理莫先乎读书，以圣贤用心之迹，及善恶之可效可戒者皆在于书故也。"[1] 读书是对圣贤之心法的继承，也是学习其嘉言善行的唯一方法。这体现出朱子学派"穷理之要必在读书"的特点。至于能否通过学习而成圣成贤的问题，则是朝鲜时代性理学的论题之一。栗谷学派充分肯定这一方式。李珥认为："众人岂可不以圣人自期乎？故孟子道性善，而必称尧舜以实之曰：'人皆可以为尧舜，岂欺我哉？当常自奋发曰：人性本善，无古今智愚之殊，圣人何故独为圣人，我则何故独为众人耶？良由志不立、知不明、行不笃耳。志之立、知之明、行之笃，皆在我耳，岂可他求哉？'颜渊曰：'舜何人也？予何人也？'有为者，亦若是。我亦当以颜之希舜为法。"[2] 李珥在确定众人与尧舜之心无异的前提下，强调立志是成圣的基础。而成圣何以成为可能，又成为一个新的命题。栗谷学派的集大成者韩元震则进一步展开了气质可变的工夫论："生禀之有美恶固命也。然有性善在焉，故极力修治，则气质可变，而性善可复，此以用力在我，而所求亦在我故也。"[3] "盖圣学之要，莫急于知性善，莫大于变化气质，知性善而变化气质，然后学可

---

[1] 李珥：《栗谷全书》卷二七《击蒙要诀·读书章第四》，第610页。
[2] 李珥：《栗谷全书》卷二七《击蒙要诀·立志章第一》，第608页。
[3] 韩元震：《南塘集》卷一九《答郭成伯》，第436页。

言矣。"[1] 性善说是韩元震变化气质之工夫论成立的基础，也是圣学成为可能的条件。只要立下尧舜之志向，变化气质，凡人也可以成为尧舜之类的圣人。这也应该是作者打算将【为学箴图】（图 28）置后的用心之所在。

第七、第八图为礼学部分，它确立了学的目标和内容，是性理学具体生活化的指南。其中第八图提供了为强化朱子学而设立的道统及学习内容。从构图和内容上看，它反映了十八世纪末栗谷学派以古道正学、以古学而求其道的正学思想，在功用上更加贴近于书院的祭祀用途。

（9）【第九 学教之图】（图 29）

第八图中对道统的继承，其实是对圣贤之心法的继承。对此各学派虽见解不同，但所传承的都是尧舜之道。而对道统的传承，不仅要力排异端，当然还要以学为己业，以讲学授徒为己任。

【第九 学教之图】、【第十 教训来裔之图】提出了具体的学与教的内容，并设立了学校之规范，列举了圣学的具体实践工夫，从而建立起修己明道又以师道明正学的完整体系。

此图大体上可分为两部分。第一部分以中间双线框内的"思无邪 / 毋不敬"为中心，其上端左右的双线框内分别为"九思（视思明，听思聪，色思温，言思忠，事思敬，疑思问，忿思难，貌思恭，得思义）与九容（足容重，手容恭，目容端，

---

[1] 韩元震：《南塘集》卷三五《杂识·内篇（上）》，第 268 页。

口容止，声容静，头容直，气容肃，立容德，色容庄)"。其稍下方的左右分别为"四勿（非礼勿视，非礼勿听，非礼勿言，非礼勿动）与三省（不忠乎，不信乎，不习乎）"。

第二部分以"敬"为中心，向上下左右发出其持敬之工夫。其中上部为"要之敬者圣学成始成终"，下部为"常惺惺法——勿忘勿助/持敬节度"，左右双线框中为"致知（博学之，审问之，慎思之，明辨之）与省察（审其是非，察其真妄，事之方来，念之方萌）"；下部左右双线框中为"乡约（德业相劝，过失相规，礼俗相交，患难相恤）与成训（居敬持志，循序渐进，熟读精思，紧着用力，虚心涵泳，切己体察）"。另外，"敬"的周围还有单线框的"通动静/贯知行，整齐严肃/主一无适""诚无为/几善恶，克己复礼/改过迁善"。此图合"二百二十六字"。其作者还在"改过迁善"的左侧附有笔写的字条："敬胜怠则吉，怠胜敬则灭。"

此图截取了韩元震以李珥的《为学之图》为基础而作的《为学之方图》中的一部分。韩元震就此图的核心部分作过如下说明："明以烛理，谦以受善，敬以存心，直以体道，则学问之极工，圣人之能事可毕，而道统之传在是矣。"[1] 表明了为学之方正是以"敬"之工夫来传承的，其中就包括尧舜在内的朱子学所倡导的道统之心法。这一点也与此图的学教之内容相一致。此图出现的"致知"、"四勿"（力行）、"省察"、"三

---

[1] 韩元震：《南塘集》卷三《疏·辞乘驲仍陈戒疏》，第84页。

省"、"九思"、"九容"、"乡约"、"成训"等内容，虽是借取经典中圣人的嘉言善行，但其构成并未超出《击蒙要诀·持身章》的范围。其上部以"思无邪/毋不敬"为主，下部则具体为"敬"之工夫论。李珥在《击蒙要诀》中认为："思无邪，勿不敬，只此二句，一生受用不尽，当揭诸壁上，须臾不可忘也。"[1]而图中"思无邪"侧为"九思"、"毋不敬"侧为"九容"的设计，整齐而有条理。其所表现出的结构是："九思"的核心为"思无邪"，"思无邪"统帅"九思"；"九容"的核心为"毋不敬"，"毋不敬"统帅"九容"。在这里，"九思"的顺序与《论语·季氏》中的原文：视→听→色→貌→言→事→疑→忿→得有些差异。这是以视、听为首要，在视→听→色→貌→言时应当以"四勿"即"非礼勿视，非礼勿听，非礼勿言，非礼勿动"为修己之工夫。此即"克己复礼"。在"九思"一组中为求句式齐整，作者将"见得思义"缩为"得思义"。李珥极为重视"九容"和"九思"，曰："常以九容、九思存于心而检其身，不可顷刻放舍，且书诸座隅，时时寓目。"[2]而"三省（不忠乎，不信乎，不习乎）"和"省察（审其是非，察其真妄，事之方来，念之方萌）"属于"几善恶"的范畴。省察和反省的工夫为诚，通动静、贯知行为敬。所以此图在强调敬的同时，还十分注重诚的工夫。

---

[1] 李珥：《栗谷全书》卷二七《击蒙要诀·持身章》，第610页。
[2] 李珥：《栗谷全书》卷一五《杂著二·学校模范》，第330页。

此图中还补充了"乡约"。宋《吕氏乡约》传入朝鲜后，在中宗时期因赵光祖等学者的努力而得到普及。明宗和宣祖时又在此基础上进一步形成了《礼安乡约》（李滉）、《西原乡约》《海州乡约》（李珥）等有地方特色的乡约，从而推动了朝鲜儒学在民间的普及，促进了书院的形成。李滉虽然也制定过乡约，但李珥的乡约为大部分乡里所采用，成为乡校、书堂里的重要课程。而在教育上，乡约也是以"敬"为要谛的。

（10）【第十 教训来裔之图】（图30）

【第十 教训来裔之图】可分为四部分：第一部分由出自《明心宝鉴》中范益谦的《七戒铭》中的"不言朝廷利害边报差除／不言州县官员长短得失／不言众人所作过恶有无／不言仕进官职趋时附势／不言财利多小厌贫求富／不言淫媟戏慢评论女色／不言求觅人物干索酒食"，及出自邵康节的《十丈夫歌》中之八条，即"青天白日廓乎昭明心镜／泰山乔岳崒乎高大气像／北海南溟浩无涯岸局量／光风霁月净无尘埃怀襟／花烂春城万和方畅神容／雪满穷壑孤松特立持操／凤举千仞饥不啄粟廉耻／鸿冥水国飞必含芦警戒"的所谓《八丈赞》所组成。

中间为第二部分，是附加在原文上的手写字条："毋自欺，笃行"；"己所不欲，勿施于人——行有不得，反求诸己——修身之要／正其义，不谋其政——明其道，不计其功——处事之要／言忠信，行笃敬——惩忿窒欲，节食慎言——接物之要"。

第三部分为《十方》："大膳脯盘如饱五味读书之方／乌头鸩羽不敢近口嫉恶之方／三日累粮示师必死进修之方／百斤担

荷脊梁自硬任果之方 / 驺虞鸳鸯不忍害生为善之方 / 铁轮顶上毫发不动立志之方 / 止水中间主翁常惺存食之方 / 雌鸡抱卵未离一窠着力之方 / 上帝左右神鉴昭明谨独之方 / 坚壁清野遇敌厮杀克复之方。"《十悔》:"少不勤学老大悔 / 不防私欲陷身悔 / 不修家业行乞悔 / 不严墙屋偷盗悔 / 输不趁役逢厄悔 / 春不耕种秋获悔 / 言人疵病辱及悔 / 醉中妄言醒后悔 / 早不乘屋渗漏悔 / 趁不赴吊终制悔。"

第四部分为"无欲当仙 / 守分当贵 / 教子当位 / 务农当禄 / 屈人当胜 / 守拙当能 / 恒默当言 / 独寝当药 / 缓步当车 / 晚食当肉"。

【第十 教训来裔之图】,顾名思义,是为了教训后代子孙而立的行为规范。这里将《十丈赞》中的"九、龙泉快剑折两间丈夫决断;十、虎啸裂风恼惊百兽丈夫威仪"除去,或许就是因为与圣贤多少有距离的缘故。

《十方》是针对读书、嫉恶、进修、任果、立志、存养、着力、谨独、克复等修身工夫而提出的"方法"。《十悔》及其下的内容则基本以《朱子十悔》和《朱子十当》为主,但稍有改动。中间的"毋自欺"和"笃行"以及"笃行"的下面是具体之行动准则,即"己所不欲,勿施于人——行有不得,反求诸己 / 正其义 / 不谋其政——明其道,不计其功 / 言忠信,行笃敬——惩忿窒欲,节食慎言"。这是此图之核心"修身、处事、接物"的要点,其意乃在强调此图出现的所有训诫都要笃实不自欺地加以贯彻落实。此部分内容在李滉的《圣学十图》

之【第五 白鹿洞规图】中也有出现，它出自朱熹为振兴书院和书院教育而作的《白鹿洞规》。朱熹曾劝诫说，学问的目的不在于言辞和科举，而在于明道和修身，也就是要笃实地践行《七戒铭》《八丈赞》《十方》和《十悔》。

第九图"合二百二十六字"。此图的内容大部分出自李珥于1577年作的《击蒙要诀》。此图以韩元震为完善《为学之图》而作的《为学之方图》为基础，其中的"九容、九思、笃敬"的思想和穷理、居敬、力行等修养工夫，反映了栗谷学派的特色。第十图上有"合四百十七字，十图都合三千一百八十六字"的字样。图中附有"毋自欺，笃行""己所不欲，勿施于人——行有不得反求诸己——修身之要／正其义，不谋其政——明其道，不计其功——处事之要／言忠信，行笃敬——惩忿窒欲，节食慎言——接物之要"的字条。这显然是为了修正下面部分而作。此图是作者为教训后学而汲取的圣贤嘉言。第九图和第十图站在与李滉所描绘的圣学不同的立场上，将朱熹的《白鹿洞规》作了再示。此十图虽阐述了圣学的基本理论和方法，但最后还是将重心放在了形而下的实践和教育上。

三、结　论

本文对首尔大学奎章阁收藏的《弗离十图》进行了分析，揭示了其与檀国大学图书馆藏"后溪金范编《圣学十图》"的关系，并对笔者之前发表的《栗谷学派的"圣学"构想：金范

〈圣学十图〉初探——与李滉〈圣学十图〉的比较研究》中的余论进行了再探讨。笔者的结论如下：

表 6　首尔大学奎章阁藏石溪《弗离十图》与檀国大学图书馆藏后溪《圣学十图》对比表

作品名	后溪金范编《圣学十图》	石溪金箕东编《弗离十图》
收藏处	檀国大学图书馆	首尔大学奎章阁藏
编辑者	后溪	石溪
年　代		岁在庚寅仲春（1890 年）
版本大小	帖装 1 册（11 折），47.2 cm×19.0 cm	51.5 cm×35 cm，1 帖（7 折）
版本状况	刊写地、刊写人、刊写年未详的木板本除图 2 较模糊外基本完整	刊写地、刊写人、刊写年未详的木板本略有残损
特　征	左下角有图章，右上角有"弗离十图"的标记	封面《弗离十图》 封 1：目录（与实际的十图有差异，但与十图上端的修改提议相同）下端有请愿书（破损）（手写） 封 2：石溪金箕东六十三岁肖像 十图：图上端有数字及修改要求，图中附加修改内容（均为手写） 后附《弗离十图后解》（手写） 《理气流行变化说》（光武十年） 封底（弗离十图岁在庚寅仲春） 另附十一图（手写版）
结　论	檀国大学版在先，首尔大学奎章阁版在后，为修正版	

附　录　关于石溪金箕东的《弗离十图》研究 / 529

　　《弗离十图》的作者并非一人，其主要编纂者应为沙溪金长生的第八世孙金箕东，大概完成于1890年。从整体上（即奎章阁版《弗离十图》与后附常目八图＋另三图，共十一图）看，奎章阁藏本应是为了对檀国大学藏本进行修改而作的后备参考资料。从奎章阁版的资料中可以看到其修改过程。实际上奎章阁藏《弗离十图》是经后人多次修改、整理，最终因某种缘由而未被刻版的版本。它最后整理完成于1906年后。金箕东是不为朝鲜性理学界所熟悉的人物，也没有留世著作。

　　此《弗离十图》与后溪的《圣学十图》为同一底本的不同版本，其内容基本相同。《弗离十图》有明显的修改和添加痕迹，且在目录下附有请愿书。此请愿书因破损已无法判断其写作目的，但从内容上看，此"十图"不同于李滉《圣学十图》的帝王学的政治用途，而主要应用于正学及设立书院而进行民间教育。

　　《弗离十图》前"十图"的构图基本截取并参考了李珥和韩元震等栗谷学派的作品，结构上则仿照李滉的《圣学十图》，或者可以说是与之对应而作的。因此可以认为，此"十图"正是其栗谷学派的教学大纲。

　　此"十图"主要按照太极、理气、心性、道统、修养之顺序而对性理学上的主要论题进行了诠释和系统图示。

　　首先，此十图的标题与目录（欲修改的十图标题）略有差异。其实际构成为①【第一　太极阴阳候图】，②【第二　理气生物之图】，③【第三　心统性情全图】，④【第四　心性情善恶图】，

⑤【第五 学庸合一之图】，⑥【第六 西铭之图】，⑦【第七 小学题辞之图】，⑧【第八 圣贤道统赞图】，⑨【第九 学教之图】，⑩【第十 教训来裔之图】。石溪的十图与其他性理学者的作品不同，即其每幅图的上端皆记有数字，此数字即为图中的字数，且此十图的第四、五、九、十图还贴有补充内容。而其记录数字的目的也许与排版有关。石溪的"十图"具有连续性，即后一图为前一图结论之展开。此"十图"基本上都是以体用二元论的思维方式展开的，而重点都落在了具体实践上。从整体上看，十幅图环环相扣，不可分离，并以韩元震的思想一以贯之，相对李滉的《圣学十图》更具逻辑性和实用性。

其次，此"十图"不仅是对《周易》《太极图说》《大学》《中庸》《西铭》《小学》等儒家经典的诠释，其内部还具有一定的逻辑关系。其内容大体可分成两部分：1—4图以图示形而上的天人之理来展示自己的哲学思想和立图理据，5—10图以图示形而下的具体修养工夫来展现有关教育的内容及程序。且在"十图"中，修养实践占了相对更大的比例。具体又可分为：1—2图为"万物理一气万"（理气、修养），3—4图为"存养之功"（心性、修养），5—7图为"致知力行"（实践、修养），8—10图为"学教规范"和圣贤之功（道统、修养）。每幅图都重在体用关系之表现，并为实践确立了理论根据，即最后都以存天理、抑人欲、变化气质、成圣成贤为其归旨。在结构上可以认为《弗离十图》是模仿《圣学十图》的另一部"圣学十图"。但与李滉各图独立、具有多样性训练的工夫论不同，

《弗离十图》具有栗谷学派之体系性、连贯性的特征。可以认为，"十图"之间具有不可分割的联系性，以及格物致知的内在逻辑性和程朱正统性。

①【第一 太极阴阳候图】：以《河图》，更确切地说是以韩元震的【伏羲则河图作易画卦之图】为基础而作，并以"一本之万殊，万殊之一本"的理气之宗和邵康节的象数学及一分为二的矛盾演化说为基本思想，然后以数象交替出现的方式，图示了在象、数、气的关系中，随气的变化而形成万物的体用关系。依据十图后解，其图说为："第一太极阴阳候图者，阐阴阳造化之原，而以明夫包费隐该本末之妙用也。"可知此图中的太极是生成宇宙万物的本源，强调"万物皆备与我"及人与物的一体之旨，直至最后导出反观的工夫论。

②【第二 理气生物之图】：继【第一 太极阴阳候图】，此图以周敦颐的【太极图】和李滉修正过的【天命新图】为基础，对理气生物原理进行了具体演示。其图说为："第二理气生物之图者，以明四德之理，五行之气，化生万物，而天地之间，理一而气万不齐，故其理则合万物，同一性也。"事实上，万物的同一性只有在超形气的范围内才能成立。此图从气的立场上说明了理一分殊的原理，揭示了理气的体用关系，反映了李珥的"理气不离""理乘气发""理通气局"及韩元震的"人物性异"等思想。此一思想的立意仍为揭示人性善之本源，为圣学的成立提供理论基础。特别需要指出的是，此图作者采用了利玛窦的"魂三品"概念与丁茶山的"性三品"说来定义人

性，但未体现出支持茶山的其他主张的倾向。

③【第三 心统性情全图】：是继第二图，对其中出现的心、性、情关系的再示。此图择取了李滉《圣学十图》中的【第八 心学图】的大部分和【第六 心统性情图】的下图之下半部，以及权近的【天一心性合一之图】中的"心"字造型。其图说为："第三心统性情全图者，示存养之功，主一身、应万事，而动静体用咸适其宜也。"此图体现了心为太极、心与性情的体用关系，以及栗谷学派之气发理乘一途的一贯性和韩元震之人心道心互为终始的分合思想及变化气质的存养工夫论。还要强调一点，即"求放心/心在"的设置与程复心的不同，表现了栗谷学派的圣学节次。

④【第四 性情善恶图】：此图是在对李珥的【人心道心图】、【心性情图】及韩元震的【心统性情图】、【性情竖看图】进行取舍后创作的，是继第三图后出现的善恶之关系图。此图在从心论到情论的结构设计上，更加现实具体地表现出道德创生的主题。也就是说，此图真实地再现了经验世界里"心统性情"的展开过程。其图说为："第四性情善恶图者，言危微、善恶之机，判于一念之动也。"此图从具体的概念整理，到心统性情→情统意志之表现，反映出心为太极、"心即气"、心之"未发既有善恶"的老论派主张，体现了心在微（道心）危（人心）瞬间所发出的意志对善恶的决定作用，并且突出了此一念之动的重要性。

⑤【第五 学庸合一之图】：此图主要以朱熹的《章句》为

主,对《大学》第一节"经"的部分和《中庸》中与之对应的内容进行了图示。此图在构图上所采用的将"明德""新民"归结到"止至善"的构造系统,以及由上至下的说明方式,与大多数学者的"并列式"不同,不仅具有其祖上金春泽之【大学三纲领八条目总图】的类似特征,在思路上还大致与韩元震的【大学图】相一致。此图展示了道与修道的逻辑关系,提供了从明明德到至善所需要的存养、省察、致知和力行的工夫。概而言之,也就是诚意和"存天理、去人欲"。其图说为:"第五学庸合一之图者,以致知力行为修身治人之纲要,已而尽其功化之极致也。且明道也者不可须臾离也,戒惧慎独之致功位育也。"此图的展开,正是按照道为一原、教为分殊的理一分殊的思路进行的。

⑥【第六 西铭之图】:此图分三层,并以朱熹《中庸章句》为思路,对张载的《西铭》进行了图示。其特点为中心太极的设计,以区别于李滉的简单直述式。此图又继前第五图而把宇宙社会的构造与宗法家庭联系起来,展示了人与宇宙及人与物的关系。作者有意倡导宗法家庭的合理性,天地和人类理想的社会秩序,以及人在社会中的责任。其图说为:"第六西铭之图者,明一本万殊之理,而以见夫合内外平物我之大端也。"从而揭示了"民胞物与,物我一体"的主题,表现了性善仁爱的思想。故而此图可以认为是圣学的立志篇。

⑦【第七 小学题辞之图】:此图按照元、亨、利、贞之原理,分四段对第六图天地与人类社会伦理关系中具体的个人修

养作了图示。此图虽据朱熹的《小学题辞》而作，但其诠释思路却是依李珥编纂的《小学诸家集注》中的《小学集说》而进行的。《小学》为栗谷学派最具代表性的个人修养之指南和礼学之基础。其图说为："第七小学题辞之图者，以洒应扫对为收心养性之基本，而以定其入德之脚跟也。"此一后解，正是栗谷学派的教育宗旨。

⑧【第八 圣贤道统图赞图】：继第七图，此图主要是针对性理学之道统的图示。它采用了肃宗四十年（1741）对宋代五贤的配享顺序，展示了从孔子到朱熹的学脉及其著作。此图的最大特点，就是将张载称为"顾伯公"，这反映了立足于性善说、以变化气质来继承尧舜之志的栗谷学派的思想。尤其是依后解图说："第八圣贤道统图赞图者，以明辟异端、正斯道之本意，与夫舜何人、予何人也之工夫，而以其效于圣贤之地位也。"可知此图还有宣扬排斥异端以正学术、继道统的意识。

⑨【第九 学教之图】和【第十 教训来裔之图】：【第九 学教之图】为截取韩元震以李珥的《为学之图》为依据所作的《为学之方图》之大部分，其内容也基本上出自李珥的《击蒙要诀》。【第十 教训来裔之图】则有明显的修改痕迹。这两幅图多择取圣贤的嘉言善行，突出表现了以"敬"为核心的学教主题，为子孙后代示范了儒家正统的学校规范和师生之道。后解图说为："第九学教之图、第十教训来裔者，以万卷诗书之中，秀出于昔之圣贤、君子切要之嘉言善行之敬诚工夫，极处无不到也者夫。"

总之，由金箕东择取诸家作品编辑或自绘之作品组成的《弗离十图》，是以一定的逻辑关系构成的密不可分的整体。前十图虽仿照李滉《圣学十图》之规模而作，但大部分内容（包括后解之后的五书五经赞）多出自韩元震的《经义记闻录》和李珥的《击蒙要诀》。石溪的《弗离十图》主要由宇宙原理、修身、教育等内容构成，即由"天命之谓性，率性之谓道，修道之谓教"的天命——性——道——教之顺序和一以贯之的理论所构成。而且不仅在十图之间，就连每一幅图内部也都是以形而上和形而下的体用二元论的思维方式来进行配置的。同时还以"理一分殊"诠释了朱子学的理气和道学的关系，揭示了圣学的可能性，并集中体现了栗谷学派的"气发理乘一途说"和"变化气质说"，以及老论的人物性异、人心道心分合的思想及道统论。可以认为，此"十图"是对朝鲜时代儒学权威李滉学派的挑战。《弗离十图》不仅以体用关系阐释了圣学内容，同时还以教育和正学为目的，强调了修养工夫的重要性。总之，一直未被公开的石溪的《弗离十图》，乃是一部内在逻辑紧密、构图科学的栗谷学派的"圣学十图"。也就是说，占有权威地位的岭南学派之外，畿湖学派内部也曾以新的方式建构过自己的圣学体系。因此，此图的发现可以说为韩国儒学界增添了令人震惊的一笔。

《弗离十图》是朝鲜后期朝鲜学者对朱子之圣学构想的受容和诠释。通过此系列图示，我们可以从中一窥朝鲜儒学的地方性特征。十八世纪末从中国传入朝鲜的"圣学"，名明实晦，以至异端四起。为此，金箕东重新作《弗离十图》，以明理学之原意。这充分说明作者并非一味地以朱子学来排斥异端，而是在清本溯源的基础上求得中立的一己之说。因此，它不仅更具说服力，同时也体现了作者探求真理的可贵精神。本论文虽对《弗离十图》的前十图做了分析和考证，但对具有栗谷学派之风格的这两个大小不同版本中的"十图"之来源及其流通过程等问题，则有待今后作进一步的考察。

附 录 关于石溪金箕东的《弗离十图》研究 / 537

附图（顺序以《弗离十图》为主）

图1 檀国大学藏 后溪《圣学十图》封面

图2 檀国大学藏 后溪 第一太极阴阳候图

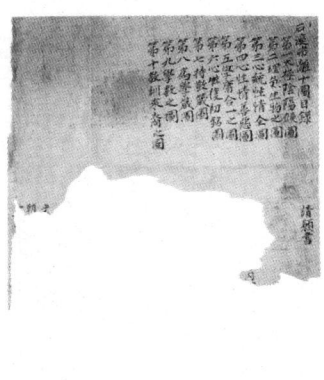

图3 封面

图4 封二 目录及请愿书

图5　封三 石溪 金箕东 肖像　　图6　心性复初之图

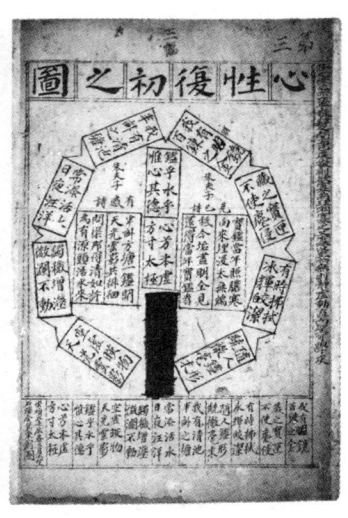

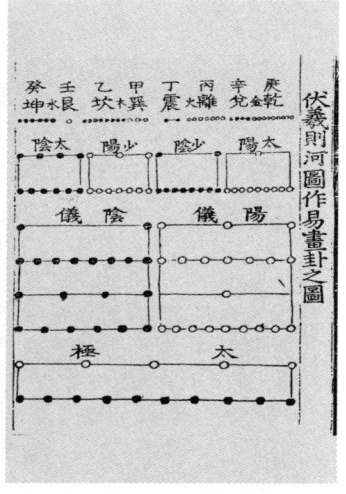

图7　第一 太极阴阳候图　　图8　韩元震 伏羲则河图作易画卦之图

附　录　关于石溪金箕东的《弗离十图》研究 / 539

图 9　第二 理气生物之图　　　图 10　周濂溪 太极图

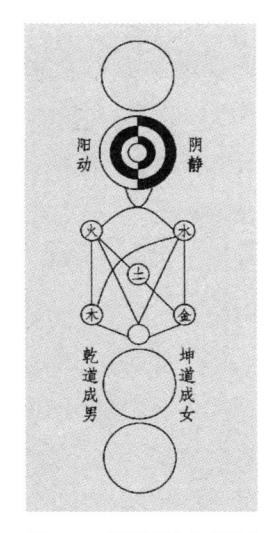

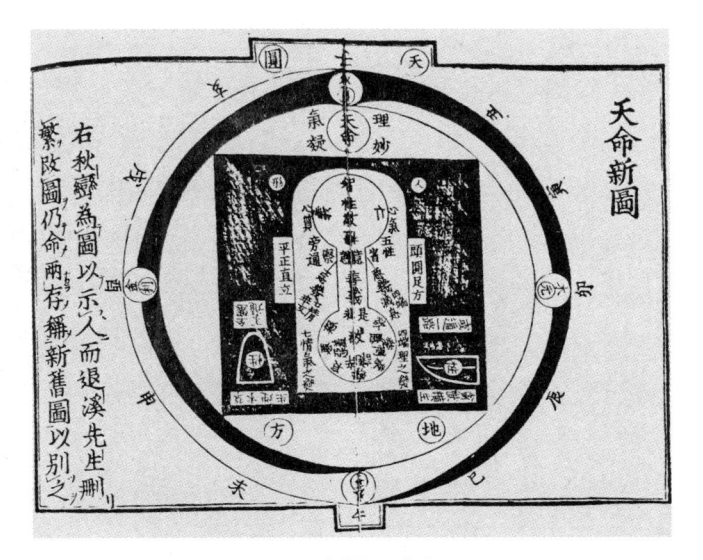

图 11　李滉 天命新图

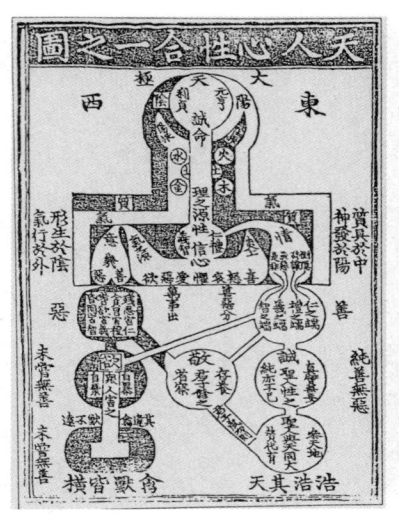

图 12　权近 天人心性合一之图　　　　图 13　第三 心统性情全图

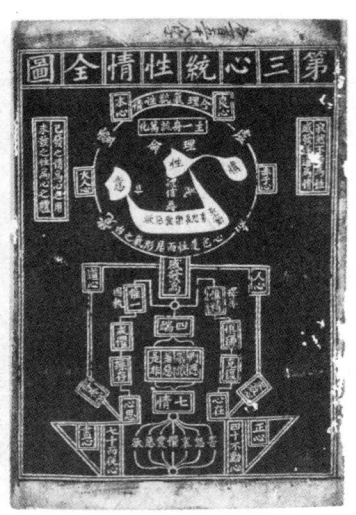

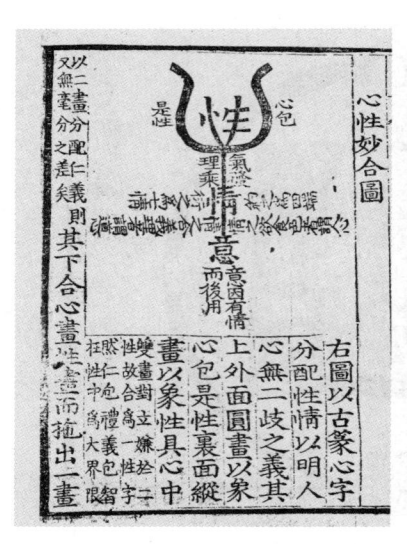

图 14　韩元震 心性妙合图　　　　　　图 15　第四 心性情善恶图

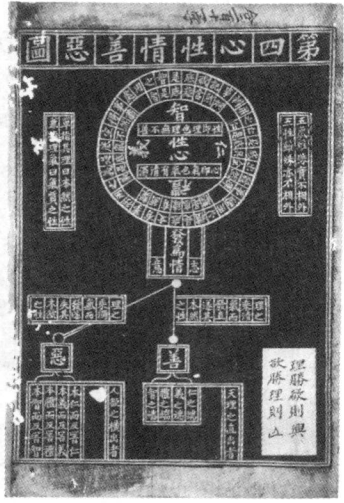

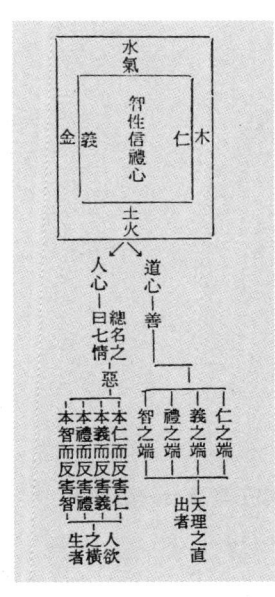

附　录　关于石溪金箕东的《弗离十图》研究 / 541

图 16　李珥 人心道心图

图 17　李珥 心性情图

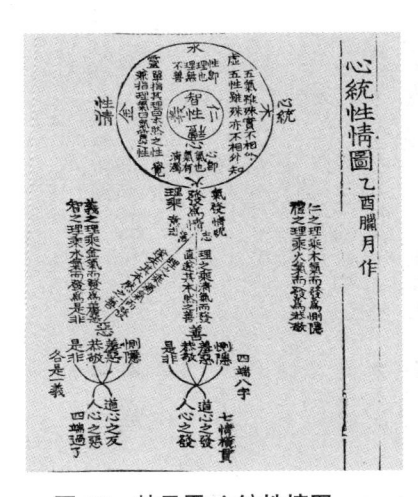

图 18　韩元震 心统性情图

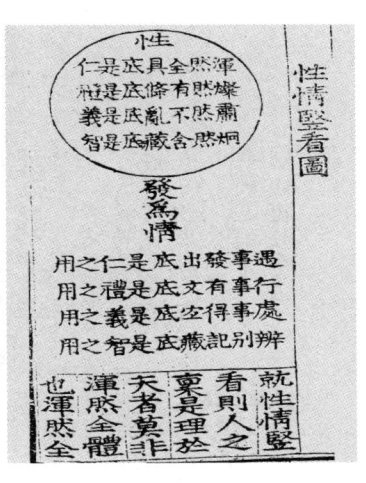

图 19　韩元震 性情竖看图

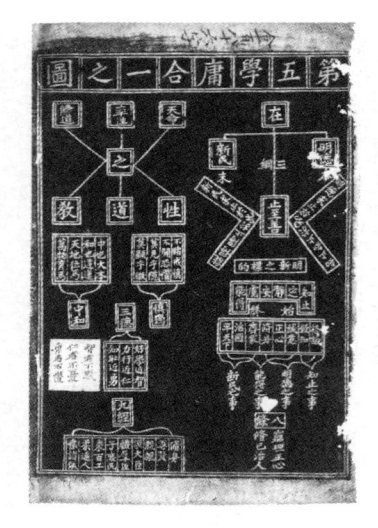

图20　第五 学庸合一之图

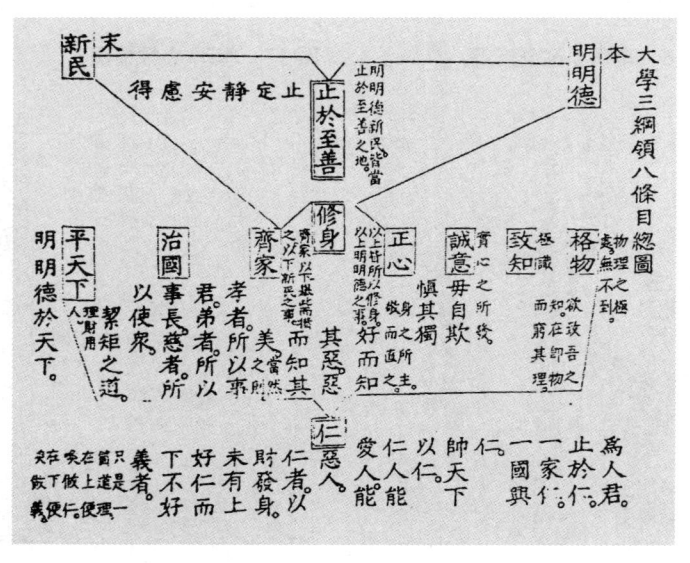

图21　金春泽 大学三纲领八条目总图

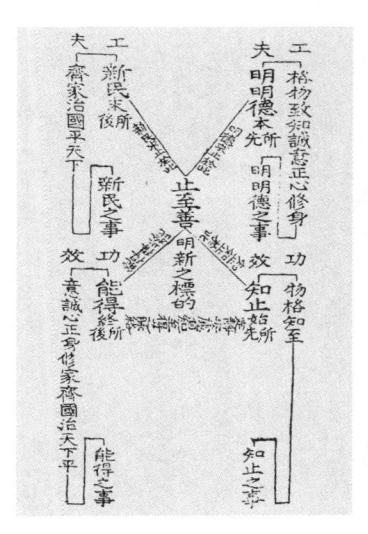

附　录　关于石溪金箕东的《弗离十图》研究 / 543

图 22　韩元震 大学图

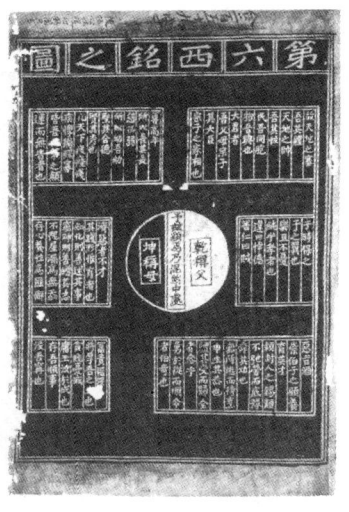

图 23　第六 西铭之图

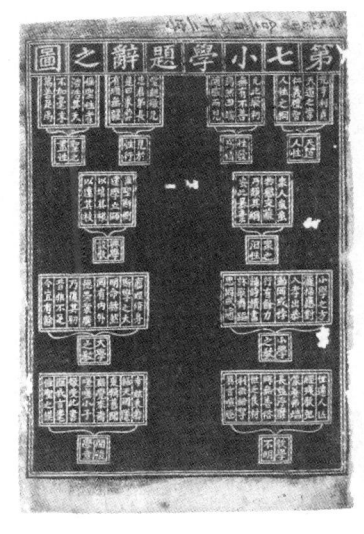

图 24　第七 小学题辞之图

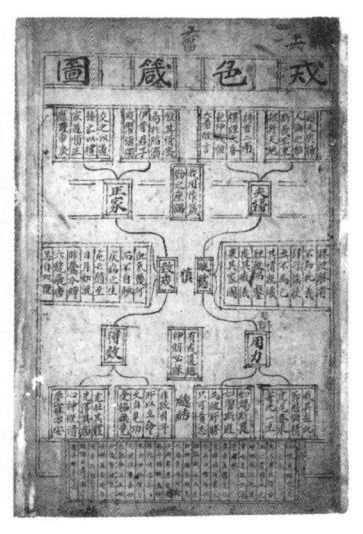

图 25　戒色箴图

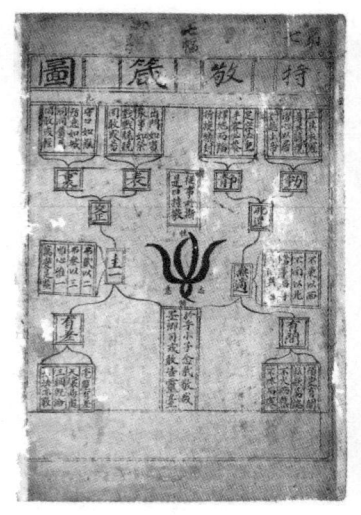

图 26　持敬箴图　　　　　图 27　第八 圣贤道统赞图

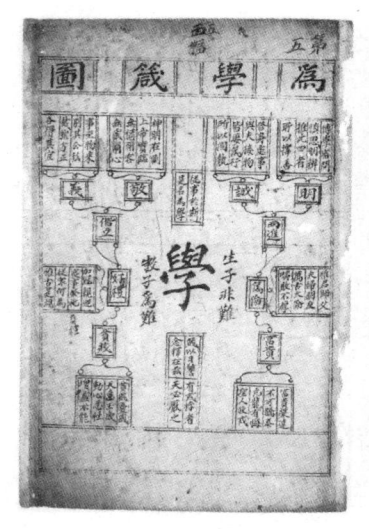

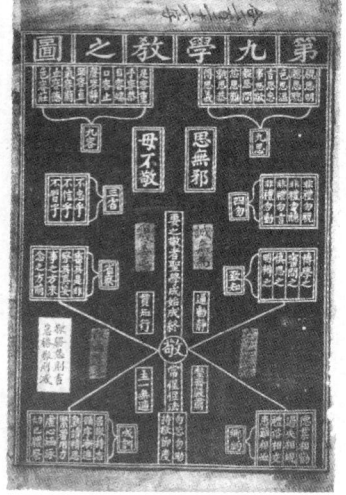

图 28　为学箴图　　　　　图 29　第九 学教之图

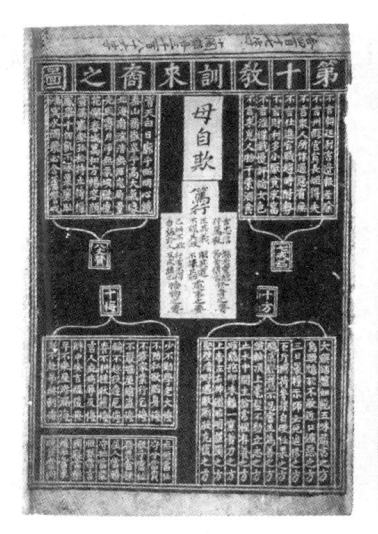

附　录　关于石溪金箕东的《弗离十图》研究 / 545

图 30　第十 教训来裔之图　　图 31　白鹿洞书院揭示图

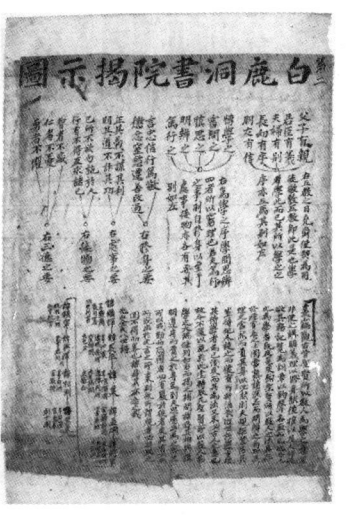

关于东亚阳明学者的"梦"与"哲学觉悟"的问题

一、序 言

本文旨在讨论东亚阳明学者的"梦"和"哲学觉悟"之问题。在进入讨论之前,首先来谈一下关于主题本身的几个限定事项。

第一,这里所谓的"东亚"是指中国、韩国和日本三地。第二,所谓"梦(dream)",从词典意义上看,是指:① 睡眠时体验的影像、声音、想法、感情等一系列感觉。因此梦是非现实的、假想经验的切身感受。同时梦也指② 希望做到的事项、目标等。本文将要讨论的"梦"相当于①之定义。如果要对"梦"本身进行科学的、专业的讨论和解释,西格蒙德·弗洛伊德(Sigmund Freud or Sigismund Schlomo Freud, 1856—1939)和卡尔·古斯塔夫·荣格(Carl Gustav Jung, 1875—1961)的论著是必须加以参考的。[1] 然而,本文并非像弗洛伊

---

[1] 按:例如弗洛伊德创建了对无意识和压抑的防御机制理论。他将性欲重新定义为人类生活中赋予动机的主要能量,也将其作为通过梦来观察无意识之欲求等的治疗方法。在无意识对行动予以影响的(转下页)

德或荣格那样要对东亚阳明学者的梦本身进行科学的集中分析，而是要寻找和整理此前遍在于阳明学者文本中未被研究和集中阐明的关于"梦"和"觉悟"的案例，以便从阳明学的内在逻辑出发，对"梦"进行重新检讨。第三，所谓"觉悟（spiritual enlightenment）"主要是宗教（尤其是与佛教有关）用语，是指在对围绕自身与世界、我与事物的问题进行深入思索时的某个瞬间，所到达的根本性知识（知觉、认知、理解、觉醒、洞察）的境界。东亚阳明学者通过"梦"而获得某种哲学觉悟的问题，其脉络正是以此观念为立足点的。

（接上页）前提下，他主要基于性欲、本能冲动、心理压抑等（非集体的）个体经验而完成自己的心理学体系，并基于此来解释梦。对此可参考弗洛伊德的《梦与精神分析》（林镇秀译注，大邱：启明大学出版部，1999 年）、《梦的解析》（洪成构译，首尔：洪新文化社，2010 年）等。相反，弗洛伊德的批判继承者荣格却并未仅仅止于弗洛伊德所关注的个体经验和性欲，而是以重视道德的、精神的价值观等形态来完成自己的心理学体系，并基于此来解释梦。尤其是荣格将与个体经验无关的、包括祖先或种族整体的经验和想法（如原始感情、恐怖、思维、原始倾向等）在内的无意识假定为"集体无意识"。在他看来，人的精神里不断被重复铭刻的神话、传说、梦和幻想等，是体现某种基本人类状况的"原型"形象。他认为，在无意识基底的自己（self）乃是感知集体无意识的原型世界。原型世界（＝自己）试图不断地向意识、辨别的世界（＝自我）传达自己的声音，而其媒介就是梦的象征。梦是使超越我的世界与我的世界得以联系、无意识与意识得以统合、原始与文明世界得以相通的场。同时梦又具有诸多机能（如补偿、调整、均衡等），还具有预言的性质。对此可参考荣格的《荣格的无意识分析》（薛泳焕译，首尔：先英社，2005 年）、《无意识的分析》（权五锡译，首尔：洪新文化社，2007年）、《梦·记忆·思想》（赵成基译，首尔：金英社，2011 年）等。

一直以来，以各地域（中、韩、日）为视角，形成了各自为阵的所谓"阳明学"研究。[1] 然而对阳明学者的梦及其与哲学觉悟之联系的相关研究，则似乎还未得到真正的重视和展开。[2] 依笔者之见，对于东亚阳明学者而言，似乎有一种相同的模式，即在其一生中都会做某种重要的"梦"，然后又必然会产生"哲学觉悟"，随后便诞生了他的新思想和新理论。[3] 这就意味着，东亚阳明学者一般都具有以下特征，即其学说不是经过逻辑的、理智的过程，而是通过所谓"梦"的"神秘体验（mystical experience）"而诞生的。这种形态，与需要经过渐进的、逻辑

---

[1] 按：对于形成于东亚的阳明学的研究动向，请参考崔在穆的《东亚阳明学》（朴姬福、靳煜译，北京：中国人民大学出版社，2009年），尤其是该书的附录一《当代韩国阳明学的研究活动及未来课题》和附录二《近十年阳明学研究日文论著目录（1998—2008）》。关于向海外介绍韩国阳明学的论著目录，请参考韩国阳明学会编的《韩国阳明学关联论著目录》（林缊圭译，《阳明学》第12号，李卓吾特集号，东京：二松学舍大学东亚学术综合研究所，2000年）、金世贞的《韩国象山学与阳明学关联研究目录》（《阳明学》第19号，朝鲜·韩国阳明学特集号，东京：二松学舍大学东亚学术综合研究所，2007年）。关于韩国阳明学研究状况的介绍和评价，请参考韩睿嫄的《韩国阳明学研究》（同上）、中纯夫的《朝鲜阳明学的特质》（《台湾东亚文明研究学刊》第5卷第2期，台北：台湾大学人文社会高等研究院，2008年）等。
[2] 按：笔者对此问题的研究，曾在台湾大学人文社会高等研究院主办的"2010年东亚阳明学国际学术会议"上以《东亚阳明学者的梦和觉悟之诸相》为题做过发表。后又对此文作了修改补充，于2010年韩国阳明学会在江华岛青少年修炼院举办的"国际霞谷学大会"上，以《阳明学的梦、觉悟和生命——以东亚阳明学者的梦和觉悟之诸相为中心》为题做过发表。本文就是在经过自己的持续关注而获得的诸多想法的基础上，作了大幅修改补充后完成的。
[3] 即本文结论部分将要述及的：东亚阳明学者大体上具有"梦→觉悟/顿觉→理论（学说）之诞生"的理序和模式。

的、理智的阶段，然后才能到达"豁然贯通"、飞跃性之觉悟境地的朱子学，有着本质的差异。不仅如此，在把梦等同于现实方面，阳明学反倒与佛、道二氏存在着思维上的相通性。[1]

刘文英（1939—2005）在其所著的《梦的迷信与梦的探索》[2] 一书中，曾经从科学立场出发论述了中国古代关于"梦"

---

[1] 按：如同佛教中有所谓"渐悟""顿悟"之分一样，在到达"觉悟"之境界的方式上，阳明学者通常也是既具有"阶段的、逻辑的、理性的、理智的（logos）、推论的"所谓"渐悟"方法，又具有"瞬间的、超论理的、感性的、热情的（pathos）、直观的"所谓"顿悟"方法。前者乃基于"昼、日常、渐进、表层、形式、体系"而形成，后者则基于"夜、非日常、瞬间、深层、非形式、超体系"而形成。宋明新儒学所建构的学问体系，既是抗衡道、佛之思维的结果，又是接受道、佛之理论及逻辑的结果。他们的"理性领域"（A）总是与"感性领域"（B）有着千丝万缕的关系。如果说朱子学（程朱学）是以"A 统摄 B"的方式而建立了逻辑的思维体系，并且在 A 与 B 之间经常存在着"紧张"和"距离"的话，那么阳明学便是采取"生于 B 而定于 A"的方式。在这里，A 作为 B 的扩大和延长而存在，故而通常被合为一体来加以讨论。因此，与朱子学者不同的是，在阳明学者的著作中出现了各种"梦"的故事，并与"觉悟"直接连接，以这种"觉悟"为基础而建构并展开学问的逻辑和形式。与此相反，朱子学则重视"现实的、经验的"过程和形式，并在这一框架中到达象征着某种"豁然贯通"的终极目标。换言之，朱子学主张通过渐进的、阶段性的教学和实践来到达终极目标，而阳明学则以对事物及其本性的"直观的、飞跃式的"觉悟为基础，而提出自己的具体说教及实践工夫。

[2] 按：该书的韩文版书名为《梦的哲学：梦的迷信与梦的探索》（河永三、金昌庆译，首尔：东文选，1993 年）。此外刘文英还著有《梦与中国文化》（日文版书名为《中国的梦判断》，汤浅邦弘译，东京：东方书店，1997 年）、《中国古代时空观念的产生和发展》（日文版书名为《中国的时空论——从甲骨文字到相对性理论》，堀池信夫译，东京：东方书店，1992 年），以及后者的修订版《中国古代的时空观念》（天津：南开大学出版社，2000 年）等。

的问题。"梦"不仅在文学史方面,而且在心理学史或思想史方面,也给我们以很多启示。当然,刘文英在其著作中并未具体谈论阳明学者的"梦"和"觉悟"问题,所以本文并不打算像刘文英所关注的那样对"梦"本身进行讨论。

从儒学脉络上看,孔子曾说过在梦中见到了自己视之为偶像的周公。[1] 此外,北宋程颢也说过:"天地万物之理,无独必有对,皆自然而然,非有安排也,每中夜以思,不知手之舞之,足之蹈之也。"[2] 从中也可以推论出,他曾有过某种"梦"以及随之而来的"觉悟"。

梦的故事在道家思想中被述及是很自然的。庄子通过"蝴蝶梦"的故事告诉我们,在人的一生中,梦(假想世界)与现实世界的界限实际上是模糊不清的。所以庄子说:"方其梦也,不知其梦,梦之中又占其梦焉,觉而后知其梦也。"[3] 就是说,"觉者"(→明)与"梦者"(→无明)是相对的。按照佛教的说法,前者(觉者)属于"明",后者(梦者)属于"无明"。正因为此,佛教将"Buddha(佛陀)"意译为"觉者"。[4]

---

[1]《论语·述而》:"子曰:'甚矣吾衰也!久矣吾不复梦见周公!'"孔子梦见周公,源于他对周的推崇以及把继承文王、武王之业绩视为其一生之使命的强烈心愿(参照冯友兰著,朴星奎译:《中国哲学史》上,首尔:佳缘出版社,2000年,第94—95页),而并不是因为把人生看成是虚妄的。这与后来的道、佛有很大不同。
[2]《二程遗书》卷一一;《近思录》卷一《道体》。
[3]《庄子·齐物论》。
[4] 按:佛陀是"Buddha"的音译,源于动词语根"budh(睁眼、醒悟)",也译作"觉者"。所谓"Buddha"="觉者",是指觉悟(真理)的人或(对真理)醒悟的人。

佛家比道家更进一步，将梦的故事普遍化，就如金万重（1637—1682，号西浦）以梦幻故事的形式写成的《九云梦》一样，由于把现实视作假想、幻（Maya）、虚妄、假，所以就梦的故事或事物的相对性而言，佛家要比儒家丰富得多。比如就人生来说，欲望就像一场春梦，所以要放下执着。若读一下明代四大家[1]之一德清（1546—1623，号憨山）的《梦游集》，就会发现其生涯中有很多梦的故事被展开为觉悟的过程。他的人生简直像"梦游"，即"在梦中游"。[2]

　　所以说，就儒、佛、道而言，其各自主张虽略有不同，但都有思想家困惑于某个解不开的难题，结果使之在"夜—梦"中得到"解决（＝觉、悟）"的例子层出不穷。然而，将"假想—现实""梦、梦者—觉、觉者"等问题作为正式的主题来谈论，则是在佛、道那里出现的。这是因为儒教重视现实生活和日用常行的缘故。然而，即便是儒教，到了正式受容佛教来构建自己思想体系的新儒学时期，也多少发生了变化。尤其是相对于把"理"放在思想中心的朱子学，梦的问题在把"心"放在思想中心的阳明学那里被占据了主要位置，从而为阳明学理论的建构做出了贡献。很明显，"梦"不属于理性的、现实意识的领域，而存在于感性的、潜在意识的领域。然而，当梦

---

[1] 这里所谓"四大家"，是指德清、蕅益（1599—1655，法名智旭，号八不道人）、袾宏（1535—1615，号莲池）和真可（1543—1603，号紫柏）四人。
[2] 详见憨山著，大成译：《憨山自传》，首尔：如是我闻出版社，2002年。

深入参与"良知"的现实活动时,就会产生所谓"觉悟"的问题(具体参见本文第二部分)。

本文将通过考察东亚阳明学者有关"梦"和"觉悟"之位相的几个代表性例子,尝试性地揭示存在于阳明学内部的没有被充分讨论的有关"梦"和"觉悟"的隐蔽层面。而本文之内容,首先是对阳明学中的"梦→觉悟"之基本结构进行阐释;然后再分别讨论东亚阳明学内部发生过的各种有关"梦"的事例,如王阳明在龙场所做的"梦"与"大悟格物致知之旨"的关系,王心斋对"梦"与"万物一体"的"顿觉"问题,郑霞谷关于"梦"与"真得王学之病"的问题,佐藤一斋的"梦我"与"真我"的关系等。

二、关于阳明学的"梦—觉悟"之结构

这里将阐明王阳明及阳明学中所体现的把握"梦→觉悟"之结构的方法。

根据弗洛伊德的《梦的解析》,对于梦能否反映现实的问题,存在着赞成和反对等各多意见。[1] 弗洛伊德认为,亚里士

---

[1] 主要有:①"梦可以把我们从(愉悦和痛苦的)现实中解放出来"(布尔达赫);②"梦是精神做自我疗愈的私密帮手之一(=补偿梦)"(费希特);③"做梦者将视线转离清醒意识的世界"(斯顿贝尔);④"我们的梦=所见+所说+所做+我们渴望之事物"(莫里);⑤"一个人全身心追求一个东西,一直满心渴望这个东西,心灵就会专注于这个东西,正是这些东西似乎经常入梦"(卢克莱修);⑥"梦将我们直接带回日常生活,而不是把我们从中解放出来"(斯蒂芬·韦甘德)(以上均参见弗洛伊德:《梦的解析》韩文版,第9—10页)。

多德（Aristotle，前384—前322）早已把"梦"作为心理学的研究对象，并把梦定义为"产生于人类精神朝向神性扩散的诸多法则中，是睡眠期间发生的灵魂活动"。亚里士多德还说："所谓梦是将睡眠期间产生的轻微刺激进行扩大解释。"表明他在某种程度上已了解了梦的特性。而在他之前的古代人，则认为梦是"神的告知"。因此弗洛伊德认为，古人并未认识到探索刺激梦之源泉的必要性。[1] 而到弗洛伊德时，才科学地说明了梦的源泉有如下几种：① 外在的（客观的）感觉刺激；② 内在的（主观的）感觉刺激；③ 更内在的（器官的）身体刺激；④ 纯粹的心理刺激源。[2]

然而，如果要讨论东亚阳明学者有关梦的问题，那么与其去研究弗洛伊德对梦的解析，还不如去考虑心学的特性，而且尤其有必要将"意识—心"与梦联系起来加以阐发，唯如此才能准确地接近其思想的内在逻辑。这是因为，不仅古代西方，而且古代东方也认为，梦是预言未来的绝对者（神）之告知，据此方能施行政策，并落实于行为，成就其事业。如《尚书》中就有这样的故事：殷（商）的中兴之主高宗（= 武丁）即位后，便广纳贤才，一天他做了个梦，梦中得到傅说，就让百工四处寻找，最终在傅岩找到了傅说[3]，遂使殷得以复兴。

---

[1] 弗洛伊德：《梦的解析》韩文版，第7—8页。
[2] 弗洛伊德：《梦的解析》韩文版，第18页。
[3] 傅说（约前1335—前1246），殷商时期卓越的政治家和军事家。原靠从事版筑维持生计，后被商王武丁起用为宰相，促成了历史上有名的"武丁中兴"的辉煌盛世。

《尚书》曰:

> 高宗梦得说,使百工营求诸野,得诸傅岩,作《说命》三篇。……王庸作书以诰曰:"以台正于四方,惟恐德弗类,兹故弗言,恭默思道,梦帝赉予良弼,其代予言。"乃审厥象,俾以形旁求于天下。说筑傅岩之野,惟肖。爰立作相,王置诸其左右。[1]
>
> 天其以予乂民,朕梦协朕卜,袭于休祥,戎商必克。[2]

那么,所谓神并非直接行使其影响力,而是以梦的形式告知神的意志,这究竟意味着什么呢?这里的意思是指,某个时期神是沉默的,人遂脱离神而独自诞生,并使人不得不通过梦或占术来把握神的意志或征兆。换言之,梦是接触神之意志的途径。当然,在接受神的支配的情况下,人完全依赖绝对神的命令,服从神的意志,保持与神一致的状态,所以无所谓独立之人心可言,也无所谓"我"(自我)的存在,进而也就没有做梦的必要。这就相当于说梦是心独立于神之后产生的。本文试图将这种方法[3]时尚化,来尝试进行近来对于心之诞生及

---

[1]《尚书·说命上》。
[2]《尚书·泰誓中》。
[3] 安田澄:《身體感覚で〈論語〉を読みなおす(通过身体感觉重读〈论语〉)》,东京:春秋社,2009年。笔者从该著作中获得了很多关于这方面的启发。

其能与弗洛伊德心理学相媲美的极富说服力的相关讨论,诸如史蒂文·米森(Steven Mithen)的认知考古学、朱利安·杰恩斯(Julian Jaynes, 1920—1997)的心理考古学等,而把中国文字里关于"心之诞生"的相关问题意识当作阐明阳明学"梦→觉悟"之结构的理据之一。

史蒂文·米森在其名著《心的历史——人类之心是如何进化的》(*The Prehistory of the Mind: A Search for the Origins of Art, Religion and Science*)[1]中,从认知考古学的立场出发,提出了人心是在2万—6万年前成立的观点。他把人心比作瑞士军刀(Swiss Army Knife)。瑞士军刀虽然小,但却是容尖刀、剪子、改锥、开瓶器等多种工具于一身的折叠小刀。而在人心中也同样内藏着诸如技术智慧、自然史智慧、社会智慧和一般智慧等多种智慧。然而,对于600万年前最初的人类而言,若用瑞士军刀来作比喻的话,就如同从一把刀开始而附带诸多工具一样。在知识未分化的状态下,头脑中各种要素的智慧被分化,然后各要素再重新被进化。但在某个时间点上,这种进化就停止了。为了打破它,发生了文化大爆炸、头脑大爆炸。在分为诸多种类的各智慧之间,旁生出空隙,于是使相互沟通成为可能。也就是说,认识的流动性产生了。在制造石器的技术智能上加入自然史智慧、社会智慧、一

---

[1] 史蒂文·米森(Steven Mithen)著,尹邵荣译:《史前人类的心智》,首尔:Younglim Cardinal出版社,2001年。按:该书的韩文版书名根据中文意思可直译为《心的历史——人类之心是如何进化的》。

般智慧等,便诞生了艺术。再进一步又诞生了宗教和科学。这种爆炸大约产生于6万年前。"人心"首次诞生了。然而,米森所谓首次诞生的心是非常"原初的"。[1]而我们所谓进行思考、体验喜、怒、哀、乐的心,则是比"原初的"心更进化的心。对于这样的心,有必要倾听朱利安·杰恩斯的说明。[2]他认为,"人心"的观点产生于3000年前。巧合的是,这与前面谈及的中国汉字里"心"字的起源(出现)相一致。汉字(即刻写在龟甲或兽骨上的甲骨文和铸刻在青铜器上的金文)出现在3300年前的殷(商)武丁时期。有趣的是,当时几乎一下子就产生了3500—5000个以上的汉字。但不可思议的是,在甲骨文、金文中看不到"心"或"心"字群的汉字。在现代词典中,"忍""忘""忠""恋"等与"心"组合的汉字非常多,这就说明"心"或"心"字群可能是某个时期突然出现的。这就意味着,在"心"字出现之前,所谓"心"(与之相关的"忍""恋"等等)的自觉意识是不存在的。然而殷亡后,到了周时(约前1046年),金文中突然出现了"心"组合的汉字。换言之,从殷末周初到距今约3000年(孔子

---

[1] 参考同上书。按:为便于理解,可参见该书韩文版第211、223、236、241、257、262、273、285、303页的图录。同时可参见安田澄《身體感覚で〈論語〉を読みなおす》第35—37页之说明。

[2] 朱利安·杰恩斯(Julian Jaynes)著,金得龙、朴柱溶译:《二分心智的崩塌:人类意识的起源》(*The Origin of Consciousness in the Breakdown of the Bicameral Mind*),首尔:Hangilsa出版社,2005年。按:该书的韩文版书名可直译为《意识的起源》。

诞生前约 500 年）时，才出现了"心"组合的汉字。而这种由"心"组合的汉字，从周至战国末，只有 87 个。《论语》里的"惑""志"，在孔子生活的年代并未诞生。"心"组合的汉字爆发式增长是在六朝时期，说明"心"字的诞生是在"心"组合的汉字出现后 1 500 年（从孔子开始计算是 1 000 年）的事。[1]

再回到前面的讨论。朱利安·杰恩斯在其著作中提出人类的旧精神体系是两院（二分）的（Bicameral），即二分心智。同时认为，"意识—心"的登场与作为人类历史一个特定起点的精神两院（二分）结构，以及"神意（＝天命）"和"意识—心"的两院（二分）结构消失的时期啮合在一起。如【图32 史蒂文·米森的两院（二分）结构之心】[2] 所示。梦是在人心从绝对神那里独立、诞生出来的，这一过程明显说明，人类最初是隶属于神（绝对者）的意志的，后来随着时间的流逝和知性的发展，所谓我（自我）的意识和心才逐渐寻求从神那里独立出来。在此过程中，"神意（＝天命）"和"心"具有两院（二分）结构，而随着"自我＝心"的完全独立，神开始沉默。这就使得占卜这类对沉默之神谕的尝试表现出巨大的多样性和复

---

[1] 安田澄：《身體感覚で〈論語〉を読みなおす》，第35页。译者按："心"的象形字，早在甲骨文、金文时即已出现。此处所说的"心"，是指人的自我意识、意志的认知系统。

[2] 朱利安·杰恩斯（Julian Jaynes）著，金得龙、朴柱溶译：《二分心智的崩塌：人类意识的起源》，第117页。按：此图是引者根据安田澄《身體感覚で〈論語〉を読みなおす》第43页之略图修改而成。

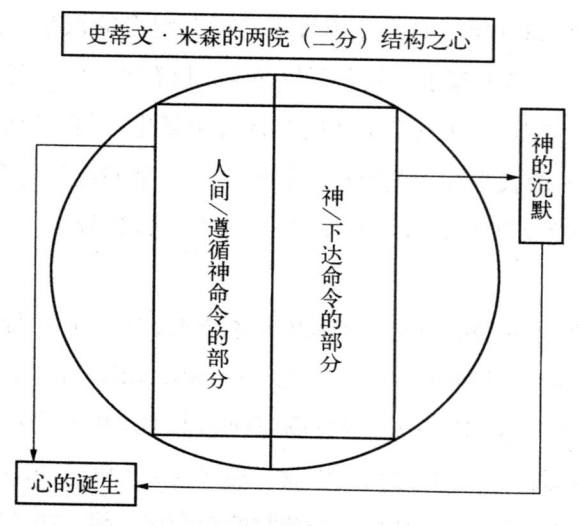

```
                 ┌─────────────────────────────┐
                 │  史蒂文·米森的两院(二分)结构之心  │
                 └─────────────────────────────┘
                        ╱─────────────╲
                       ╱ ┌───┬───┐     ╲
                      │  │人 │神 │      │ ┌──────┐
                      │  │间 │／│      │ │  神  │
              ┌──────┼──│／ │下 │──────┼→│  的  │
              │      │  │遵 │达 │      │ │  沉  │
              │      │  │循 │命 │      │ │  默  │
              │      │  │神 │令 │      │ └──────┘
              │      │  │命 │的 │      │    │
              │      │  │令 │部 │      │    │
              │      │  │的 │分 │      │    │
              │      │  │部 │   │      │    │
              │      │  │分 │   │      │    │
              │       ╲ └───┴───┘     ╱     │
              │        ╲─────────────╱      │
              │                             │
              ↓                             │
         ┌─────────┐                        │
         │ 心的诞生 │←───────────────────────┘
         └─────────┘
```

图 32　史蒂文·米森的两院（二分）结构之心

杂性。[1] 如果按照开始时的排列和逐渐转向意识之顺序，那么这种多样性便主要可分为以下四种类型：① 征兆术（omen）；② 抽签占卜（sortilege）；③ 卜占（augury）；④ 即兴占术（spontaneous divination）。梦是征兆术的一种。占术的主要资源即源自于梦的征兆术。人类在神处于沉默的新状况下，不得不等待前兆。与能动的、自发的占术不同，梦是被动等待神意。[2] 这就如同前述《尚书》的"梦帝赉予良弼"或"朕梦协朕卜，袭于休祥"，及孔子尝梦见周公一样，都是在等待上

---

[1] 安田澄：《身體感覚で〈論語〉を読みなおす》，第37—38页。
[2] 朱利安·杰恩斯（Julian Jaynes）著，金得龙、朴柱溶译：《二分心智的崩塌：人类意识的起源》，第117页。

天给予征兆。这里包含着依靠类似超越绝对者、宇宙、被分化前的混沌状态、一体世界及与自然一样的我之存在,或者希望与这些存在保持一致状态的强烈"热情(pathos)"。随着心、我(自我)越来越强,这种热情也越来越明显。而随着人类从绝对他者中独立出来,也就会愈加从理性上来强化自尊,从而越来越远离被分化前的混沌整体或一体世界以及自然状态。更进一步说,也就越来越具有了朝向与宇宙、混沌、始源(原始)、自然一样的,与绝对他者之存在相对的志向。就如卡尔·雅斯贝尔斯所评价的,王阳明心学体现了亘古以来中国思想史上最后的形而上学者的"革命活力",在他那里看到了热情的顶峰。而强调通过"一体(→万物一体)""合一(→知行合一)""即""则"之逻辑的融通、相通和融合,也正是从这一理据出发的。针对朱子学所强调的"圣贤之言—经典一理",以寻找被这种外表遮住的内在之我(自我)的过程就是阳明学的展开过程。在这一过程中,不得不越来越彰显出从"有"转向"无"的热情。[1] 王阳明高度评价人类的自然、混沌之精神,就如同道、佛二氏,是从肯定的立场来看待梦,甚至连梦和占术也被统合到良知的自然活动中,从被内在化的方向上对其进

---

[1] 参照崔在穆:《空虚之实学:太虚思想的阳明学转折》,《哲学论丛》第11辑,岭南哲学会,1995年;陈来:《阳明哲学》,首尔:艺文书院,2003年。陈来将王阳明哲学视为"有无境界的统一",对此崔在穆曾作过评论,可参照《作为"有无境界之统一"模式的王阳明哲学》,《今天的东洋思想》第10号,2004年春/夏号,首尔:艺文东洋思想研究院,2004年3月。

行再解释。在这里,其"梦→觉悟"的链式结构便被置于阳明学的独特思想体系中。

王阳明将"良知"结合到"太虚"中,故而良知就是"虚""太虚",就是"无""无形"。[1] 因此,在阳明"良知学""致良知学"的最终阶段,试图将道教(包括道家)与儒、佛要素相融合、会通,乃是不言而喻的。[2] 在中国思想史上,重视和喜好混沌的是先秦时的道家(老庄学派)以及后来受其影响的思想家们。西汉时的儒教文献《礼记·礼运》中的"大同思想",就是把受容于道家的"混沌"用儒教的风格加以改编而成的。[3] 此后,展开于程明道到王阳明的"万物一体论",也可以认为是把道家的混沌("万物齐一""齐同")概念进行了儒教式的重新建构。

---

[1] 王阳明说:"仙家说到虚,圣人岂能虚上加得一毫实?佛氏说到无,圣人岂能无上加得一毫有?但仙家说虚,从养生上来,佛氏说无,从出离生死苦海上来,却于本体上加却这些子意思在,便不是他虚无的本色了,便于本体有障碍。圣人只是还他良知的本色,更不着些子意在。良知之虚,便是天之太虚,良知之无,便是太虚之无形。日月风雷、山川民物,凡有貌象形色,皆在太虚无形中发用流行,未尝作得天的障碍。圣人只是顺其良知之发用,天地万物,俱在我良知的发用流行中,何尝又有一物超于良知之外,能作得障碍?"(《传习录》下卷)
[2] 崔在穆:《王阳明与道教的会通问题》,《儒学研究》第 19 辑,忠南大学校儒学研究所,2009 年。
[3] 池田知久著,崔在穆译:《中国思想的混沌问题》,《现代与宗教》第 19 辑,大邱:现代宗教问题研究所,1996 年,第 220、234 页。按:有关"大同思想"的展开,可参考陈正炎、林其锬:《中国古代思想研究》,上海:上海人民出版社,1986 年;《中国大同思想资料》,北京:中华书局,1956 年。

对于王阳明的"心—良知"之结构本身来说,与宇宙、混沌、始源(原始)、自然的合一之路是随时敞开的。阳明的"太虚"(="良知")就像黑洞一样,儒、佛、道的原理都包括在内,[1] 它消灭了儒、佛、道相互间及万物间的"障碍"。[2] 阳明所谓的"虚",与其说是指人为的秩序(cosmos),不如说是指对自然的向往。换言之,即向往混沌(chaos)的道家和道教之立场。[3] 将原本属于道、佛专有物的"太虚""虚"之概念,经过张横渠之儒教式的再解释,而创造了三教可以共有的空间。[4] 在那之后,王阳明将"良知"与"太虚"相联系,并在新的理念中对其进行再解释。

朱子通过"格物致知"的方法论,将"圣贤之言—经典—理"作为人进行自我反省的镜子来加以阐发,从而切断或限制了倾斜于我(自我)的盲目的无限扩张,即"独我论"的倾向,而将我(自我)限制在社会的合理框架内活动。[5] 然而,阳明却否定"圣贤之言—经典—理"的结构,使我(自我)与

---

[1] 崔在穆:《空虚之实学:太虚思想的阳明学转折》,《哲学论丛》第11辑,岭南哲学会,1995年。
[2] 按:关于王阳明的"障碍论",请参考崔在穆、孙知慧:《元晓与王阳明的"障碍论"之比较》,《阳明学》第28号,韩国阳明学会,2011年。
[3] 三浦国雄:《气的思想史》,《气的中国文化》,东京:创元社,1994年,第27—28页。
[4] 三浦国雄:《太虚的思想史》,《中国人的位相(中國人のトポス)》,东京:平凡社,1988年,第254页。
[5] 中岛隆博:《残响的中国哲学——语言和政治(殘響の中國哲學——言語と政治)》,东京:东京大学出版部,2007年,第129—132页。

绝对他者同一，绝对他者成为我的心（良知），并且把转向这种心（良知）的热情投射到梦，以梦为媒介，进而把"热情"解释为"觉悟之实体"。阳明还强调，我心之良知即是我自身的"准则"，与把握行为之方向的所谓"定盘针"一样，人只要遵循良知所作之判断行事即可。[1] 这样一来，就会得出"千圣皆过影，良知乃吾师"[2] 的结论。我心（良知）是我的老师，经书属于理解我的辅助材料。就连经书所具有的古代权威，也都包括在我的"良知"中。[3]

结果，对于阳明而言，梦和占术是合一的。梦就是占术，占术就是梦，而合一的媒介乃至推动力是由良知来承担的。良知就是心的灵敏觉醒和自觉点（＝灵明）。[4] 当然，王阳明并非认可所有的梦。他把梦的意义分为以下三类：

① 懵懵、昏昏之状态。[5]

---

[1] 按：王阳明在《咏良知》(《阳明全书》卷二二《居越诗》)诗中，曾对"良知为万物之源"作过如下表述："人人自有定盘针，万物根源总在心。却笑从前颠倒见，枝枝叶叶外头寻。"
[2]《阳明全书》卷二〇《两广诗·长生》。
[3] 崔在穆：《体现于王阳明思想中的"古"理念》，《民族文化论丛》第 31 辑，岭南大学民族文化研究所，2005 年。
[4] 按：此内容常见于《传习录》下卷等资料，具体看参考崔在穆：《王阳明良知论中的"灵明"意义》，收入《第四届中国国际阳明文化节学术讨论会论文集》，贵州修文，2014 年，第 1 页。
[5] 据《传习录》下卷载："萧惠问死生之道。先生曰：'知昼夜即知死生。'问昼夜之道。曰：'知昼则知夜。'曰：'昼亦有所不知乎？'先生曰：'汝能知昼！懵懵而兴，蠢蠢而食，行不著，习不察，终日昏昏，只是梦昼。惟息有养，瞬有存，此心惺惺明明，天理无一息间断，才是能知昼。这便是天德，便是通乎昼夜之道，而知更有甚么死生？'"

② 普通的、一般的梦。[1]

③ 原本就知道（总是知道）昼夜的良知[2]起作用而做的（向觉悟、重要之暗示发展的）梦。

这三类处于①⊂②⊂③的关系中。其中③的梦处于与"向绝对者问征兆"的占术相似之层面，是"夜间良知即是收敛凝一的，有梦即先兆"。[3]

实际上，王阳明是为了预测未来而占卜的。但他认为，"卜筮"不是别的，而属于"师友问答""博学""审问""慎思""明辨""笃行"等。《传习录》下卷第247条有载：

> 问："《易》，朱子主卜筮，程《传》主理，何如？"先生曰："卜筮是理，理亦是卜筮。天下之理孰有大于卜筮者乎？只为后世将卜筮专主在占卦上看了，所以看得卜筮似小艺，不知今之师友问答，博学、审问、慎思、明辨、笃行之类，皆是卜筮。卜筮者，不过求决狐疑，神明吾心而已。《易》是问诸天，人有疑，自信不及，故以《易》问天。谓人心尚有所涉，惟天不容伪耳。"

阳明把"卜筮"看作是"不过求决狐疑，神明吾心而已"。

---

[1] 按：对此看参考王阳明的"龙场梦"和"大悟格物致知之旨"等诸多梦的例子。
[2] 比如王阳明说："良知原是知昼知夜的。""良知常知。"（《传习录》下卷）
[3] 《传习录》下卷。

同时他又认为,《周易》是在"问天"。类似卜筮这样的占术,虽然可能动地、自发地预测未来,但终究还是要"问天"的,[1] 而梦乃是从天而来的。《传习录》下卷第267条又载:

> 问"通乎昼夜之道而知"。先生曰:"良知原是知昼知夜的。"又问:"人睡熟时,良知亦不知了。"曰:"不知何以一叫便应?"曰:"良知常知,如何有睡熟时?"曰:"向晦宴息,此亦造化常理。夜来天地混沌,形色俱泯,人亦耳目无所睹闻,众窍俱翕,此即良知收敛凝一时。天地既开,庶物露生,人亦耳目有所睹闻,众窍俱辟,此即良知妙用发生时。可见人心与天地一体,故'上下与天地同流'。今人不会宴息,夜来不是昏睡,即是妄思魔寐。"曰:"睡时功夫如何用?"先生曰:"知昼即知夜矣。日间良知是顺应无滞的,夜间良知即是收敛凝一的,有梦即先兆。"

如此看来,无论是占术(卜筮)还是梦,都是把解不开的问题或希望向"天=绝对者"提出或等待天的赐予。如上所述,这样的梦即是"先兆",是"通乎昼夜之道而知"的作用。在这里,人与天地阴阳之活动一起发生作用(人心与天地一体/上下与天地同流),宇宙的始源生命活动(生生)被感知和把握。在阳明看来,这种状态就是古人(尤其是古圣贤)所向往

---

[1] 关于王阳明与《周易》的相关论述,请参考崔在穆:《王阳明的人生和思想:我心是灯》,首尔:Ehaksa 出版社,2003年,第97—99页。

的所谓"与宇宙活动一致的心的状态"。

然而，从阳明的良知层面来看，满街都是圣人，在德性（＝良知）方面（也比喻为金的纯度），圣与愚在本质上毫无差异，都是平等的、一体的。[1] 而上面提到过的所谓（③"原是知昼知夜的""常知（昼夜）的"良知起作用而形成的、与觉悟相联系的）梦，只有当良知被凝缩时才能获得。在这一点上，与通过占术自发地问天（＝绝对者）的意志不同的是，梦是被动的。不管怎样，王阳明是将被动的梦与能动的占术无缝对接起来，而其对接的轴心便是良知。

良知即（"天降下"＝从天得到）神灵，用阳明的话来说，是"良知即是天植灵根，自生生不息"。[2] 因为良知内含天的活动，所以只要不折不扣地依靠良知、追随其活动即可，又因为"良知即是易"，[3] 所以只要好好地遵循良知所下达的命令、实现其活动（＝致良知）即可，而没有必要单独卜筮。进而言之，

---

[1] 按：在《传习录》中能够体现王阳明人论思想之精髓的"良知""致良知"论得到了展开。阳明从良知到致良知之展开的视角，在"良知—德性"方面积极展开了对圣愚无差别论、人人平等论，以及"满街人都是圣人"的自我完成论等思想的阐释。通过这类讨论，他提出了作为纯金的良知是人人本来具有的德性，所以在纯度方面都是同一的，而知识、才能的分量则不是问题，即所谓的"四民平等论"（参见崔在穆：《王守仁心学中"植物"和"矿物"的比喻之意义》，《环境哲学》第11辑，韩国环境哲学会，2011年6月，第105页）。
[2]《传习录》下卷。参考崔在穆：《王阳明良知论的"灵明"意义》，收入《第四届中国国际阳明文化节学术讨论会论文集》，贵州修文，2014年，第1页。
[3]《传习录》下卷。

从阳明的生涯来看，若要究明梦和占术的重要性，则仍然要依靠梦。换言之，奠定阳明思想转折点的不是占术，而是梦。梦奠定了阳明独特的思想基础，在其一生中起到了具有划时代意义的推动作用。因此对他而言，梦是至高的权威。

如上所述，王阳明所主张的被动之梦与能动的、自发的占术的无缝对接，乃是将天（＝绝对他者）全部内置于良知的一种思想轮回。这是将绝对他者（＝他力）植入自我之中，并将之（绝对他者＝他力）自我化后，然后转化为能动的、自发的力量。这种将他力合一于所谓良知自力的概念结构，乃部分反映了阳明思想的独特性。从中可明显看出阳明对热情与狂、狂者[1]、个性、自由，以及人类性情之自然的信赖、合一、一体、

---

[1] 按：在王阳明思想中，狂、狂态、狂者精神是极为重要的思想。阳明所谓的狂、狂态、狂言，皆意指毫无顾忌和自由奔放的行动、态度、语言等。"狂者"出自《孟子·尽心下》，指的是"不看别人脸色而把自己认为对的东西果敢加以实现的人"（参见崔在穆：《王阳明的人生和思想：我心是灯》，第250页）。亦即是指很直率、随心所欲的行动，具有志向远大、自由奔放的人（在《论语·公冶长》中尝把志高而处事疏阔之人称为"狂简"）。通常把与"狂者"相对的称为"乡愿"。"乡愿"出自《论语·阳货》，是指"类似在农村听君子声音的伪善者（仅表面上看似有德）一样的人"（同上）。王阳明批评狭隘之人而强调"狂"者精神："王汝中、省曾侍坐。先生握扇命曰：'你们用扇。'省曾起对曰：'不敢。'先生曰：'圣人之学不是这等捆缚苦楚的，不是装做道学的模样。'汝中曰：'观仲尼与曾点言志一章略见。'先生曰：'然。以此章观之，圣人何等宽洪包含气象。且为师者问志于群弟子，三子皆整顿以对。至于曾点，飘飘然不看那三子在眼，自去鼓起瑟来，何等狂态。乃至言志，又不对师之问目，都是狂言。设在伊川，或斥骂起来了。圣人乃复称许他，何等气象！圣人教人，不是个束缚他通做一般，只如狂者便从狂处成就他，狷者就从狷处成就他，人之才气如何同得？'"（转下页）

平等等的向往。而推动这种阳明学个性之展开的,正是中国自古以来潜藏着的初始一体、原本混沌的志向与能量,并通过与现实的结合,而引领后来者升华为新的一体、混沌和自然的思想史。[1] 王阳明的梦正好处于这种文脉之中。

对阳明而言,梦是他通过体验而掌握的良知的"灵明"[2] 活动,这是中国自古以来被凝聚和传承的"千古圣圣相传"[3] "古今圣愚同一"[4] 的人本来具有的生命活动(天植灵根、自生生不息)。作为心的宇宙自觉点,当灵明的良知以梦的方式被体现出来时,若能直觉、体悟到此信息(也称"天声"[5] "天

(接上页)同时他还强调"狂者气象",无论谁说什么,都要按照自己的信念行事:"先生曰:'我在南都以前,尚有些子乡愿的意思在。我今信得这良知真是真非,信手行去,更不着些覆藏。我今才做得个狂者的胸次,使天下之人都说我行不掩言也罢。'尚谦出曰:'信得此过,方是圣人的真血脉。'"(《传习录》下卷)关于王阳明及阳明学有关"狂"的思考,可参见崔泳准、金椿姬:《阳明学志向者所体现的"狂"的意识之考察》,《阳明学》第 21 号,韩国阳明学会,2008 年 6 月;田炳述:《尼采和李卓吾——以"狂者精神"为中心》,《阳明学》第 27 号,韩国阳明学会,2010 年 12 月。

[1] 按:与其将此视为弗洛伊德所理解的个人层面的无意识,不如视之为荣格所理解的集体无意识更好(详见本文第一条注释)。
[2] 按:在《传习录》下卷等资料中均有体现。可参见崔在穆:《王阳明良知论中"灵明"意义》,收入《第四届中国国际阳明文化节学术讨论会论文集》,贵州修文,2014 年。
[3] 《阳明年谱》三十岁条。
[4] 《传习录》中卷《答聂文蔚》曰:"是非之心,不虑而知,不学而能,所谓良知也。良知之在人心,无间于圣愚,天下古今之所同也。"
[5] 朴殷植著,崔在穆、金龙龟注解:《韩文注解〈王阳明先生实记〉》,首尔:先人出版社,2011 年,第 137 页。

语"[1]），那就能获得"觉悟"。

基于以上讨论之内容，我把作为王阳明思想主要特征的"梦→觉悟"之结构制为示图（见【图33"梦→觉悟"之结构示图】）。在以下第三、四部分，我将以这一框架为前提，对王阳明及东亚阳明学者所做的梦进行具体分析。

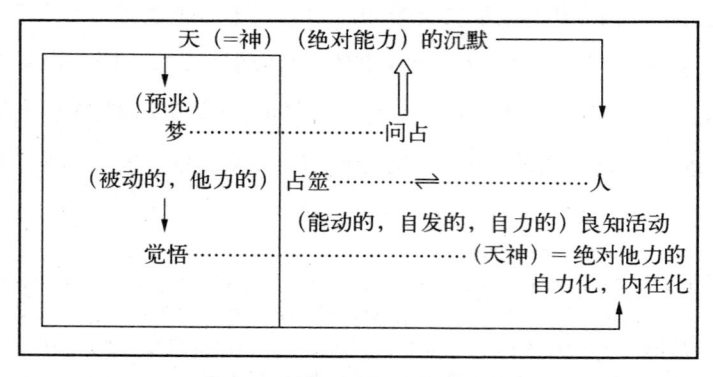

```
              天（=神）（绝对能力）的沉默
   ┌──────────────────────────────────────┐
   │       ↓                          ↑      ↓  │
   │    （预兆）                                │
   │     梦 ………………………… 问占               │
   │                                            │
   │  （被动的，他力的）  占筮 ⇌ ……………… 人  │
   │       ↓              （能动的，自发的，自力的）良知活动 │
   │     觉悟 ……………………（天神）=绝对他力的      │
   │                              自力化，内在化 │
   └──────────────────────────────────────┘
```

图33 "梦→觉悟"之结构示

三、王阳明在龙场的"梦"与"大悟格物致知之旨"

王阳明在贵州"龙场悟道"时所做的梦已广为人知。但事实上，除此之外据传他还有很多梦的故事，仅《王阳明全集》中就记录了以下五种类型的梦的故事。

---

[1] 出自崔济愚：《东经大全·布德文》，收入天道教中央总部编：《天道教经典》，首尔：天道教中央总部出版部，2001年，第18页。

第一，众所周知，阳明祖母岑氏在阳明降生"瑞云楼"前所做的梦："祖母岑氏梦神人衣绯玉云中鼓吹，送儿授岑，岑惊寤，已闻啼声。""祖竹轩公异之，即以云名，乡人传其梦，指所生楼曰瑞云楼。"[1]

第二，阳明二十六岁在北京生活时，一天夜里梦见威宁伯王越将自己佩戴的宝剑解开送给阳明。阳明醒来后非常高兴，曰："吾当效威宁以斧钺之任，垂功名于竹帛。"[2] 后果然在二十八岁时从威宁伯之子那里获得了其父佩戴过的一把宝剑，这正好与阳明二十六岁时做过的梦相吻合，于是高兴得不得了。[3]

---

[1]《阳明年谱》成化八年壬辰九月丁亥条，崔在穆、金龙龟注解：《韩文注解〈王阳明先生实记〉》，第44页。

[2] 按：该部分在《阳明年谱》中所记不详，但在朴殷植的《王阳明先生实记》中有如下叙述："二十六岁寓北京时，边陲不靖，警报频至，诏举将才而无应者。先生叹曰：'朝廷虽设武举，而仅得骑射击刺之士，至韬钤统御之才，则未有得也。物不素具，何以应卒？'乃取兵家秘书，精研熟讨。每遇宾客宴会，辄取果核为阵势，指示开阖进退之法。一夕，梦威宁伯王越解所佩剑赠先生。既觉，喜曰：'吾其当威宁伯斧钺之任，垂功名于竹帛乎？'"（崔在穆、金龙龟注解：《韩文注解〈王阳明先生实记〉》，第70页）

[3] 参考《阳明年谱》二十八岁条。朴殷植《王阳明先生实记》则叙述如下："二十八岁，春，赴庭试，举南宫第二人，赐二甲进士第七观政工部之职。于是受命往浚县监咸宁伯坟墓筑造。先生在道，不用肩舆，弃马驰过险阪。因马惊，坠地吐血。进轿子，不听，犹复乘马，盖欲炼习为也。既见威宁伯子弟，问威宁伯平日用兵之法。其子弟言之甚悉。先生大善，乃以兵法部勒造坟役夫，使之更番休息。由是，用力少而得功多，工事速成。其家以金帛为谢，先生固辞之。乃出一宝剑以赠曰，此先大人所佩。先生受焉，喜其符昔日之梦。"（崔在穆、金龙龟注解：《韩文注解〈王阳明先生实记〉》，第73—74页。）

由此可见，阳明相信梦，并曾把这种直觉活动大量运用于实际生活中。

第三，阳明三十七岁那年，被谪贬到贵州龙场，在那里通过梦而诞生了"龙场大悟"。这大概是其梦的故事中最为重要也最为辉煌的一次。据《阳明年谱》三十七岁条载：

> 忽中夜大悟格物致知之旨，寤寐中若有人语之者，不觉呼跃，从者皆惊。始知圣人之道，吾性自足，向之求理于事物者误也。乃以默记《五经》之言证之，莫不吻合，因著《五经臆说》。

这其实也真实描写了阳明独创性哲学诞生时的部分情景。这个故事在大韩民国临时政府第二任总统朴殷植（1859—1925，号谦谷、白岩）的著作《王阳明先生实记》[1]中也有记述。其中"或传此梦中，孟子告以良知之旨，或曰闻天声云"，[2]就很好地揭示了"闻天声云"的内容。所谓"天声"，就

---

[1] 按：朴殷植的《王阳明先生实记》以《阳明年谱》、《明儒学案》、高濑武次郎《王阳明详传》、墨憨斋《王阳明出身靖乱录》等文本为基础创作于1910年。

[2] 原文如下："一夕梦寐间，忽悟格物致知之奥旨，不觉呼跃而起。从仆皆惊。是其豁然大悟处也。或传此梦中，孟子告以良知之旨；或曰闻天声云，于是先生始知圣人之道，吾性自足，向之求理于心外之事物者，误也。乃默记五经之言证之，无不吻合，因著《五经臆说》。"（崔在穆、金龙龟注解：《韩文注解〈王阳明先生实记〉》，第137页）

如同金鼎卨（1897—1966，号凡父）以"启示宗教"所规定的、东学创始人崔济愚（1824—1864，号水云）听到上帝（＝天主）之"仙语"（＝"天语"）[1]而得道一样，说明阳明也是在梦中听到有人说话后（"寤寐中若有人语之者"），才大悟"格物致知之旨"和"圣人之道，吾性自足"的道理的。这也使阳明体悟到"向之求理于事物者误也"。崔济愚在经历了闻"仙语"之神秘体验后，遂遵照上帝的指示铺开纸张，立即在纸张上看到灵符，就把它画了出来。[2]这与阳明所说的"乃以默记《五经》之言证之，无不吻合，因著《五经臆说》"基本相同。总之，这些内容都说明阳明的梦具有"寤寐中闻天语"（＝神秘体验）→觉悟→著述、表达（与觉悟相关的内容）的模式。

后来阳明还说过："仆诚赖天之灵，偶有见于良知之学。"[3]所谓"天之灵"的"灵"，虽然也可译为"恩宠"，但此处指的并非这个意思，而是天之神灵、神明（＝spirit 或 esprit）的

---

[1] 即所谓"有何仙语，忽入耳中"也（详见《东经大全·布德文》，收入《天道教经典》，第18页）。

[2] 即《东经大全·布德文》所记："不意四月，心寒身战，疾不得执症，言不得难状之际，有何仙语，忽入耳中。惊起探问。则曰勿惧勿恐，世人谓我上帝，汝不知上帝耶？问其所然。曰余亦无功，故生汝世间，教人此法，勿疑勿疑。曰，然则西道以教人乎？曰，不然。吾有灵符，其名仙药，其形太极，又形弓弓。受我此符，济人疾病，受我咒文，教人为我，则汝亦长生，布德天下矣。吾亦感其言，受其符，书以吞服，则润身差病，方乃知仙药矣。到此用病，则或有差不差，故莫知其端，察其所然，则诚之又诚。至为天主者，每每有中；不顺道德者，一一无验。此非受人之诚敬耶？"（《天道教经典》，第18—21页）

[3]《传习录》中卷《答聂文蔚》。

简称。[1]

王阳明还将"良知"称作"天植灵根",[2] 认为"良知"即"天之灵"活在我心中而成"人之灵"。他说:"所幸天理之在人心,终有所不可泯,而良知之明,万古一日。"[3] 而所谓"良知之明,万古一日",乃"天理之在人心"的另一表达方式,意思是说"天之灵"被赋予和内在于"人之灵",人代替"天之灵",便可在天地宇宙中发挥主要作用。

第四,王阳明四十七岁那年的五月份,其爱徒徐爱去世。阳明在为徐爱写的《祭文》[4] 中,有关于自己曾与徐爱谈论过梦的话题,从中反映了他对于梦的看法。内容大致为:徐爱曾与阳明说起他的梦境,即在游衡山时遇到一位僧人。该僧人一边抚摸其后背,一边对他说:"你与颜回同德。"一会儿又说:"亦与颜子同寿。"徐爱醒后有些怀疑。阳明听后曰:"梦耳。子疑之,过也。"而实际上,后来徐爱果然如其梦中所暗

---

[1] 按:就如同简称天、地、人之三才的神灵、神明为人灵、地灵、天灵之"三灵"一样,为天的神灵、神明(=spirit 或 esprit)之缩写。因此"天之灵"也可称为"天之灵明"。另外,"天之灵"还是"地之灵""人之灵"的典范,故而称"人之灵""人之明""人之灵明"也是可以的(参见崔在穆:《王阳明良知论中的"灵明"意义》,收入《第四届中国国际阳明文化节学术讨论会论文集》,贵州修文,2014 年,第 1 页)。

[2]《传习录》下卷:"先生一日出游禹穴,顾田间禾曰:能几何时,又如此长了? 范兆期在傍曰:此只是有根。学问能自植根,亦不患无长。先生曰:人孰无根? 良知即是天植灵根。自生生不息,但着了私累,把此根戕贼蔽塞,不得发生耳。"

[3]《传习录》中卷《答顾东桥书》。

[4]《阳明全书》卷七《祭徐曰仁文》。

示的,像颜回一样过早夭折了。于是阳明论述道:"吾以为是固梦耳,孰谓乃今而竟如所梦邪!向之所云,其果梦邪?今之所传,其果真邪?今之所传,亦果梦邪?向之所梦,亦果妄邪?呜呼痛哉!"[1] 从内容上看,这则故事会使人联想起庄子的"蝴蝶梦"。由此可见,阳明深信"梦"与"现实"具有关联性。

第五,王阳明五十七岁那年的八月份,在乌蛮滩拜谒了传说中的中国名将马援的"马伏波将军祠堂",据说这与其少年时的梦中所见完全符合。[2] 因此,阳明认为当时的出行并非偶然,于是作诗[3]二首,[4] 其中第一首曰:

---

[1] 据朴殷植《王阳明先生实记》之《阳明年谱》四十七岁条载:"(正德十三年)八月,门人薛侃刻《传习录》,徐爱所述也。爱,字曰仁,号横山,以南京兵部郎中告病归乡。年三十一而卒。先生哭甚哀,有前后祭文二篇。其一曰:'呜呼痛哉!曰仁,吾复何言?尔言在吾耳,尔貌在吾目,尔志在吾心,吾终可奈何哉?记尔在湘中还,尝语予以审不能长久。予诘其故。云尝游衡山,梦一老瞿昙,抚曰仁背曰,子与颜子同德。俄而曰,亦与颜子同寿。觉而疑之星。予曰,梦耳,疑之过也。曰仁曰,此亦可奈何?但令得告疾,早归林下,冀从事于先生之教,朝有所闻,夕死可矣。呜呼!吾以为是个梦耳,孰谓乃今,而竟如所梦耶?向之所云,其果梦邪?今之所传,其果真邪?今之所传,亦果梦耶?向之所梦,亦果妄耶?呜呼痛哉!'"(崔在穆、金龙龟注解:《韩文注解〈王阳明先生实记〉》,第310页)

[2] 王阳明十五岁时,曾在梦中见到马伏波将军庙,有诗(《王阳明全集》卷二〇《两广诗·梦中绝句》)为证(参见《阳明年谱》十五岁条)。

[3] 《王阳明全集》卷二〇《两广诗·谒伏波庙》。

[4] 上述内容参见《阳明年谱》五十七岁条。

> 四十年前梦里诗，此行天定岂人为！徂征敢倚风云阵，所过须同时雨师。尚喜远人知向望，却惭无术救疮痍。从来胜算归廊庙，耻说兵戈定四夷。

诗中阳明所说的"四十年前梦里诗，此行天定岂人为"，是其生涯中梦与现实相一致的精彩情景之一。青少年时期的梦中所见情景在四十多年后成为现实，阳明用"天定"来描述这种场面。若按阳明立场作进一步诠释，则"天定"不是别的，而是因"赖天之灵"而获得"天植灵根"的"良知"之作用。这是由于"良知原是知昼知夜的"、"良知常知"的缘故。总之，阳明在乌蛮滩拜谒马伏波祠堂，与其四十年前梦见马伏波相一致的情形，有必要细细体味。从中可以看出，阳明平时相信自己的良知活动，同时又将"梦—无意识—直觉"的虚幻世界很好地联系并运用于现实世界之中。

上述第三个梦最值得关注，因为正是阳明三十七岁那年，他在龙场的一场梦中听到了"格物致知之旨"，从而达到了"大悟"之境界（＝心即理之自觉）。以此为基础，阳明后来又展开了自己独特的哲学思考（心即理→知行合一→致良知）。换言之，阳明遵循的正是"梦→觉悟（顿觉）→理论（学说）诞生"的顺序。这在阳明学问中，可视为其思想创新的主要类型之一。所谓"从梦到觉悟、再到思想建构和展开"的阳明的思想特征，与其说是理性（logos）世界的，倒不如说是植根于感性（pathos）世界的。而正是在感性世界中，阳明获得了生机勃勃的活力。也许这些故事只有在尊重"心—良知"的阳明学中才有可能发生，而在尊重"理"的朱子学之类的思想体系中是很难发生的。

那么，阳明以后是否也能看到与此相似的类型呢？下面就来讨论一下其他阳明学者的梦的故事。

四、关于东亚阳明学者的"梦"和"觉悟"之位相

（一）王心斋的"梦""顿觉"及"造命"之热情

在王阳明之后，作为表现"梦"和"觉悟"之位相的思想家，可以举出阳明高弟王艮（心斋）。

王心斋生于江苏泰州，作为盐田劳动者而终身不仕，又作为商人而周游天下。在阳明去世八年前（1520年），心斋入阳明门下。后与王畿（龙溪）一起被誉为"二王"，并作为王门左派的中心人物和泰州学派之始祖而获得了很高名声。

王心斋主张"万物一体"，认为"一身"与"天下国家"为"一物"。并以"一身"为本、"天下国家"为末，而提出了以"一身"为中心点来谋划"天下国家"的所谓"淮南格物说"和"明哲保身论"。[1] 同时，作为庶民学者，心斋在儒学传

---

[1] 具体内容可参见崔在穆：《東アジアにおける陽明学の展開（东亚阳明学的展开）》，东京：ペリカン社，2006年，第93—97页。

道上也倾注了极大热情。[1]

就如从"无秩序、混沌（chaos）"中创造"秩序、理法（logos）"一样，心斋还提出了"大人造命"说，[2] 主张创造自我命运的"造命说"。即便对于具有这种热情思想倾向的心斋而言，在《心斋年谱》二十九岁条中也能看到他做梦后"顿觉心体洞彻"之告白：

> 先生一夕梦天坠压身，万人奔号求救。先生独奋臂托天而起，见日月列宿失序，又手自整布如故，万人欢舞拜谢。醒则汗溢如雨，顿觉心体洞彻，万物一体，宇宙在我之念，益真切不容已。[3]

这个梦讲的是为了拯救世间万人，心斋用臂膀将倒塌的天垫起来，并整顿日月列宿之秩序的故事。犹如混沌中诞生后被分为天地，接着又创造出自然环境的盘古神话一样，读了心斋这段梦的故事，竟会让人产生错觉。而心斋的这种热情表现与

---

[1] 例如，作为热烈的儒教信徒，王心斋以《礼记》为根据，穿着自己亲手做的当时儒者也不穿的儒服——深衣，以突显自己的儒者身份。（《明儒学案》卷三十二："按《礼经》制五常冠、深衣、大带、笏板，服之。曰：'言尧之言，行尧之行，而不服尧之服，可乎？'"）关于儒服、深衣，可参见吾妻重二：《关于深衣——近世中国、朝鲜和日本的儒服问题》，《东亚文化情报的发信与受容》，东京：雄松堂出版，2010 年。

[2] 《王心斋全集》卷三《语录》。

[3] 《王心斋全集》卷二。

阳明所谓的"狂态""狂者"之精神是一脉相承的。这也反映了从"心的本来自然"状态中涌现出的心斋万物一体之"仁"的精神。而更能体现心斋拯救万物之热情及狂者精神的，则是其四十岁左右写的《鳅鳝赋》。[1]

据说王心斋做了上述梦之后，"自此行住语默皆在觉中，题记壁间。先生梦后书'正德六年间，居仁三月半'"。[2] 可见，他对梦的体验（= 神秘体验）是非常强烈的。与此同时，他还切实体验了"万物一体"之"仁"，从而暗示了他进入那种神秘体验状态的时间持续了很久。不仅如此，这一记载还暗含着心斋试图有意强调，其体验过程要比孔子弟子"（颜）回也，

---

[1] 《王心斋全集》卷四《尺牍密证》。《鳅鳝赋》的大致内容如下："道人闲行于市，偶见肆前育鳝一缸，覆压缠绕，奄奄然若死之状。忽见一鳅从中而出，或上或下，或左或右，或前或后，周流不息，变动不居，若神龙然。其鳝因鳅得以转身通气，而有生意。是转鳝之身，通鳝之气，存鳝之生者，皆鳅之功也。虽然，亦鳅之乐也，非专为悯此鳝而然，亦非为望此鳝之报而然，自率其性而已耳。于是道人有感，喟然叹曰：'吾与同类并育于天地之间，得非若鳅鳝之同育于此缸乎？吾闻大丈夫以天地万物为一体，为天地立心，为生民立命，几不在兹乎？'遂思整车束装，慨然有周流四方之志。少顷，忽见风云雷雨交作，其鳅乘势跃入天河，投于大海，悠然而逝，纵横自在，快乐无边。回视樊笼之鳝，思将有以救之，奋身化龙，复作雷雨，倾满鳝缸，于是缠绕覆压者，皆欣欣然有生意。俟其苏醒精神，同归于长江大海矣。道人欣然就道而行，或谓道人曰：'将入樊笼乎？'曰：'否。吾岂匏瓜也哉？焉能系而不食。''将高飞远举乎？'曰：'否。吾非斯人之徒与而谁与？''然则如之何？'曰：'虽不离于物，亦不囿于物也。'"对此，崔在穆在《东亚阳明学的展开》中有详细阐述（第 220—222 页）。
[2] 《王心斋全集》卷二，《年谱》二十九岁条。

其心三月不违仁"[1]的时间更长。

王心斋遵循了与王阳明几乎相同的"梦→顿觉→理论（学说）之诞生"的顺序。若再审视韩、日两国，则可以看出，阳明的狂、狂者精神及"梦→觉悟"之类型在韩、日也得到了很好的继承。

（二）郑霞谷的梦与"真得王学之病"

曾被郑寅普的《阳明学演论》称作"韩国阳明学的集大成者"或"韩国顶级阳明学者"的霞谷郑齐斗，乃是韩国阳明学的代表人物。

郑霞谷处于朝鲜时代阳明学之展开的中心位置。他开创了"江华学派"，[2]其阳明学传统一直持续到韩国的近现代。郑霞谷还可与作为"近江圣人"而广为人知的日本阳明学创始者中江藤树相媲美。[3]

霞谷约二十三岁时开始学习阳明学，三十多岁时曾明确表

---

[1] 《论语·雍也》。
[2] 按：郑霞谷在六十一岁（1709）八月从安山移居江华岛，直到八十八岁（1736）去世，一直在此地教授郑厚一、李匡明、李匡师等弟子。后其学脉又经李忠翊、李令翊、李勉伯、李是远等而得以延续。到李建昌、李建芳时，遂形成以江华为中心的学派，一般称为"江华学派"。但也有观点认为，韩国基本上没有阳明学派（参见中纯夫：《关于韩国阳明学的特质》，收入马渊昌也编：《东亚阳明学——接触·疏通·变容》，东京：东方书店，2011年，第86页）。
[3] 对此内容的详述，可参见崔在穆：《东亚阳明学展开的一个位相——以郑霞谷与中江藤树对"致良知"的解释为中心》，《哲学论丛》第9辑，岭南哲学会，1993年9月。该内容也收录于崔在穆：《东亚阳明学》，首尔：艺文书院，1996年。

明自己信奉阳明学，认为"阳明学是正确的"，并在此立场上与前辈、挚友通过书函往来而展开论争。[1]

据说郑霞谷二十三岁（显宗十二年）时曾读《阳明集》，[2] 因其"道"极简要、精微，而深感喜悦。然而，恰巧在那年（辛亥年）六月，在汉城（首尔）的"东湖"留宿一夜时，他在梦中突然觉悟到王氏致良知之学虽然非常精微，但却存在着"任情纵欲"的病弊。为表示此论点之重要，他特地在其后加了一句九个字释文："此四字真得王学之病。"

> 余观《阳明集》，其道有简要而甚精者，心深欣会而好之。辛亥六月，适往东湖[3]宿焉。梦中忽思得王氏致良知之学甚精。抑其弊或有任情纵欲之患（此四字真得王学之病）。[4]

霞谷这种体验式告白，在通过梦而形成的背景中，或许还暗示了他受容阳明学时，他的周边曾有不少偏见和误解。对此，可以用与王阳明有过往来论辩的顾东桥，在写给阳明的书信中也曾意识到阳明学的问题在于"任情恣意"，来作为佐

---

[1] 按：郑霞谷曾通过书翰与朴世采、尹拯、闵以升、崔锡鼎等讨论阳明学。
[2] 按：也有人认为辛亥年时郑霞谷八十三岁（参见崔在穆：《关于霞谷郑齐斗对"致良知说之弊"的批判的再探讨》，《阳明学》第15号，韩国阳明学会，2005年12月）。
[3] 按："东湖"是指形成贯流于汉城的汉江之一部分，今地处连接城东区玉水洞和江南区押鸥亭洞之间的东湖大桥附近。
[4] 《霞谷集》卷九《存言下》，四十三岁条。

证。[1] 姑且不论其内容的真实性，顾东桥所指出的问题与郑霞谷有相通之处，却是不争的事实。

当时对于郑霞谷学习阳明学抱有不少偏见和误解的有闵以升等人，郑霞谷曾与闵以升展开过论辩。闵氏画了一幅《良知图》给霞谷（现在无法确认哪幅《良知图》是闵以升画的），但霞谷认为闵以升的《良知图》与王阳明的本义存在不符之处，遂将从自己见解入手而修改过的《良知图》重新送还闵以升。由于该《良知图》将"良知"区分为"体"和"用"并进行了说明，所以一般称之为《良知体用图》。[2]（见【图34 郑霞谷的《良知体用图》】）

《良知体用图》由三个同心圆构成，即里面是"性圈"，中间是"情圈"，外面是"万物圈"。在圆的外面上下各写了"天"和"地"，以标示包括人类在内的天地万物之存在和活动的具体时间与空间。各领域（圈）之间都有围着的圆，以明确其各自固有的领域之界线。同时，这或许也是为了克服在东湖之梦中觉悟到的"任情纵欲"之弊（＝王学之病）。因为在霞谷看来，在"性—情""理—气"关系中不能有循环和差错，所以要用"体用形态"来"设定控制装置"。[3] 在这幅图中，作者

---

[1] 据《传习录》中卷《答顾东桥书》载："来书云：'人之心体，本无不明，而气拘物蔽，鲜有不昏。非学、问、思、辨以明天下治理，则善恶之机，真妄之辨，不能自觉，任情恣意，其害有不可胜言者矣。'"
[2] 《霞谷集》卷一《答闵诚斋书二》。
[3] 参见崔在穆：《东亚阳明学中"体用论"的意义》，《阳明学》第9号，韩国阳明学会，2003年。

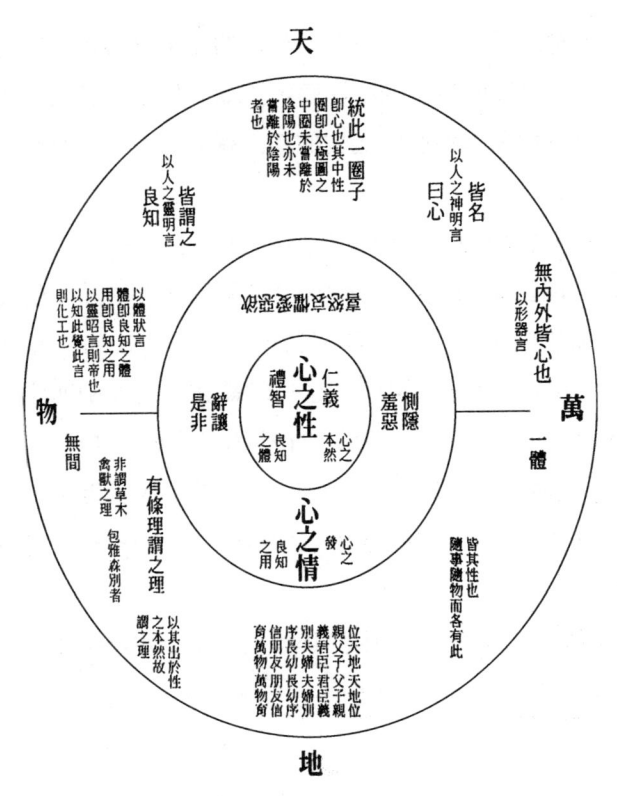

图34　郑霞谷的《良知体用图》

明确规定了宇宙万物是以人类"良知"为中心而构成的。进而言之，人类与万物是以"无间"状态存在的。与作为人类逻辑的、知性的"工夫、修行"之过程而获得觉悟状态的"合一"不同的是，"无间"状态无需特别逻辑的、知性的"工夫、修行"，而只是把人类与万物"本来"（逻辑与认识以前）就已为一的不言而喻的事实作为前提。

为了对郑霞谷二十三岁时所获得的觉悟进行再回味，让我们暂时将视野转向日本的中江藤树。如果把中江藤树进入阳明学时的感怀与郑霞谷加以比较的话，就会得出一个鲜明而有趣的结论。

在日本思想史上，中江藤树是自觉受容和正式研究阳明学的人，因此被称为"日本阳明学的开山鼻祖"。在相当于始祖的藤树门下，出现了熊泽蕃山（1619—1691）和渊冈山（1617—1686）两位大弟子。这一时期属于日本阳明学的第一期。此后又出现了使日本阳明学得以中兴的三轮执斋（1669—1744），这属于第二期。再往后，还出现了代表近世阳明学的佐藤一斋（1772—1859）和大盐中斋（1793—1837），这属于第三期。[1]

日本阳明学的开山祖中江藤树在三十七岁接触王阳明学问时曾这样说过：

> 道学之志今如何？知定在日日可罢成矣。虽私事深，信朱学，年久用工，然无入德之效，故愤而疑学术矣。得天道之惠，买《阳明全集》而熟读之，则虽疑如拙子，发明而启愤，犹觉入德把柄入手，一生之大幸，言语之道断矣。若无此一助，则此生空空如也。委于面上，物语之

---

[1] 对此问题之检讨，可参见崔在穆：《日本阳明学的展开》，《阳明学》第1号，韩国阳明学会，1997年11月。

事，只存于暮。百年已前，王阳明先觉出世，指点朱学之非，发明孔门嫡派之学术；又信《大学古本》，解致知之知为良知。遂发明而开悟矣。[1]

也就是说，藤树在接触阳明学前曾一直信赖朱子学并固守其格法，但对所谓的入德效果却抱有怀疑。后承蒙天道恩惠，得《阳明全书》并熟读之，遂使自己以往的疑虑豁然冰释，并且把握住了入德之手段（把柄）。这对藤树来说，是人生的一大幸事，也是无法用语言来表达的愉悦。王阳明曾将"致知"之"知"解释为"良知"，而藤树正是在这一新的解释的基础上才得到开悟的。[2] 这可谓是中江藤树之告白。

与此相反，郑霞谷却犹如前述，虽然"余观《阳明集》，其道有简要而甚精者，心深欣会而好之"，但最终还是得出了"王氏致良知之学甚精。抑其弊或有任情纵欲之患"，而"任情纵欲""此四字真得王学之病"的结论。

中江藤树表明了自己把阳明学作为批判和克服朱子学的形态而加以受容的意义和喜悦。而郑霞谷则虽然提到了受容阳明学的意义和喜悦，但亦对阳明学的病弊抱有自觉和警戒，并以此为基础，将阳明学作为按照当时朝鲜的思想风土进行修正的

---

[1] 《藤树先生全集》卷一八《与池田子》。又载《中江藤树全集》卷二，《年谱》三十七岁条。
[2] 详见崔在穆：《东亚阳明学的展开》第1章第3节；崔在穆：《东亚阳明学》第1章。

形态来加以接受。

结果，郑霞谷以矫正王阳明"任情纵欲"之弊（=王学之病）的方式接受了他的良知说，并建构了自己的思想体系。这就是他的《良知体用图》。

总之，郑霞谷与王阳明、王心斋相似，也延续了"梦→觉悟→理论（学说）诞生"的顺序。

（三）佐藤一斋的梦："梦我"与"真我"的问题

尽管在日本阳明学中是很难找到明确遵循"梦→觉悟→理论（学说）诞生"之顺序的案例，而只对梦和觉悟作过片面的讨论，但还是可以从佐藤一斋（1772—1859）那里找到相似的例子。

佐藤一斋在其后半生所历经的四十多年间，曾撰写过相当于领导者指南书的四种随想录，即被称为"言志四录"的《言志录》《言志后录》《言志晚录》和《言志耋录》。[1] 他在《言志晚录》中说过：

> 梦中之我，我也；醒后之我，我也。知己为梦我，为醒我者，心之灵也。灵即真我也。真我自知，无闲于醒睡，常灵常觉，亘乎万古而不死者矣。[2]

---

[1] 按：本文参考了《阳明学大系》第九卷《日本的阳明学（中）》（东京：明德出版社，1972年）中的原文和译文，特此说明。
[2] 佐藤一斋：《言志录》，首尔：alephbook，2009年，第507页。

在他看来,"梦中之我"与"醒后之我"或"醒"与"睡"之间,是"一"的关系而非"二"之关系。这就是所谓的真正醒着的心之状态(=心的灵明状态),而这种醒着的心是"真我",是永远不会死的。

佐藤一斋将梦与现实视为一个东西,其所依据的便是把生与死、醒与睡等视为一体,也就是他在《言志录》中提到的"夫昼夜一理,幽明一理";[1]"生是死之始,死是生之终,不生则不死,不死则不生,生固生,死亦生,生生之谓道,即此";[2]"欲知死之后,当观生之前。昼夜,死生也;醒睡,死生也;呼吸,死生也"。[3]尽管认为有程度的差异,但佐藤一斋没有把梦与现实、生与死视为两件事物,而是看成一个东西。正是带着以这种思想为基础而获得的觉悟,他才展开了自己的思想探索。

当然,在佐藤一斋的思想探索过程中,没有像王阳明、王心斋、郑霞谷那样明确体现出"梦→觉悟→理论(学说)诞生"的顺序,但他将"梦中之我(=梦我)"与"醒后之我(=醒我)"或"醒"与"睡"视为一体的认识,则成为其思想展开的基础。就这一点而言,可以说佐藤一斋与其他地域的阳明学者是有相通之处的。

---

[1]《言志录》,第104页。
[2]《言志录》,第503页。
[3]《言志录》,第504页。

五、结　语

通过以上论述，笔者认为，对于东亚阳明学者而言，其一生中做过某种重要的"梦"后，必会有"觉悟"，然后再形成思想家独自的新的思想立场和理论。这意味着阳明学的某种理论和学说，不是经过理智的、逻辑的过程，而是通过所谓"梦"的"神秘体验"才产生的。这一点与经过长期渐进的、理智的、逻辑的阶段后到达飞跃的"豁然贯通"之境地的朱子学派之氛围是不同的。

表7　东亚阳明学者的"梦"和"觉悟"之模式

梦→觉悟／顿觉→理论（学说）的诞生

本文在分析王阳明和阳明学者所体现的"梦—觉悟"问题时，与其说是在讨论弗洛伊德等，不如说是在思考心学之特性，以图忠实地接近其思想的内在逻辑。不仅古代西方，而且古代东方也将梦视为预言未来的绝对者（神）的告知，并据此为政治行为提供支撑。

古人只能通过梦或占术来把握绝对神的意志或征兆。换言之，梦是接触神意的通道。当然，在受到神的支配的情况下，人类是没有独立之心的，也不存在我（自我），故而也没有做梦的必要，这是由于完全依赖作为绝对者神的命令、声音，并服从神意，与神一致的缘故。也就是说，梦是心从神独立出来之后才产生的,人心独立是在神沉默之后才会有的。人在神沉默的情况下,只能等待前兆(征兆)。与能动的、自发的占术不同,梦是被动地等待神意。

王阳明将被动的梦与能动的、自发的占术无缝对接起来,同时又把处于梦的预兆、占卜征兆之终极点的天(=绝对他者)完全内置于良知中。而这正是为了将绝对他者=他力融入自我之中,使之自我化,并转化为能动的、自发的力量。这种把他力合一于所谓良知之自力概念的思维结构,乃是阳明思想之独特性的具体体现。从中明显可以看出他对热情与"狂"、个性与自由、人类性情对自然的信赖、合一以及平等的向往。而推动王阳明、阳明学之个性展开的,正是中国自古以来隐含着的本源一体、混沌浑一的志向性及其所具有的巨大能量。阳明学便可以说是致力于通过与现实的结合,而汇入了新的一体、混沌及自然的思想史,而梦就处于这样的维度之中。对阳明而言,梦是良知的灵明活动,而梦想乃是其活动之一。若良知能直觉、体悟其真正的信息,便可以得到"觉悟"。

尤其是中国,就像王阳明和王心斋所代表的,尽管内容上略有差异,但基本上都是以对宇宙万物间所具有的"吾心=我"之绝对性的自觉为核心的。在这种思想自觉的背后,不是朱子学在理智的、逻辑的过程中所体现出的工夫的冷静和严肃,而是王阳明思想中本来所具有的人类存在的自律性、自由性和奔放性。当这种思想作用于社会时,便会积极地体现出与"万物一体"之救济相关的"狂者"态度。

相反,像韩国的郑霞谷,在"'所谓朝鲜的时空间'='地域的(local)民族情绪(ethos)'"的作用下,而选择性地受容了中国阳明学,从而使宇宙论的观念略显退化,而自由性、奔放性(pathos)在体用论的稳定形式(框架)内被重新调整和固定。因此,郑霞谷的阳明学遂把祛除"任情纵欲"之弊="王学之病"的理论形态予以体系化,这就是他的《良知体用图》所要表达的主要诉求。

而像日本阳明学,在讨论梦和觉悟上虽显片面,但在佐藤一斋那里,我们同样也能看到梦与觉悟的关联性。佐藤一斋将"梦中之我"与"醒后之我"或"醒"与"睡"视为一体,将"梦我"与"醒我"相等同。因此,他虽然没有像王阳明、王心斋、郑霞谷那样体现出明显的"梦→觉悟→理论(学说)诞生"之顺序,但将"醒"与"睡"视为一体的觉悟则成为其思想展开的基础。这点可以说是与其他地域的阳明学者有相通之处的。

如上所述,东亚阳明学者重视梦与觉悟的关联性,这是指我们虽将"心—自我—主体"置于中心位置而寻找人生,但还是不懈地倾听"无意识—生命——体—混沌—身体—感性"的声音。没有明确地区分梦与现实,乃是东亚阳明学者自觉到人的感性作用、生物节律与宇宙生命力之间具有相通性(=通路)的缘故。阳明学不像程朱学,后者追求被固定化、客观化、形式化的"定理"世界,而阳明学梦想的是"人之热血的流动"形态及其万物一体论(类似郑霞谷的"万物一体无间"等)。

这一点是值得我们反复回味的。

可以说，重视有梦、热情、觉悟、生命及日常生活的阳明学，对于发扬所有个体生命体的人类志向是有启示意义的。同时，阳明学在具体的个体觉悟上，也是尊重并致力于将自己的主体世界加以自觉又创造性地展开的。而这一点与强调生命种类多样性的生命体伦理也是相通的。因此，比起战争—竞争之模型的人生观，阳明学在志向于感性的、文化的、交响乐及创意模型式的人生观方面，是可以做出贡献的。

译者后记

崔在穆教授是当代韩国阳明学研究与教学领域的后起之秀，也是比较东亚阳明学这块新开垦的学术阵地的生力军。他在日本留学多年，是日本著名思想家高桥进先生的高足。本书即为崔教授在其日文博士论文[1]的基础上补充修订而成。这次我带领钟莹、陈璐二位有过日本留学经历的青年人，把株式会社ぺりかん社2006年12月出版的日文原文翻译成中文，就是为了让更多的中文世界的读者能够较为全面地了解韩国学者的阳明学观及其东亚视域。

除了作者本人，我可以说是最早读到该书日文校样的人之一。记得2003年10月，我应崔教授之邀出席了在韩国岭南大学校举办的"东亚儒教与近代之'知'国际学术研讨会"，会上结识了ぺりかん社社长宫田研二先生，会后组织参观考察，又在途中的大巴上从崔教授那里看到了该书的清样。当时并未细看，只是浏览了目录与概要，但即使如此，该书的开阔视野

---

[1] 崔在穆:《東アジアにおける陽明学の展開》，东京：筑波大学博士学位论文，1991年。

和问题意识仍给我留下了很深的印象，于是当场向崔教授求书。三年后，当捧起从韩国寄来的装帧精美的日本版时，颇有重见恨晚之感。

我与崔教授初识于2002年春季的贵阳"王阳明文化节"，当时约定于杭州再见，没想到几个月后，崔教授就利用暑期专程来浙江考察王阳明遗迹，其严谨的学风和对田野调查的专注，令我心服。自此以后，我便与崔教授成了学术上的"知己"。十余年来，你来我往，交往频繁，相互取益，互动共进。所以当崔教授提出让我翻译此书日文版时，我便毫不犹豫地接受了。但没想到，一旦进入操作程序，原本以为驾轻就熟的翻译工作，却成了进入2011年以后自己的一桩心事，几度进入状态，又几度被"杂事"所干扰而中途夭折。最后尽管在繁忙之余总算挤出时间完成了此项任务，但译文质量平平，出版计划一拖再拖，不仅有愧于崔教授，更有愧于将此书列入台湾大学东亚文明研究丛书的黄俊杰教授。

早在二十世纪九十年代，日本学者就提出了"从东亚出发思考"的命题。其中所蕴含的极具挑战性的区域思想史的研究方法，很快引起了东亚乃至西方学者的兴趣。比如韩国学术界即对东亚整体性思维提出了自己的设想。坐落在韩国北部庆尚北道庆山市的韩国最大的私立大学岭南大学校，在"从东亚出发思考"上的展开及其所组织的各项学术活动，在韩国国内可以说是比较突出的，崔教授则是其中较为积极并取得丰硕成果的学者之一。比如2001年成立于岭南大学的，其主旨是以修己治人的儒家仁义为根本，以轮回转生的佛教慈悲为基础，以超然绝尘的道家自然为原则，用儒、佛、道三家的理念整合东亚的人文精神，以响应、调和欧美的科学文明的"东亚人文学会"[1]，以及成立于二十一世纪初的"国际退溪学会大邱庆北支部"，崔教授都在其中发挥了骨干作用。再比如2003年10月31日至11月3日在岭南大学举行的"东亚儒教与近代之'知'国际学术研讨会"，乃是中、日、韩三国的东亚思想文化研究者轮流举办的"从东亚出发思考"的重要学术会议，崔教授作为此次会议的召集人，为会议的成功举办发挥了关键作用。

崔教授的这部著作，为我们展示了中国儒学在域外传播的主要学派之一阳明学在中、日、韩三国的展开过程及其各自所显示的特色。其中的异域之展开，依笔者之见，其实就是阳明学的在地化即本土化的过程。与近代以来阳明学在欧美诸国在学术层面的研究和体验不同，我们的近邻日本和韩国是把阳明学融入进本民族的文化血液里，然后又使之融合为本民族思想文化的组成部分，进而建构为日本阳明学派和韩国阳明学派。不过需要特别指出的是，与中国阳明学派的分化形态不同，日、韩阳明学派不是从中国阳明学派的"母体"中"分化"出

---

[1] 该会现有韩、中、日、美等国家和地区的会员三百余人，除举办国际性的学术会议外，具有国际标准的连续性刊物《东亚人文学》会刊（主编是岭南大学教授洪瑀钦），乃是该会联络海内外同仁、研究东亚人文学的主要窗口。

去的，而是经过在地化即本土化的过程而形成的颇具日、韩两国民族特色的"异样"的阳明学派。故而名为阳明学派，其实已化为源远流长的日、韩固有国学传统之血脉。这就使得对三国阳明学进行比较研究成了十分迫切的课题，也成为东亚合作（共同体）的必要前提。然而这项工作，却因种种原因迟至二十世纪八十年代以后才受到三国学术界的重视。这其中，政治阻隔无疑是主要原因，而技术训练和文献积累不足也是不可回避的问题之一。因为要进行东亚阳明学的比较研究，从技术层面讲，首先需要具备三国学术文化背景、异国语言文字训练及古今典籍文献积累等，而这些方面长期以来几乎是处于空白状态的。崔教授具备了这些条件，所以他能站在更高的平台上审视东亚阳明学，并提出比较论的方法和主张。正因为此，他所进行的综合对比，相对来说显得较为饱满且颇具创意。

2009年中国人民大学出版社出版了崔在穆教授的韩文著作《东亚阳明学》的中译本。[1] 然该书不足十万字，除论述王阳明思想的部分有少量重复外，其他皆不同于本书。从内容上看，本书可谓《东亚阳明学》中译本的续篇。两书相合，才可以较为全面而系统地反映出崔教授对东亚阳明学形成、发展、演变的完整思考。因此，笔者翻译本书，绝不是"炒冷饭"，

---

[1] 笔者在翻译本书时，曾与该书的部分内容作了对校，发现该书有不少译文与作者原意不相符，尤其是该书所引用的日文古典，或许译者对古日语较为生疏的缘故，译文品质极差。本书在翻译时，对这部分内容也作了校正。

而是对《东亚阳明学》的补充和拓展，甚至可以说是用崔教授的成熟思考代替他的欠完备之作。

在本书的翻译过程中，我们除了本着忠于原著的精神，对原文进行意译外，还核对了正文及注释中的各种文献。对有现代标点本的，则补充注明册数和页码；对个别名词，则加了译者注，对原文中明显有误的地方，则加了译者按语。由于韩籍引文注释（包括对古籍原典的征引）与中国通行出版物学术规范有异，我们在翻译过程中对原文进行了一番技术处理与覆校修正。

本书的序论、结论及第二、五部的大部分章节由钱明翻译，其他部分则先请北京第二外国语学院学士钟莹和大阪大学文学院硕士陈璐分别译出初稿（钟莹翻译了第一、三、四部约六万字，陈璐翻译了第二、五、六部中的部分内容约四万字），然后由钱明复译。最后由钱明对全部内容进行统校、加注并规范化和体例化，以符合台大出版中心的出版要求。因此，本书的所有错误和不足，自当由钱明承担全责。

台湾大学人文高等研究院院长黄俊杰教授，还有该院的蔡振丰、张崑将教授对本书的翻译和出版给予了很多指导和帮助。台湾大学人文高等研究院编助庄士杰先生则对本书的计算机编排和体例统一给予了技术上的支持和帮助，并且为全书作了人名索引和文献索引。借此机会，一并致以最衷心的感谢！

钱明记于 2010 年 5 月，改于 2019 年 2 月

追记： 本人一直认为，学术研究最好能够同时具备两个身份：一个是某区域或国别的专家，另一个是某个学科的学者。就本人而言，虽以阳明学学科为主业，但始终致力于东亚区域尤其是日本历史文化的学习和研究。因此，本人虽不属于区域和国别研究领域的专家，但算得上是东亚尤其是日本思想文化的学者。换言之，本人在学科上是以阳明学为自己的主业，在区域和国别上是以东亚及日本为兴趣点，而将两种身份相结合，则为本人十余年来的学术取向。但本人深知，在区域与国别研究领域，如果不加以适度整合，很容易造成研究者分别强调对象国别和区域之特性或重要性的倾向。故而本人一直尽力将学术视野从中国和日本扩展到朝鲜半岛乃至整个东南亚，以避免陷入片面性和碎片化。然而，由于国别语的巨大局限，本人对朝鲜、东南亚思想文化的了解可以说是肤浅的、零碎的。正因为此，趁本书中国大陆版出版之际，对其进行增补和修订，尤其将其与韩语版进行互校，就显得十分必要。这也是本人要对金明月、李愚辰两位先生为此次修订和增补所付出的辛勤劳作表示由衷感谢的重要原因。需要说明的是，本书最后的文字修饰和统稿、定稿、校改皆由本人完成，因而所存在的问题或错误自当由本人负全责。

钱明追记于 2019 年 2 月

校译者补记

如果要用一个词来概括阳明学，我想非"乐学"不可。这也是我在校译我的博士导师崔在穆教授的著作《比较阳明学——以中韩日三国为视域》过程中的最大感受。这次校译也是我对王阳明曾说过的"乐是心之本体，虽不同于七情之乐，而亦不外于七情之乐"的一次实践。

本书作者崔在穆教授是韩国阳明学界的领军人物，发表并出版了大量与东亚阳明学相关的论文和著作。崔在穆教授治学严谨，而堪称其代表作的《比较阳明学——以中韩日三国为视域》就是其"大胆假设，小心求证"的一项硕果。

对韩、中、日三国阳明学的展开这个主题的设想是大胆的。这个"大"主要表现在以下几个方面。首先是考察的思想家的数量之大，中国从王阳明开篇到王畿、王艮、罗汝芳、梁汝元、李贽等，韩国从许筠经崔鸣吉、张维到郑齐斗，日本从中江藤树、熊泽蕃山、大盐中斋、佐藤一斋直至近代日本阳明学者。其次是考察的时期跨度之大，在中国从明代中期开始到清初，韩国从朝鲜中期到近代，日本从江户初期到末期。而作者并没有因为其大而忽视了对其细节的考察。作者像解牛的庖丁一样，对东亚阳明学做了一次脉络清晰的分解，其敏锐的判断力和细致的分析能力让人叹服。作者首先论证了阳明学的核心概念"致良知"所具有的积极属性和消极属性，其次以这两个属性为主线，对东亚三国阳明学者的思维结构和思想特征进行了剖析。在此过程中，作者一方面对东亚阳明学者的致良知论、万物一体论、人欲论、权道论、三教合一论做了流畅而又有说服力的比较研究，另一方面又揭示了东亚三国因各自的不同之"场"而对阳明学所进行的重新塑造。这足以表明作者的"大胆假设，小心求证"之为学方法和态度的严谨性。

近年来学术界出现了"去中心化"倾向，大部分学者将研究重点放在了对琐碎问题的考证上，而真正打通语言界限、国家意识、时代屏障及专业壁垒，在宏大的视野下理清某一领域的学术脉络的研究却是少之又少。《比较阳明学——以中韩日三国为视域》在中国大陆的出版，可以说很好地弥补了这一缺陷。

《比较阳明学——以中韩日三国为视域》，是以2016年在韩国出版的、由李愚辰博士翻译的《东亚阳明学的展开》（韩语版）为底本完成的。而韩语版又是以原日文版和2011年由台湾大学出版中心出版的由钱明教授译的同名中文版为基础，并且经译者（李愚辰）与著者（崔在穆）对其中的部分内容进行修正和补充后完成的。补充和修改的内容大致如下：① 标点符号的改正；② 每章开始添加了图片；③ 文中添加了各种图表；④ 在脚注中添加了日语原文（这部分内容有二三万字）；

⑤ 对第一章内容作了补充（即第二、三节等）；⑥ 增补了附录中的三篇论文，并对其进行了翻译等。此次增补版在忠实于韩文版的前提下，不仅对以上增补和修正的部分作了翻译，还对原中文版中出现的误译误记作了修正，特别是对日语候文的翻译以韩译版为准作了重译。另外在形式上还对文中的脚注及个别词汇作了统一处理。因为有了内容的修正和补充，所以结论部分也做了相应的调整。但这并不代表是对全文的改译和再译。对哲学著作的翻译是件很不容易的事，我们是在尊重原著和原译者，尽量不影响全书风格的前提下，大胆而又小心翼翼地进行了修订和补译。另外要说明的是，附录中的三篇论文，可能会因译者不同而风格各异。在翻译过程中，原译者钱明教授的才华和智慧让我们时时发出感叹，甚至感到若是没有他的工作，仅凭我们的能力是不会有此书之完成的。当然，本人的补译和重译部分难免会有不足之处，希望能得到各位同仁的批评和指正。这次增补版能够在短时间内顺利完成，离不开李愚辰博士的帮助，借此特向李愚辰博士和给我这个机会的崔在穆教授表示感谢。

校译者　金明月

参考文献

文献原典类

一、中文文献

《四书大全》,济南:山东友谊书社,1989年。

《二十五史》,48—49,《明史》,台北:艺文印书馆。

黄宗羲:《明儒学案》,北京:中华书局,1985年。

顾炎武:《日知录》,人人文库18,台北:商务印书馆。

王守仁:《王阳明全集》,上海:上海古籍出版社,1992年。

王艮:《重镌心斋王先生全集》,日本内阁文库所藏万历年间刊本。

梁汝元:《何心隐集》,北京:中华书局,1960年。

陆陇其:《三鱼堂全集》,扫叶山房宣统三年刊本。

朱熹:《朱子语类》,北京:中华书局,1986年。

朱熹:《晦庵先生朱文公文集》,台北:大化书局,1985年。

朱熹、吕祖谦:《近思录》,台北:中华书局,1977年。

张载:《张载集》,北京:中华书局,1978年。

程颐、程颢:《二程集》,北京:中华书局,1981年。

李贽:《焚书》,北京:中华书局,1959年。

二、韩文文献

郑齐斗：《霞谷全集》，首尔：丽江出版社，1988年。

郑齐斗：《国译霞谷集》1—2，尹南汉译，首尔：民族文化推进会，1972年。

李珥：《栗谷全书》，《韩国文集丛刊》第44册，韩国文集丛刊编纂会，首尔：民族文化推进会，1997年。

李滉：《退溪集》，《韩国文集丛刊》第30册，韩国文集丛刊编纂会，首尔：民族文化推进会，1997年。

张维：《溪谷集》，《韩国文集丛刊》第92册，韩国文集丛刊编纂会，首尔：民族文化推进会，1997年。

崔鸣吉：《迟川集》，《韩国文集丛刊》第89册，韩国文集丛刊编纂会，首尔：民族文化推进会，1997年。

国史编纂委员会：《朝鲜王朝实录》22，首尔：探求堂，1967年。

三、日文文献

中江藤树：《藤树先生全集》，东京：岩波书店，1940年。

熊泽蕃山：《蕃山全集》，东京：名著出版，1980年。

安冈正笃等监修：《阳明学大系》第1卷，《阳明学入门》，东京：明德出版社，1971年。

安冈正笃等监修：《阳明学大系》第12卷，《阳明学便览》，东京：明德出版社，1974年。

《日本教育思想大系》11，《大盐中斋》，东京：日本图书中心，1979年。

《日本思想史大系》30,《熊泽蕃山》,东京:岩波书店,1971年。
《日本思想史大系》29,《中江藤树》,东京:岩波书店,1974年。
《日本思想史大系》46,《佐藤一斋·大盐中斋》,东京:岩波书店。1980年。
后藤基已:《大盐中斋》,《日本の阳明学》上,《阳明学大系》第8卷,东京:明德出版社,1974年。
竹内弘行、角田达朗:《大盐中斋》,《シリーズ阳明学》25,东京:明德出版社,1994年。
荒木见悟、沟口雄三:《朱子·王阳明》,《世界の名著·续》4,东京:中央公论社,1972年。
福田殖:《陈白沙》,《中国古典新书续编》13,东京:明德出版社,1991年。
《古今实录——大盐中斋传记》,东京:荣泉社,明治十九年。

研究著作类

一、中文研究

乔清举:《湛若水哲学思想研究》,台北:文津出版社,1993年。
戴瑞坤:《阳明学说对日本之影响》,台北:中国文化大学出版部,1981年。
容肇祖:《明代思想史》,台北:开明书局,1962年。
郑德熙:《阳明学对韩国的影响》,台北:文史哲出版社,1986年。
张君劢:《比较中日阳明学》,台北:商务印书馆,1968年。

祝平次：《朱子学与明初理学的发展》，台北：台湾学生书局，1994年。

嵇文甫：《左派王学》，上海：开明书店，1934年。

牟宗三：《心体与性体》，台北：正中书局，1968年。

钱穆：《宋明理学概述》，台北：台湾学生书局，1977年。

蔡仁厚：《王阳明哲学》，台北：三民书局，1983年。

二、日文研究

加地伸行：《中国思想からみた日本思想史研究》，东京：吉川弘文馆，1985年。

冈本郎一：《大盐中斋》，东京：创元社，1975年。

冈田武彦：《王阳明と明末の儒学》，东京：明德出版社，1970年。

冈田武彦编：《阳明学の世界》，东京：明德出版社，1986年。

高桥进：《朱熹と王阳明》，东京：国书刊行会，1977年。

高畑常信、小尾郊一：《大盐中斋・佐久间象山》，《日本の思想家》38，东京：明德出版社，1981年。

宫城公子：《大盐中斋》，《日本の名著》27，东京：朝日新闻社，1977年。

吉田公平：《陆象山と王阳明》，东京：研文出版，1990年。

楠本正继：《宋明时代儒学思想の研究》，东京：广池学院出版部，1962年。

大桥建二：《日本阳明学：奇跡の系谱》，东京：丛文社，1995年。

渡部武：《中江藤树》，东京：清水书院，1974年。

岛田虔次:《朱子学と阳明学》,东京: 岩波书店,1967 年。

木村光德:《藤树学の成立に关する研究》,东京: 风间书房,1971 年。

木村光德编:《日本阳明学派の研究——藤树学派の思想とその资料》,东京: 明德出版社,1986 年。

武内义雄:《中国思想史》,东京: 岩波书店,1957 年。

半谷二郎:《大盐中斋》,东京: 旺史社,1977 年。

福永光司:《中国の哲学・宗教・艺术》,京都: 人文书院,1988 年。

山井涌:《明清思想史の研究》,东京: 东京大学出版会,1980 年。

山下龙二:《阳明学の研究》(上、下),东京: 现代情报社,1981 年。

三谷秀治:《大盐中斋》,东京: 新日本出版社,1993 年。

森三树三郎:《中国文化と日本文化》,京都: 人文书院,1988 年。

三浦国雄:《中国人のトポス》,《平凡社选书》127,东京: 平凡社,1988 年。

小野泽精一、福永光司、山井涌编:《气の思想》,东京: 东京大学出版会,1978 年。

安田二郎:《中国近世思想研究》,东京: 筑摩书房。1976 年。

岩间一雄:《中国政治思想史研究》,东京: 未来社,1968 年。

奥崎裕司:《中国乡村地主の研究》,东京: 汲古书院,1978 年。

友枝龙太郎:《朱子の思想形成》,东京: 春秋社,1979 年。

宇野哲人:《支那哲学史——近世儒学》,东京: 宝文社,1954 年。

源了圆：《近世初期实学思想の研究》，东京：创文社，1980年。

原田伴彦：《大盐平八郎》，东京：小学馆，1975年。

原田伴彦：《反逆の日本史：大盐平八郎》，东京：时事通信社，1979年。

井上哲次郎：《日本阳明学派之哲学》，东京：富山房，明治三十三年。

诸桥辙次：《经学研究序说》，东京：目黑书店，1936年。

志贺一郎：《湛甘泉の研究》，东京：风间书房，1977年。

志贺一郎：《湛甘泉の学说》，东京：风间书房，1983年。

志贺一郎：《湛甘泉と王阳明の关系》，东京：风间书房，1985年。

秋月胤继：《元明时代の儒教》，东京：甲子社书房，1928年。

幸田成友：《大盐平八郎》，东京：东亚书房，1977年。

荒木见悟：《明代思想研究》，东京：创文社，1978年。

荒木见悟：《阳明学の展开と佛教》，东京：研文出版社，1984年。

荒木见悟：《佛教と阳明学》，东京：文明社，1979年。

高桥进著，安炳周、李基东译：《李退溪及其敬哲学》，首尔：新丘文化社，1986年。

中村元等编：《岩波佛教辞典》，东京，岩波书店，1989年。

崔在穆论文：收入《训读から见なおす东アジア》，东京：ぺリかん，2012年。

崔在穆论文：收入《续训读论——东アジア汉文世界の形成》，东京：勉诚出版，2010年。

崔在穆论文：收入《礼乐文化》，东京：东京大学出版会，2014年。

崔在穆论文：收入《经书解释の思想史——共有と多样の东アジア》，东京：ぺりかん，2010 年。

三、韩文研究

金吉焕：《韩国阳明学研究》，首尔：一志社，1981 年。

裵永东：《明末清初思想》，首尔：民音社，1992 年。

宋在云：《阳明哲学研究》，首尔：思研社，1991 年。

吴金成：《明末清初社会论》，首尔：韩蔚学园，1990 年。

刘明钟：《韩国的阳明学》，首尔：同和出版社，1983 年。

刘明钟：《韩国儒学论究》，大邱：以文出版社，1988 年。

柳承国：《东洋哲学研究》，首尔：瑾域书斋，1983 年。

尹南汉：《鲜明时代的阳明学研究》，首尔：集文堂，1982 年。

李丙焘：《韩国儒学史》，首尔：亚细亚文化社，1987 年。

郑寅普：《阳明学演论》，《三省文化文库》11，首尔：三省文化财团，1972 年。

郑镇石、郑圣哲、金昌元：《朝鲜哲学史》，宋枝学译，东京：弘文堂，1962 年。

玄相允：《朝鲜儒学史》，首尔：玄音社，1986 年。

崔在穆：《강화양명학연구사 1》，파주：함국학술정보（주），2008 年。

崔在穆：《강화양명학연구사 2》，파주：한국학술정보（주），2008 年。

崔在穆：《하곡 정제두》，서울：예문서원，2005 年。

崔在穆:《동아시아의 양명학》, 서울: 예문서원, 1996年。
崔在穆:《나의 유교 읽기》, 부산: 도서출판소강, 1997年。
崔在穆:《내 마음이 등불이다》, 서울: 이학사, 2003年。
崔在穆:《양명학과·교육의이념》, 경산: 영남대학교출판부, 1999年。
咸錫宪:《함석헌전집 20: 씨알의옛글풀이》, 서울: 한길사, 1990年。

四、英文研究

T. A. Metzger, Escape from predicament-Neo-confucianism and China's Evolving Political Culture, NewYork: Columbia University press, 1997.

研究论文类

山下龙二:《中江藤树と中国思想》,《日本思想史大系》29,《中江藤树·解说》, 东京: 岩波书店, 1974年。
松田弘:《朝鲜朝的阳明学及其特质和论理构造》,《韩国学报》第 25 辑, 1981年。
松田弘:《韩国阳明学研究における问题の所在》,《伦理思想研究》第 5 号, 筑波大学, 1981年。
友枝龙太郎:《熊泽蕃山と中国思想》,《日本思想史大系》30,《熊泽蕃山·解说》, 东京: 岩波书店, 1971年。

田中佩刀:《中江藤树の致良知について》,《明治大学教养论集》通卷118号,明治大学,1978年3月。

李基东:《东アジアにおける朱子学の地域的展开》,东京:东洋书院,1987年。

仓田信靖:《藤树学の成立と孝意识に就いて》,《阳明学》第2号,二松学舍大阳明学研究所,1990年。

崔在穆:《中江藤树における王畿思想の受容》,《伦理学》第8号,筑波大学,1990年。

崔在穆:《东アジアにおける阳明学の展开》,筑波大学博士学位论文,1991年。

崔在穆:《王阳明思想中与古文辞派交流的意义》,《王学研究》第1期(总第33期),贵阳王阳明研究会,2005年。

崔在穆: 동아시아양명학에서 체용론이갖는 의미》,《阳明学》第9期, 한국양명학회, 2003年。

崔在穆:《동아시아에서하곡정제두의양명학이갖는의미》,《양명학》第13期, 한국양명학회, 2005年。

崔在穆:《体认之学의현대적가능성: 양명학다시읽기》,《중국학보》第39期, 한국중국학회, 1999年。

崔在穆:《나에게중국, 유학, 양명학은 무엇인가》,《한국학회》第8期, 뉴욕주립대학(스토니부룩)한국학회, 1999年。

崔在穆:《왕양명과 고문사파의 교유가 갖는 의미》,《철학히지》26, 영남대학교 철학과, 2005年。

崔在穆:《왕양명의 사상에서 보이는 "古"의 이념》,《민족문화논총》第31期, 영남대학교 민족문화연구소, 2005年。

崔在穆:《와양명과 道教의 회통문제》,《유교연구》第19期, 충남대학교 유학연구소, 2009年。

崔在穆: The Substratum of Japanese Thought, Confucian Doctrines, Sungkyun Journal of East Asian Studies Vol.1, No.1, 성균관대학교 동아시아학술원, 2001。

崔在穆: On the Reception of Lin Hsi-i's San-Tzu Yen-chai K'ou-i in Choson-Period Korea, Transactions of the international Conference of Eastern Studies No.XLVIII, The TOHO GAKKAI (The Institute of Eastern Culture), 2003。

图书在版编目(CIP)数据

比较阳明学：以中韩日三国为视域／（韩）崔在穆著；钱明译；（韩）金明月校译. —上海：上海古籍出版社，2021.12
ISBN 978－7－5732－0150－8

Ⅰ.①比⋯ Ⅱ.①崔⋯ ②钱⋯ ③金⋯ Ⅲ.①王守仁（1472－1528）－哲学思想－比较研究－中国、韩国、日本 Ⅳ.①B248.25

中国版本图书馆 CIP 数据核字（2021）第 247103 号

比较阳明学：以中韩日三国为视域

（韩）崔在穆 著
　　　钱　明 译
（韩）金明月　校译

上海古籍出版社出版发行
（上海市闵行区号景路 159 弄 1－5 号 A 座 5F　邮政编码 201101）
（1）网址：www.guji.com.cn
（2）E-mail：guji1@guji.com.cn
（3）易文网网址：www.ewen.co

印刷　上海天地海设计印刷有限公司
开本　890×1240　1/32
印张　19.875　插页 5　字数 395,000
印数　1—2,100
版次　2021 年 12 月第 1 版
　　　2021 年 12 月第 1 次印刷
ISBN 978－7－5732－0150－8/B・1238
定价：98.00 元